全国城市轨道交通专业高职高专规划教材

Qiaoliang Gongcheng Jishu

桥梁工程技术

胡　凯　陈　娟　主　编
卢伟荣　梁　巍　副主编
蔡向阳[中咨(武汉)桥隧设计研究院有限公司]　主　审

人民交通出版社股份有限公司
China Communications Press Co.,Ltd.

内 容 提 要

本书是全国城市轨道交通专业高职高专规划教材。本书共分七章，主要内容包括：绪论，梁式桥构造与设计，拱桥、钢构桥、斜拉桥、悬索桥构造与设计，桥梁墩台构造与设计，梁式桥结构施工、拱桥上部结构施工、桥梁下部结构施工等。

本书可作为高等职业院校城市轨道交通工程技术专业、铁道工程专业、桥梁与隧道专业的教学用书，亦可供轨道桥梁工程设计与施工有关的技术人员参考。

图书在版编目(CIP)数据

桥梁工程技术／胡凯，陈娟主编．—北京：人民交通出版社股份有限公司，2014．8

全国城市轨道交通专业高职高专规划教材

ISBN 978-7-114-11405-2

Ⅰ．①桥…　Ⅱ．①胡…②陈…　Ⅲ．①桥梁工程—高等职业教育—教材　Ⅳ．①U44

中国版本图书馆 CIP 数据核字(2014)第 088862 号

全国城市轨道交通专业高职高专规划教材

书　　名：桥梁工程技术
著 作 者：胡　凯　陈　娟
责任编辑：袁　方　刘　倩　周　凯
出版发行：人民交通出版社股份有限公司
地　　址：(100011)北京市朝阳区安定门外外馆斜街 3 号
网　　址：http：//www.ccpress.com.cn
销售电话：(010)59757973
总 经 销：人民交通出版社股份有限公司发行部
经　　销：各地新华书店
印　　刷：北京虎彩文化传播有限公司
开　　本：787×1092　1/16
印　　张：18.75
字　　数：433 千
版　　次：2014 年 8 月 第 1 版
印　　次：2022 年 2 月 第 5 次印刷
书　　号：ISBN 978-7-114-11405-2
定　　价：54.00元
(有印刷、装订质量问题的图书由本社负责调换)

全国城市轨道交通专业高职高专规划教材

编审委员会

出版说明

我国轨道交通正处于快速发展阶段,目前已有30个城市的轨道交通建设规划获批,预计至2020年,我国城市轨道交通累计营业里程将达到7395km,而我国有发展轨道交通潜力的城市更是多达229个,预计2050年规划的线路将增加到289条,总里程数将达到11700km。

面临这一大好形势,各地职业院校纷纷开设了城市轨道交通相关专业。为了适应我国城市轨道交通专业高职高专教育对教材建设的需要,我们在2012年推出城市轨道交通运营管理专业高职高专规划教材之后,广泛征求了各职业院校的意见,规划了全国城市轨道交通工程技术专业高职高专规划教材。

为保证教材出版质量,我们从开设城市轨道交通工程技术专业的优秀院校中遴选了一批骨干教师,组建成教材的编写团队;同时,在高等院校、施工企业、科研院所聘请一流的行业专家,组建成教材的审定团队,初期推出以下13种:

《工程地质》

《工程制图及CAD》

《工程力学》

《土力学与地基基础》

《轨道交通概论》

《轨道工程测量》

《桥梁工程技术》

《轨道施工组织与概预算》

《工程材料》

《轨道线路养护与维修技术》

《轨道施工技术》

《路基施工技术》

《隧道及地下工程技术》

本套教材具有以下特点:

1.体现了工学结合的优势。教材编写过程努力做到了校企结合,聘请地铁施工企业参与编写、审稿，并提供了大量的施工案例。

2. 突出了职业教育的特色。教材内容的组织围绕职业能力的形成，侧重于实际工作岗位操作技能的培养。

3. 遵循了形式服务于内容的原则。教材对理论的阐述以应用为目的，以够用为尺度。语言简洁明了、通俗易懂；版式生动活泼、图文并茂。

4. 整套教材配有教学课件，读者可于人民交通出版社网站免费下载；每章后附有复习思考题，部分章节还附有实训内容。

希望该套教材的出版对全国职业院校城市轨道交通专业教材体系建设有所裨益。

全国城市轨道交通专业高职高专规划教材
编审委员会
2013 年 5 月

前　言

随着我国国民经济的快速发展，城市的交通压力和城市用地问题随之而来，为缓解该问题并提高人们的出行效率，加快发展城市轨道交通是当务之急。

由于城市基础建设投资的增加，越来越多的公路、铁路施工企业将目标定位在城市交通建设。而国内轨道专业人才的紧缺，为本专业的飞速发展带来了机遇。为了便于学生学习，遵循少而精的原则，本书以常用的、新型的桥梁结构为主，重点介绍轨道桥梁工程的技术特点，注重高职学生的培养目标，除基本设计内容外，着重施工内容，注重新工艺，力求符合学生的特点和要求。

本书由湖北交通职业技术学院胡凯、天津铁道职业技术学院陈娟担任主编，甘肃交通职业技术学院卢伟荣、福建船政交通职业学院梁巍担任副主编。本书共七章，具体编写分工如下：第二章由天津铁道职业技术学院陈娟编写；第三章由福建船政交通职业学院梁巍编写；第四、五章由甘肃交通职业技术学院卢伟荣编写；第六章由河南交通职业技术学院孙建华编写；第一、七章由湖北交通职业技术学院胡凯编写。

本书编者都是来自各地的职业院校教师，各位参编人员付出了辛勤的劳动，抽出大量精力投入编写工作中，同时中咨（武汉）桥隧设计研究院有限公司总工蔡向阳高级工程师审阅了本书，对书稿提出了许多宝贵的意见，在编写过程中得到人民交通出版社股份有限公司的帮助，在此一并致以诚挚的谢意！

限于作者的学识水平和实际经验有限，书中不妥和错漏之处在所难免，敬请读者不吝批评指正，在此表示衷心地感谢。

编　者

2014 年 7 月

目　录

第一章　绪　论

教学目标

1. 掌握桥梁的组成与分类。
2. 掌握城市轨道桥梁荷载的种类。
3. 熟练桥梁设计的一般原则和程序。

第一节　桥梁基本知识

一、桥梁的组成和分类

1. 桥梁简介

桥梁是指供铁路、道路、渠道、管线等跨越河流、山谷或其他交通线使用的建筑物。

桥梁的历史悠久，人类在原始时代，跨越水道和峡谷是利用自然倒下来的树木、自然形成的石梁或石拱、溪涧突出的石块、谷岸生长的藤萝等。人类有目的地伐木为桥或堆石、架石为桥始于何时，已难以考证。据史料记载，中国在周代（公元前 11 世纪 ~ 公元前 256 年）已建有梁桥和浮桥，如公元前 1134 年左右，西周在渭水架有浮桥。古巴比伦王国在公元前 1800 年建造了多跨的木桥，桥长达 183m。古罗马在公元前 621 年建造了跨越台伯河的木桥，在公元前 481 年架起了跨越赫勒斯旁海峡的浮船桥。古代美索不达米亚地区，在公元前 4 世纪时建起挑出石拱桥。古代桥梁在 17 世纪以前，一般采用木、石材料建造。古代桥梁如图 1-1 所示。

铁的生产和铸造，为桥梁提供了新的建造材料。但铸铁抗冲击性能差，抗拉性能也低，易断裂，并非良好的造桥材料。19 世纪 50 年代以后，随着炼钢技术的发展，钢材成为重要的造桥材料。钢的抗拉强度大，抗冲击性能好，尤其是 19 世纪 70 年代出现钢板和矩形轧制断面钢材，为桥梁的部件在厂内组装创造了条件，使钢材应用日益广泛。

18 世纪初，发明了用石灰、黏土、赤铁矿混合煅烧而成的水泥。19 世纪 50 年代，开始采用在混凝土中放置钢筋以弥补水泥抗拉性能差的缺点。此后，于 19 世纪 70 年代开始使用钢筋混凝土修建桥梁。近代桥梁如图 1-2 所示。

20 世纪 30 年代，预应力混凝土和高强度钢材相继出现，材料塑性理论和极限理论的研究、桥梁振动的研究和空气动力学的研究以及土力学的研究等获得了重大进展。从而，为节约桥梁建筑材料，减轻桥重，预计基础下沉深度和确定其承载力提供了科学的依据。当今世界桥梁工程的格局呈现多极化的发展局面，出现了一座座高标准、大跨径、造型优美的桥梁。现代桥梁如图1-3所示。

图1-1　古代桥梁

图1-2　近代桥梁

图1-3　现代桥梁

2. 桥梁的组成

桥梁一般是由上部结构和下部结构组成。上部结构(也称桥跨结构)是指在线路中断时跨越障碍的主要承载结构，包括桥面构造、桥梁跨越部分的承载结构和桥梁支座。下部结构是指桥梁结构中设置在地基上用以支承桥跨结构，将其荷载传递至地基的结构部分，一般包括桥墩、桥台及基础。

3. 桥梁的分类

轨道桥梁分类的方法很多，可按承重构件受力情况、桥梁长度、材料类型、桥面与承重构件的相对位置来分。

1)按承重构件受力情况分类

桥梁按承重构件受力情况分为梁式桥、拱式桥、刚构桥、悬索桥和组合体系桥等。

(1)梁式桥(图1-4)

轨道桥梁形式多为梁式桥，其使用范围最广，可细分为简支梁桥、连续梁桥和悬臂梁桥。简支梁桥是指主梁以孔为单元，两端设有支座，是静定结构。一般适用于中、小跨度，结构简单，制造、运输和架设均甚方便，多做成标准设计，以便于构件生产工艺工业化、施工机械化，提高质量，降低造价。连续梁桥是指主梁若干孔为一联，连续支承在几个支座上，是超静定结构。

当跨度较大时，采用连续梁较省材料，且施工方法丰富。悬臂梁桥是指上部结构由锚固孔、悬臂和悬挂孔组成，悬挂孔支承在悬臂上，用铰相连。悬臂梁桥可分为单悬臂梁桥和双悬臂梁桥。

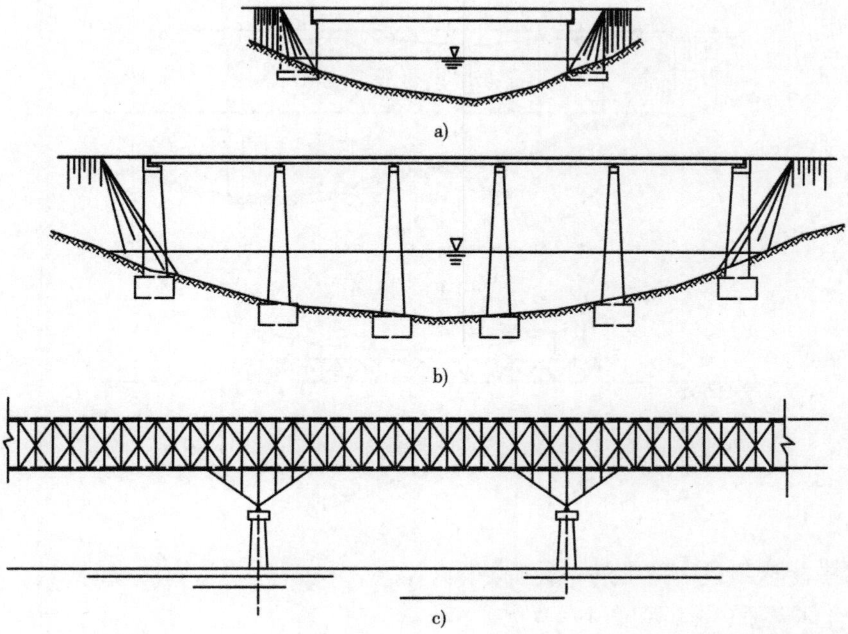

图 1-4　梁式桥

（2）拱式桥（图 1-5）

拱式桥指的是在竖直平面内以承受轴向压力为主的拱圈或拱肋作为上部结构主要承重构件的桥梁，由拱上建筑、拱圈和墩台组成。在竖直荷载作用下，作为承重结构的拱肋主要承受压力，拱桥的拱脚处既要承受竖向力，又要承受水平力，因此拱式桥对基础与地基的要求比梁桥要高。

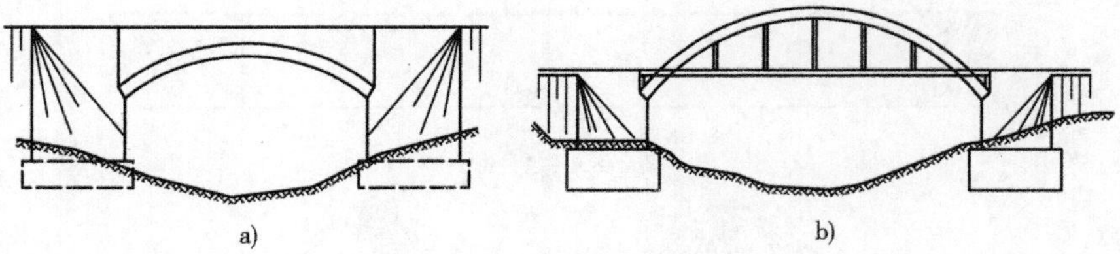

图 1-5　拱式桥

（3）刚构桥（图 1-6）

刚构桥是指桥跨结构与桥台连为一体的桥。刚构桥根据外形可分为门形刚构桥，斜腿刚构桥和箱形桥。斜腿刚构桥可应用于山谷、深河陡坡地段，箱形桥的梁跨、腿部和底板联成整体，刚性好。

（4）悬索桥（图 1-7）

悬索桥亦称吊桥，悬索桥的主要承力部分是桥两端的两根塔架，在这两根塔架间的悬索拉住桥的桥面。它是以悬索跨过塔顶的鞍形支座锚固在两岸的锚碇中，作为主要承重结构，在缆索上悬挂吊杆，桥面悬挂在吊杆上。由于这种桥可充分利用悬索钢缆的高抗拉强度，是现在各

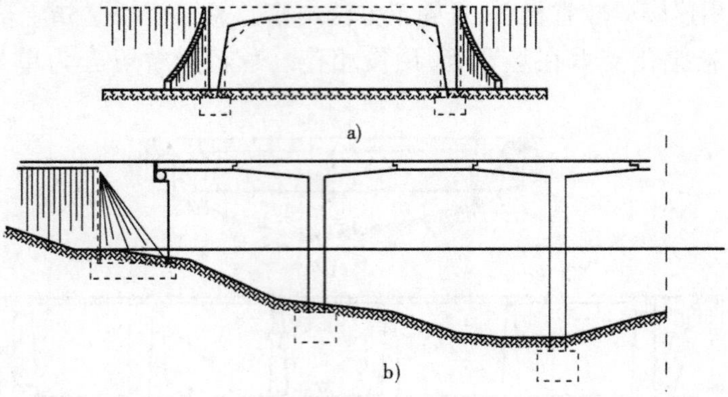

图 1-6　刚构桥

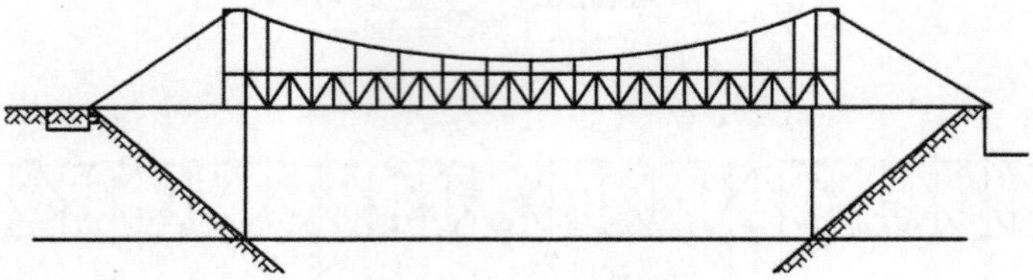

图 1-7　悬索桥

种体系桥梁中能达到最大跨度的一种桥型。

(5)组合体系桥(图 1-8、图 1-9)

组合体系桥是指主要承重构件采用两种独立结构体系组合而成的桥梁。如拱和梁的组合、梁和桁架的组合、悬索和梁的组合等。组合体系可以是静定结构,也可以是超静定结构。可以是无推力结构,也可以是有推力结构。结构构件可以用同一种材料,也可以用不同的材料制成。

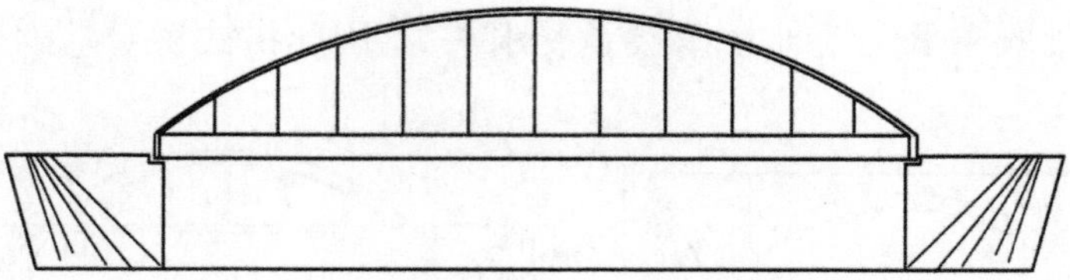

图 1-8　系杆拱桥

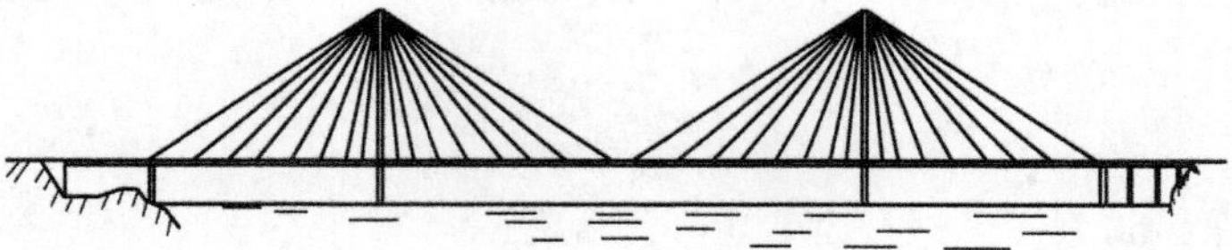

图 1-9　斜拉桥

2)按桥梁长度分类

根据桥梁长度可分为特大桥、大桥、中桥和小桥,即桥长 500m 以上的为特大桥,桥长 100m 以上至 500m 的为大桥,桥长 20m 以上至 100m 为中桥,桥长 20m 及 20m 以下的为小桥。

3)按材料类型分类

按上部结构所用材料分木桥、圬工桥、钢筋混凝土桥、预应力混凝土桥、钢桥等。

4)按桥面与承重构件的相对位置分类

按桥面与承重构件的相对位置分为上承式桥(图 1-10)、中承式桥(图 1-11)和下承式桥(图 1-12)。

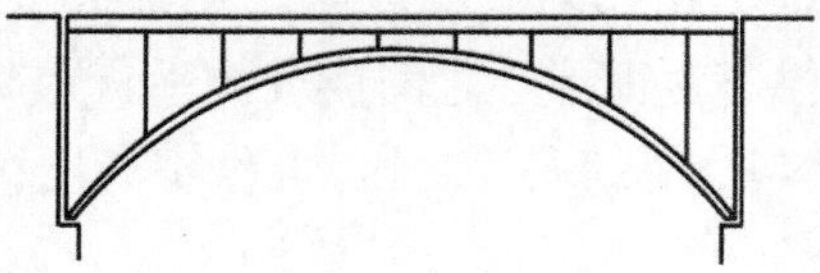

图 1-10　上承式桥

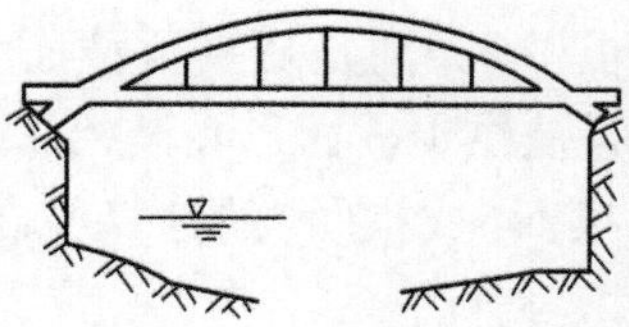

图 1-11　中承式桥

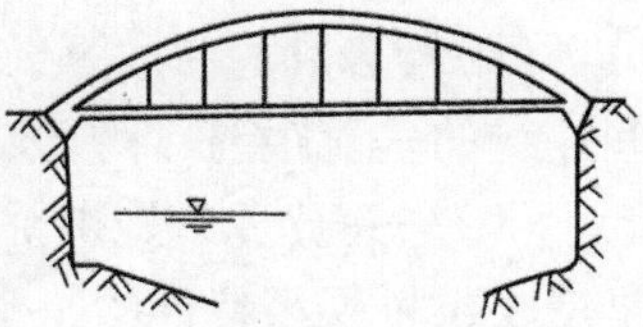

图 1-12　下承式桥

4. 桥梁的主要尺寸和术语名称

下面介绍一些与桥梁布置和结构有关的主要尺寸和术语名称。梁桥的基本组成,如图 1-13 所示。拱桥的基本组成,如图 1-14 所示。

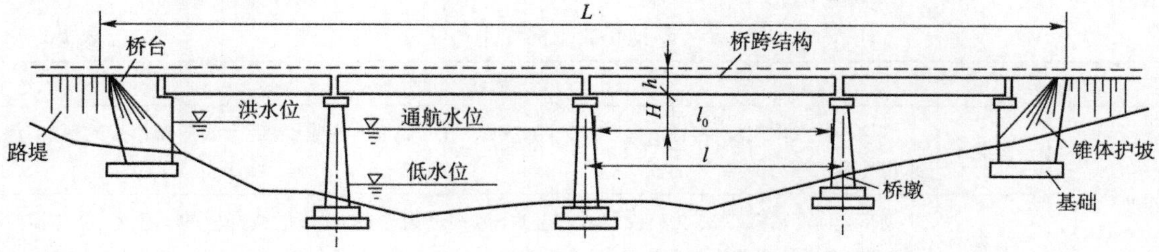

图 1-13　梁桥的基本组成

河流中的水位是变动的,在枯水季节的最低水位称为低水位;在洪峰季节河流中的最高水位称为高水位。桥梁设计中按规定的设计洪水频率计算所得的高水位,称为设计洪水位。

(1)净跨径 l_0。梁式桥是设计洪水位上相邻两个桥墩(或桥台)之间的净距。对于拱式桥,净跨径是每孔拱跨两个拱脚截面最低点之间的水平距离。

(2)总跨径 $\sum l_0$,是多孔桥梁中各孔净跨径的总和,也称桥梁孔径,它反映了桥下泄洪的能力。

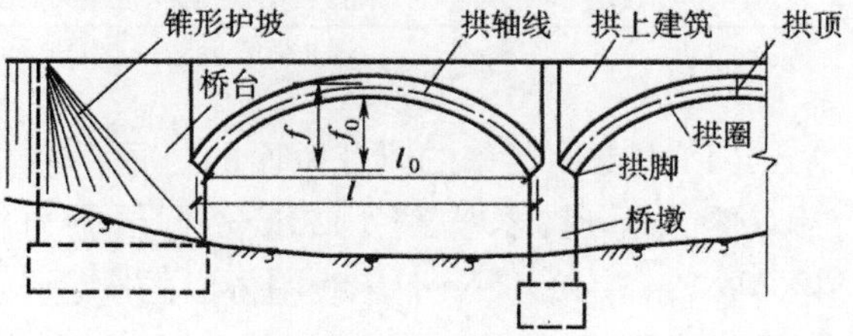

图 1-14　拱桥的基本组成

(3)计算跨径 l。对于具有支座的桥梁,计算跨径 l 是指桥跨结构相邻两个支座中心之间的距离。对于拱桥而言,拱圈(或拱肋)各截面形心点的连线称为拱轴线,计算跨径为拱轴线两端点之间的水平距离。

(4)桥梁全长(桥长)L,是桥梁两端两个桥台的侧墙或八字墙后端点之间的距离。对于无桥台的桥梁,桥梁全长(桥长)L 为桥面行车道的全长。

(5)桥梁高度(桥高),是指桥面与低水位之间的高差,或为桥面与桥下线路面之间的距离。桥高在某种程度上反映了桥梁施工的难易性。

(6)桥下净空高度 H,是设计洪水位或计算通航水位至桥跨结构最下缘之间的距离。它应保证能安全排洪,并不得小于对该河流通航所规定的净空高度。

(7)建筑高度,是轨顶高程至桥跨结构最下缘之间的距离,它不仅与桥梁结构的体系和跨径的大小有关,而且还随行车部分在桥上布置的高度位置而异。铁路定线中所确定的轨顶高程，与通航净空顶部高程之差，又称为容许建筑高度。桥梁的建筑高度不得大于其容许建筑高度，否则就不能保证桥下的通航要求。

(8)净矢高f_0与计算矢高f。净矢高是从拱顶截面下缘至相邻两拱脚截面下线最低点之间连线的垂直距离；计算矢高是从拱顶截面形心至相邻两拱脚截面形心之间连线的垂直距离。

(9)矢跨比f/l，是拱桥中拱圈（或拱肋）的计算矢高f与计算跨径l之比，也称拱矢度，它是反映拱桥受力特性的一个重要指标。

二、桥梁上的作用

桥梁上的作用，包括主力、附加力和特殊荷载。主力又分为恒载和活载两种，轨道桥梁上的作用见表1-1。在桥涵设计时，应按可能发生的最不利组合情况进行计算。组合时，仅考虑主力与一个方向（顺桥或横桥）的附加力组合。

轨道桥梁上的作用　　表1-1

荷载分类		荷载名称
主力	恒载	结构构件及附属设备自重、土压力、预加应力、基础变位的影响、混凝土收缩和徐变的影响、静水压力及水浮力
	活载	列车竖向静活载、离心力（曲线地段）、列车竖向动力作用、列车活载产生的土压力、公路活载（需要时考虑）、双侧人行道荷载（区间桥梁）、横向摇摆力、长钢轨纵向水平力（伸缩力和挠曲力）
附加力		制动力或牵引力、风力、列车的横向摇摆力、流水压力、冰压力、冻胀力、超静定结构考虑温度变化的影响力
特殊荷载		船只或排筏的撞击力、地震力、施工临时荷载、列车脱轨荷载、汽车撞击力、长钢轨断轨力

1. 恒载

(1)由支座传来的梁及桥面的自重，其中桥面重按均布荷载计算。单线直线道砟桥面包括双侧人行道：木枕采用38kN/m，预应力混凝土枕采用39.2kN/m。曲线上：分别采用46.3kN/m与48.1kN/m单线明桥面的质量。无人行道时，按6kN/m计算，直线上双侧人行道铺设木步行板时，按8kN/m计算；铺设钢筋混凝土或钢步行板时，按10kN/m计算。

(2)圬工等自重，为各部分体积乘以所用材料的容量，一般常用材料的容重可查《铁路桥涵设计基本规范》(TB 10002.1—2005)。

(3)基础襟边上土重力，按其体积与容量相乘来计算。对桥台可不考虑锥体填土的横向变坡影响。

(4)土压力。作用于墩台上土的侧压力，可按库伦理论推导的主动土压力计算，详见《铁路桥涵设计基本规范》(TB 10002.1—2005)。

2. 活载

(1)列车竖向静活载。列车竖向静活载主要考虑轻轨和地铁车辆荷载，车辆荷载的标准图示见图1-15。

计算桥梁各部分的横向倾覆稳定时，应采用空车的竖向活载，按每米线路10kN计算。

图1-15中荷载（轴重）P_1、P_2、车轴距D_1、D_2应根据所选车型各项数据采用，对两个以上的连挂车，其相邻车间前后轴距为6.9m，连挂的车数最多按4辆车考虑。

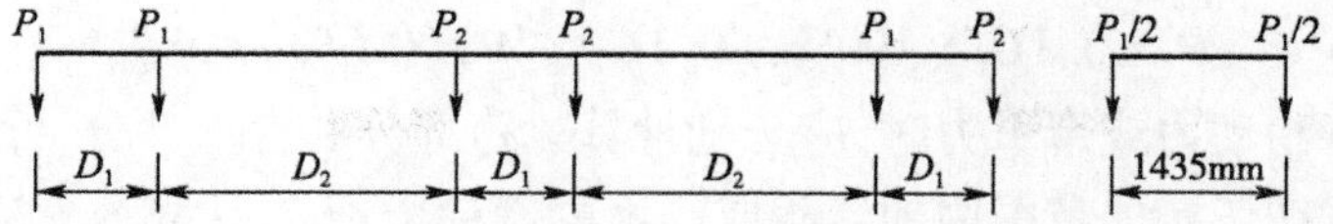

图 1-15　轻轨和地铁车辆荷载标准图示

(2)离心力。桥梁在曲线上时,应考虑列车竖向静活载产生的离心力。

(3)列车竖向动力作用。列车竖向动力作用时,列车竖向活载等于列车静活载乘以动力系数$(1+\mu)$,但钢筋混凝土、混凝土、石砌的桥跨结构及涵洞、钢架桥,其顶上填土厚度$h\geqslant 1\text{m}$时(从轨底算起)及实体墩台均不计列车竖向动力作用。

(4)活载土压力,为桥台后破坏棱体范围内因活载引起的侧向土压力,应按列车静活载换算为当量均布土层厚度计算。计算活载对涵洞的竖向压力和水平压力时,在轨底平面上的横向分布宽度假定为2.5m,在路基内与竖直线呈一定角度向外分布计算,此角度的正切值为0.5,详见《铁路桥涵设计基本规范》(TB 10002.1—2005)附录A。

(5)横向摇摆力。车辆的横向摇摆力作用于轨道顶处,以2.5kN/m考虑,横向摇摆力不与风力或离心力组合。

(6)长轨纵向水平力。桥梁因温度变化、列车荷载作用而发生挠曲。桥梁的这种变形受到轨道结构的约束,又因桥上无缝线路的连续性,致使梁变形时,钢轨产生两种纵向水平力,分别为伸缩力和挠曲力,同时,两种力也反作用于梁,并传递到支座和墩台上。这两种力都是主力,但两者在同一轨道上不会同时产生。

3. 附加力

1)制动力或牵引力

(1)制动力(牵引力)的大小与作用点:列车在桥梁上制动或起动时,由于车轮与钢轨的摩擦,列车对钢轨将产生水平力,并经支座传至桥墩台。制动时产生与列车行进方向相同的纵向水平力,称为制动力;起动或加速时相反,称为牵引力。制动力与牵引力的大小接近相等,其值按竖向静活载重量(对于桥墩台而言,是梁上或台上列车重量)的10%计算。当其与离心力或冲击力同时计算时可按竖向静活载的7%计算。双线桥只计算一线的制动力或牵引力。制动力或牵引力的作用点在轨顶上2m处,但在计算墩台时须移到支座铰中心处,计算台顶时移至轨底,两者均不计算由于移动作用点而产生的竖向力或力矩。

当制动力(牵引力)与离心力或冲击力同时计算时,考虑它们的最大值不可能同时发生,因此只按竖向静活载重量的7%计算。双线桥应采用一线的制动力或牵引力。

采用特种荷载时,不计算制动力或牵引力。

(2)制动力(牵引力)计算的规定:制动力或牵引力是经过支座传至墩台的,但支座种类不同,故传递力的大小也不同。简支梁传至墩台上的纵向水平力数值应按下列规定计算:固定支座为全孔的100%;滑动支座为全孔的50%;滚动支座为全孔的25%。

一个桥墩上通常设置相邻两孔梁的支座,其一为固定支座,另一为活动支座。两孔梁通过支座传给桥墩的制动力,可按上列百分率计算后相加求得。但为了避免出现过大的、不合理的计算值,规定两孔梁传来的制动力之和(P_t),不得大于其中一孔梁(如为不等跨,应取大跨梁)满布最大活载时由固定支座传来的制动力(P_{max})。因此,在双孔重载情况下桥墩上的制动力为:

$$P_t = 0.1G_1 \times 100\% + 0.1G_2 \times 50\%(25\%) \leqslant P_{max} \tag{1-1}$$

对于桥台计算制动力或牵引力时,应分别计算梁跨部分和台上部分,计算方法同上。

对于桥头填方破坏棱体范围内的活载或产生的制动力或牵引力不予计算,这是因为该力绝大部分已被轨道传走。

2)风力

风力是作用在受风物体上的水平力,它的大小可按其所受的风荷载强度 W 乘以受风面积 A 求得。用 P_w 表示风力:

$$P_w = WA \tag{1-2}$$

风力为水平力,其方向可以垂直于线路(横风),亦可平行于线路(纵风),作用点为受风面积的形心。作用于桥上的风荷载强度与风速大小、受风建筑物的高度和形状及当地地形地貌有关。《铁路桥涵》规定:当桥上无车时,作用于桥上的风荷载 W 按下式计算:

$$W = K_1 \times K_2 \times K_3 \times W_0 \tag{1-3}$$

式中:W_0——基本风压值,可从《铁路桥涵》中所列的"全国平均风压分布图"查得;

K_1——风载体系系数;

K_2——风压高度变化系数,按表 1-2 取用;

K_3——地形、地理条件系数,按表 1-3 取用。

风压高度变化系数 K_2 表 1-2

离地面或常水位高度(m)	≤20	30	40	50	60	70	80	90	100
K_2	1.00	1.13	1.22	1.30	1.37	1.42	1.47	1.52	1.56

地形、地理条件系数 K_3 表 1-3

地形、地理情况	K_3
一般平坦空旷地区	1.0
城市、林区盆地和有障碍物挡风时	0.85 ~ 0.90
山岭峡谷、风口区、湖面和水库	1.15 ~ 1.30
特殊风口区	按实际调查或观测资料计算

计算风力时,应注意下列规定:

(1)桥上有列车时的风荷载强度,规定按式(1-3)算得的 W 的 80% 计(约相当于频率为 1/30 的风压强度),并不大于 1250Pa。在标准设计中,风荷载强度在有列车时采用 $W = K_1 \times K_2 \times 800\text{Pa}$,并不大于 1250Pa;无车时,采用 $W = K_1 \times K_2 \times 1400\text{Pa}$。

(2)列车的受风面积按 3m 高的长方带计算,其作用点在轨顶以上 2m 处。列车不计纵向风力。

(3)实体墩及桥面横向受风面积,按其桥跨横向受风轮廓面积计算,即梁底至轨顶的高度与左右两孔桥跨中线所围成的面积,桁架梁的横向受风面积,按桁梁理论轮廓面积(即桁梁弦杆重心线间的面积)的 0.4 倍计算。对于下承桁梁,在计算有车横向风力时,列车受风面积应扣除列车高度范围内被梁部遮挡的部分。各类上承式梁及桥面的纵向风力,因受相邻梁及桥台的阻挡可不计算。列车的纵向受风面积很小,亦可不计。下承桁梁的纵向风力按其所受横向风力的 40% 计算。

(4)实体桥墩分别按纵向及横向轮廓面积计算纵向风力及横向风力。

3)流水压力

位于水中的桥墩,其上游迎水面因受到流水冲击而产生流水压力,流水压力 P 与水流速度和桥墩平面形状有关,可按式(1-4)计算:

$$P = KA\frac{\gamma_w v}{2g_n} \tag{1-4}$$

式中:A——桥墩阻水面积(m^2),通常自计算水位算至一般冲刷线处;

γ_w——水的重度,一般采用 $10kN/m^3$;

g_n——标准自由落体加速度(m/s^2);

v——水流流速(m/s),验算稳定性时用设计频率水位的流速;验算基底应力或基底偏心时用常水位的流速;

K——试验测得的桥墩形状系数,其值可根据桥墩截面形状按表1-4采用。

桥墩截面形状系数 K 值　　表1-4

桥墩截面形状	方形	矩形(长边与水流平行)	圆形	尖端形	圆端形
K 值	1.47	1.33	0.73	0.67	0.60

流水压力的分布可假定为倒三角形(因水流速度是近似地随水呈三角形分布),其作用点在计算时采用水位线以下1/3水深处。

4.特殊荷载

(1)地震力。按规定,地震力不与其他附加力同时计算。地震力的计算方法,详见《铁路工程抗震设计规范》(GB 50111—2006)。

(2)长钢轨断轨力。桥上无缝线路由于疲劳、纵向力过大或其他原因损伤可能造成断轨,从而产生断轨力。在正常运营养护条件下,发生断轨的概率比较小,而断轨力的值又比较大。因此,在计算时只考虑一轨的断轨力,并将其作为特殊荷载。在荷载组合上,只考虑它与主力组合。

(3)其他荷载。在一般情况下不控制检算。

轨道桥梁常用的组合形式有三种,组合Ⅰ为恒载加活载;组合Ⅱ为恒载加活载另加一个方向(纵向和横向)可能同时出现的附加力,但横向摇摆力不与离心力、风力同时计入;组合Ⅲ为地震荷载加恒载。其他种类组合可参见有关规范采用。

三、轨道桥梁的特点

城市轨道交通桥梁是在城市内地面以上,穿越居民区、道路、城内水域、管线的高架桥梁。铁路桥梁要求结构刚度大、基础沉降小、维修方便、乘坐舒适等,而城市轨道交通桥梁要求荷载较小、速度较慢、景观适宜等。

1.桥型选择不多

城市轨道交通桥梁主要以梁式桥为主,也可以采用刚构桥、拱桥和斜拉桥。除此之外,其他桥型暂未使用。

2. 桥梁长度大

城市轨道交通桥梁长度短则几公里，长则几十公里，其目的主要是解决城市公共交通问题。而如此之长的桥梁工期都非常短，从设计到通车往往只有三四年的时间。

3. 桥面宽度不大

双线桥的桥面宽度一般为9m左右，单线桥桥面宽度一般为5m左右。在桥型选择时，应考虑在内。

4. 受力复杂

轨道桥梁受力复杂，除了有主力外，还有无缝轨道对桥梁结构尤其是对下部结构产生附加力，轨道对桥梁产生挠曲力、伸缩力、断轨力。

5. 要求后期变形非常小

由于采用无砟无缝轨道结构，要求桥梁的后期变形、基础后期沉降很小，预应力结构的收缩变形和挠度小。

6. 设计最高速度低

城市轨道交通设计最高速度为80km/h，且由于站距一般不大，实际平均速度只有30～40km/h，而国内客运专线时速已达300km/h以上。

7. 环境因素要求高

轨道桥梁一般穿越居民区、名胜古迹等，一般在侧面加装隔音板等措施来控制噪声、振动。

第二节　桥梁的设计程序与原则

一、桥梁设计的程序

1. 基本程序

大型桥梁的设计工作，可分为前期工作和设计两个阶段：前期工作包括编制预可行性研究报告和可行性研究报告；设计阶段按"三阶段设计"进行，即初步设计、技术设计与施工设计（也称施工图设计），对于常规桥梁，通常采取两阶段（初步设计、施工设计）设计。各阶段设计文件完成后的上报和审批，都由国家指定的主管部门（建设单位或业主）办理。批准后的文件就是各建设程序进行的依据，也是下一阶段设计文件编制的依据。

一座桥梁的建设程序，包括以下几个阶段：审批项目建议书以进行工程立项；审批可行性研究报告，以确定技术标准和投资控制规模，之后可在此基础上进行两阶段或三阶段勘察设计招标；最后在初步设计或施工图设计的基础上进行工程施工招标等。

2. 可行性研究

桥梁建设的前期工作，包括预可行性研究报告与工程可行性研究报告。两者包括的内容及目的基本是一致的，只是研究的深度不同。这部分工作有时也称为桥梁规划设计。预可行性研究报告是在工程可行的基础上，着重研究工程必要性和经济合理性；工程可行性研究报告则是在预可行性研究报告审批后，着重研究工程上和投资上的可行性。前期工作的重点在于论证建桥的必要性和可行性，并确定建桥的地点、规模、标准、投资控制等一系列宏观和重大的问题，为科学地进行项目决策提供依据，避免盲目性及其带来的不良后果。

桥梁的必要性主要论证是否需要建桥的问题，评估建议修建的桥梁工程在国民经济和交通工程中的作用。铁路桥梁一般不做单独的必要性研究。桥梁的可行性论证，包括工程可行性和经济可行性两部分：工程可行性需要基本确定桥梁设计标准、桥位、桥式等技术问题，而经济可行性则需要解决工程投资、资金筹措等问题。一座桥梁的工程可行性论证涉及的因素很多，只有通过充分的调查研究，通过全面的权衡分析，才能得出合理的设计方案和参数，提出符合实际的设计任务书。因此，在进行桥梁工程可行性论证时。需要进行相关的勘测和调查工作。

1）桥梁标准的制订

首先，需调查研究桥上可能通行的交通种类和它们的要求（如，是否有等级以外的特殊荷载，桥上是否需要铺设附属设备等），预测交通量和增长率，由此确定线路等级；其次，要确定容许车速、桥梁纵坡和曲线半径等；此外，还有确定航运标准、航运水位、航运净空、船舶吨位以及要求的航道数量及位置等。

2）桥位选择

一般而言，桥位的选择在大方向上应服从桥梁所在线路的走向，在大范围内应服从路网规划的要求；在小范围内，桥位可做适当挪动以便比较。从线路的观点来看，既要降低桥梁的建筑和养护费用，也要减少因车辆绕道而增加的投资和运输费用；应尽可能把桥位选择在河道顺直、河槽固定、水流平稳、河面较窄、地质良好、河床冲淤变化较小、可基本正交跨越的河段，以降低造价，保证结构的安全性和稳定性。因此，对重要的或在经济上影响较大的桥梁，其桥位选择应通过路桥综合比较后决定。

除路桥比较外，在确定桥位时，还需要对其他因素（如通航条件、地质条件、水文条件、建桥与周边环境的关系等）进行比较。一般需要提交2～3个桥位方案，以便进行多方面的综合比较，从中选择出合理桥位。

3）桥式方案比较

在可行性研究报告阶段进行桥式方案比较的目的，仅在于评估方案的技术可行性，特别是基础工程的可行性，而不是为了提出某一推荐方案。为此，应该采取比较成熟的方案以提高评估的可信性。在编制桥式方案时，应根据水文、地质及航运条件，研究正桥、引桥长度及跨度，并以各种结构形式及不同材料的上部结构进行同等深度的比较，研究它们的可行性，并提供各个方案的工程量。以工程量中适当偏低、技术先进并且可行的方案作为一个桥位的桥式参选方案。

4）调查工作

上述几项工作应在实地调查的基础上进行。调查工作包括以下内容。

（1）地形测量。为调查自然条件及周围环境而进行的勘查工作称为草勘。一般需要根据1/10000地形图，进行纸上定线，在实地桥位两岸设点，用测距仪测得跨河距离加以校正，并进行现场核查。

（2）地质勘探。本阶段的地质工作以收集资料为主，辅以在两岸适当位置布置钻孔进行验证。要探明覆盖层的性质、岩面高低、岩性及结构，有无大的断层等，并从地质角度对各桥位作出初步评价。

(3)水位资料。为确定桥梁的建筑高度、跨径、基础埋置深度等,需要调查和测量河流的水文情况,包括设计流量,历史最高、最低水位,百年一遇洪水位,常水位情况及流速等资料。

(4)外部条件。调查、了解其他与建桥有关的情况,包括当地的砂、石、水、电等的供应情况,当地及附近的运输条件,施工场地的征用(是否占用农田、有无需要拆迁的建筑物等),有无文物、古迹或不能拆迁的建筑物,桥梁高度是否在机场航空净空范围以内;附近有无码头、过江电缆、航运锚地等。以上外部条件均需要调查清楚,对涉及的问题都必须妥善加以处理。

3.初步设计

在桥梁可行性研究报告的基础上,经主管建设部门审查通过,就可确定一座桥梁工程的建设项目并进行编制设计任务书。设计任务书是初步设计的依据。在初步设计阶段,设计单位应根据设计任务书中所确定的桥位、荷载等级、各项技术要求,按照桥梁设计原则,进行桥梁的方案设计,包括拟定结构形式(桥型、体系、孔径等)及其主要构造尺寸,提出施工方案,估算经济指标(如工程概算、主要建筑材料数量)等。

初步设计的目的是,在设计任务书的技术范围内提交一份供比选的建桥项目文件。通过初步设计,达到以下目的:

(1)说明本桥梁工程的特点和要求。

(2)提出若干可行的比较方案。

(3)推荐准备采用较好方案。

(4)估算实现推荐方案所需的费用、工期、技术措施等。

初步设计的内容包括:

(1)设计任务的来源和要求。

(2)桥址处自然条件和基本资料。

(3)技术条件的选定。

(4)桥位方案的比选,上下部结构方案的研究、比较和确定。

(5)推荐方案及其理由。

(6)推荐方案的指导性施工组织,包括施工方法、进度安排、场地布置、主要机具、材料和劳动力配置等。

4.技术设计

对于常规桥梁,通常不需要进行技术设计而直接进行施工设计(铁路桥梁的跨度和梁长有统一的规定,采用统一的尺寸,便于工厂成批生产和运营中更换);对于新型、复杂、重要、大型的桥梁结构,则需要进行技术设计,以便发现可能存在的问题,进一步优化设计。技术设计阶段的主要内容是对选定的桥式方案中的各个结构总体的、细部的技术问题进行进一步研究解决,包括结构断面、配筋、构造细节处理、材料清单及工程量等。

5.施工设计

施工设计应按照已批准的技术设计进行。可以由原编制技术设计的单位继续进行,也可以由中标的施工单位进行,内容包括结构设计计算、绘制能让施工人员按图施工的施工详图等。绘制施工详图过程中,对断面不宜做大的变动,但对细节处理及配筋,特别是钢筋布置则允许做适当变动。

铁路桥涵建筑物数量很多,为了减少计算和绘图工作量,加快设计进度,提高设计质量,并便于统一加工制造、互换使用,有关部门对各种桥涵建筑物进行了标准设计,汇编成册,供具体设计时选用,这种图册就叫标准设计图或定型图。铁路标准设计分为标准图、通用图及参考图三种。具体为:

(1)对统一性强、涉及面广、重复使用量大、全路通用的建筑物,编制标准图。

(2)对重复使用量大,但使用条件有一定局限性、地区性的设计,编制通用图。

(3)有重复使用价值的个别设计、图表等,编制参考图。

二、城市轨道桥梁设计的基本原则

城市轨道桥梁结构现无设计规范,暂时应遵照《铁路桥涵设计规范》(TB 10002.1—2005)、《地下铁道设计规范》(GB 50157—2003)、《建筑结构设计规范》等相关规范,基本的设计原则如下。

(1)结构构件的内力,按弹性受力阶段计算。

(2)预应力混凝土桥梁结构,应按《铁路桥涵设计规范》(TB 10002.1—2005)规定验算其强度、抗裂性、稳定性、应力及变形。

(3)计算预应力混凝土连续梁内力时,应考虑温差、基础不均匀沉降以及由于混凝土收缩徐变和预应力所引起的二次力,计算二次力时,尚应考虑体系转换的影响。

(4)结构应满足《铁路桥涵设计规范》(TB 10002.1—2005)要求的最小配筋率和最大裂缝宽度的要求。

(5)箱梁应考虑抗扭计算。

(6)墩顶允许位移除满足行车安全及桥梁自身的受力外,还应结合轨道结构形式做具体分析,以保证轨道结构的正常使用。

(7)计算桥墩内力时,应特别注意考虑无缝线路引起的墩顶水平力。

(8)墩台自身应验算强度、纵向弯曲稳定、墩顶弹性水平位移。

(9)墩顶弹性水平位移、顶帽尺寸及构造要求,暂执行《铁路桥涵设计规范》(TB 10002.1—2005)的规定。

(10)桩基设计考虑土的弹性抗力,可按 K 法或 m 法计算。

(11)摩擦桩设计,按土的阻力验算桩的承载力,按材料强度验算混凝土及钢筋应力,验算桩身开裂程度。

(12)基础的允许沉降量,应满足列车安全运营和乘客舒适度的要求,并控制在轨道结构允许变形的范围之内。

第三节　能力训练

目标:认识桥梁结构

讨论 1:城市轨道交通桥梁常用的形式有哪些? 轻轨是否全程都应采用桥梁形式?

讨论 2:根据图片识读城市轨道交通桥梁的类型(图 1-16 ~ 图 1-19)。

讨论 3:绘制梁式桥和拱桥的受力简图,并标出计算跨径、净跨径、计算矢高、净矢高。

图 1-16

图 1-17

图 1-18

图 1-19

本章小结

本章着重介绍了城市轨道交通桥梁工程的组成、分类及桥梁相关的名称术语和尺寸。轨道桥梁上的作用及其分类,桥梁的一般设计原则。学生通过本章的学习可以基本掌握桥梁的构造及与桥梁有关的名词术语,能够认识桥梁、了解桥梁。

复习思考题

1. 桥梁是由哪些部分组成的?
2. 桥梁按承重构件的受力情况,如何分类?试画出各承重构件的受力简图。
3. 什么是桥梁的计算跨径?什么是拱桥的矢跨比?
4. 桥梁设计的基本程序是什么?

第二章　梁式桥构造与设计

教学目标

1. 掌握梁式桥的主要类型，能够根据受力体系正确区分各种类型的梁式桥。

2. 掌握铁路和城市轨道交通钢筋混凝土、预应力混凝土简支梁桥的主要构造形式，能够读懂钢筋混凝土简支梁桥构造图。理解预应力混凝土简支梁桥的构造特点和先张法、后张法预应力混凝土简支梁的基本特点。

3. 掌握梁式桥的支座类型、构造和布置形式。

4. 了解轨道桥梁桥面构造形式。

5. 了解钢筋混凝土简支梁桥的计算过程和步骤。

第一节　梁式桥上部结构构造

一、梁式桥的分类及其适用条件

1. 按承重结构的截面形式划分

目前，城市轨道交通高架桥的区间标准梁的形式主要有，板梁、箱形梁、T形梁、槽形梁和下承式脊梁等。

(1)板梁[图2-1a)]的承重结构就是矩形截面的钢筋混凝土或预应力混凝土板，其主要特点是建筑高度较低，便于压低线路高程；但位于受拉区域的混凝土材料不能发挥作用，反而增大了结构的自重，当跨度稍大时就显得笨重而不经济，板梁的经济跨度一般在16～20m，并且相应刚度较小，梁部后期收缩徐变较大，不利于轨道交通线路轨道的调高要求。板梁设计、施工经验相当成熟，可采用预制吊装法施工。但其各梁片间铰接，故整体受力性差。接触网立柱较难处理，因其跨度小，故景观性能差。

(2)T形梁[图2-1b)]是我国最广泛采用的梁式。无论是公路桥还是铁路桥，以前绝大部分的梁都采用T形梁，其中大部分是简支梁。T形梁材料几何分布与结构受力配合得最好；混凝土面积集中在受压区，受拉区仅仅是为设置预应力束用的马蹄块；跨中剪力小、腹板很薄，到支座附近随着剪力增加而加厚。T形梁一般在工厂预制，施工中用架桥机吊装就位，非常简洁方便。它的缺点是横向刚度和抗扭刚度比较差；横向整体性也差，对平面线型的适应性差；在曲线上一般采用折线平分中矢布置，景观较差。T形梁由于材料相对比较集中，所以刚度稍微小一点。其材料指标较箱形梁稍高,但施工方便,在线路高程不控制、景观要求不高的长大直线段区间仍可考虑采用。

(3)箱形梁[图 2-1c)]横截面呈一个或几个封闭的箱形。这种结构除了梁肋和上部翼缘板外,在底部尚有扩展的底板,因此它提供了能承受正负弯矩的足够的混凝土受压区。箱梁的另一重要特点是,在一定的截面面积下能获得较大的抗弯惯性矩,而且抗扭刚度也特别大,在偏心的活载作用下,各梁肋的受力比较均匀。因此箱形截面能适用于较大跨径的悬臂梁桥和连续梁桥,也可用来修建全截面均参与受力的预应力混凝土简支梁桥。箱梁是目前国内轨道交通高架桥采用最多的梁式之一。它的特点是建筑高度适中、力学性能好、整体性好、特别适用于斜桥和曲线梁桥。它既可用于标准区段,也可用于变宽、道岔区段,平面上适应性特别强;既适宜做简支梁,也可做连续梁。箱梁外观线形流畅、美观,设计和施工经验成熟,通常采用现浇法施工。但对长达 20 ~ 30km 的城市轨道桥梁,现浇法施工存在对周围环境干扰多、施工成本高和工期长等缺点。已建成的上海明珠线和在建的上海莘闵轻轨交通线均采用了箱梁形式。

图 2-2a)、图 2-2b)所示为单室和多室的整体式箱形梁桥的横截面。图 2-2c)表示装配式的多室箱形截面,腹板和底板的一部分构成 L 形和 T 形的预制构件,在底板上留出纵向的现浇接头,顶板采用微弯板形式以节省钢材。

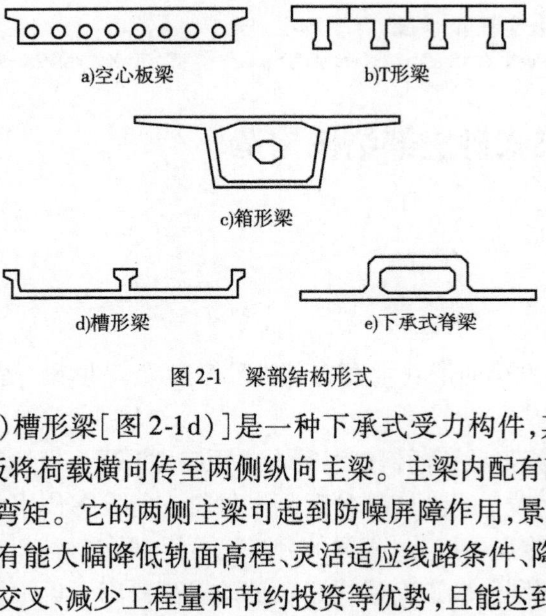

图 2-1　梁部结构形式

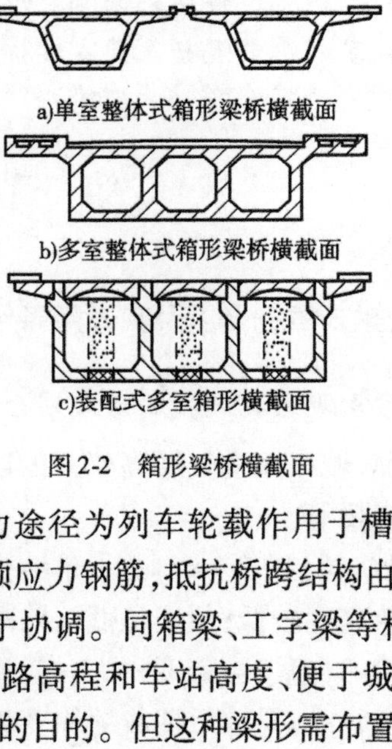

图 2-2　箱形梁桥横截面

(4)槽形梁[图 2-1d)]是一种下承式受力构件,其传力途径为列车轮载作用于槽形梁底板,底板将荷载横向传至两侧纵向主梁。主梁内配有高强预应力钢筋,抵抗桥跨结构由外荷载产生的弯矩。它的两侧主梁可起到防噪屏障作用,景观易于协调。同箱梁、工字梁等相比,槽形梁具有能大幅降低轨面高程、灵活适应线路条件、降低线路高程和车站高度、便于城市道路间立体交叉、减少工程量和节约投资等优势,且能达到降噪的目的。但这种梁形需布置多向预应力钢筋、施工复杂、制作时间长、梁片单价较高。目前,国内尚缺乏此类桥设计和施工经验。

(5)下承式脊梁[图 2-1e)]的桥梁建筑高度以挑臂板的厚度计,因而其建筑高度低,便于压低线路高程,也便于城市道路间立体交叉。挑臂板的厚度不受跨度改变的影响,易于线路的线形布置,并可节约总投资。脊梁边梁可防噪,其顶部可作为检修通道,造型独特,具现代感。下承式脊梁可采用预制拼装工艺。我国尚无此实践,因此缺乏设计和施工经验。

上述梁体结构形式各具利弊,故梁部选型应根据各影响因素综合考虑。对于市区修建的高架桥,特别需做到线形流畅、美观,可首选箱形梁和下承式脊梁。箱形梁既可用于单线轨道,也可用于双线轨道。下承式脊梁只能用于双线轨道。建于郊区的高架桥,对美观不必过分强调,主要从经济性方面加以考虑,可选用 T 形梁和板梁。

2. 按承重结构的静力体系划分

(1)简支梁桥。简支梁桥是建桥实践中使用最广泛、构造最简单的梁式桥[图 2-3a)]。简支梁属静定结构,且相邻桥孔各自单独受力,故最易设计成各种标准跨径的装配式构件。鉴于多孔简支梁桥各跨的构造和尺寸划一的特点,从而能简化施工管理工作,并降低施工费用。

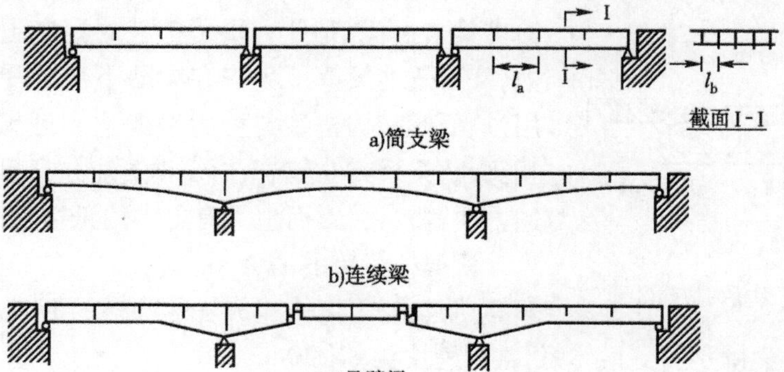

图 2-3　梁式桥的基本体系

(2)连续梁桥。连续梁桥是由承重结构(板梁、T 形梁或箱梁)不间断地连续跨越几个桥孔而形成一超静定的结构[图 2-3b)]。连续孔数一般不宜过多。当桥梁跨径较多时,需要沿桥长分建成几组(或称几联)连续梁。连续梁由于在荷载作用下支点截面能产生负弯矩,从而显著减小了跨中的正弯矩,这样不但可减小跨中的建筑高度,而且能节省钢筋混凝土数量,当跨径增大时,这种节省就越显著。连续梁通常适用于桥基十分良好的场合,否则,任一墩台基础发生不均匀沉陷时,桥跨结构内就会产生附加内力。

(3)悬臂梁桥。悬臂梁桥[图 2-3c)]的主体是长度超出跨径的悬臂结构。仅一端悬出者称为单悬臂梁,两端均悬出者称为双悬臂梁。对于较长的桥,还可以借助简支的挂梁与悬臂梁一起组合成多孔桥。在力学性能上,悬臂根部产生的负弯矩,减小了跨中正弯矩,所以悬臂梁也与连续梁相似,可以节省材料用量。悬臂梁桥属于静定结构,墩台的不均匀沉陷不会在梁内引起附加内力。

二、钢筋混凝土与预应力混凝土梁桥的构造

1. 板桥结构构造

钢筋混凝土板桥的主要承重结构通常就是矩形截面的钢筋混凝土板(图 2-4)。板桥的主要特点是构造简单、施工方便,而且建筑高度较小。然而位于受拉区域的混凝土材料不但不能充分发挥作用,反而增大了结构自重。因此,目前钢筋混凝土板桥用得最多的是跨径≤6m 的简支板桥。对于城轨或铁路桥梁,板式结构沿纵向分成两片,由于底板支承面很宽,每片不会发生侧倾,因此两片之间不需做任何联系。

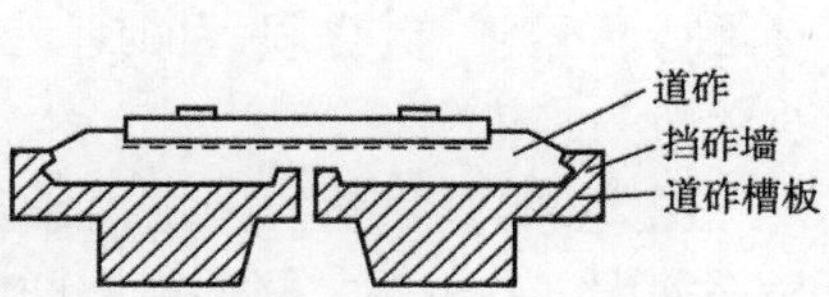

图 2-4　铁路钢筋混凝土板桥的横截面图

2. 肋梁桥结构构造

钢筋混凝土桥的跨度过 8 ~ 10m 时,由于承重结构高度的增加,修建普通的钢筋混凝土板

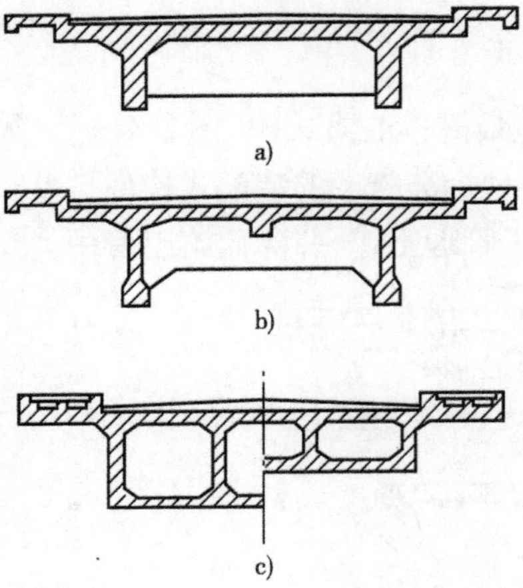

图 2-5　整体式梁桥的横截面图

桥就很不经济。因此,采用在横截面内形成明显肋形结构(称为梁肋,有时也称腹板)的钢筋混凝土肋梁桥(图 2-5)。肋梁桥的梁肋与上部的钢筋混凝土桥面板合理地结合在一起,并使肋与肋之间处于受拉区域的混凝土得到很大程度的挖空,从而使自重显著减轻,这对于仅承受正弯矩作用的简支梁来说,既充分利用了扩展的混凝土桥面板的抗压能力,又有效地发挥了集中在梁肋下部的受力钢筋的抗拉作用,从而使结构构造与受力性能达到理想的配合。与板桥相比,肋梁桥梁肋较高,由于混凝土抗压和钢筋受拉所形成的力偶臂较大,因而也具有更大的抵抗荷载弯矩的能力。

根据桥梁跨度的大小、施工方法的不同、地基条件的好坏等,肋梁桥可以修建成各种各样的形式。目前,用得最多的钢筋混凝土肋梁桥是简支梁体系,常用跨度为 8 ~ 20m。

图 2-6a)、图 2-6b)所示为整体式简支梁桥的横截面形状。在设计整体式梁桥时,因梁肋尺寸不受起重安装的限制,故可以根据钢筋混凝土体积最小的经济原则来确定截面尺寸。整体现浇的梁桥具有整体性好、刚度大、易于做成复杂形状(如曲线桥、斜交桥等)等优点,但其施工速度慢,工业化程度较低,支架模板木料耗费量大,目前在一般情况下较少修建。

为加快建桥速度,而广泛采用工业化施工。这能大量节约木材,降低劳动强度等。对于钢筋混凝土桥梁,现已普遍推广装配式或半装配式的施工方法。钢筋混凝土简支梁桥由于构造简单,因此最适宜于预制生产,近年来国内外对于 8 ~ 20m 的中小跨径的桥梁,绝大部分均采用装配式的预制结构。

图 2-6 为各种装配式梁桥的横截面形式。考虑到起重设备的能力,为便于预制和安装,装配式梁桥一般采用多梁式结构,主梁间距通常在 2.0m 以内,梁高为跨径的 1/16 ~ 1/11。随着起重能力的提高、高强度材料的应用以及轻型薄壁结构的推广,为了使设计更经济、更合理,目前已有加大主梁间距、减少梁数的趋势。

图 2-6b)是目前我国用得最多的装配式 T 形梁桥横截面。各主梁之间的横向联系主要借助间距为 4 ~ 6m 的横隔梁通过焊接钢板来实现,以保证各主梁间荷载的分布。

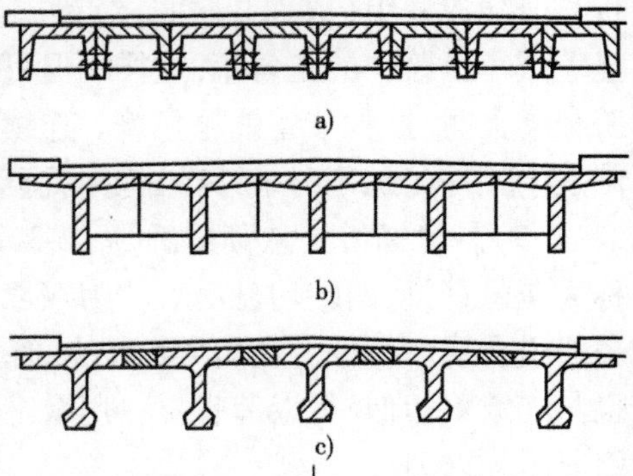

图 2-6　装配式梁桥的横截面形式

为简化预制工作,并避免在架梁后操作困难的横隔梁集整工作,还修建了不少无中横梁的装配式简支梁桥。主梁间的横向联系主要由加强桥面板来实现。图 2-6c)即表示这种梁桥的横截面形式,在相邻主梁的翼板内均伸出连接钢筋,架梁完毕后在接缝内现浇混凝土以保证桥面板的连接强度。实践表明,不设横隔梁虽可行，但在运营质量上往往不及有横隔梁的好（桥面板易于出现纵向裂缝等），而且，为了加强桥面板而多使用的材料与设置几道横隔板来比也不一定经济。所以，是否采用无横隔梁的结构，尚应根据建桥的具体情况，在分析技术经济条件后才能作出选择。

有时由于起重能力所限，为了减轻主梁构件，也可以用纵向水平缝将梁肋与桥面板分开预制[图2-6d、e)]，这种结构也称为组合式梁桥。组合式梁桥的梁肋通常做成工字形截面，以便肋顶有足够尺寸来安装桥面板块件并浇筑接缝混凝土。盖于梁肋之间的桥面板块件可以做成矩形平板[图2-6d)左侧]，但目前常用的则是做成微弯板形式[图2-6d)右侧]，因为微弯板两边嵌固后在受力时具有类似拱的特点，这样可以减少板中钢筋用量。

图2-6e)表示装配式的箱形截面，腹板和底板的一部分构成倒T形的预制构件，在底板上留出纵向的现浇接头，顶板采用微弯板形式以节省钢材，如前所述，箱形截面梁桥主要用在悬臂或连续式的桥上。

在城市轨道交通的应用上，北京地铁八通线采用了预应力混凝土工形组合梁结构，以25m梁跨为主，其横断面图见图2-7。

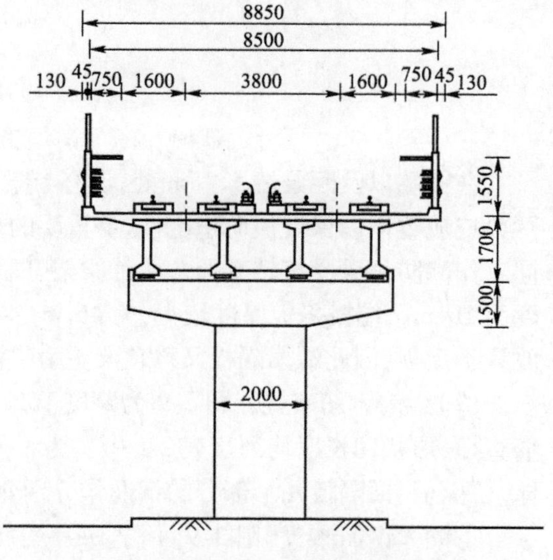

图2-7　北京八通线25m标准梁横断面图
（尺寸单位：mm）

3. 装配式钢筋混凝土简支梁桥结构构造

钢筋混凝土简支梁适用于跨度在16m及以下的桥跨结构，而且多采用装配式结构。主梁分片预制，每片梁重适应架桥机的起吊能力，每片梁尺寸应满足运输限界要求。当装吊或运输条件受限制时，可采用现浇施工方法。下面就装配式钢筋混凝土简支梁的构造及标准设计作简要介绍。

1）梁的截面形式

常用的简支梁截面形式为T形截面。T形梁制作简单，但易发生侧向倾覆，因此，T形梁在运输过程中需设临时支撑，安装就位后，必须把横隔板连接起来，使两片梁形成整体，才可架设下一孔梁。

位于曲线上的桥梁，由于有离心力的作用，而且梁的中线（直线）与线路中线（曲线）不能重合，因而内外侧两片梁受力不相同。在标准设计中，为了简化模板类型，直线梁和曲线梁截面采用相同的尺寸，曲线梁由于有离心力和偏载作用，主筋用量较直线梁要多。另外，外轨超高由道砟厚度调整，为避免加厚的道砟向外坍落，外侧挡砟墙上加设L形挡砟块。

2）构造示例

图2-8为跨度16m的道砟桥面钢筋混凝土梁的一般构造图。

（1）梁的总体布置。梁全长16.5m，梁部结构用纵缝分为两个T形块件，主梁高度为1.9m，道砟槽宽1.92m，两片梁的中心距为1.8m。跨中部分腹板厚30cm，靠近梁端部分增厚到49cm，以适应腹板内斜向拉力变化的需求。为了保证主筋之间有一定的净距和钢筋保护层的需要，下翼缘宽70cm。道砟槽板厚按规定最小为12cm，为使道砟槽板与主梁共同工作，在道砟槽板与梁肋相交处设置梗肋，其底坡为1:3，板与肋相交处的板厚为24cm，满足规范要求。

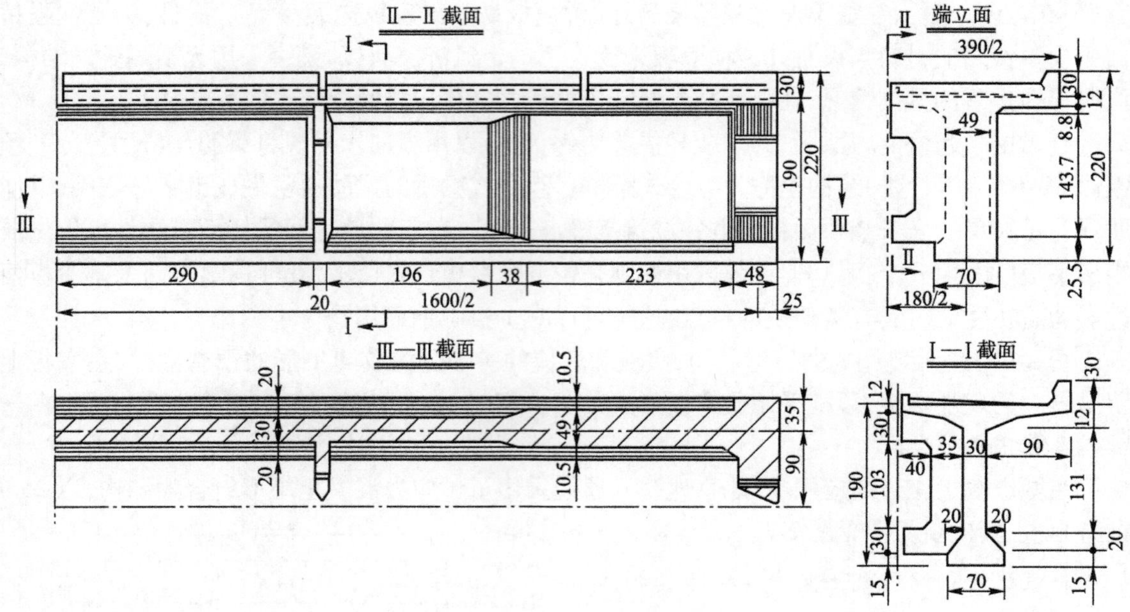

图 2-8　钢筋混凝土梁图(跨度 $l=16$m)(尺寸单位:cm)

在梁端以及距梁端 5.25m 处,设有与梁一起浇筑的横隔板。横隔板的作用不仅在于使两片梁连成整体以保持横向稳定性,更重要的是使两片梁在列车荷载下能很好地分担荷载,并共同工作和防止梁受扭转变形。两片梁架好后,应先将横隔板连接好才能通车。中间横隔板厚度为 16cm。端横隔板厚度较大,为 46cm,主要是考虑到维修或更换支座时,需在端横隔板下放置千斤顶,因此端横隔板又称顶梁。为了便于维修检查,所有横隔板中间留有方孔。

(2)梁内钢筋布置。图 2-9 为跨度 16m 的钢筋混凝土直线梁的钢筋布置图。各编号的钢筋直径、形状和长度均列于表 2-1 中。为了便于了解各部分钢筋的详细布置情况,下文将对梁体、桥面板、横隔板几个部分的钢筋作分别介绍。

①梁体钢筋布置[图 2-9a)]。每片梁肋主要受力钢筋共有 43 根 ϕ20(*N*1 ~ *N*15),*N*1 ~ *N*12(共 23 根)由跨中向两端相继弯起锚固在梁的受压区,和箍筋一起承受主拉应力,其中 *N*1 ~ *N*10 弯至梁顶后伸入受压区的长度大于 20 倍的斜筋直径,满足锚固长度要求,不设与纵筋平行的直段,且不设弯钩;*N*11 ~ *N*12 因不能满足上述锚固长度要求,需要向上弯转锚固在受压区。*N*15 钢筋(共 16 根)伸入支座,与弯起的 *N*13、*N*14 钢筋端部均加直角钩以保证具有足够稳定性。主钢筋在梁下翼缘内的布置参见图 2-9a),为了缩小下翼缘尺寸,采用三根钢筋成束布置。*N*1 ~ *N*7 布置在下翼缘中心部分且在最上两排,使它们能在腹板较薄的跨中部分相继弯起。*N*8 ~ *N*14 或布置在下翼缘中心偏外部分,或布置在下翼缘的底排,它们只能在腹板较厚的梁端部分相继弯起。

箍筋采用 4 肢 ϕ8 钢筋,间距 250mm,编号 *N*21、*N*22。*N*21 布置在跨中区段薄腹板部分内,*N*22 在梁两端厚腹板部分内,同一处用 2 根 *N*21(或 *N*22)错开叠置成 4 肢。所有箍筋均钩在架立钢筋上。在梁的下翼缘内还设有捆扎主筋用的小箍筋 *N*62,并设有分布钢筋 *N*53。在腹板两侧布置有间距为 100mm 直径为 ϕ8 的纵向水平钢筋 *N*27。为使灌筑混凝土时保持纵向水平钢筋和箍筋的设计位置,还分别设置了联系筋 *N*65 和 *N*66 使其互相钩住。

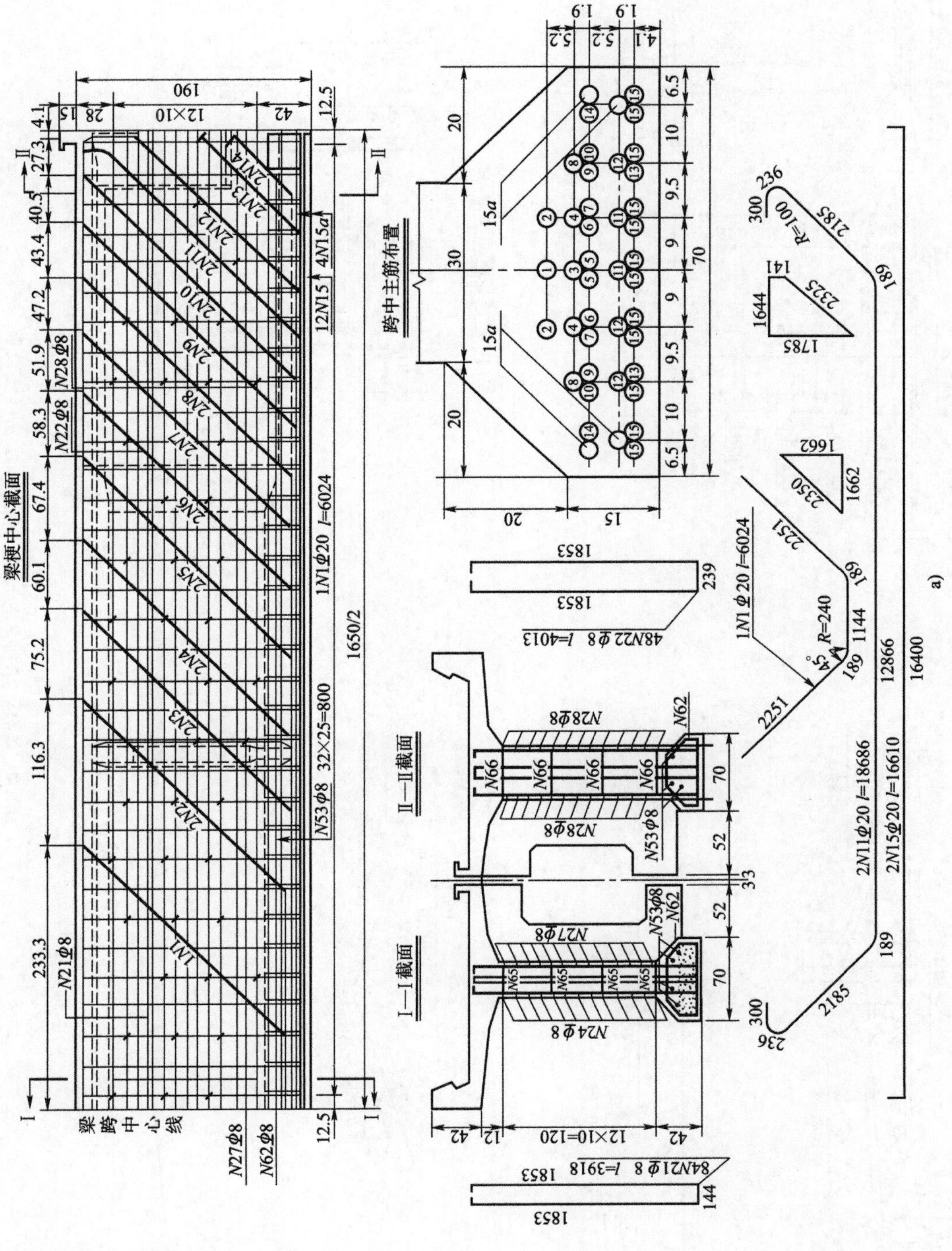

图 2-9

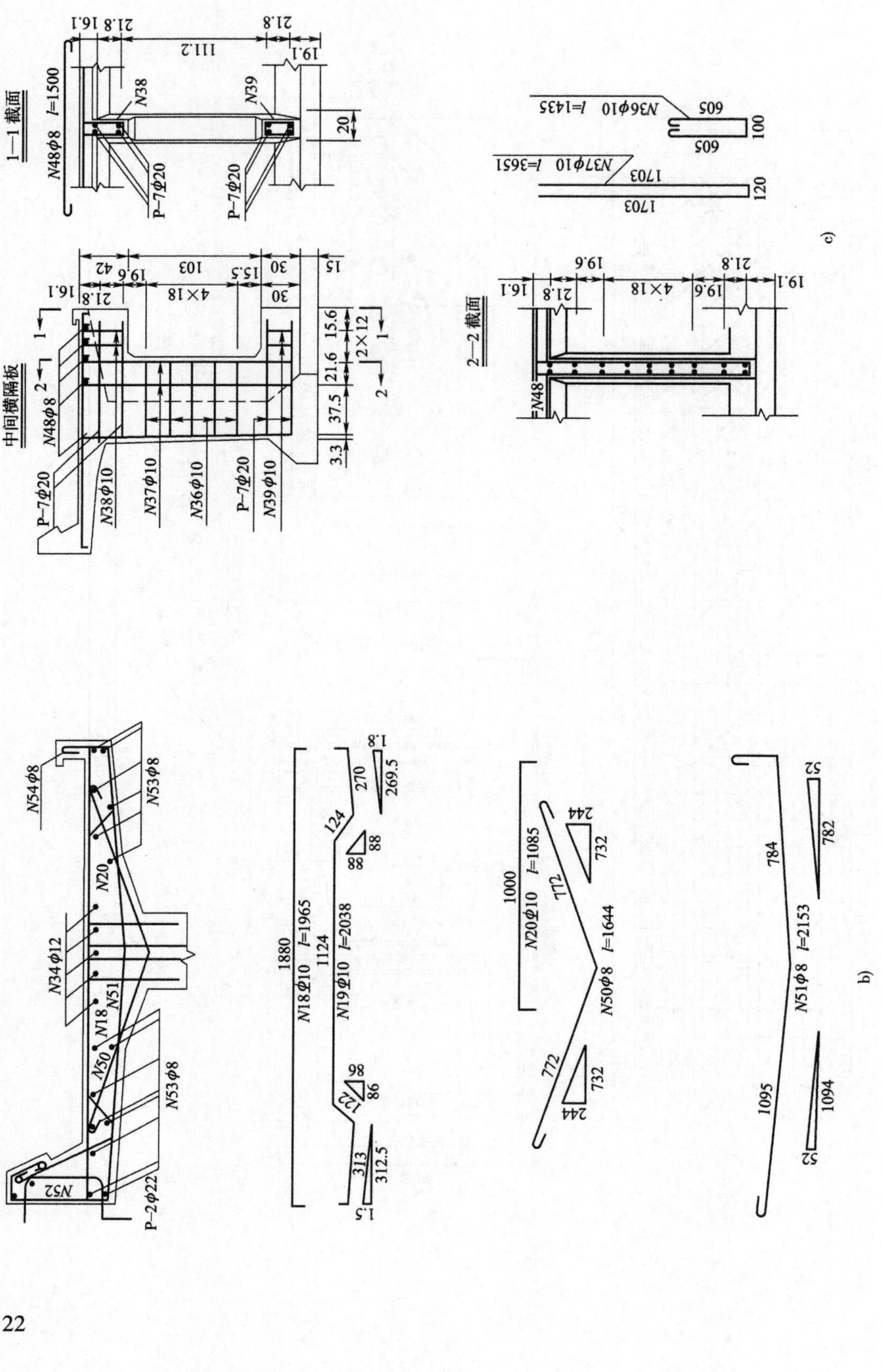

图 2-9 梁部结构形式(尺寸单位:cm;钢筋:mm)

钢筋数量表(1 片梁)　　表 2-1

编号 N	图　示	直径 (mm)	每根长 (m)	根数 (根)	总长 (m)	总重 (kg)	备　注
1	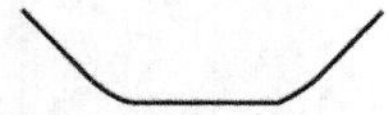	ф20	6.024	1	6.024		梁内主筋
2		ф20	8.350	2	16.700		梁内主筋
3		ф20	9.898	1	9.898		梁内主筋
4		ф20	11.100	2	22.200		梁内主筋
5		ф20	12.464	2	24.928		梁内主筋
6		ф20	13.630	2	27.260		梁内主筋
7		ф20	14.668	2	29.336		梁内主筋
8		ф20	15.596	2	31.192		梁内主筋
9	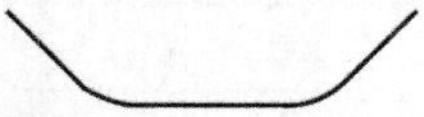	ф20	16.480	2	32.960		梁内主筋
10	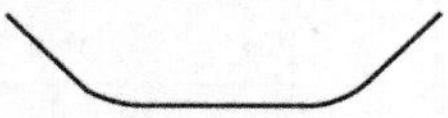	ф20	17.290	2	34.580		梁内主筋
11		ф20	18.686	2	37.372		梁内主筋
12		ф20	19.226	3	57.678		梁内主筋
13		ф20	17.382	2	34.764		梁内主筋
14		ф20	17.074	22	34.148		梁内主筋
15a		ф20	16.570	4	66.280		梁内主筋
15		ф20	16.610	12	199.320		梁内主筋
16		ф20	2.960	4	11.840		U 形螺栓内分布钢筋
17		ф20	2.210	2	4.420		U 形螺栓内分布钢筋
18		ф10	1.965	116	227.94		道砟槽板钢筋

续上表

编号 N	图　示	直径（mm）	每根长（m）	根数（根）	总长（m）	总重（kg）	备　注
19		ϕ10	2.038	22	44.826		道砟槽板钢筋
20		ϕ10	1.085	44	47.740		道砟槽板钢筋
	ϕ10 小计				320.516	197.8	
21		ϕ8	3.918	84	329.112		腹板箍筋
22		ϕ8	4.013	48	192.624		腹板箍筋
27		ϕ8	11.268	26	292.968		腹板纵向水平筋
28		ϕ8	3.364	52	174.928		腹板纵向水平筋
	ϕ8 小计				989.632	390.9	
34		ϕ12	16.460	5	82.300		架立钢筋
	ϕ12 小计				82.300	73.1	
36		ϕ10	1.435	10	14.350		隔板钢筋
37		ϕ10	3.651	6	21.906		隔板钢筋
38		ϕ10	0.991	4	3.964		隔板钢筋
39		ϕ10	0.840	4	3.360		隔板钢筋
40		ϕ10	3.555	24	85.320		隔板钢筋
41		ϕ10	1.030	30	30.900		隔板钢筋
47		ϕ10	1.180	12	14.160		隔板钢筋
48		ϕ8	1.500	8	12.000		隔板架立筋
49		ϕ8	1.050	8	8.4000		隔板架立筋
50		ϕ8	1.644	56	92.064		道砟槽底板筋
51		ϕ8	2.153	56	120.568		道砟槽底板筋

续上表

编号 N	图　　示	直径 (mm)	每根长 (m)	根数 (根)	总长 (m)	总重 (kg)	备　　注
52	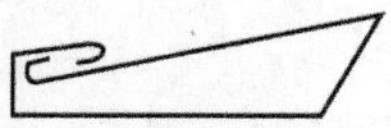	ϕ8	1.352	99	133.848		挡砟墙钢筋
53		ϕ8	16.470	19	312.93		道砟槽板及下翼缘分布钢筋
54		ϕ8	2.960	16	47.360		挡砟墙分布筋
55		ϕ8	2.210	8	17.680		挡砟墙分布筋
61		ϕ8	1.880	4	7.520		端边墙钢筋
62	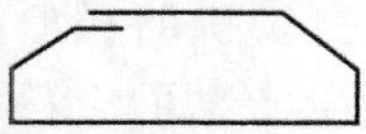	ϕ8	1.758	66	916.028		下翼缘箍筋
64		ϕ6	0.476	18	8.568		端边墙钢筋
65		ϕ6	0.341	72	25.272		腹板联系筋
66		ϕ6	0.541	52	28.132		腹板联系筋
68		ϕ6	0.197	10	1.970		隔板联系筋
69		ϕ6	0.497	22	10.934		隔板联系筋

②道砟槽板钢筋布置[图 2-9b)]。道砟槽板是一个支承在梁肋上的双悬臂梁。它的上部受拉、下部受压,故其主要钢筋 N18、N19 与 N20 均置于板的上部。其中,N18 与 N20 为端部带直钩的直钢筋,N19 则在靠板的端部向下弯折再向上弯起。N18、N19 与 N20 交错布置。此外,在板的下部还交错布置了构造筋 N50、N51,其间距为 0.26m,以加强板与肋的连接并防止由于意外的反向弯曲而使板发生断裂。考虑到挡砟墙可能意外遭受外力,在其中设置封闭受力筋 N52。沿桥纵向在道砟槽板顶部及下翼缘内设置分配钢筋 N53。N34 与 N53 除有传递荷载、承担混凝土不均匀降温和收缩时的应力外,还有兼作架立筋的作用。

N54、N55 为挡砟墙及内边墙的架立筋。应注意,它们在断缝处也同样要断开。N52 则为挡砟墙的封闭状受力筋。

N48(或 N49)为置于横隔板(或端横隔板)上部顺桥方向的辅助筋。道砟槽板不仅支承在主梁上,同时也支承在横隔板上,设这些钢筋是为了承受该处实际可能发生而在板的计算中未考虑的负弯矩。为固定人行道角钢支架,挡砟墙埋有 U 形螺栓。

③横隔板钢筋布置[图 2-9c)]。在跨中横隔板内的主要钢筋为 P－7ϕ20。其他如 N36、N37、N38、N39 等则为构造钢筋。起"顶梁"作用的端横隔板,其主要钢筋为 P－9ϕ20。其他如

N40、N41、N47 均系端横隔板内的竖向与水平钢筋。它们相互连成钢筋网以承受此处的复杂应力。端横隔板的钢筋布置比中横隔板要密。这是因为此处正是安放支座的位置,要传递强大的集中反力。

4. 装配式预应力混凝土简支梁桥结构构造

对于装配式钢筋混凝土简支梁桥,当跨径超过 20m 时,不但钢材耗量大,而且混凝土开裂现象也往往比较严重,影响结构的耐久性。因此,当跨径大于 20m,特别是 30m 以上的跨径,就往往采用预应力混凝土结构。预应力混凝土梁和钢筋混凝土梁相比有如下优点:

①预加力大大提高了梁的抗裂性,从而增加了梁的刚度和耐久性。

②采用高强钢材,可节省钢材用量。

③由于采用高强混凝土,截面尺寸减小,梁体自重减轻,可以提高跨越能力。

④预应力混凝土梁中由于有弯起的预应力筋,其预剪力可抵消部分荷载剪应力,因此提高了梁的抗剪能力,可做成薄腹板梁。

预应力混凝土简支梁桥的横截面类型,基本上与钢筋混凝土梁桥的相似,通常也做成 T 形、II 形、I 形(图 2-6)。有时为了提高单梁的抗扭刚度并减小混凝土截面,也采用箱形。

(1)先张法预应力混凝土简支梁。先张法预应力混凝土简支梁,是在浇筑混凝土前利用张拉台座等设备先张拉预应力钢筋使其达到设计应力后,锚固在临时台座上,随后浇筑混凝土,待混凝土达到一定强度后,放松预应力钢筋,通过钢筋与混凝土之间的黏结力将预应力传给混凝土。

目前,我国铁路上采用的先张法预应力梁的标准设计有 8 ~ 20m 道砟桥面低高度梁和普通高度梁,预应力钢筋采用钢绞线。预应力钢筋配置有两种办法:直线配筋和折线配筋。从结构合理性来说,以折线配筋为宜。但折线配筋使得张拉设备复杂,施工困难。标准设计采用直线配筋,利用钢筋与混凝土间的黏结力自锚于混凝土中。为适应荷载弯矩沿梁跨的变化情况,避免梁上缘混凝土因预应力作用而开裂,在跨度 1/4 左右至梁端用不同数量的预应力钢筋分批进行绝缘,即用硬质塑料管将钢筋与混凝土隔开,以消除绝缘段钢筋的预应力。但由于受力和施工工艺等方面的影响,现在新建的城市轨道交通桥梁和铁路桥梁基本不采用先张法施工,而多数是在轨枕制作中采用。

图 2-10 所示为道砟桥面先张法预应力混凝土梁,跨度为 16.00m,全长 16.5m。

梁的横截面形式采用上翼缘较宽的工字形截面,梁高 1.9m,底宽 0.68m,腹板厚度从跨中到梁端,按剪力变化情况分段加厚:由 0.20m 过渡到 0.46m。

预应力钢筋为 $7\phi5$ 钢绞线,每片梁下翼缘布置 28 根钢绞线,直线配筋,全部集中在梁的下翼缘内,根据弯矩包络图,除 14 根全长有效外,其余 14 根分批在预应力钢筋理论切断点延长一定锚固长度后,用塑料套管绝缘,将预应力钢筋和混凝土隔离开。

(2)后张法预应力混凝土简支梁。后张法预应力混凝土简支梁是先浇筑梁体混凝土,并在混凝土中预留管道,待混凝土达到一定强度后,在管道中穿进预应力钢筋进行张拉,张拉至设计应力后,在钢筋两端用锚具锚固,阻止预应力钢筋回缩。然后撤去张拉设备,在孔道内压浆、封端。后张法梁的预应力是靠设置在钢筋两端的锚固装置传递到混凝土中去的。

图 2-11 是后张法铁路预应力混凝土 32m 简支梁(通桥[2005]2101)平面图。梁长为 32.6m,梁高为 2.5m,每孔由两片 T 形梁组成。上翼缘宽 2.3m,最小厚度 0.15m,上翼缘和腹

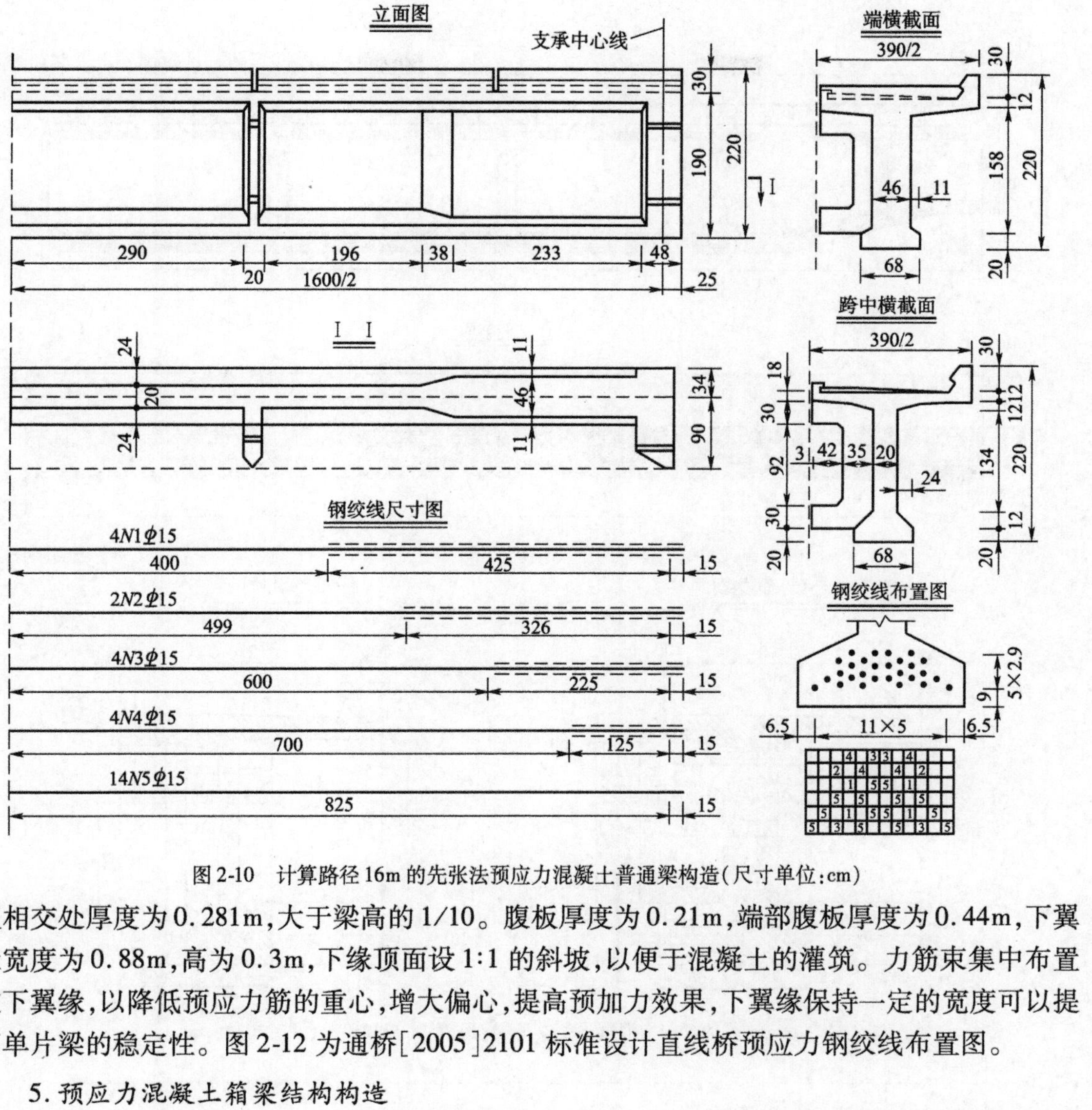

图 2-10　计算路径 16m 的先张法预应力混凝土普通梁构造(尺寸单位:cm)

板相交处厚度为 0.281m,大于梁高的 1/10。腹板厚度为 0.21m,端部腹板厚度为 0.44m,下翼缘宽度为 0.88m,高为 0.3m,下缘顶面设 1:1 的斜坡,以便于混凝土的灌筑。力筋束集中布置在下翼缘,以降低预应力筋的重心,增大偏心,提高预加力效果,下翼缘保持一定的宽度可以提高单片梁的稳定性。图 2-12 为通桥[2005]2101 标准设计直线桥预应力钢绞线布置图。

5. 预应力混凝土箱梁结构构造

箱梁是目前国内外广泛采用的高架桥结构形式之一,它具有闭合薄壁截面、抗扭刚度大、整体受力性能好、外观简洁、适应性强等特点。箱梁截面刚度大,徐变上拱小,对于轻轨无砟轨道来说,是十分有利的。一般采用满堂支架就地浇筑施工或滑移模架施工。可采用简支或连续结构,连续结构克服了简支梁接缝多的缺点,有利于改善行车条件。简支结构对控制沉降的要求相对容易满足,施工工艺简单,施工周期短。简支箱梁根据其截面形式可分为单箱单室、单箱双室、双箱单室等。图 2-13 为单箱单室预应力混凝土箱梁。其构造简单,适合于整孔梁假设。

图 2-14 为单箱双室钢筋混凝土箱梁,该箱梁除本身具有箱梁的一般特点外,还具有适应性强的特点,在区间曲线段、折返线及渡线段处使用更为灵活,对于斜弯桥尤为有利。在小于 20m 的小跨度桥梁结构中,钢筋混凝土梁的优点是,施工工艺简单,梁部施工周期短,混凝土收缩徐变影响小;缺点是,整体受力性能和结构的耐久性不如预应力混凝土结构。

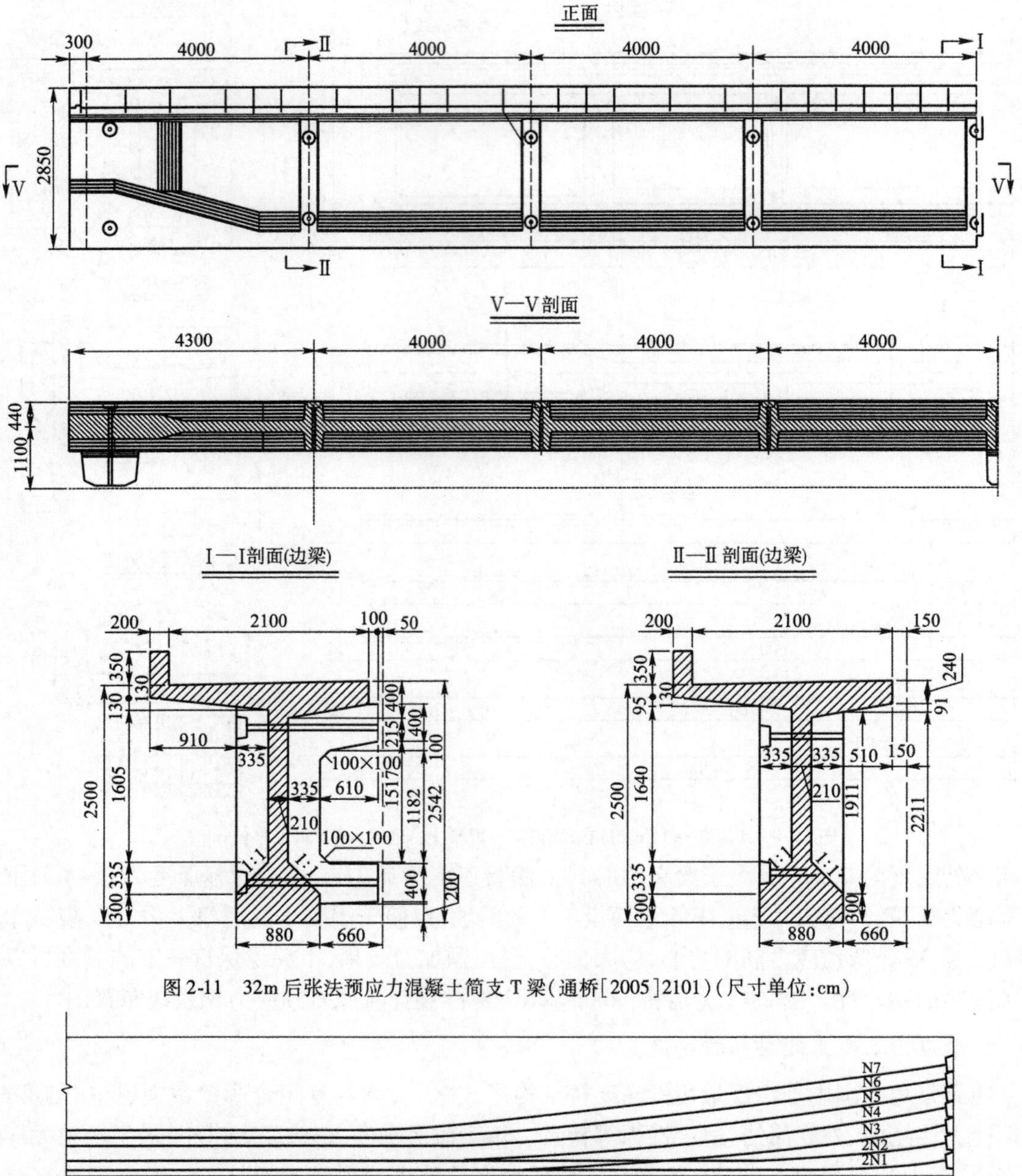

图 2-11　32m 后张法预应力混凝土简支 T 梁(通桥[2005]2101)(尺寸单位:cm)

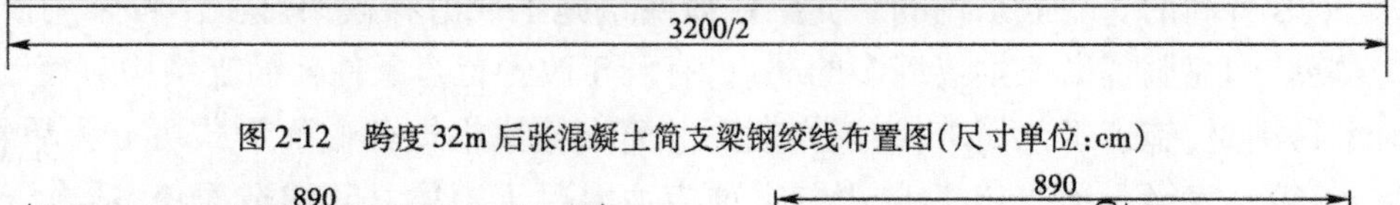

图 2-12　跨度 32m 后张混凝土简支梁钢绞线布置图(尺寸单位:cm)

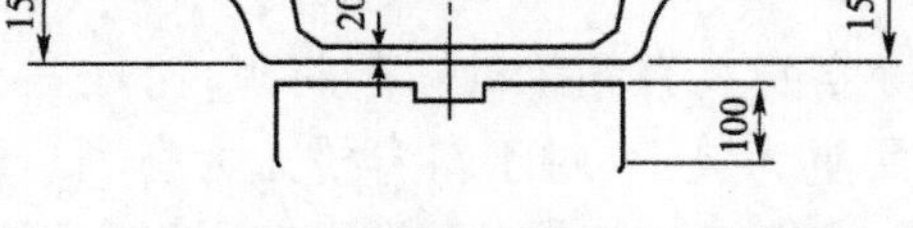

图 2-13　单箱单室预应力混凝土箱梁截面
(尺寸单位:m)

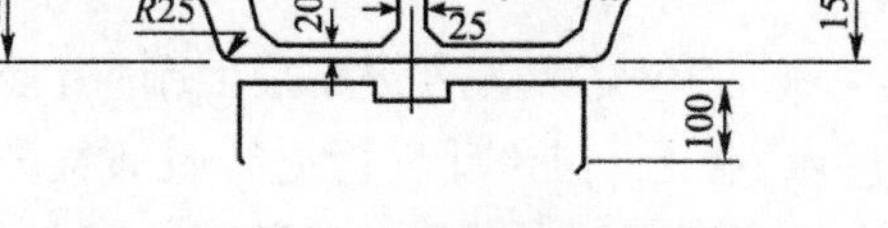

图 2-14　单箱双室钢筋混凝土箱梁截面
(尺寸单位:cm)

图2-15为预应力混凝土双箱单室组合箱梁，该结构采用2片预制简支箱梁，安装就位后，其上现浇钢筋混凝土桥面板，形成组合箱梁；也可在顺桥向将箱梁连为整体，形成连续结构。其主要优点为，箱梁在预制厂内预制，25m跨，梁高为1.5m，单片箱梁自重约90t，可用架桥机或大型汽车吊吊装，架桥速度快，对城市交通和环境影响小。整个上部结构抗扭刚度较大，整体受力性能较好；缺点是，预制箱梁较重，对吊装和运梁设备要求高。其后期徐变上拱相对较大，桥面整体施加预应力效果不均，预制部分偏大。架梁后，现场浇筑混凝土量较大。

另外，在城市轨道桥梁中还用到了钢箱混凝土结合梁桥（图2-16）。

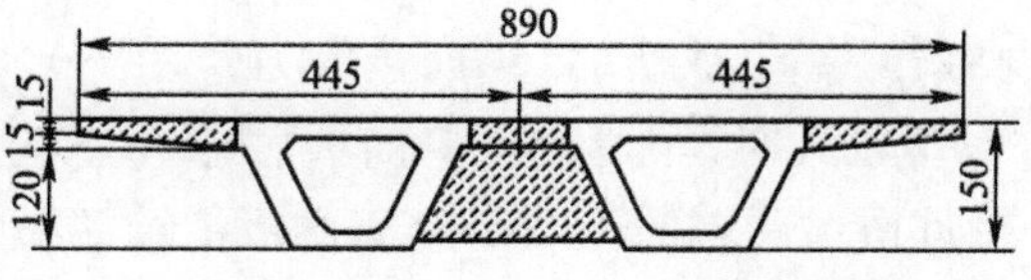

图2-15　预应力混凝土双箱单室组合箱梁端截面（尺寸单位：cm）

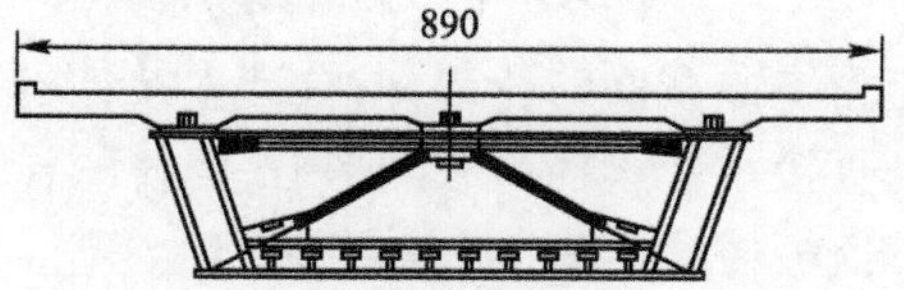

图2-16　钢箱混凝土结合梁截面（尺寸单位：cm）

钢箱混凝土结合的梁桥，结构简洁、流畅，由于采用了钢结构，因此减少了桥梁恒载，可使桥墩比较轻盈。该梁型的受力特点为混凝土受压、钢材受拉，充分发挥了各自材料的特性，增加了梁的承载能力。桥梁自重较小，变形、振动等相对较大，对抗震较为有利。混凝土收缩徐变影响小。施工中可利用钢梁作为模板浇筑桥面混凝土，无须设置支架，施工简单、周期短，对跨越较为繁忙的道路尤为适用；其缺点为，相对造价较高且噪声较大。

6. 预应力混凝土双肋板梁结构构造（图2-17）

采用2片预制简支肋，安装就位后，其上现浇钢筋混凝土桥面板，形成混凝土肋板梁。肋板梁属装配式截面，抗弯抗剪性能好，其特点是外形简单，可在工厂或就地预制施工。桥梁上部结构由2片肋板梁组成，25m跨，梁重约90t，也可采用架桥机或大型汽车吊吊装。其抗扭、减振、降噪性能较箱梁略差。后期徐变上拱较大。同样，存在预制箱梁较重、吊装和运梁设备要求高和桥面整体施加预应力效果不均、预制部分偏大的缺点。架梁后，现场浇筑混凝土量较大。

7. 钢管混凝土结合梁结构构造（图2-18）

由于采用了填充混凝土的钢管截面，充分利用了钢管和混凝土的材料特性，混凝土限制了钢材的局部压屈，钢管的约束增强了混凝土的抗压能力，因此使得钢管混凝土结合梁具有很高的强度和延性。其构造为，在支点处的钢管内填充混凝土，而在梁跨中部则填充充气砂浆（轻型混凝土），以有效减轻梁体自重。钢筋混凝土板和梁体在正弯矩区是作为结合构件共同受力的，混凝土收缩徐变影响小。该梁型可以减少车辆产生的噪声和振动程度，施工工艺简单，架设方便；其缺点是造价相对较高。

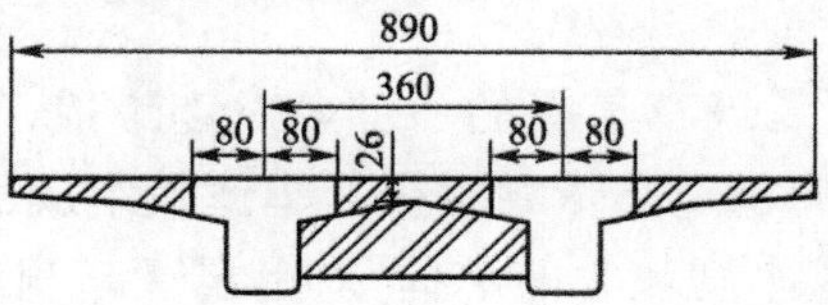

图2-17　双肋板梁端截面（尺寸单位：cm）

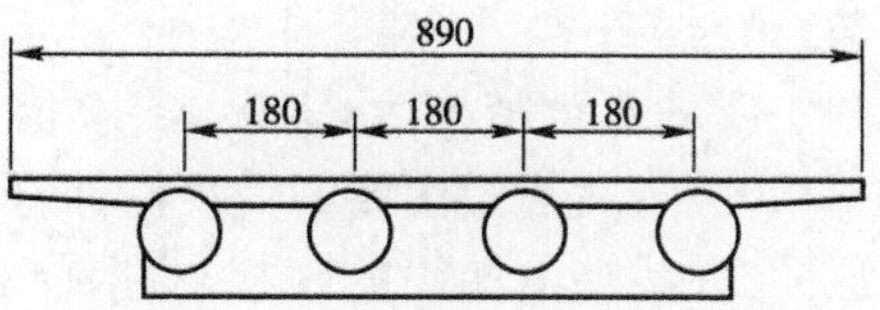

图2-18　钢管混凝土结合梁端截面（尺寸单位：cm）

8. 高架槽形梁结构构造

槽形梁一般是预应力混凝土结构，属下承式桥梁，由车道板、主梁和端横梁3部分组成，如图2-19所示。下面分别介绍槽形梁3个主要组成部分的设计、构造和施工要点。

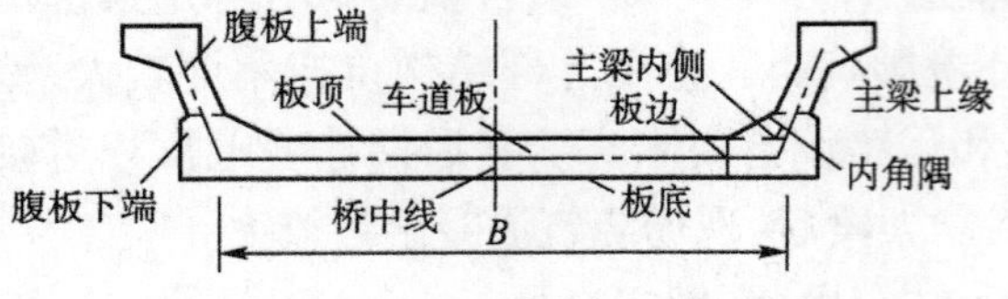

图2-19　槽形梁结构部分

1)车道板

车道板位于梁体下翼缘，在预应力和竖向荷载作用下，不仅会产生双向弯曲和扭转，而且作为主梁截面的一部分，会产生拉伸(竖向荷载作用下)或压缩(纵向预应力作用下)。车道板是直接承受车辆荷载的部分，当桥的长宽比 L/B 较大时，车道板按单向板考虑，荷载主要通过车道板传给主梁，再由主梁传到支座。只有接近桥梁两端的荷载是经车道板传给端横梁，再由端横梁传到支座。当桥的长宽比较小($L/B<2$)时，车道板作为双向板考虑，荷载一部分通过主梁，一部分则通过端横梁传到支座。

由于列车在车道板上通行，所以车道板的宽度较大，当单线不设检修道时，取宽度 $B=3.8$m(主梁净距3.5m)、设检修道(宽0.5~0.6m)时、$B=4.3$m(主梁净距4.0m)。双线桥 $B=8.2$m(主梁净距7.8m，检修道宽1m，设在两车道中央)。车道板厚度，单线可取0.3~0.35m，双线可取0.50~0.55m。若将检修道设在主梁上翼缘上，由于板宽减小，可做得更薄些，单线可用0.25~0.3m，双线可用0.45~0.5m。

槽形梁的车道板和主梁内侧交接处，常设置斜率小于1:3的内角隅，一方面可以减小截面突然变化引起的应力集中，另一方面内角隅构造有利于横向预应力筋弯起布置。

车道板作为主梁主翼缘的一部分，在竖向荷载作用下承受纵向拉应力。在板宽方向，该拉应力自板边向中线逐渐降低，即所谓剪应力滞现象，它影响了车道板作为主梁翼缘有效宽度值，在设计中为了简化计算，取一定宽度的车道板作为主梁翼缘，该宽度即为“计算宽度”。根据国内外资料，板的计算宽度可采用下列3项的最小值：

(1)梁梗每侧取计算跨度的1/L，当梁梗两边伸出的板为对称时，合计为跨度的1/3。

(2)梁梗每侧取两相邻轴线间距离的一半。

(3)自梗肋以外每侧再加6倍板厚。当单线桥跨度12m以上，双线桥跨度22m以上，可取车道板全宽作为主梁翼缘。

在预加应力作用下，可取车道板全宽作为主梁翼缘进行计算，不受上述3项规定的限制。

槽形梁的纵向必须设置预应力筋，一般情况下，车道板内还应设置横向预应力筋，单线时可不设预应力筋，但需增配较多的非预应力筋。双线槽形梁必须设置横向预应力筋。

车道板的计算跨度 B，取主梁腹板中线与车道板中面交点间的距离。荷载取上部列车的最大轴重，横向预应力按计算跨度为 B 的简支梁计算。

2)主梁

主梁是主要的承重结构，由上翼缘、腹板和下翼缘车道板的一部分宽度组成，其高度为 $h=L/14\sim L/10$。上翼缘是主要的受压构件，其横向稳定是依靠腹板与车道板组成的U形半框架来保证的，在梁端由加厚的腹板与端横梁形成刚度较大的结构，对上翼缘起侧向支撑作用。当上翼缘宽度不小于跨度 L 的3%时，就不会失稳。它的厚度一般可取 $0.15h\sim0.2h$。

主梁腹板厚度有薄腹板和厚腹板两种。薄腹板能减轻梁的自重，但要设竖向预应力筋，施工难度较大。厚腹板为普通钢筋混凝土结构，跨中厚度单线为 0.3m，双线为 0.4m，端部增加到 0.4 ~ 0.55m，箍筋间距为 0.1 ~ 0.15m。

3）端横梁

端横梁是槽形梁的重要组成部分之一，在施工和养护维修时起顶梁的作用，并为车道板的两端提供支承，保证车道板的整体作用，还为上翼缘的横向稳定起支撑作用。

端横梁的高度和宽度一般为 $h_2 = (1.6 \sim 2.0)h_1$，$b_2 = (1.0 \sim 1.3)b_1$，h_1 为车道板厚度。端横梁的计算按简支梁考虑。

9. 高架脊梁结构构造

高架脊梁结构分上承式和下承式两种。上承式是在单箱梁的上部带大悬臂挑臂结构，下承式是在脊梁的下底板位置带大悬臂挑臂结构，如图 2-20 所示，一般城市轨道交通大多采用后者。这种结构主要靠脊梁来承受纵向弯矩，挑臂板作为行车道板，同时将列车荷载传到脊梁上，挡墙主要是用来防止噪声和作为防护车辆倾覆的保护体，也可以作为结构的一部分，起边梁作用，改善挑臂的受力。

下承式脊梁结构具有以下优点：

（1）建筑高度低。其建筑高度为挑臂板的厚度，脊梁高度的改变对挑臂板的厚度无影响，而跨度的改变只影响脊梁的高度，这对于城市高架结构的线型布置非常有利。

（2）施工方便。可以选用预制构件拼装法，先吊装脊梁，然后拼装挑臂翼板。

（3）部分结构可有其他用途，即边缘和脊梁顶面可作为检修道等。

（4）脊梁和边梁构成一个防噪体系。

（5）外形美观。

下承式脊梁翼板式结构的横断面由脊梁、大挑臂翼板和端加劲边梁（或称挡板）3 部分组成。

脊梁一般为单箱，宽为 1.6 ~ 2.3m，由于脊梁除了提供纵向抗弯刚度之外，还要提供抗扭刚度，一般壁厚取 0.25 ~ 0.42m。在支承区，由于约束扭转，结构的剪力相当大，所以常设置一段实体脊梁。

挑臂板的结构形式，可采用纵向连续板、空心板或者用多根悬臂梁代替，如图 2-21 所示。从施工、防震、隔震、防噪性能和美观上综合考虑，以实体板为好。

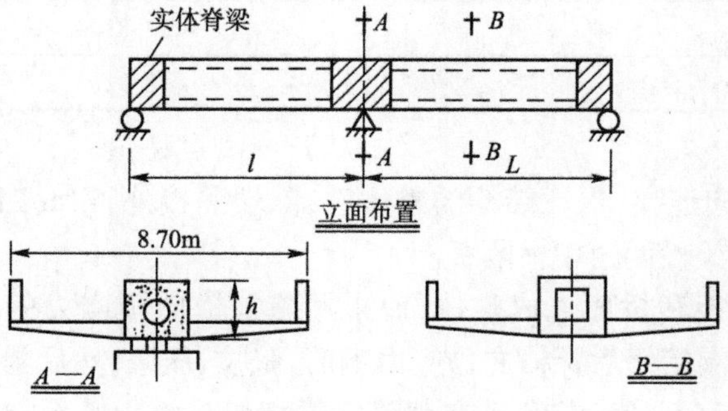

图 2-20　脊梁结构形式

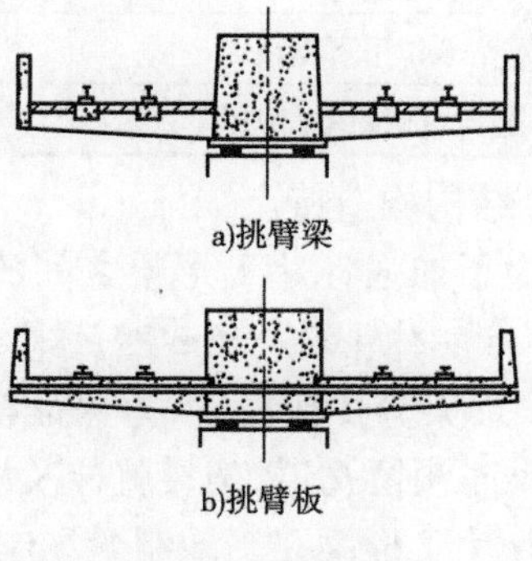

图 2-21　挑臂形式

悬臂行车板的计算方法较多、结果差异很大，总的说来这些计算方法可以归结为以下两类假定：

(1)不考虑主梁变形影响，即把悬臂板的根部看作固定端。

(2)近似考虑主梁截面畸变影响，即将悬臂板的根部简化为弹性系数为 K 的转角弹簧约束。第一种假定偏于保守，第二种假定更接近实际情况。

10. 预应力混凝土梁桥构造实例

下面以秦沈客运专线为例，说明预应力混凝土简支梁桥的构造。

1)预应力混凝土简支 T 形梁

(1)结构布置

秦沈客运专线预应力混凝土简支 T 形梁每孔由四片 T 形梁组成，通过桥面板、横隔梁之间的湿接缝及横向预应力钢筋连成整体。其截面形式如图 2-22 所示。

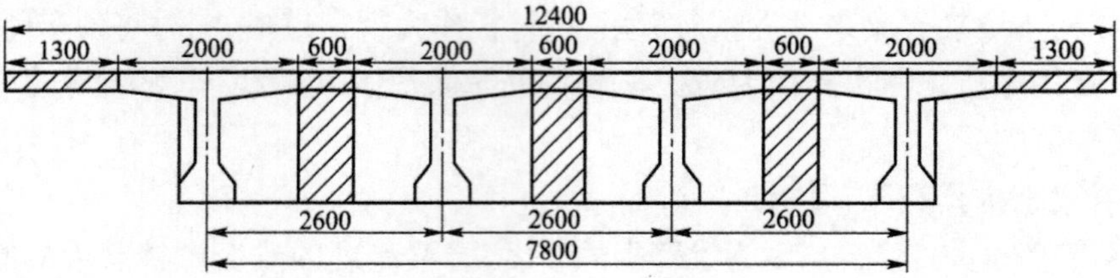

图 2-22　T 形梁截面形式(尺寸单位：mm)

T 形梁主要尺寸及工程数量见表 2-2，主要设计指标见表 2-3。

T 形梁主要尺寸及工程数量　　表 2-2

跨度(m)	12	16
全长(m)	12.5	16.5
梁高(m)	1.3	1.6
单片(中梁/边梁)重(t)	38.04/40.25	54.37/59.40
每孔混凝土用量(m^3)	76.27	109.10
每孔钢绞线用量(t)	2.17	3.36
每孔钢筋用量(t)	11.75	16.09

T 形梁主要设计指标　　表 2-3

跨度(m)	12	16
静活载作用下挠跨比	1/4800	1/3810
竖向自振频率(Hz)	—	8.92

(2)结构构造特点

①为了加强各片 T 形梁之间的横向连接，保证结构的整体性，除端隔板外，12m 四片式 T 形梁设一道中横隔板，16m 四片式 T 形梁设两道中横隔板。

②T 形梁分片架设后，为保证横隔板和桥面连成整体，而采用施加横向预应力的构造措施。制梁时预留孔道，架设就位及浇筑湿接缝后穿横向预应力钢筋，张拉、压浆，然后封锚。

③分片 T 形梁在工地制梁场制造，其制造工艺和已有铁路桥梁相似。由于桥面和横隔板采用横向预应力，制造时预留孔道位置要求精确定位。

④跨度 12m、16m 四片式后张法预应力混凝土简支 T 形梁在扣除自重影响后，预应力产生

的上拱度分别为0.41cm及0.71cm，静活载作用下挠度分别为0.23cm及0.42cm，为保证线路在运营状态下的平顺性，需要在跨中的桥面和梁底分别设0.63cm及1.0cm的反拱。

2）预应力混凝土简支箱梁

（1）截面形式

秦沈客运专线后张法预应力混凝土整孔预制简支箱梁的截面形式，分为双线单梁（双线箱梁）及单线单梁（单线箱梁），分别如图2-23、图2-24所示。

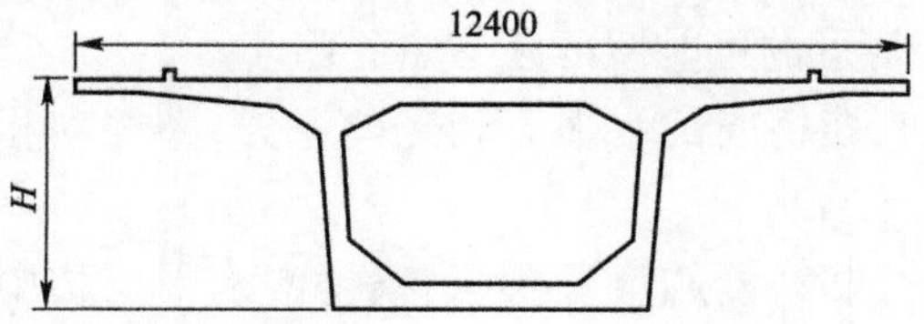

图2-23　双线箱梁横断面（尺寸单位：mm）

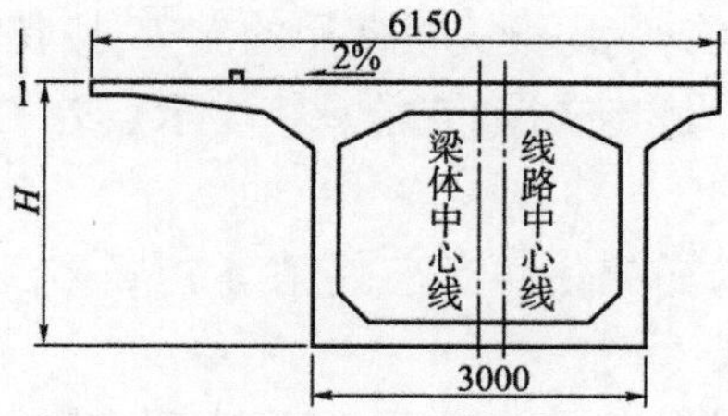

图2-24　单线箱梁横断面（尺寸单位：mm）

预应力混凝土简支箱梁主要尺寸和工程数量见表2-4，主要设计指标见表2-5。

箱梁主要尺寸及主要工程数量　　表2-4

类　型	双线箱梁			单线箱梁		
跨度（m）	20	24	32	20	24	32
全长（m）	20.6	24.6	32.6	20.6	24.6	32.6
梁高（m）	1.8	2.0	2.6	1.8	2.0	2.7
梁顶宽（m）	12.4	12.4	12.4	6.15	6.15	6.15
箱底宽（m）	6.16	6.12	6.40	3.00	3.00	3.00
梁重（t）	421.0	510.75	722.0	205.92	251.75	368.5
每孔混凝土用量（m^3）	168.4	204.3	288.8	82.37	100.7	147.4
每孔钢绞线用量（t）	4.316	6.250	11.18	2.109	3.125	5.439
每孔钢筋用量（t）	29.95	34.78	53.09	12.09	14.42	21.14

箱梁主要设计指标　　表2-5

类　型	双线箱梁			单线箱梁		
跨度（m）	20	24	32	20	24	32
静活载作用下挠跨比	1/5000	1/4000	1/3689	1/4878	1/3871	1/3704
竖向自振频率（Hz）	7.18	5.64	4.09	7.16	5.65	4.49

（2）构造特点

①双线箱梁：采用斜腹板截面，减小了梁体对墩台顶帽尺寸的要求和桥面横向悬臂板的长度，同时梁体外形比较美观。箱梁跨中截面顶板厚35cm，腹板厚45cm，底板厚25cm。

②单线箱梁：考虑整孔箱梁架设时，架桥机支腿反力宜直接传递到腹板上。因此，各种宽度的箱梁采用直腹板和同一箱宽。

为了方便墩台设计，采用统一的支座中心距。

单线箱梁为不对称结构，为减小梁体受力时发生的斜弯曲影响，在桥面外悬臂板设置一定数量的横向断缝,以调整截面主轴的偏斜。

三、支座的类型和构造

桥梁支座是梁式桥跨结构的一个重要组成部分。它的主要作用是将桥跨结构的支承反力(包括竖向力和水平力)传递给桥梁墩台,并保证桥跨结构在汽车荷载、温度变化、混凝土收缩和徐变等因素作用下能自由变形,使桥梁结构的实际受力情况与结构的设计要求相符。

目前,我国梁式桥使用的支座,按其容许变形的可能性可分为如下几点:

(1)固定支座:它能承担支承点处顺桥向、横桥向的水平力和竖向反力,并约束相应的线位移。

(2)单向活动支座:它在承担竖向反力的同时,能约束顺桥向、横桥向水平位移中的一个线位移。

(3)多向活动支座:容许支座在顺桥向、横桥向两个方向发生水平线位移,仅承担竖向反力。

桥梁支座按使用材料来分,又可分为简易支座、钢支座、橡胶支座、混凝土支座四大类。桥梁支座类型的选择应根据桥梁跨径的长短、支点反力的大小、梁体变形的程度以及对支座结构高度的要求视具体情况而定。

1)简易垫层支座

对于跨度小于或等于6m的铁路板梁桥或标准跨径小于10m的公路简支梁桥,为简单起见,可不设专门的支座,而采用由几层油毛毡或石棉做成的简易支座,如图2-25所示。这种简易垫层的变形性能较差。

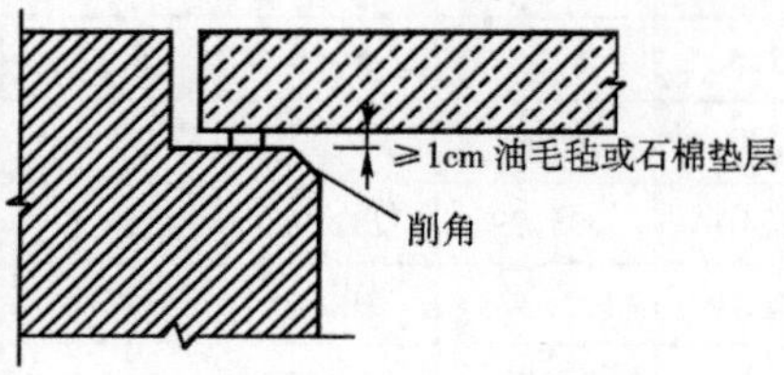

图2-25 简易垫层支座

2)钢支座

目前,钢支座主要用在钢桥或大跨径混凝土桥上。钢支座承载能力大,但用钢量多、易锈蚀,因而养护费用较高,常用的有弧形支座、摇轴支座和辊轴支座。

(1)弧形钢板支座。弧形钢板支座常用于跨径10~20m,支承反力不超过600kN的简支梁桥上。弧形钢板支座由上、下两块支座垫板以及齿板或销钉组成,上支座垫板是一平板(或弧面),下支座垫板的顶面是一曲率很大的弧面,如图2-26所示。

弧形钢板支座是通过其上支座垫板沿着下支座垫板弧形接触面的相对滑动和转动来实现水平位移和转动。对于固定支座,则是通过焊接在上、下支座垫板之间的齿板或销钉来限制支座的水平位移,活动支座将上垫板销孔改成椭圆孔。目前,不少桥梁的弧形支座已被板式橡胶支座所代替。

(2)摇轴支座。当梁桥的跨度大于或等于20m时,可采用钢摇轴支座。摇轴支座有活动支座和固定支座之分,如图2-27a)所示。活动支座由底板、摇轴和直接与梁底相连的顶板组成。摇轴的顶面和底面均做成圆曲面形,能自由转动,并由摇轴转动顶面、底面的位移差,来适应梁体水平位移的需要。固定支座由顶板、摇轴两部分组成,而摇轴的底面是水平面,直接和墩台顶面连接,因此支座只能转动,不能位移。

(3)辊轴支座。辊轴支座是大跨度混凝土桥和钢桥常用的支座形式。辊轴支座通常由若

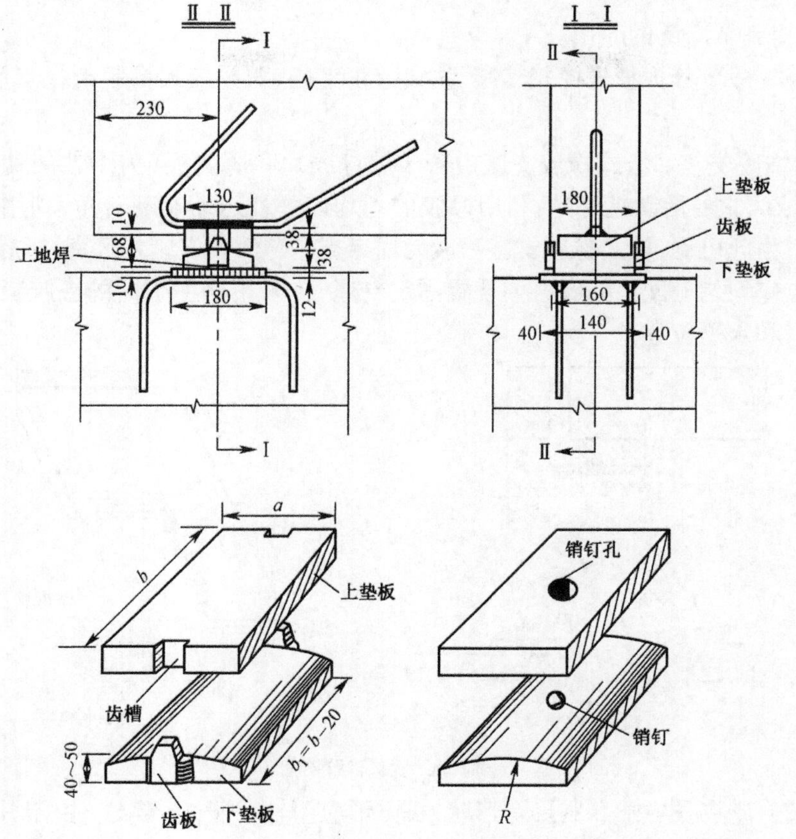

图 2-26 弧形钢板支座(尺寸单位:mm)

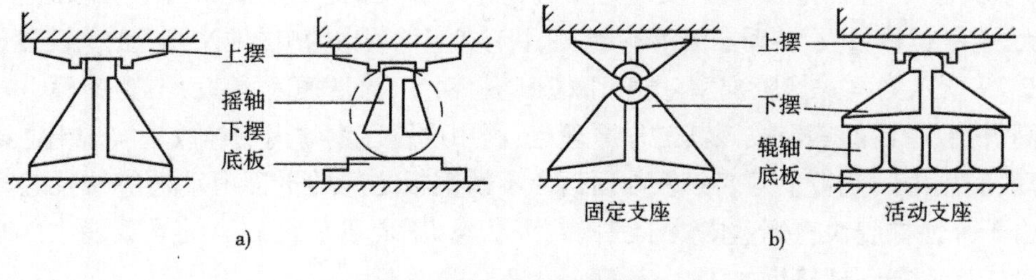

图 2-27 摇轴支座和辊轴支座

干个小直径的辊轴并列、组联在一起,如图 2-27b)所示,通过辊轴的转动实现梁体水平位移和转动。辊轴的数量视支座反力的大小而定。为了节省钢材并减小支座长度,可将辊轴两边削去,但设计时必须注意确保被削辊轴仍能调节所要求的位移量而不致倾覆。为了保证各辊轴之间的相对位置,通常在辊轴两端中心处设置连杆,以使各辊轴平行转动。

目前,中小跨径的梁式桥所用支座基本为橡胶支座,钢支座多用于大跨径的预应力混凝土桥或钢桥。

3)橡胶支座

因橡胶材料具有高强度和较好的韧性,所以用橡胶作为桥梁支座时,不仅可以满足支座在受力和变形方面的各项功能要求,而且构造简单,造价低,结构高度小,加工及安装方便。另外,它能方便地适应任意方向的变形,故特别适应于宽桥、曲线桥和斜交桥。因此,在桥梁工程中，橡胶支座得到了广泛的应用。

橡胶支座一般可分为板式橡胶支座、盆式橡胶支座、四氟板式橡胶滑板支座、球冠圆板式橡胶支座四类。

(1)板式橡胶支座。板式橡胶支座由若干层橡胶片和薄钢板(为刚性加劲物)叠合而成，如图2-28所示。它的活动机理是：利用橡胶的不均匀弹性压缩实现转角，利用其剪切变形实现水平位移。由此可见，板式橡胶支座一般无固定支座与活动支座之区别，所有纵向水平力和位移由各个支座均匀分配。如有必要设置固定支座，可采用厚度不同的橡胶板来调节各支座传递的水平力和水平位移。

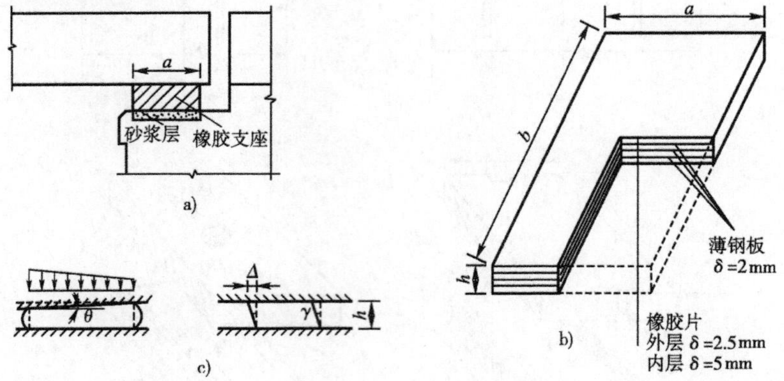

图2-28　板式橡胶支座

板式橡胶支座有长方形和圆形等形状，长方形应用较普遍；圆形支座由于其在各个方向上有着相同的特性，可以适应桥梁在各个方向的位移和转动，常用在环形立交桥、弯桥等桥梁上。

(2)盆式橡胶支座。盆式橡胶支座是由钢构件与橡胶组合而成的新型桥梁支座，它具有承载能力大、水平位移量大、转动灵活等特点，适用于支座承载力为1000kN以上的大跨度桥梁。

图2-29所示为盆式橡胶支座，由氯丁橡胶板、钢盆、聚四氟乙烯板、不锈钢板、中间衬板、钢紧箍圈、橡胶密封圈等组成。其工作原理是：利用设置在钢盆内的橡胶块实现对上部结构承压和转动，利用中间钢板上的四氟板与顶面上不锈钢板之间的平面滑动适应桥梁较大的水平位移。由于弹性橡胶块在钢盆内处于三向约束状态，因此可获得较大的承载能力。表2-6为常见的盆式橡胶支座规格尺寸。

部分国产盆式橡胶支座的规格尺寸　　表2-6

支座型号	承载能力(kN)	顶板尺寸 A(mm)×B(mm)	底板尺寸 C(mm)×D(mm)	支座高度 H(mm)	位移方式	质量(kg)
GPZ20SX	20000	1450×1190	1190×1190	250	双向活动	1957.6
GPZ20DX		1450×1375	1225×1225	250	单向活动	2400.2
GPZ20GD		1220×1220	1220×1220	250	固定	1896.0

盆式橡胶支座按其工作特征可以分为固定支座、多向活动支座和单向活动支座三种。与板式橡胶支座相比，盆式橡胶支座具有承载能力大、水平位移量大、转动灵活等优点。

(3)四氟板式橡胶支座。四氟板式橡胶支座是在普通板式橡胶支座的表面粘贴聚四氟乙烯板(厚2～4mm)而成。它除具有普通板式橡胶支座的优点外，还能利用聚四氟乙烯板与梁底不锈钢板之间的低摩擦系数，使得桥梁上部构造的水平位移不受限制。

四氟板式橡胶支座由上支座板、不锈钢板、四氟板式橡胶支座、下支座板和防护罩组成，详见图2-30。表2-7列出了部分矩形板式橡胶支座的规格。

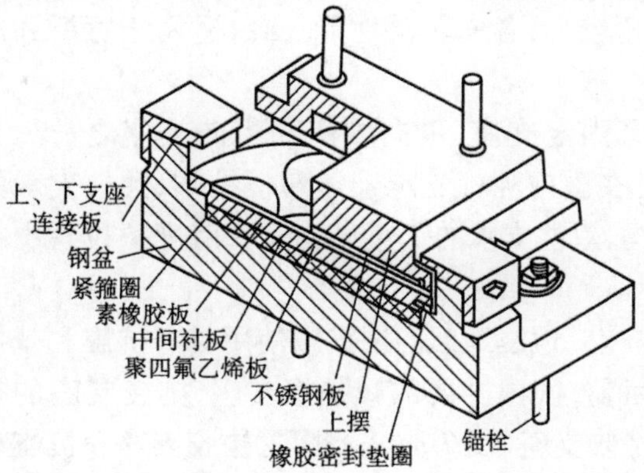

图2-29　盆式橡胶支座组成部分透视图

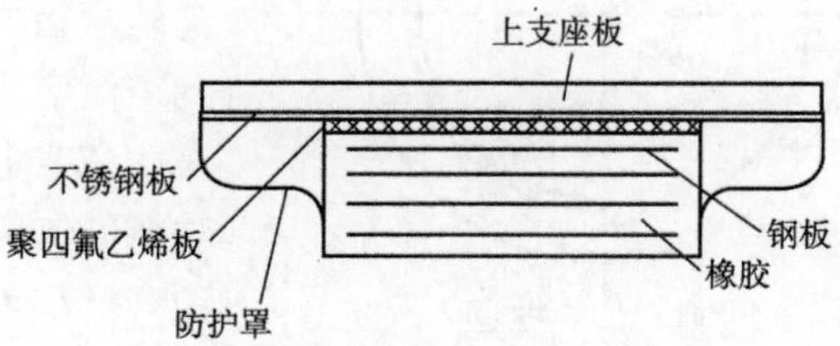

图2-30　四氟板式橡胶支座构造图

国产矩形聚四氟乙烯板式橡胶支座规格　　表2-7

支座平面尺寸 a(mm)×b(mm)	支座承载力 (kN)	支座形状系数 S	支座总厚度 (mm)	支座允许转角正切值	支座允许的最大位移量 (mm)	支座抗滑最小承载力 (kN)
180×200	360	9.47	30 37 44 51	0.0048 0.0060 0.0072 0.0084	50	94
180×250	450	10.47	30 37 44 51	0.0042 0.0053 0.0063 0.0074	50	117
		6.54	29 39	0.0086 0.0119		

聚四氟乙烯滑板橡胶支座在铁路上用来横移道岔，可大大减少封闭行车的时间。

(4)球冠圆板式橡胶支座。球冠圆板式橡胶支座是一种改进后的圆板式橡胶支座，其中间层橡胶和钢板布置与圆板式橡胶支座完全相同，只是在支座的顶面用纯橡胶制成球形表面，球面中心橡胶最大厚度为4~10mm，如图2-31所示。

球冠圆板式橡胶支座与板式橡胶支座相比，具有支座传力均匀，可明显改善或避免支座底产生偏压、脱空等不良现象，特别适应于纵横坡度较大(3%~5%)的立交桥及高架桥。

4)特殊功能的支座

(1)球形支座。球形支座是在盆式橡胶支座的基础上发展起来的一种新型桥梁支座，如图2-32所示。球形支座主要是由上下支座板、钢球冠形衬板、平面聚四氟乙烯板和球面聚四氟乙烯板等部件构成。球形支座提供桥跨结构水平位移的原理与盆式橡胶支座完全一样，不

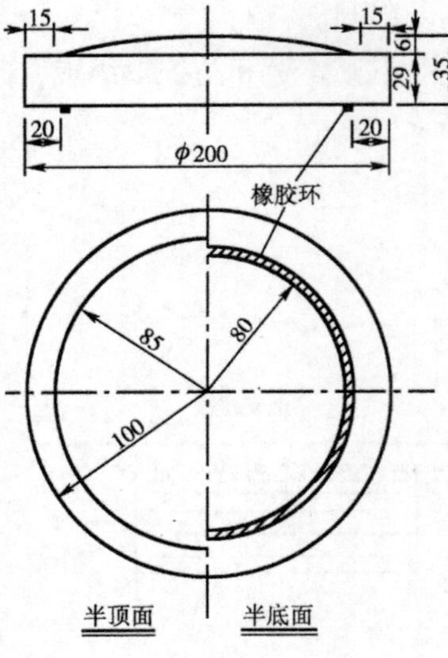

图 2-31　球冠圆板式橡胶支座
（尺寸单位：mm）

同之处是盆式橡胶支座通过钢盆中承压橡胶块的不均匀压缩来满足梁体的转角要求，而球形支座则是通过球冠衬板与球面四氟板之间的滑动来满足支座的转角需要。因此，这种支座的设计转角较大，各向转动性能一致，适用于宽桥和曲线桥。

球形支座有固定支座、单向支座和多向支座之分。目前，球形支座已在国内独柱支承连续弯板结构、独柱支承的连续弯箱梁结构、双柱支承的T梁结构及大跨度斜拉桥中得到广泛应用。

（2）减振支座。地震地区的桥梁应使用具有抗震和减振功能的支座。目前，国内主要的减隔振支座、抗震支座的类型有抗震铅芯橡胶支座（图 2-33）、高阻尼橡胶支座和抗震型球形支座等。

各种减振支座有着相似的功能和作用，即在竖直方向可以支承桥跨结构的荷载，在水平方向则具有良好的柔性，以满足较大的变位要求，使桥梁结构的振动周期化；同时，利用滞回阻尼吸收耗散振动能量，提高桥梁结构的阻尼，从而达到减小地震力的作用。

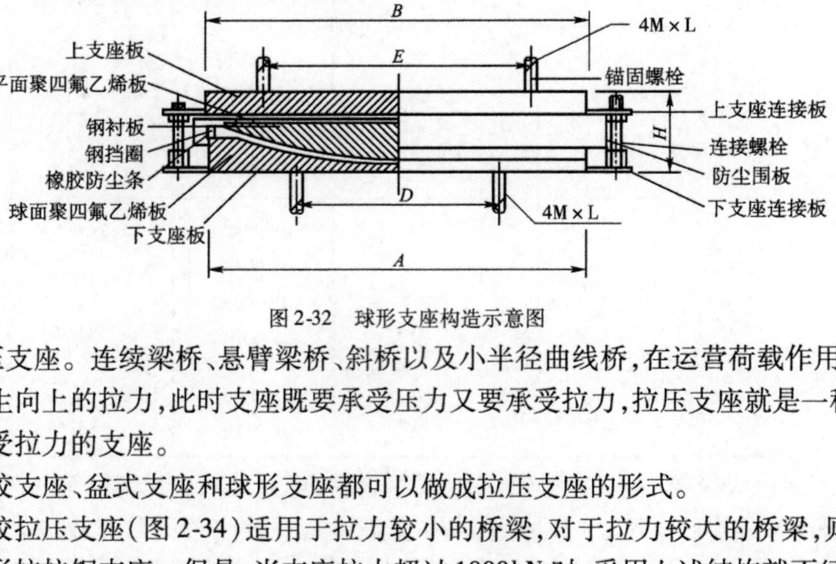

图 2-32　球形支座构造示意图

（3）拉压支座。连续梁桥、悬臂梁桥、斜桥以及小半径曲线桥，在运营荷载作用下，有时会在支座处产生向上的拉力，此时支座既要承受压力又要承受拉力，拉压支座就是一种既能承受压力又能承受拉力的支座。

板式橡胶支座、盆式支座和球形支座都可以做成拉压支座的形式。

板式橡胶拉压支座（图 2-34）适用于拉力较小的桥梁，对于拉力较大的桥梁，则用盆式拉压支座或球形抗拉钢支座。但是，当支座拉力超过 1000kN 时，采用上述结构就不经济了。

四、支座的抗震措施

我国是一个多地震的国家，因此桥梁结构的抗震设防问题应受到足够的重视。桥梁的震害是多方面的，如桥墩下沉、倾斜或断裂，支座锚栓剪断使得桥台前滑，上部结构产生纵向位移或坠落等，其中以落梁最严重。因此，上部结构的抗震措施主要在于防止梁体坠落。

防止落梁的措施一般有以下几种：

（1）桥梁墩台顶部沿梁轴方向的预留设计宽度 s(mm) 应大于以下计算值（图 2-35）：

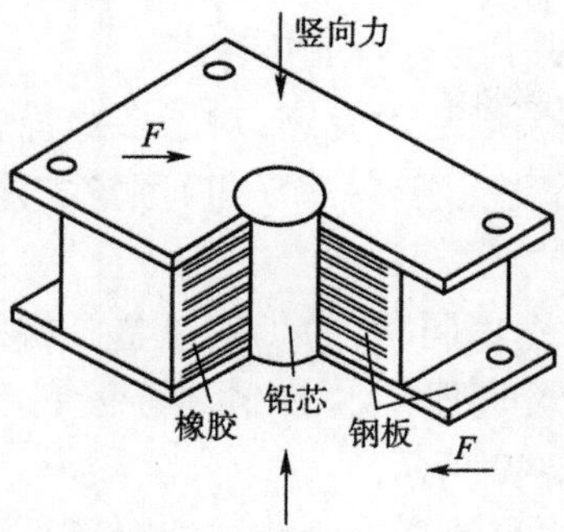

图 2-33　铅芯橡胶支座构造示意

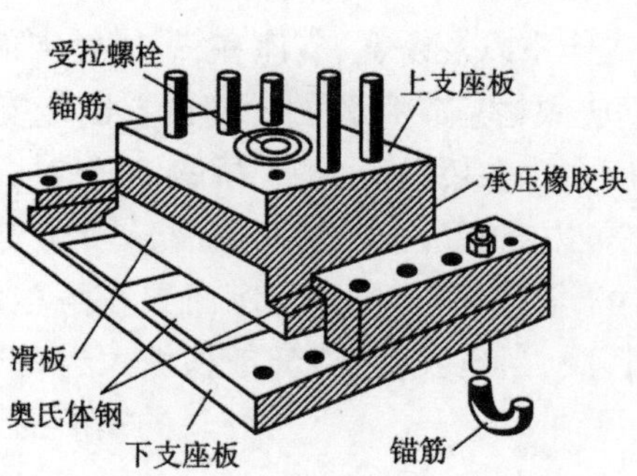

图 2-34　板式橡胶拉压支座

当 $l \leqslant 100$m 时,

$$s = 200 + 5l$$

当 $l > 100$m 时,

$$s = 300 + 4l$$

式中:l——桥梁跨度,m。

此外,对于架设在松软地基上的重要桥梁,s 值应大于 350mm。

对于悬臂梁与挂梁在支座处的搭接长度 s(图 2-36)宜大于 600mm;但对于软弱地基上的桥梁,其值应大于 700mm。

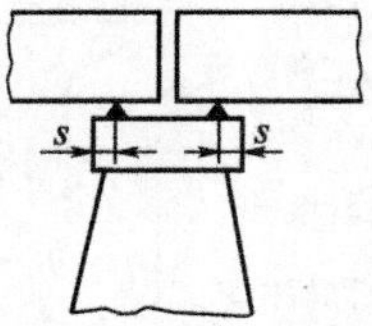

图 2-35　支座两侧预留设计宽度

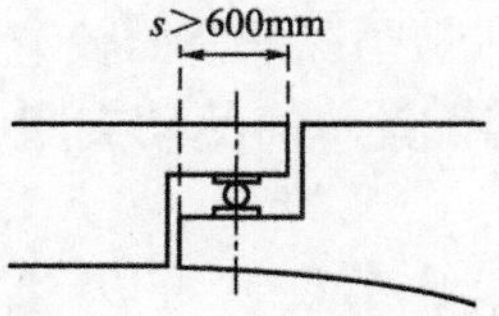

图 2-36　悬臂梁与挂梁在支座处的搭接

(2)桥跨结构的抗震连接。对于钢筋混凝土梁桥和预应力混凝土梁桥,当墩顶较宽时,可采用连接螺栓和嵌塞将桥跨结构连为一体,如图 2-37 所示。连接螺栓与端横梁之间以及嵌塞与端横梁之间均应设置氯丁橡胶或海绵胶垫,使梁体在温度变化或混凝土收缩时能自由伸缩,而在地震时,又能起抗震作用。

另外,在墩台顶面设置限制位移锚栓或钢筋混凝土挡块,也是常用的防落梁措施,如图 2-38、图 2-39 所示。

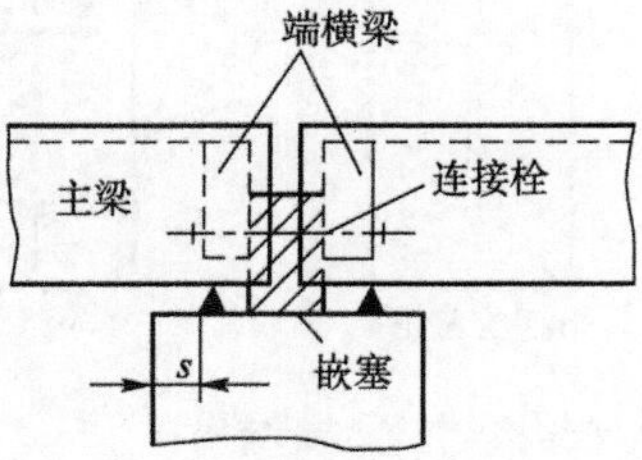

图 2-37　桥跨结构的抗震连接

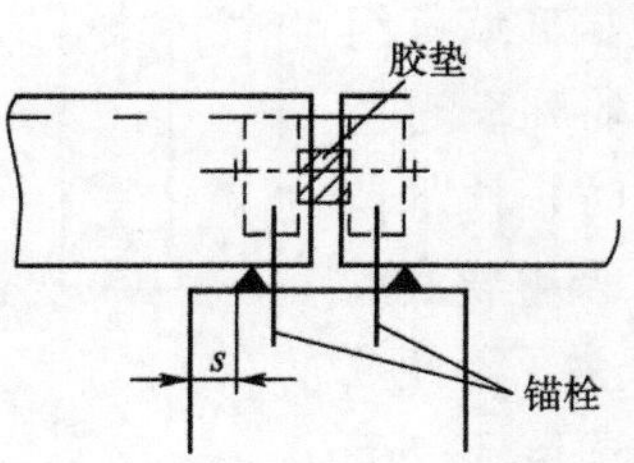

图 2-38　锚栓限制位移

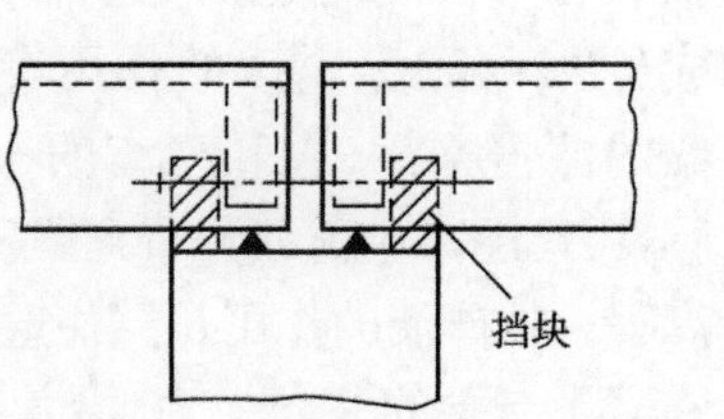

图 2-39　挡块限制位移

五、桥梁支座的布置

桥梁支座的布置,应以有利于墩台传递纵向水平力、有利于梁体的自由变形为原则。根据梁桥的结构体系以及桥宽，支座在纵、横桥向的布置方式主要有以下几种：

(1)简支梁桥应在每跨的一端设置固定支座，另一端设活动支座；对于多跨简支梁，一般把固定支座布置在桥台上，每个桥墩上布置一个(组)活动支座与一个(组)固定支座。若个别墩较高，也可以在高墩上布置两个(组)活动支座。

(2)对于坡桥，宜将固定支座布置在高程低的墩台上。同时，为了避免整个桥跨下滑，影响车辆的行驶，当纵坡大于1%或横坡大于2%时，应使支座保持水平，通常在梁底面增设局部的楔形构造，如图2-40所示。

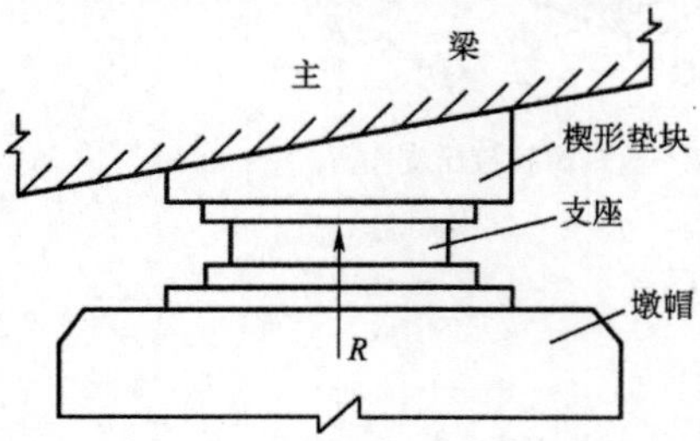

图2-40　坡桥楔形垫块

(3)对于桥面连续的简支梁及连续梁桥，一般在每一联设置一个固定支座，并宜将固定支座设置在靠近温度中心处，以使全梁的纵向变形分散在梁的两端，其余墩台上均设置活动支座。在设置固定支座的桥墩(台)上，一般采用一个固定支座，其余为横桥向的单向活动支座；在设置活动支座的所有桥墩(台)上，一般沿设置固定支座的一侧，均匀布置顺桥向的单向活动支座，其余均为双向活动支座。

图2-41为连续结构支座布置示意图。

对于一些特别宽的桥梁，尚应设置沿纵向和横向均能自由移动的活动支座。

城市轨道桥梁一般情况下桥面较窄，支座横向变位很小，只需设置单向活动支座(纵向活动支座)。

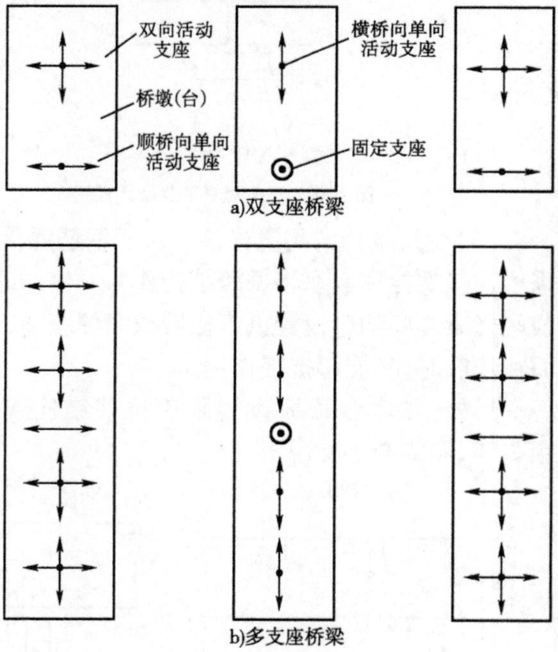

图2-41　连续结构支座布置示意图

六、桥梁细部构造

1. 桥面组成与布置

城市轨道桥梁的桥面构造有有砟桥面、无砟桥面两种形式。

1)有砟桥面

普通混凝土梁的有砟桥面，包括道床、防排水系统、人行道、栏杆和伸缩缝等。道床由钢轨、护轨、轨枕、道砟、道砟槽板、挡砟墙等组成(图2-42)。道床的作用有：减弱列车对桥梁的冲击作用，缓和列车的振动，防止枕木位移，将车轮集中荷载分布到梁顶面，调整轨底的高程。挡砟墙的作用是挡住道砟。为了不使挡砟墙参与梁的共同受力，沿其纵向每隔3～4m横向设断缝(包括挡砟墙上纵向钢筋断开)，缝内填塞防水材料。

2)无砟桥面

无砟桥面是通过扣件直接把钢轨和混凝土桥面连接起来。无砟轨道与有砟轨道相比，其轨道稳定性好，几何状态能持久保持，线路养护维修工作量显著减少、耐久性好、服务期长(设计寿命 60 年)、平顺性及刚度均匀性好,且结构高度低、自重轻、道床整洁美观,无高速运行下的道砟飞溅。但初期建设投资相对较高,并且对下部基础的变形限制要求严,后期修复困难。

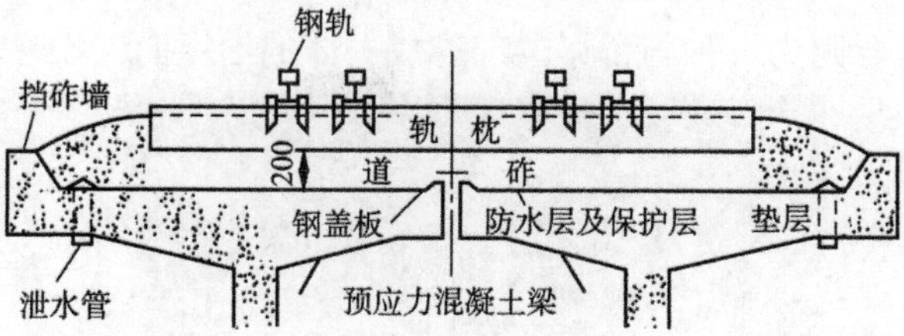

图 2-42　道床构造(尺寸单位:cm)

应用较广泛的是在混凝土梁上二次浇筑混凝土纵向承轨台。图 2-43 所示是城市轨道高架混凝土桥无砟轨道结构,纵向承轨台高 150mm 分段隔开,以利于排水,两纵向支承台间设置防脱轨矮墙以代替护轨。

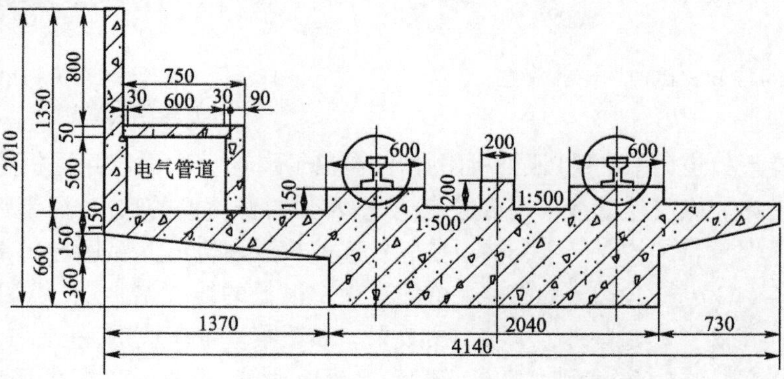

图 2-43　轨道高架混凝土桥无砟轨道结构(尺寸单位:mm)

另外,参考铁路桥梁的桥面形式,无砟桥面还有整体道床板式轨道、支承块式承轨台整体道床及浮置轨道形式。

整体道床板式轨道是一种在坚实基底上直接浇筑混凝土以取代传统道砟层的轨下基础。日本板式轨道结构(图 2-44)由轨道板、水泥沥青砂浆(CA 砂浆)和混凝土基础三大部分组成。钢轨铺设在轨道板上,CA 砂浆作为轨道板的弹性垫层,同时可以通过再次灌注 CA 砂浆对轨道板进行一定程度上的调整。混凝土基础上每间隔一定距离布置凸形挡台,以承受轨道的纵横向力。

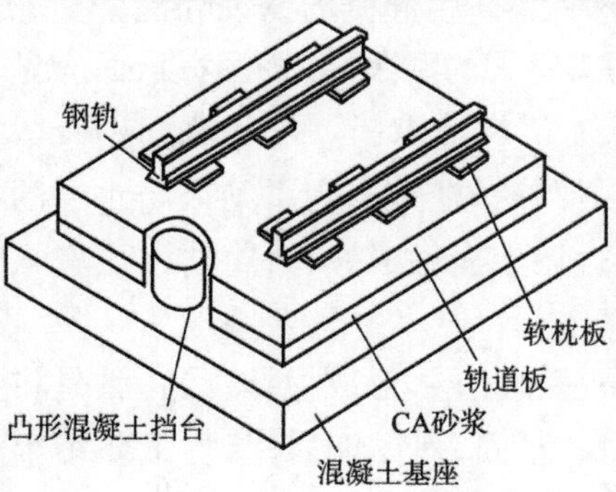

图 2-44　日本板式轨道

1972 年,联邦德国铁路在 Rheda 车站试铺了由德国慕尼黑工业大学陆地交通工程试验中心开发的枕式无砟轨道,轨下基础由整体混凝土枕和现浇钢筋混凝土板组合而成,称为 Rheda 型无砟轨道(图 2-45)。运营实践表明,除有少量调整钢轨扣件作业以外,几乎没有其他作业,维修工作量很少,显示出良好的质量与性能。这种无砟轨道经过不断改进和完善,现已把它标准定型为 Rheda 型无砟轨道,并广泛应用在土质路基上、隧道内和高架桥上。

支承块式承轨台整体道床(图 2-46)是把支承块和承轨台结合在一起的结构形式,即将预制的钢筋混凝土支承块(每块支承块顶面预留 2 只锚固螺栓孔)在相邻两股钢轨下各垫一块铁垫板,用锚固螺栓及扣件将钢轨与支承块连在一起,并将预制好的支承块置入混凝土道床中。承轨台则为一种与桥梁梁部连成一体的沿纵向铺设在每股钢轨下面的条形钢筋混凝土结构。

图 2-45　Rheda2000　型无砟轨道

图 2-46　上海地铁 8 号线采用的支承块式承轨台整体道床

日本浮置梯形轨道(图 2-47)根据所用弹性材料的不同,分为橡胶浮置板整体道床和钢弹簧浮置板整体道床。橡胶浮置板存在橡胶易老化、不易检修更换的缺点,而钢弹簧浮置板性能良好。这种轨道在轨道上部建筑和基础之间插入一个固有频率很低的线性谐振器,可以起到良好的隔振效果。如苏黎世电车轨道,慕尼黑、法兰克福的地铁、华盛顿地铁等;我国的香港机场快线、香港西铁线、广州 1 号线和 2 号线、上海 6 号线和北京城铁线等均有应用。

图 2-47　日本浮置梯形轨道

2. 桥面防排水设施

为防止雨水渗入梁体引起钢筋锈蚀和混凝土冻胀开裂或侵蚀,而损害梁的耐久性,桥面板顶面应做成排水坡,并在其上铺设防水层。雨水流到挡砟墙内侧,向泄水管处汇集,排出桥面。泄水管设在梁的两侧,以便养护清理。为了纳入防水层的边缘,在挡砟墙和端边墙内设有嵌口,在每片 T 梁内侧的内边墙上也做成嵌口,将防水层嵌入嵌口,各部分嵌口详细尺寸及防水层的构造见图 2-48。

横向排水坡有两种设置形式:一种是在道砟槽顶面铺垫三角垫层,形成横坡;另一种是将桥面板做成倾斜面,形成横坡以省去垫层。防水层应不透水、坚固、弹韧性强,与圬工黏结牢固。防水层分为,热沥青防水层和冷作防水层。热沥青防水层劳动条件差,不便施工。目前,较多采用冷作防水层,这种防水层铺设比较方便,劳动条件好。

3. 桥面伸缩装置及钢轨伸缩调节器

1)桥面伸缩装置

梁缝包括梁与梁、梁与台之间的横向伸缩缝及两片梁之间的纵向构造缝。轨道交通桥梁缝处理比较简单,图 2-49 是纵横向梁缝处理构造:在梁缝上设置铁盖板或钢筋混凝土盖板,板下隔一定距离焊有短钢筋,以防止盖板移位。如梁缝较宽,可以焊两排钢筋。

2)钢轨伸缩调节器

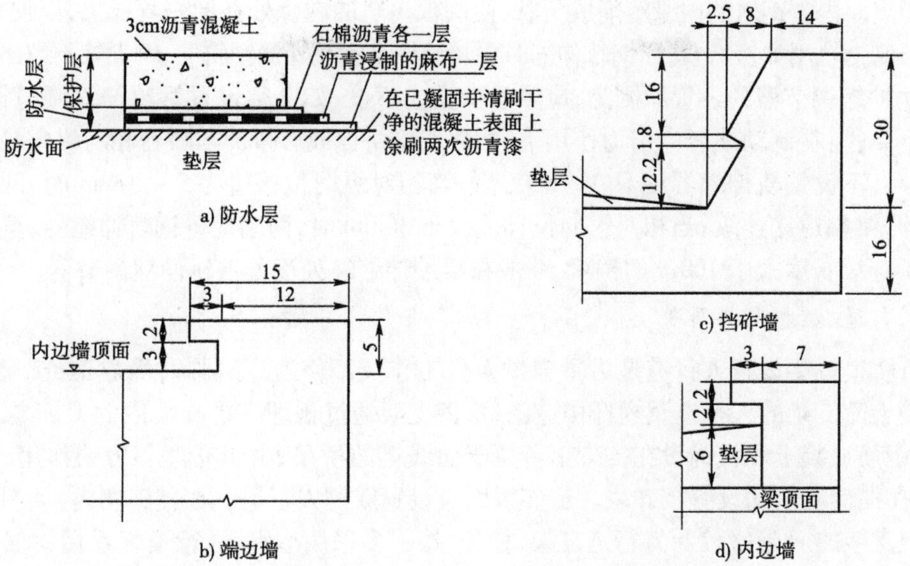

图 2-48　挡砟墙、边墙及防水层构造详图(尺寸单位:cm)

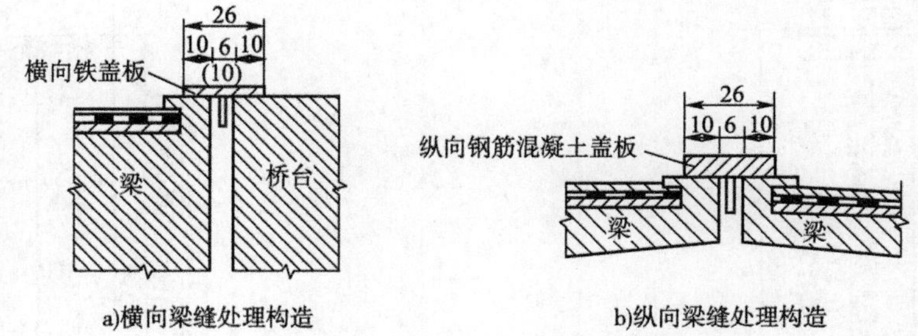

图 2-49　梁缝处理(尺寸单位:cm)

在荷载与温度变化的影响下,桥梁上的钢轨会随同桥梁一起伸长或缩短。桥梁上部结构的连续长度越长,伸缩量就越大。钢轨端头的间隙越大,车轮经过时在该处所产生的冲击力就越大,甚至影响行车安全。因此在桥梁上需要设置钢轨伸缩调节器。图 2-50 为一种钢轨伸缩调节器的示意图。

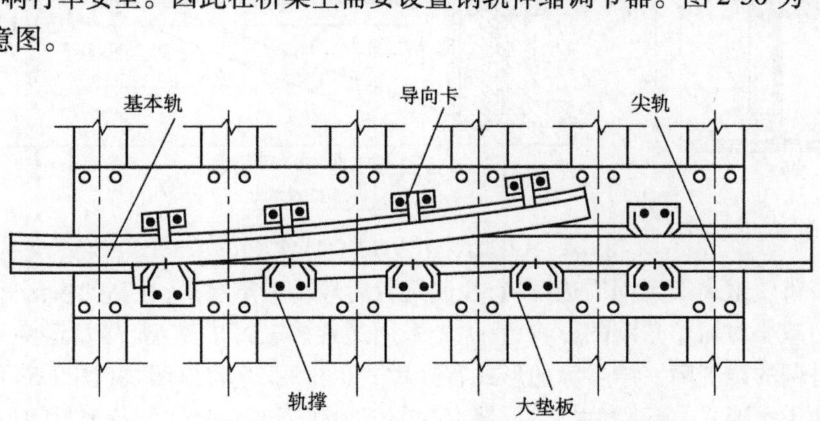

图 2-50　钢轨伸缩调节器

钢轨伸缩调节器的构造是将原来对接的两根钢轨分别向内外侧稍加弯曲,并平行地伸至对方一段距离。内侧钢轨的内缘磨削成尖状，使两根钢轨的内缘处在同一直线上，以便车轮通过。尖轨与外侧钢轨用弹簧抵紧，使钢轨伸缩时尖轨始终贴紧在外侧钢轨上，轨尖处不致出现缝隙。

钢轨伸缩调节器的设置原则为，应尽量少设或不设，如必须设置钢轨伸缩调节器时，应当满足如下条件：在制动或者牵引力作用下，相邻两跨桥面或者桥面与桥台相对纵向位移值不超过5mm时，不设钢轨伸缩器或只在一端设置；当相对纵向位移值为5～30mm时，两端设置钢轨伸缩器，梁端道床连续；当相对纵向位移值大于30mm时，两端设置钢轨伸缩器，梁端道床断开。对于连续长度大于100m的桥梁，一般在梁端伸缩缝处设置钢轨伸缩调节器。

4. 人行道、栏杆与声屏障

城市轨道桥梁设置人行道是为了养护人员工作及翻修道床时临时堆放道砟。图2-51是一般混凝土简支梁的人行道及栏杆构造图，角钢支架通过预埋在挡砟墙内的U形螺栓进行固定，预制钢筋混凝土步板铺设在支架上。位于曲线上的桥梁，由于有离心力的作用，需要设外轨超高，在挡砟墙上加设有挡砟块。道砟桥面应设置双侧人行道。在挡砟墙内，预埋了供安装人行道钢支架的U形螺栓。人行道支架、栏杆、扶手多采用型钢，人行道板系用钢筋混凝土制成，通常按标准设计图进行拼制。

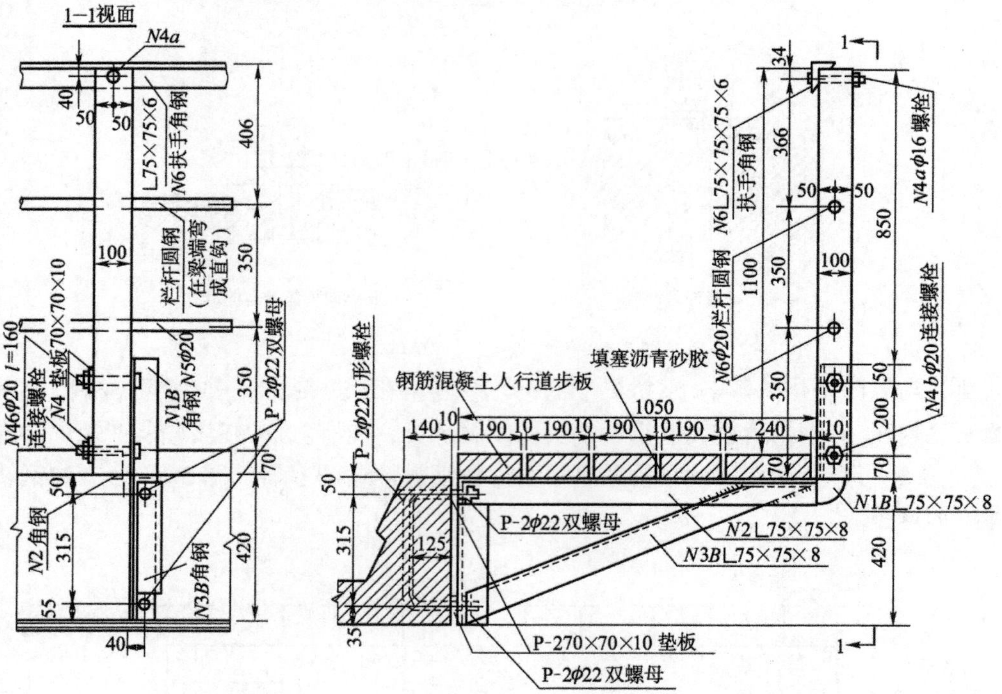

图2-51　人行道及栏杆布置图（尺寸单位：cm）

为保护城市轨道高架区间周边环境，控制运营后环境噪声水平，在高架桥区间往往需要设置声屏障。为减小对城市景观的影响，宜优先采用通透感较好的造型，尽量避免采用笨重、与城市景观不协调的声屏障。声屏障的形式有开敞式（图2-52）和封闭式（图2-53）。开敞式声屏障一般分为3种形式：全部直立形、下部直立上部为弧形或多面体形及半封闭形式。以上几种形式根据降噪要求的不同而设置，2m以下的设置为全部直立；超过2m，则应配合其他专业，可以设置为下部直立、上部弧形或多面体的形式；一般声屏障直立高度超过5m时，在高架桥上声屏障通常设置为半封闭的形式。封闭式声屏障一般分为两种:全封闭形、全封闭但顶部设置通风消声百叶的形式。一般封闭声屏障长度小于300m时,可以设置为全封闭的形式;当设置长度超过300m时,需要在封闭声屏障顶部设置通风消声百叶,以解决通风排烟的问题。

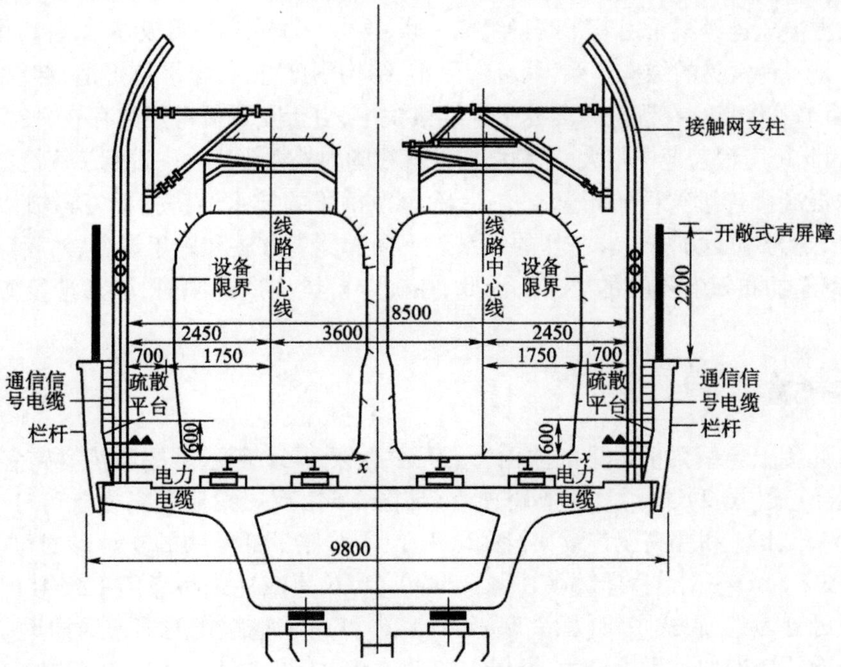

图2-52　开敞式声屏障(尺寸单位:mm)

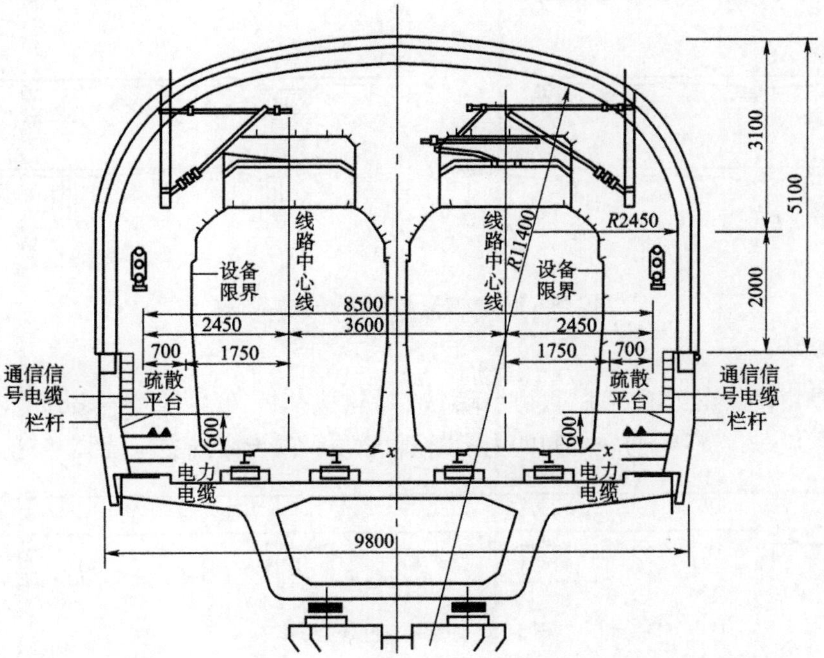

图2-53　封闭式声屏障(尺寸单位:mm)

第二节　预应力混凝土连续梁桥的构造和设计

预应力混凝土连续梁桥由若干跨梁组成一联，再由一联或多联组成整桥，各跨梁在支点上连续通过。它是一种常见的结构体系，具有变形小、结构刚度好、行车平顺舒适、伸缩缝少、抗震能力强、养护简单等优点。在预应力混凝土连续梁桥中，由于支点负弯矩的存在，使跨中正弯矩值显著减小，因此跨度覆盖范围很大，这种结构形式在国内外桥梁建设中得到了广泛的应用。

预应力混凝土连续梁桥的布置与构造，除考虑桥梁的技术经济指标，跨越性质和水文、地质等条件外，还与施工方法有着密切的联系。不同的施工方法和施工设备，对桥梁的上下部构造、预应力钢筋的布置有不同的要求。因此，在确定桥梁构造的同时，必须涉及施工方法和施工条件。

一、立面布置

预应力混凝土连续梁桥常见的立面布置形式如图 2-54 所示。按照桥梁跨径相互关系可分为：等跨连续梁[图 2-54a）]和不等跨连续梁[图 2-54b）]。按照梁高变化可分为：等高度连续梁[图 2-54a）、b）]和变高度连续梁[图 2-54c）]。按照下部结构的支承形式可分为：普通的单式桥墩[图 2-54a）～d）]、V 形桥墩[图 2-54e）]和双薄壁柱式桥墩[图 2-54f）]。按照主梁梁身的构造可分为：实腹式主梁[图 2-54a）～c）、e）、f）]和空腹式的桁架结构梁[图 2-54d）]。按照主梁与下部结构的关系可分为：墩梁分离的连续梁[图 2-54a）、b）、d）]和墩梁固接的连续 T 构桥[图 2-54f）]。

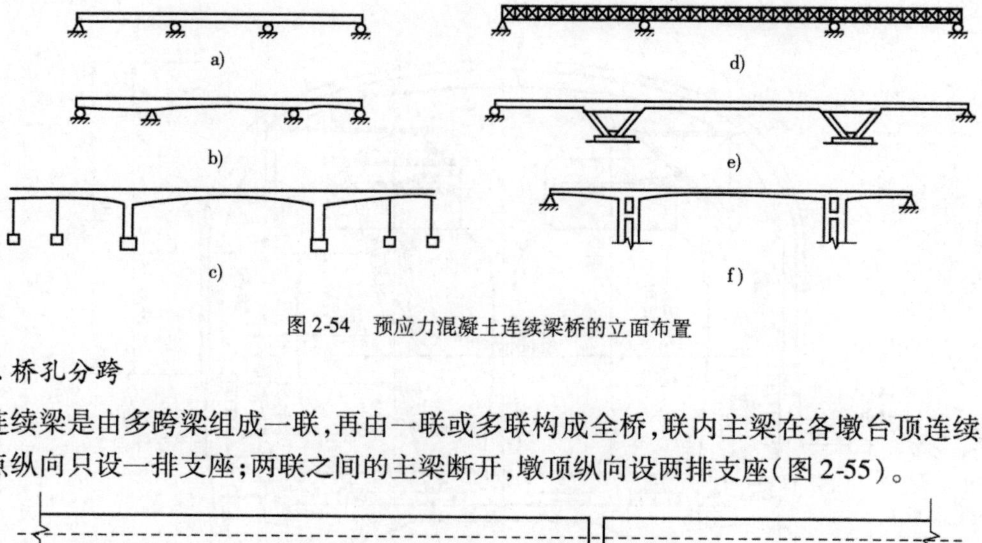

图 2-54　预应力混凝土连续梁桥的立面布置

1. 桥孔分跨

连续梁是由多跨梁组成一联，再由一联或多联构成全桥，联内主梁在各墩台顶连续通过，各支点纵向只设一排支座；两联之间的主梁断开，墩顶纵向设两排支座（图 2-55）。

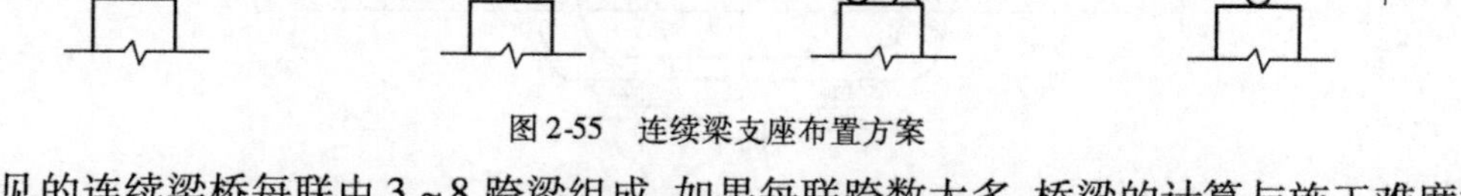

图 2-55　连续梁支座布置方案

常见的连续梁桥每联由 3～8 跨梁组成，如果每联跨数太多，桥梁的计算与施工难度加大，温度变化及混凝土收缩、徐变所需伸缩缝的宽度增大，对桥墩桥台也不利；若每联跨数太少，则需增加伸缩缝数量,对梁的受力和行车平稳、减小噪声及养护不利。当前,随着科学技术的发展,施工技术和施工精度的提高以及大型支座和伸缩缝的应用,连续梁桥一联的跨数和长度都有了明显增加,如英国的奥韦尔桥为 18 跨一联的连续梁桥,最大跨径 190m,连续长度 1286m,仅在桥梁两端设置伸缩缝。我国的钱塘江二桥取用 18 跨一联预应力混凝土连续梁桥,中跨径 80m,全长 1340m。

连续梁跨径的布置可采用等跨和不等跨两种。采用等跨布置时,结构简单、模式统一,适于采用顶推法、移动模架法或简支转连续法施工,但等跨布置将使边跨内力成为控制全桥设计的主要因素,不是很经济。等跨布置的跨径大小主要取决于经济分孔和施工设备条件,一般跨湖、跨海湾的长桥常采用中小跨径的等跨连续梁布置。

为减少等跨布置时边跨及中跨跨中正弯矩,可将连续梁设置成不等跨形式,从桥梁美学的角度看,连续梁桥跨数不多时,一般采用奇数孔,3 跨及 5 跨较为常见。对于 3 跨连续梁,边跨与中跨跨径之比一般为 0.5 ~0.7。对于城市桥梁或跨线桥,有时为了增大中跨跨径,该比值还可能小于 0.3,此时边跨桥台支座将会出现负反力,在桥台上需设拉力支座或压重(图 2-56)。

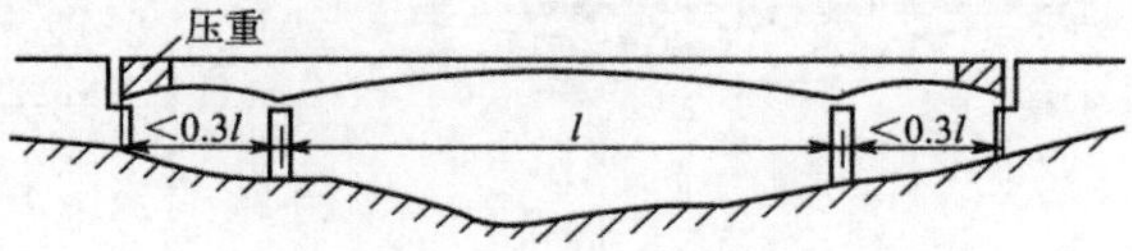

图 2-56　边跨与中跨之比小于 0.3 时桥台上设压重

2. 梁高及梁底曲线

按照梁高变化,连续梁可分为等高度和不等高度两种。

等高度连续梁构造简单、施工方便、线条简洁美观。一般在中等跨径(40 ~60m)采用顶推法、移动模架或就地浇筑法施工的连续梁中采用。等高度连续梁可采用等跨和不等跨布置,以等跨布置为宜,对于长桥,可改变个别跨径;采用不等跨布置时,为保证桥梁纵向线型,常不改变支点处梁高,而通过增加预应力束筋用量来抵抗支点处较大的负弯矩,因而钢材用量较大。等高度连续梁的梁高,一般取跨径的 1/26 ~1/16,采用顶推法施工时,一般取跨径的 1/15 ~1/12为宜。

从受力特点来看,连续梁在恒、活载作用下,支点截面负弯矩绝对值,一般要大于跨中截面正弯矩绝对值,因此采用变高度梁更能符合梁的内力分布规律。同时,大跨连续梁桥宜选用悬臂法施工,而变高度梁又与施工的内力状态相吻合。从已建桥梁实例的统计资料分析,跨径大于 100m 的预应力混凝土连续梁桥有 90% 以上选用变截面梁。此外,有些采用有支架施工和预制装配施工的大跨径连续梁桥,也以梁的受力需要而选用变高度梁。在跨径布置上,为减小边跨跨中正弯矩,宜选用不等跨布置,这样安排也便于悬臂对称施工。另外,变高度梁使梁体外形和谐、节约材料并增大桥下净空,但施工时要计算较为复杂的体系转换问题,施工和构造较为复杂。

变高度梁的截面变化规律可采用圆弧线、次抛物线或折线等,最常用的是二次抛物线,因为二次抛物线的变化规律与连续梁的弯矩变化规律基本相近。采用直线形截面变化布置可使桥梁的构造简单、施工方便。预应力混凝土连续梁桥除在梁高上选用变高度外,对于箱形截面,也可将截面底板、顶板和腹板做成变厚度,以满足梁内各截面的不同受力要求。变高度梁的截面高度与最大跨径之比,跨中截面可在 1/50 ~1/30 范围内考虑,支点截面可选用 1/20 ~1/15,边跨与中跨的比例仍在 0.5 ~0.7 的范围内变化。

二、主梁横断面

预应力混凝土连续梁的横断面形式常用的有板式、肋式和箱形截面三大类。

1. 板式截面

连续梁的板式截面有矩形实体截面、曲线形实体截面及矩形空心截面等(图 2-57)。矩形实体截面目前已很少采用,而曲线形实体截面近年使用相对较多,常用于 20 ~ 30m 中小跨径,且多为支架现浇施工,跨中板厚(1/28 ~ 1/22)l,支点板厚为跨中的 1.2 ~ 1.5 倍。这种横断面常与柱形桥墩相配合、造型美观,但模板设置较复杂。空心板截面亦常用于跨径 20 ~ 30m 的连续梁桥,板厚可取 0.8 ~ 1.2m,亦以支架现浇为主。

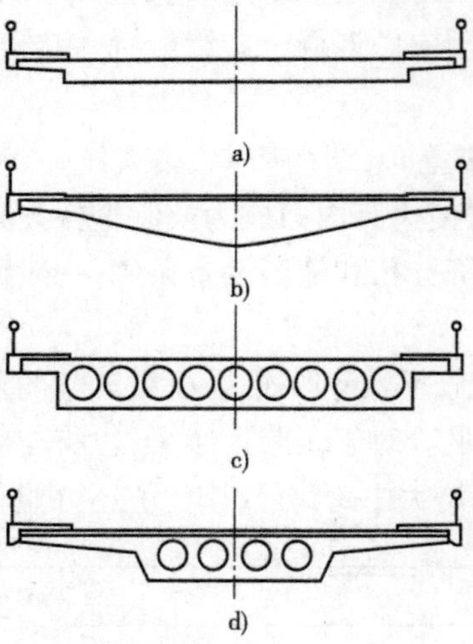

图 2-57　常用板式截面形式

2. 肋式截面

肋式截面(图 2-58)预制方便,常采用预制架设先简支后连续的施工方法。常用于跨径 25 ~ 60m 的连续梁桥,梁高一般取 1.6 ~ 2.5m。如我国滦河桥,分跨为 6 × (4 × 40)m,横断面为 T 形截面,桥宽 9m,梁高采用 2.3m,施工方法为先简支后连续的施工方法。

3. 箱形截面

箱形截面,抗扭刚度大、整体性好,特别适合弯桥和悬臂法施工的桥梁;同高度的矩形、T 形和箱形截面中,箱形截面的核心半径最大,达到节省力筋的目的;同时,其顶板和底板都具有较大的面积,能有效抵抗正负弯矩,满足配筋要求。目前,已建成的大跨径预应力混凝土桥中,跨径超过 60m 后,其横断面大多为箱形截面。

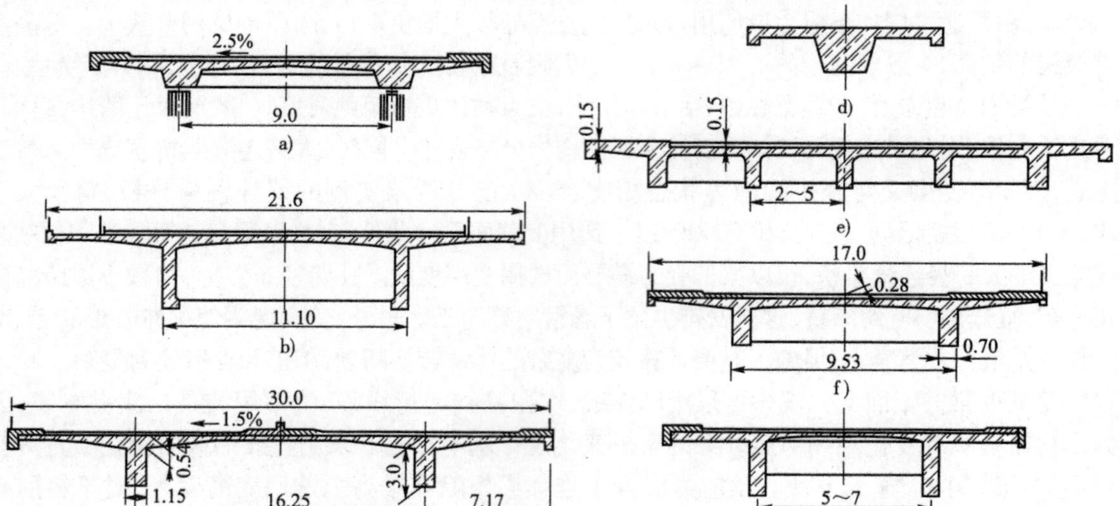

图 2-58　常用肋式截面形式(尺寸单位:m)

常见的箱形截面形式有:单箱单室、双箱单室、单箱多室、多箱多室等,如图 2-59 所示。

单箱单室截面[图 2-59a)]受力明确、施工方便、能节省材料用量,但常用于桥宽 16m 左右的桥梁。如桥面宽度较大[如 20 ~ 30m)]时,仍采用单箱单室截面,则需要在截面构造上采取定的措施,如在悬臂上设置加劲横梁,并在横梁上施加横向预应力,以增大悬臂板的抗弯刚度

[图 2-59f)];或采用斜撑或斜板以加强截面[图 2-59g)];也有不采用加强悬臂板,但在桥面板内设置横向预应力筋。单箱单室截面的梁高可在 1.5 ~5.0m 范围内变化。

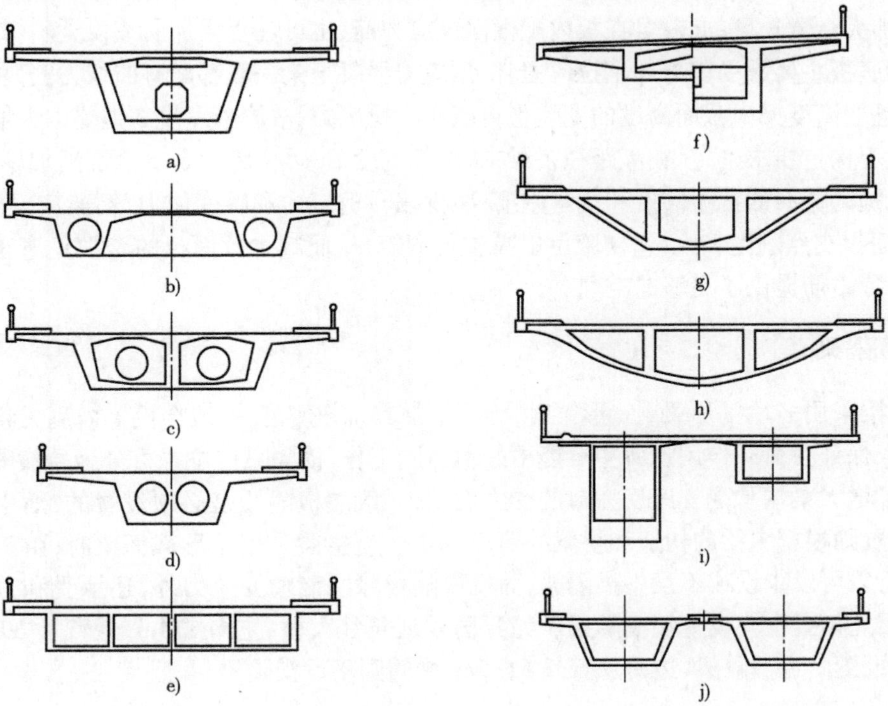

图 2-59　箱式截面的形式

双箱单室截面[图 2-59b)]适用于桥宽 20m 左右的桥梁,梁高通常取 1 ~2m。单箱双室截面[图 2-59c)]适用于桥宽 25m 左右的桥梁,梁高取 1.5 ~5.0m。箱形截面中,双室腹板总厚度较单室大,主拉应力和剪应力相对较小,预应力筋布筋容易,但双室截面施工困难,腹板自重弯矩占恒载弯矩比例较大,影响了双室式截面的应用。重庆长江大桥在进行初步设计时,曾对双箱单室截面和双箱双室截面做过经济比较,结果前者要比后者减轻质量 13% 左右。

桥宽较大时,可采用单箱多室[图 2-59e)],也可采用分离式箱梁[图 2-59j)]。单箱多室箱形截面施工不便,而分离式箱梁施工、构造都较简单,两个箱梁分别支承在一排独立的桥墩上,悬臂施工时可分箱进行。这种截面荷载分布系数较小,单室箱梁不加加劲横梁,桥宽可做到 40m 左右,所以比较经济。目前,已知采用分离式箱形截面最宽的桥梁为瑞士的莱茵河桥,桥宽为 2 ×47.7m。

4. 箱梁细部尺寸(图 2-60)

箱梁顶板和底板都具有较大的受压面积,以适应连续梁不断变化的正负弯矩。为了适应内力的变化,箱梁底板厚度 d_2 随负弯矩的增大逐渐增加过渡到靠近桥墩的根部厚度,根部底板厚度一般为根部梁高 H 的 1/12 ~ 1/10,尽量使得中性轴在破坏阶段能保持在底板以内;跨中底板厚度 d_2 一般为 20 ~25mm。

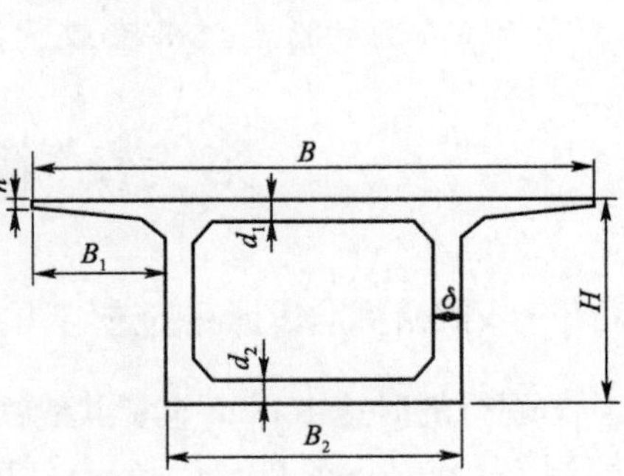

图 2-60　箱梁细部尺寸

箱梁顶板厚度 d_1 的确定主要是考虑桥面横向弯矩

的要求,同时也要满足布置纵横向预应力筋的构造要求。顶板横向弯矩可通过其两侧挑出的悬臂板长度 B_1 进行调整,一般取悬臂板长度为腹板间距的一半。为了减小桥墩墩身和基础的宽度,宜加大悬臂长度,此时可在板内配横向预应力筋,也可在板下加肋或设置斜撑。

箱梁腹板主要承受剪力和主拉应力,但预应力混凝土梁一般都配有曲线力筋,可抵消一部分剪力,且变高度梁中截面高度的变化也可减小主拉应力,故腹板厚度 δ 主要由力筋布置和混凝土灌注等构造要求确定,在大跨径桥梁中,腹板宽度 B_2 可由跨中至支点逐渐加厚。

为了提高截面的抗扭刚度和抗弯刚度,减少扭转剪应力和畸变应力,箱梁应设置梗腋(承托)。桥面板支点刚度加大后,梗腋可以吸收负弯矩,从而减少桥面板的跨中正弯矩;同时,梗腋也为布置力筋提供了足够的空间。

三、横隔梁

当主梁采用多片T形梁或I形梁时,为了增加其抗扭刚度,一般会设置横隔梁将各主梁连成整体,以保证在荷载作用下各主梁能更好地协同工作,横隔梁按位置可分为端横隔梁及中横隔梁,为了增大梁端承受支座反力时的受力面积,一般端横隔梁是必须设置的,而中横隔梁的数目及位置则根据主梁的构造和桥梁的跨径确定。当主梁采用箱形截面梁时,由于其抗扭刚度很大,所以可以少设或不设中横隔梁,而端横隔板除限制畸变应力外,还承受和分布较大的支反力,因此箱梁中均设置端横隔梁。如我国重庆长江大桥,主跨174m,悬臂长69.5m,在悬臂中间仅设置一道横隔梁,边跨悬臂长51.5m,中间则不设横隔梁。

四、预应力混凝土连续梁桥设计计算内容

(1)拟订截面尺寸。

(2)计算恒、活载作用下的主梁内力。

(3)计算主梁次内力:包括温度变化产生的次内力、墩台不均匀沉降产生的次内力、预加力产生的次内力、混凝土收缩徐变产生的次内力(后两项要在求得有效预应力后再进行计算)。

(4)估算与布置预应力钢筋:估算原则为,要求预应力混凝土梁在预加力和使用荷载作用下的应力状态应保证截面上下缘均不出现拉应力,且上下缘的混凝土均不被压碎,同时还要满足承载能力极限状态下的正截面强度要求。

(5)计算预应力损失及有效预应力。

(6)截面校核:包括正截面强度验算、正截面抗裂性验算;正常使用条件下,正应力、剪应力和主拉应力的验算、变形验算。

第三节　简支梁桥上部结构的设计计算

一、梁桥标准设计图的选用

现行的时速160km客货共线铁路预制后张法简支T梁标准为通桥(2012)2101:其中包括跨度32mm、24mm、20mm、16mm、12mm(直、曲线)。主要技术参数见表2-8。该标准图可作为城市轨道交通桥梁设计的参考。

预应力后张梁主要技术特征　　　　表 2-8

跨度(m)	计算跨度 l(m)	全长 L(m)	梁高(m)	轨底至梁底高度(m)	图　号
12	12	12.5	1.3	1.95	通桥(2012)2101Ⅴ
16	16	16.5	1.6	2.25	通桥(2012)2101Ⅳ
20	20	20.6	1.8	2.45	通桥(2012)2101Ⅲ
24	24	24.6	2.1	2.75	通桥(2012)2101Ⅱ
32	32	32.6	2.5	3.15	通桥(2012)2101Ⅰ

二、预应力混凝土简支梁桥上部结构设计与计算

下面以上海轨道交通 9 号线一期工程松江新城—大学城地下区间过渡到高架区间的预应力混凝土简支箱梁结构为例，介绍预应力混凝土简支梁桥的设计计算方法。

1. 拟订结构形式

进行结构设计前，需拟订结构主要尺寸。结构尺寸，主要包括主梁高度、箱梁结构类型、桥面宽度等。

(1)主梁高度。主梁高度是主梁尺寸中最主要的一项，它取决于使用经济条件。在建筑高度受限制的桥梁中，可采用低高度梁，根据平衡设计或按容许挠度来决定梁高。在普通高度梁的设计中，一般按经济条件决定梁高。梁的高度增高，用钢量可减少，尽管混凝土数量稍增，但总的来说还是比较经济的。故在满足运输限界和起吊能力前提下，采用较大梁高是适宜的。另外，在确定梁高时，应尽可能模数化和标准化，以利于工厂制造及日后更换。

目前，我国铁路钢筋混凝土简支梁标准设计中，普通高度的梁高与跨度之比，为 1/9 ~ 1/6；低高度梁则为 1/15 ~ 1/11。梁的跨度愈大，高跨比愈趋近下限。

本项目桥梁桥高 10m 左右时，跨径 30m，选用 1.9m 梁高。

(2)箱梁结构类型。箱梁动力性能优越、抗扭刚度大、整体性好，高架区间采用预应力单箱单室箱梁，根据相关规范和初步设计专家评审意见，预应力钢束应尽可能锚固在梁端。

(3)桥面宽度。桥面宽度根据轨道、限界、通信、信号、电力等的专业要求确定。直线线间距为 3.8m、4.2m，桥面宽 9.0m、9.4m，曲线地段根据限界要求和曲线加宽要素进行加宽。

2. 道砟槽板的计算

(1)计算荷载。恒载包括道砟槽板自重、连同线路设备在一起的道砟质量、人行道支架(包括立柱、扶手和栏杆等)和步行板质量。本节桥面恒载按道床及线路设施每线 17 ~ 19kN/m 计算，接触网支柱等附属设施每侧按 15kN/m 计算。

活载轴重经钢轨、枕木、道砟分布到道砟槽板顶面。每列车编组 6 辆，总长 132.2m，重车轴重为 160kN，空车轴重为 80kN。重、轻车可按车长任意排列和截取。荷载分布如图 2-61 所示。

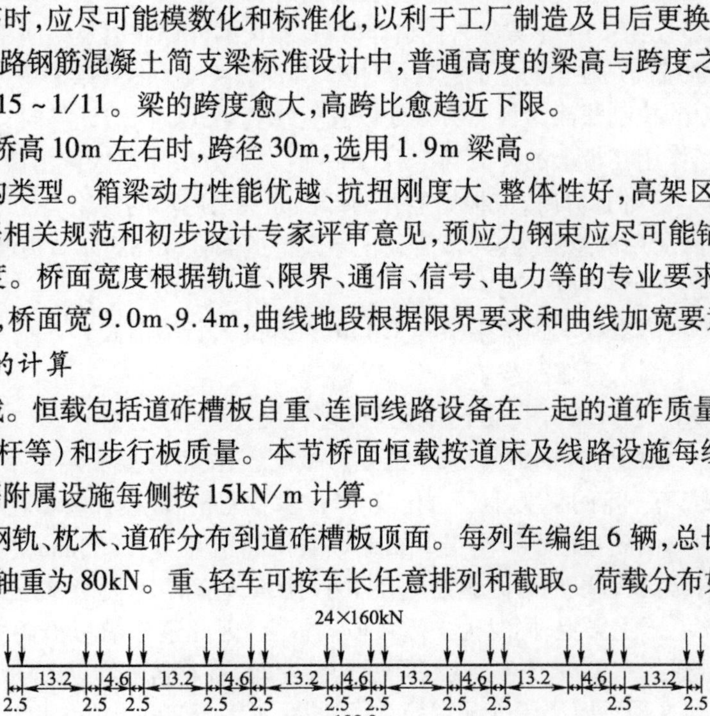

图 2-61　列车活载计算图示(尺寸单位:m)

列车荷载动力系数：混凝土梁，$1+\mu=1+\dfrac{9.6}{30+L}$；钢梁，$1+\mu=1+\dfrac{22.4}{40+L}$($L$ 为梁长，m)。

此外，还应考虑无缝线路纵向力、温度影响、混凝土收缩和徐变影响、曲线桥上列车离心力、高架桥上风荷载、高架桥下车船撞击力等。

其他荷载计算见本书第一章。

道砟桥面梁式桥跨上的人行道竖向静活载按桥规取用。在距桥中心 2.45m 以内的一段，考虑养护翻修道床时堆放道砟，按 $10kN/m^2$ 计算；在距离桥中心 2.45m 以外的一段，按 $4kN/m^2$ 计；对于明桥面梁式桥跨上的人行道竖向静活载，按桥规规定取 $4kN/m^2$。

(2)内力计算。道砟槽板横向支承在主梁的梁肋上，在纵向有横隔梁支承。桥梁中，常见的板大多数是按单向板计算的。例如，箱形梁两腹板间的桥面板，虽是支承在主梁梁肋和横隔板上，但横隔板的间距一般大于主梁梁肋间距的两倍，故仍按单向板设计。但应在横隔梁上方板的顶部设置垂直于横隔板的钢筋，借以承受该处实际上存在的负弯矩。

位于主梁梁肋间的板，其支承情况实质上是弹性固结的，设计时可按下列公式近似计算：

支点弯矩：

$$M = -0.7M_0$$

跨中弯矩：

$$M = 0.5M_0$$

式中：M_0——按简支板计算的跨中最大弯矩。考虑到板支撑处有转角，所以计算时板的计算跨度为两梗间净距加板的厚度。

剪力按简支板计算。计算剪力时，计算跨度为梗间净距。

对于有足够横向连接的 T 形梁桥外侧道砟槽板、箱梁的外伸肢以及横向不做连接的 T 形梁的内外道砟槽板，常按固结在梁肋上的悬臂梁计算，其计算跨度为悬臂端至梁肋外侧的距离。

道砟槽板应力的控制截面为板肋交接处以及板厚变化处。内力计算时，取沿桥梁方向 1m 宽的板带进行。当作用在板上的荷载确定后，用一般力学方法即可计算出截面的弯矩和剪力。

(3)荷载组合。设计计算时，应根据检算的部位分别采用不同的组合。

对于内侧板，其所用的组合为：列车活载 + 除人行道部分以外的所有恒载。

计算外侧板时，采用两种加载：

①列车活载 + 全部恒载 + 距桥梁中心 2.45m 以外的人行道活载。

②全部恒载 + 全部人行道活载。

这两种组合均按主力计算，取最不利的情况进行设计。

(4)钢筋配置。板的内力求出后，按单筋矩形板配筋，配筋时要满足最小配筋率要求。

为使钢筋骨架具有一定的刚度，且受力比较均匀。按《铁路桥涵设计基本规范》(TB 10002.1—2005)要求，板内受力钢筋直径不得小于 10mm，其最大间距不大于 200mm，在所有受力钢筋转折处均应设分配钢筋，在直段内分配钢筋直径不小于 8mm，间距不大于 300mm。

悬臂板不仅支承于主梁上，同时也支承在横隔板上，因此道砟槽板沿桥方向也发生挠曲，在横隔板上道砟槽板将产生负弯矩。为了承受这种弯矩，在横隔板上方的板顶部应设置垂直于横隔板的钢筋，其直径不应小于分配钢筋直径，间距不大于 200mm，也不大于板厚的两倍。

钢筋布置后，验算截面应力和裂缝宽度。截面应力主要是验算钢筋应力，混凝土压应力一般均满足要求。板内不设置箍筋和斜筋，因此要求截面最大剪应力小于无箍筋及斜筋时的主拉应力$[\sigma_{tp-2}]$，否则可设置梗肋以增加板厚降低剪应力。裂缝宽度验算可按《铁路桥涵设计基本规范》(TB 10002.1—2005)有关条文进行。

3. 主梁的计算

(1)荷载及荷载组合。主梁所承受的荷载包括恒载和活载。恒载包括道砟、线路设备、人行道和梁自重。活载包括列车活载(计入冲击)和人行道的竖向活载。人行道的竖向静活载,不与列车活载同时计算;但在特殊情况下,为了方便群众通行而加宽的人行道,因其竖向静活载与列车活载是同时作用的,故必须都视为主力而同时计算。这时,人行道的竖向静活载应按实际情况确定。

(2)内力计算及配筋。为设计主梁钢筋,需绘制梁的弯矩包络图和剪力包络图。主梁内力一般需要计算跨中、$L/4$ 处的最大弯矩以及支座、跨中截面的最大剪力,如果主梁腹板是变截面的,还需计算变截面处的最大剪力。

恒载内力按全桥满布均匀荷载作用下的简支梁计算。

列车活载作用下主梁的内力,可利用影响线和换算均布活载进行计算。计算时,应计入冲击的影响。

主梁内纵向主筋、箍筋、斜筋的计算以及如何布置可参照结构设计原理和桥规的相关规定进行。

除按计算决定采用何种钢筋外,尚应按构造要求设置钢筋。如梁高大于 1m 时,为了抑制腹板裂缝开展,在梁腹板高度范围内应设置间距为 100 ~ 150mm 的纵向水平钢筋,且直径不小于 8mm 等。

对于钢筋混凝土梁,除应满足正截面抗弯强度和斜截面抗剪强度外,还应满足裂缝和挠度的要求。另外,还应检算板与肋相交处的剪应力,当受拉区的翼缘突出梁肋较大时,尚应验算梁肋下翼缘相交处的剪应力。

对于装配式钢筋混凝土梁,除考虑运营工况外,尚应对起吊、运送和架设安装等情况进行计算,关于这方面内容可参照有关资料办理。

第四节　能 力 训 练

讨论 1:试比较以下几种城市轨道高架桥断面形式(图 2-62 ~ 图 2-64)有何特点?

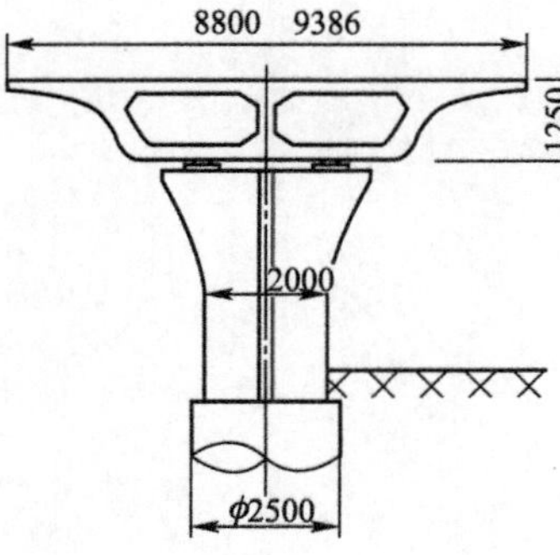

图 2-62　单箱双室箱梁
(尺寸单位:mm)

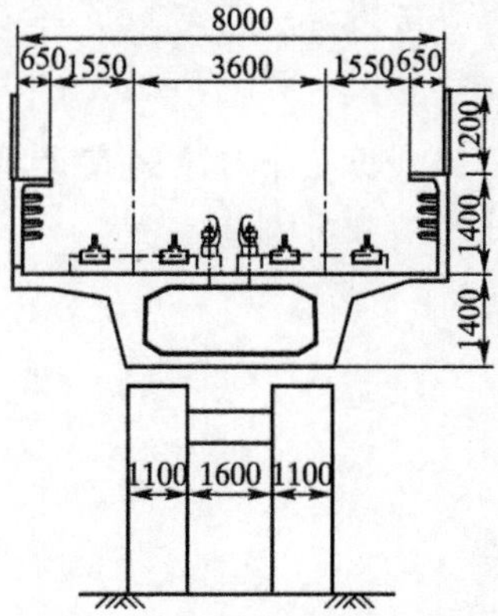

图 2-63　单箱单室箱梁
(尺寸单位:mm)

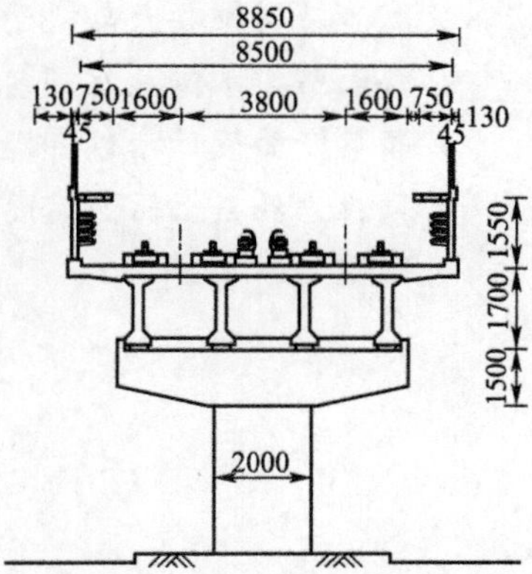

图 2-64　工形组合梁断面
(尺寸单位:mm)

讨论2：试读钢筋混凝土梁桥横断面图（图2-65），并绘图（手绘或CAD绘制）。

讨论3：预应力混凝土简支梁与钢筋混凝土简支梁相比，有哪些优势？二者的适用条件有何不同？

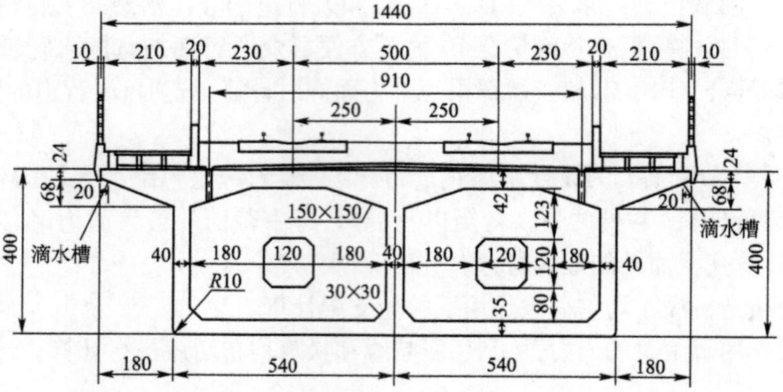

图2-65 预应力混凝土箱梁横断面图（尺寸单位：cm）

本章小结

梁式桥是城市轨道交通桥梁的主要形式，本章重点介绍了梁式桥的主要形式，梁式桥中的板桥、钢筋混凝土简支梁桥、预应力混凝土简支梁桥的结构构造，以及城市轨道交通桥梁中常用的其他形式的梁桥。对梁式桥支座、桥面构造、防排水设施等附属设施做了阐述。

复习思考题

1. 梁式桥按承重结构截面形式划分和按承重结构的静力体系划分，有哪些形式？
2. 钢筋混凝土梁的构造形式有什么特点？梁内的钢筋种类有哪些？
3. 先张法和后张法预应力混凝土梁有什么区别？
4. 桥梁中常用的支座类型有哪些？桥梁支座布置的原则有哪些？
5. 城市轨道桥梁有砟桥面构造包括什么？
6. 城市轨道桥梁无砟桥面的特点有哪些？主要形式有哪些？
7. 桥面防排水措施有哪些？
8. 箱梁断面设计参数有哪些？试画出一个标准的箱梁断面图。
9. 预应力混凝土简支梁设计计算步骤有哪些？

第三章　其他形式桥梁构造与设计

教学目标

1. 掌握拱桥的基本特点及适用范围，熟悉拱桥的组成、主要类型及其特点。
2. 掌握主拱、拱上建筑的结构构造，熟悉拱桥的其他细部构造。
3. 掌握刚构桥的构成、基本类型和构造。
4. 掌握斜拉桥的构成、基本类型和构造。
5. 掌握悬索桥的构成、基本类型和构造。

第一节　拱　　桥

拱桥指的是在竖直平面内以承受轴向压力为主的拱圈或拱肋作为上部结构主要承重构件的桥梁。在竖向荷载作用下，拱式桥在支承处不仅产生竖向反力，同时也产生水平推力，并且拱是以受压为主的压弯构件，因此较梁桥弯矩大为减小，从而可以增大跨越能力。拱桥还具有耐久性好、维修费用小、外形美观的特点。而由于水平推力较大，增加了下部结构的工程量，对地基要求较高；对于连续多孔拱桥，为防止因某一孔破坏而影响全桥的安全，需要采取较复杂的措施，或设置单向推力墩以承受不平衡的推力。

由于拱主要承受压力，因此可以充分利用抗压性能较好的石料、混凝土等来建造，石拱对石料要求较高，石料加工、开采与砌筑费工，现已很少被采用。当今在铁路和城市轨道上常用的拱桥形式为钢管混凝土拱桥和钢桁拱。

一、拱桥的组成及主要类型

1. 拱桥的组成

拱桥和其他桥梁一样，也是由上部结构和下部结构组成（图 3-1）。拱桥上部结构由主拱圈及拱上建筑构成。由于拱圈为曲线，一般情况下桥梁无法直接在其上行驶，故在桥面系与拱圈之间需要有传递压力的构件或填充物。通常把主拱圈以上的桥面系和传力构件或填充物统则称为拱上建筑或拱上结构。

以实腹式拱桥为例，其各主要组成部分见图 3-2。

- 上部结构
  - 拱圈（承重构件）
  - 拱上建筑
    - 桥面系
      - 行车道
      - 人行道
      - 栏杆或雉墙
    - 填充物或支撑
- 下部结构
  - 桥墩
  - 桥台
  - 基础

图 3-1　拱桥的组成

2. 拱桥的主要类型

拱桥的形式多种多样，其构造也有所不同。为了便于进行研究，通常按不同的方式将拱桥划分为各种类型。

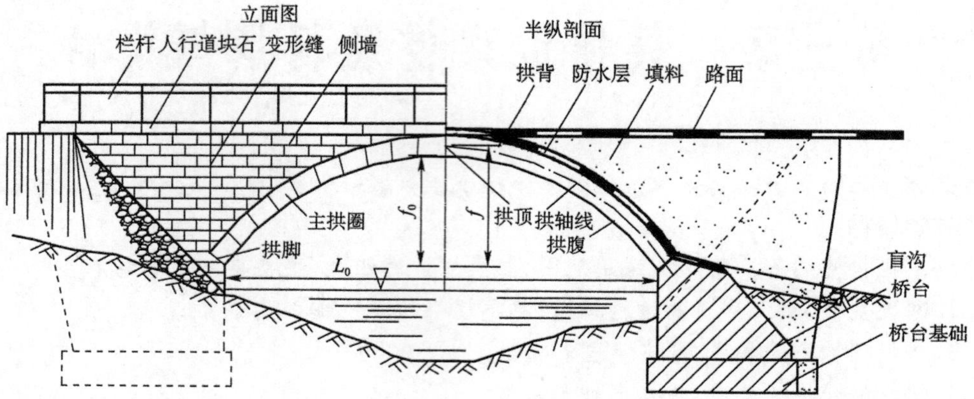

图 3-2　实腹拱桥的主要组成部分

(1)按主拱圈所用的建筑材料，可分为圬工拱桥、钢筋混凝土拱桥(图 3-3)、钢桁拱桥(图 3-4)和钢管混凝土拱桥(图 3-5)。

图 3-3　钢筋混凝土拱桥

图 3-4　钢桁拱桥

图 3-5　钢管混凝土拱桥

(2)按拱上建筑的形式可分为实腹拱桥(图 3-2)及空腹式拱桥(图 3-3、图 3-4、图 3-5)。

(3)按拱轴线的形式，可将拱桥分为圆弧拱桥、抛物线拱桥和悬链线拱桥。

(4)按桥面与受力结构(拱)的位置关系可分为上承式拱桥、中承式拱桥和下承式拱桥(图 3-6)。上承拱构造简单，行车视野开阔，广为采用；中承拱需要布置吊杆和立柱，在桥梁建筑高度受到限制时采用，只能用肋拱；下承拱必须布置吊杆，形成悬吊结构，车辆在拱肋之间行驶。

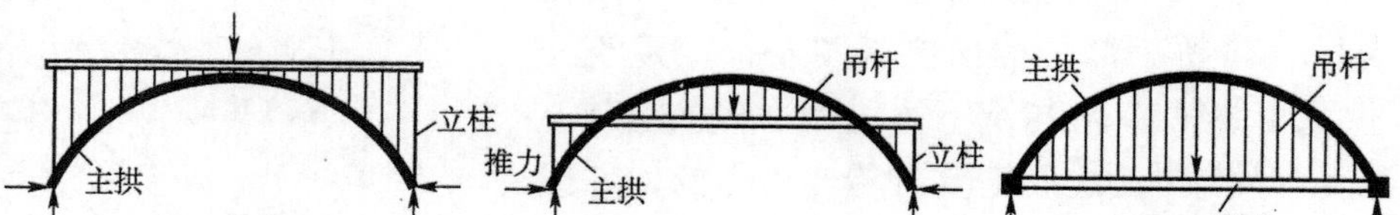

a)上承式拱　　b)中承式拱　　c)系杆拱（下承式）

图 3-6　上承式、中承式和下承式拱桥

(5)按有无水平推力,可分为有推力拱和无推力拱等。

(6)按矢跨比的大小,可将矢跨比≥1/5 的拱称为陡拱,矢跨比 <1/5 的拱称为坦拱。

(7)按结构受力图式,可将拱桥分为简单体系拱桥和组合体系拱桥两大类。

①简单体系的拱桥。简单体系的拱桥,其桥面系结构(拱上建筑或拱下悬吊结构)不参与主拱圈一起受力,主拱圈作为主要承重构件单独承受桥上的全部荷载,而拱的水平推力则由墩台或基础承受。

按照主拱的静力图式,主拱圈又可以分为三铰拱、两铰拱或无铰拱(图 3-7)。

图 3-7　拱的静力图式

三铰拱桥通常在拱桥的两个拱脚和拱的中间各设一铰,属静定结构。此时温度变化、混凝土收缩、支座沉陷等原因引起的变形不会在拱圈内产生附加内力,适用于在地质条件不良或寒冷地区。铰的存在,降低了整体刚度和抗震能力。三铰拱通常不在主拱圈中使用,而常用于空腹式拱桥的腹拱。两铰拱桥在拱桥的两个拱脚皆设为铰支座,属一次超静定结构。结构整体刚度比三铰拱大。在墩台基础可能发生位移的情况下或坦拱中采用,比无铰拱减少了拱内附加内力。在整个拱上不设铰的为无铰拱,属三次超静定结构。结构整体刚度大,构造简单,施工方便,维护费用少,在实际中使用最广泛。但会产生较大附加应力,所以无铰拱一般在基础条件较好时采用。但随着跨径的增大,附加内力的影响也相对地减小,因而钢筋混凝土无铰拱桥仍是大跨径桥梁的主要桥型之一。

②组合体系的拱桥。在拱桥结构中,将行车系结构与主拱按不同的构造方式组合成一个整体,共同受力,便称为组合体系的拱桥。常见的组合体系拱有以下几种形式:

a. 桁架拱桥。桁架拱桥,又称拱形桁架桥(图 3-8),是由拱和桁架两种结构体系组合而成,由于受推力的作用,跨间的弯矩大为减小,由于把一般拱桥的传力构件与承重构件联合成整体桁架,结构整体受力,能充分发挥各部分构件的作用。桁架拱的特点是自重轻、整体性强、刚度大,适用于在软土地基上修建中等跨径拱桥。

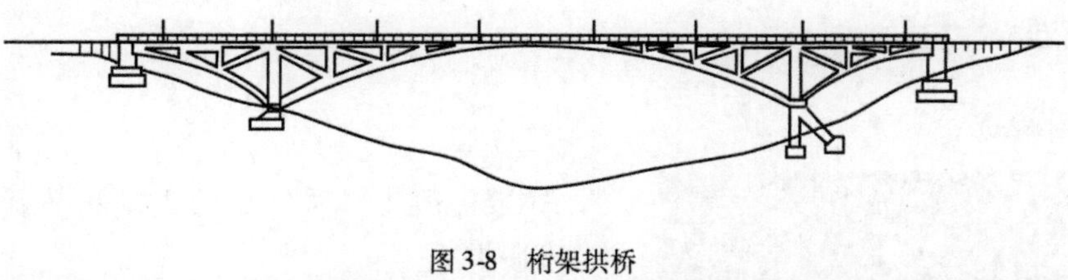

图 3-8　桁架拱桥

b. 刚架拱桥。其主结构由拱肋构成主拱,拱上建筑取斜腿刚构的形式,并连接成整体,故名刚架拱桥(图 3-9)。刚架拱桥的外形与桁架拱桥相似,但构造比桁架拱桥简单,整个桥跨没有竖杆,只有少量的斜杆(跨径小于 30m 时,可不设斜杆)。

刚架拱桥的上部构造由刚架拱片、横系梁和桥面等几部分组成,具有杆件数量少,整体性好,自重轻,材料省,对地基承载力要求比其他拱桥低。刚架拱桥的上部结构由刚架拱片、横向

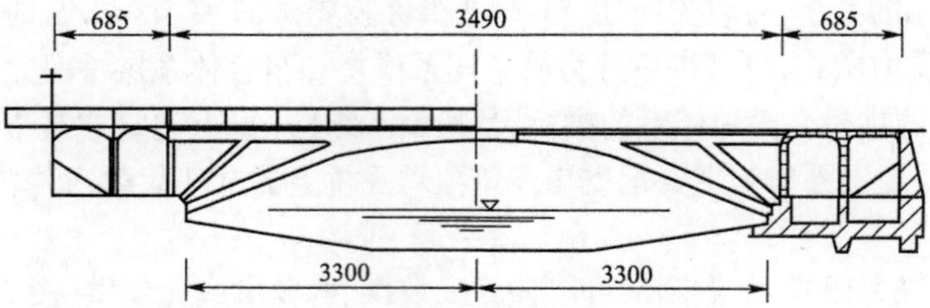

图 3-9　刚架拱桥(尺寸单位:cm)

联结系和桥面系组成。主要承重结构刚架拱片一般由跨中实腹段的主梁、空腹段的次梁、主拱腿(斜撑)、次拱腿(图 3-10)构成。

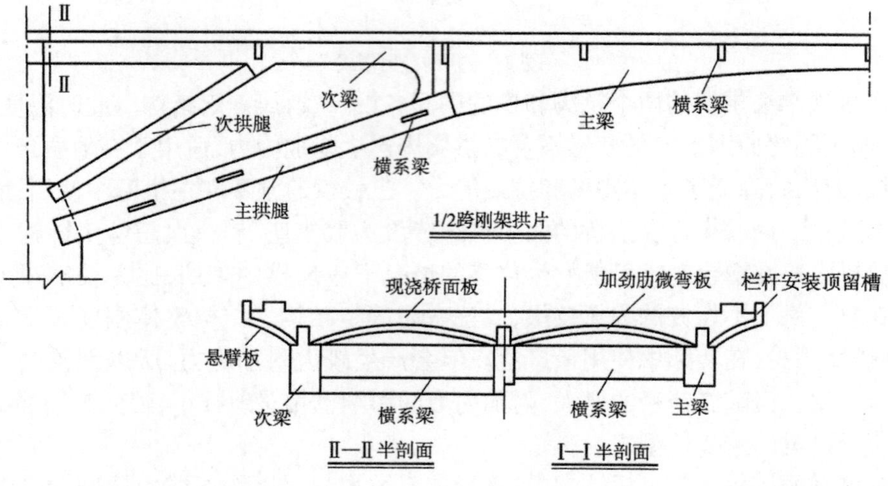

图 3-10　刚架拱桥的组成

c. 梁拱组合体系桥。梁拱组合体系桥是将梁和拱两种基本结构组合起来共同承受荷载,充分发挥梁受弯、拱受压的结构特性,一般又可分为有推力和无推力两种类型。有推力的组合体系拱由单独的梁和拱组成,共同受力,拱的推力仍由墩台承受。无推力的组合拱。拱的推力由系杆承受,墩台不承受水平推力。

二、钢筋混凝土拱桥

1. 主拱圈构造

图 3-11　肋拱

钢筋混凝土拱桥常见的主拱圈横截面形式有肋拱、箱形拱等。

1)肋拱

用两条或多条分离的平行窄拱圈即拱肋作为主拱圈的拱(图 3-11),肋与肋间由横系梁相连,自重轻、恒载内力小,可以充分发挥钢筋混凝土等材料的性能,在大中型拱桥中得到广泛应用,但构造较板拱复杂。

对于上承式拱桥,通常也在拱肋上设置立柱和横梁支承行车道部分(图3-12)。

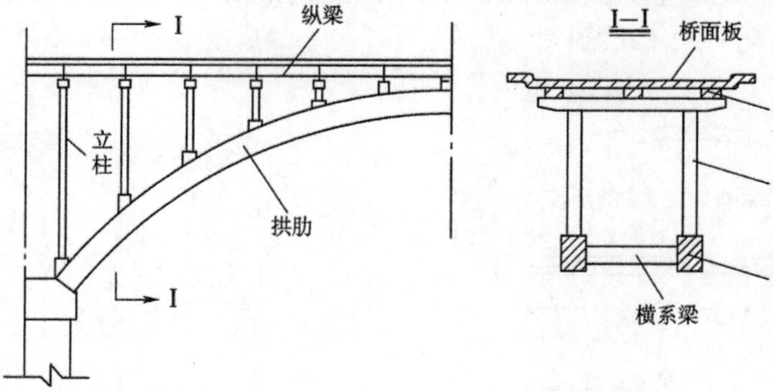

图3-12 上承式肋拱

拱肋是肋拱桥的主要承重结构,其材料多使用混凝土、钢筋混凝土或钢管混凝土。

拱肋的数目和间距主要根据跨径、宽度、肋型、材料性能、荷载等级、施工条件、拱上结构与经济性等因素综合选定。为了保证肋拱桥的横向整体稳定性,肋拱桥两侧的拱肋最外缘间的距离,一般不应小于跨径的1/2。一般在吊装能力满足要求的情况下,宜采用少肋形式。通常,桥宽在20m以内时可采用双肋式,当桥宽在20m以上时,可采用三肋(多肋)拱或分离的双肋拱。

在小跨径的肋拱桥中拱肋截面多采用矩形。肋高为跨径的1/60~1/40,肋宽为肋高的0.2~2.0倍。在较大跨径中,拱肋常做成工字形截面。肋高为跨径的1/35~1/25。肋宽为肋高的0.4~0.5倍。其腹板厚度常采用0.3~0.5m。

2)箱形拱

将板拱截面挖空成箱形截面,则称为箱形拱(图3-13)。钢筋混凝土箱形拱截面挖空率可达50%~70%,可大大减轻质量,节省上下部结构的造价。又由于它是闭口箱形截面,抗扭刚度较大,横向整体性和结构稳定性较好,所以特别适用于无支架施工。但箱形截面施主制作较复杂,一般情况下,箱形截面的拱桥跨径适合在50m以上。它是国内外大跨径钢筋混凝土拱桥主拱圈截面的基本形式。

a)

b)

图3-13 箱形拱

箱形拱的拱圈,可以由单室箱(图3-14)或多室箱(图3-15)组成。单室箱分别由底板、侧板、顶板及横隔板组成。为提高拱箱抗扭能力、加强箱壁的局部稳定性,拱箱内每隔一定距离设一道横隔板。箱形拱的构造与施工方法有密切的联系。采用无支架施工时,为了减轻吊装重量,拱圈常采用装配—整体式结构形式,分阶段施工,最后拼装成一个整体。

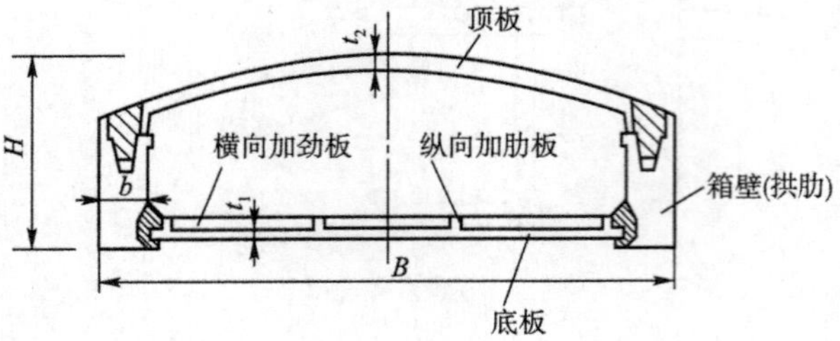

图 3-14　单室箱形截面

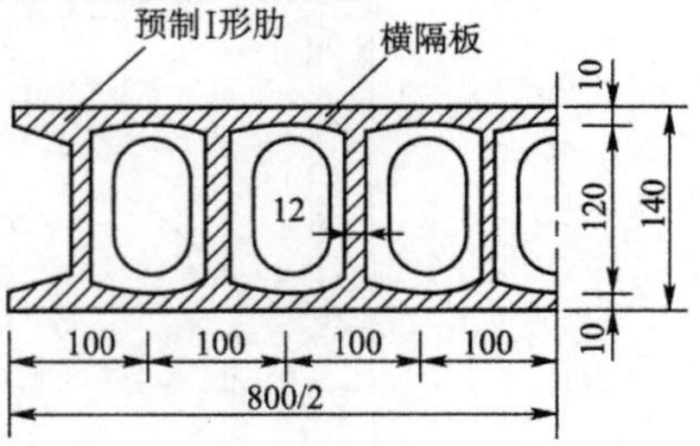

图 3-15　宽翼缘工字箱形截面组合（尺寸单位:cm）

2. 拱上建筑的构造

按形式的不同,拱上建筑可分为实腹式和空腹式(图 3-16)两大类。实腹式拱上建筑的构造简单,施工方便,但填料较多,恒载较重,一般多用于小跨径拱桥。大、中跨径拱桥多采用空腹式,以利于减小恒载,并使桥梁显得轻巧美观。

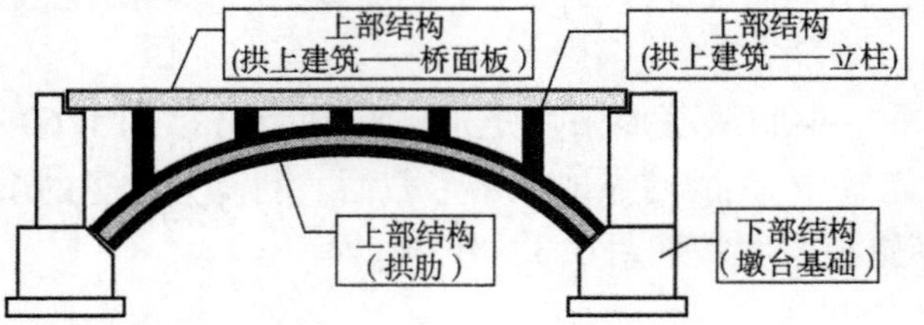

图 3-16　空腹式拱桥组成部分

空腹式拱上建筑由多孔腹孔结构和桥面系主成,以利于减小恒载,并使桥梁显得轻巧美观。

1)拱上建筑的布置

拱上腹孔的布置,应结合主拱的类型、构造、几何尺寸,以及施工方法和桥位处的具体情况来进行。其中,应注意以下几点。

(1)腹孔可以布置成梁式或拱式。前者的质量较轻,但腹孔梁弯矩较大;后者则相反。钢筋混凝土拱桥多用梁式。

(2)腹孔可对称地布置在主拱圈(肋)上建筑高度所容许的范围内。一般每半跨的腹孔总长不宜超过主拱跨径的 1/4～1/3,以 3～6 孔为宜。一般情况下,主拱跨径小,腹孔数目宜少。

(3)腹孔的跨径不宜过大或过小。腹孔跨径过大,腹孔墩处的集中荷载增大,对主拱的受力不利,腹孔跨经过小,对减轻拱上建筑的质量不利。腹孔的构造宜统一,以方便施工。

(4)当拱轴线采用悬链线,并且采用无支架施工的拱桥。拱轴系数 m 值宜选小,因此,应采用轻型的拱上建筑布置,腹孔布置范围应适当加大。

(5)在软地基上,为减小基础的承压能力,应尽量采用轻型的拱上建筑布置,可以加大腹孔的布置范围。必要时,可以采用拱顶无填料的拱上建筑。

(6)紧靠墩、台的第一个腹孔,可以直接支承在墩、台上,也可跨过墩顶,使桥墩两侧的腹孔相连,该孔应做成三铰拱(图3-17)。

2)梁式腹孔构造

采用梁式腹孔(图3-18)的拱上建筑,可以使桥梁造型轻巧美观,减轻拱上质量和地基的承压力,以便获得更好的经济效果。大跨径的钢筋混凝土拱桥绝大多数采用梁式腹孔。为适应拱圈变形,空腹式拱上建筑的板或梁一般采用简支结构。

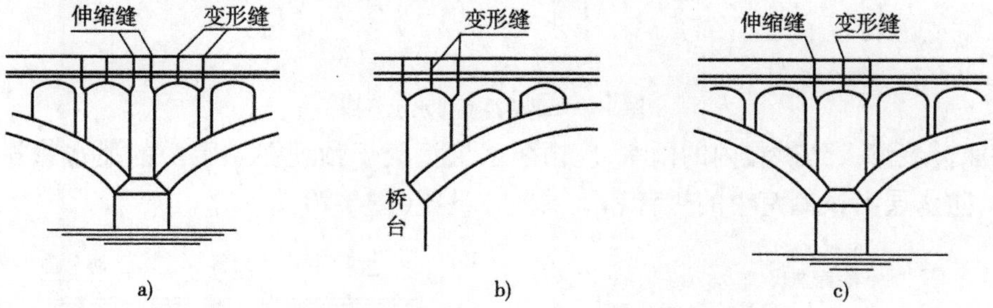

图3-17 腹拱与墩台的连接

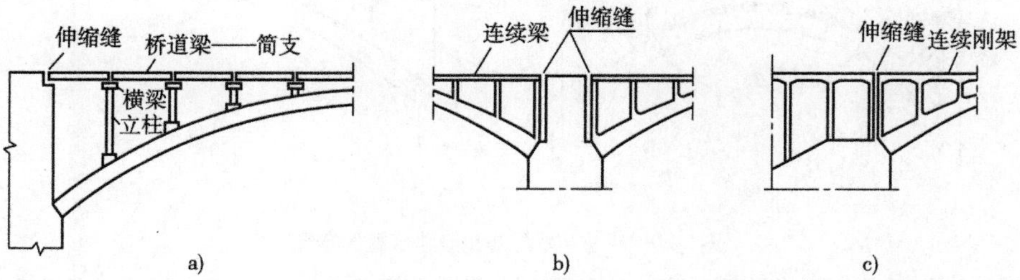

图3-18 梁式腹孔

3. 伸缩缝和变形缝

由于拱上建筑与主拱圈的共同作用,一方面主拱圈的承载能力有所提高,另一方面,主拱圈的变形也被约束。为避免拱上建筑不规则地开裂,除在设计计算上应作充分的考虑外,还需在构造上采取必要的措施。通常是在相对变形(位移或转角)较大的位置设置伸缩缝,而在相对变形较小处设置变形缝。

对于梁式或板式拱上结构,宜在主拱圈两端的拱脚上设置腹孔墩或采取其他措施与桥墩(台)设缝分开(图3-17),梁或板与腹孔墩的支承连接宜采用铰接,以适应主拱圈的变形。

人行道、栏杆、缘石和混凝土桥面,在腹拱铰的上方或侧墙有变形缝处,均应设置贯通全桥宽度的伸缩缝或变形缝,以适应主拱圈的变形。

施工中,通常将伸缩缝的宽度设置为2~3cm,用锯木屑与沥青按1:1比例配合压制成的预制板嵌入砌体或埋入现浇混凝土中,也可用沥青砂等其他材料填缝;变形缝则不留缝宽,可用干砌或油毛毡隔开,或用低强度等级砂浆砌筑。

4. 排水及防水层

拱桥不仅要求能够及时排除桥面的雨水、雪水,而且也要求将渗透到拱腹内的水及时排除,否则导致拱腹填料的含水率增大,降低承载能力。

拱桥桥面雨水的排除,除桥梁设置纵坡和桥面设横坡外,一般还沿桥面两侧缘石边缘设置泄水管(图3-19)。

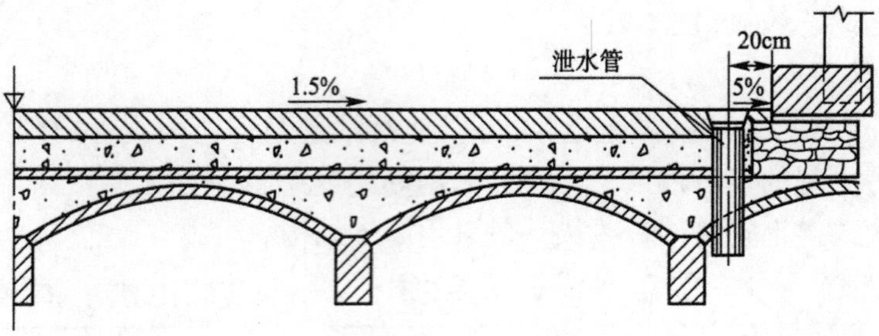

图 3-19　拱桥桥面排水示意图

由桥面铺装渗入到拱腹内的雨水，应由防水层汇集于预埋在拱腹内的泄水管排出。对空腹式拱桥，防水层沿拱圈跨中的拱背和腹拱上方设置（图 3-20）。

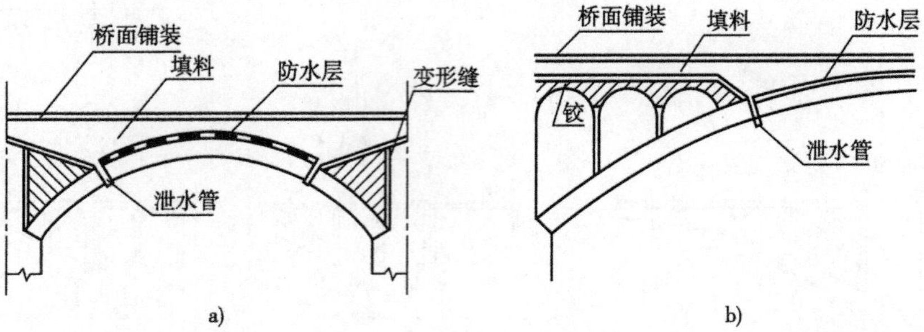

图 3-20　拱桥防水层与拱腹泄水管的布置

防水层在全桥范围内不宜断开，当通过伸缩缝或变形缝处应妥善处理，使其既能防水又可以适应变形。

三、钢管混凝土拱桥

钢管混凝土拱桥是一种新型的拱桥结构。钢管混凝土是指在钢管中填充混凝土而形成的构件。钢管混凝土的原理可类比于螺旋配筋的钢筋混凝土柱来比拟：核心混凝土在密集的螺旋筋的作用下处于三向受压状态，因而使得核心混凝土的抗压强度明显提高。由于钢管对混凝土的紧箍力作用，大大提高管内混凝土的承载力，反之，混凝土对钢管的约束作用，提高了钢管抗失稳的能力，二者完美结合。

1. 拱肋

拱肋的截面形式可分为单肢型、双肢哑铃型、四肢格构型、三角形格构型和集束型。

单肢型断面［图 3-21a）］构造简单、受力明确，但跨径过大则须相应增大钢管直径和壁厚，使钢管制作和混凝土浇筑都不太方便。适用于跨径 80m 以内的小跨径拱桥。

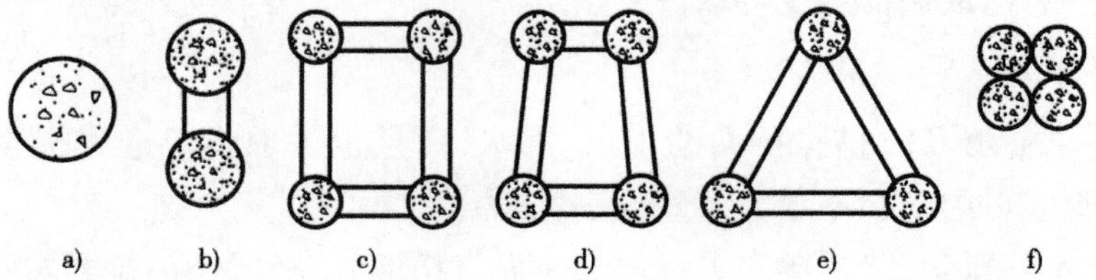

图 3-21　拱肋截面类型

双肢哑铃形断面[图3-21b)]由上下两个钢管通过缀板连接而成,钢管直径一般为跨径的1/150～1/110,截面高度一般为跨径的1/60～1/45。断面抗压刚度大,且由于承压面距中心轴较远,故纵向抗弯刚度也大,占用桥面空间相对较少,是较理想的断面形式。其缺点是侧向刚度相对较小,桥面以上须设置风撑以确保横向稳定。适用于跨径80～120m的拱桥。

四肢格构型断面根据钢管的布置方式,又分为四肢矩形格构型[图3-21c)]和四肢梯形格构型[图3-21d)]。它由钢管(又称弦杆)、腹杆(多为空钢管)和横联组成桁片;断面高度根据跨径大小决定,而宽度则视跨径和桥面宽度确定。这是大跨径钢管拱桥常用的一种形式。

三角形格构型断面[图3-21e)]:纵向刚度大,横向刚度也大,适合于无风撑的钢管混凝土拱桥上。集束型断面[图3-21f)]:将钢管桁架改成集束钢管,钢管间采用螺栓、电焊以及钢板箍等方式连成整体而形成拱肋;与钢管桁架相比节省了腹杆,但纵向刚度也减弱。

大跨径拱桥一般选择格构式截面,每一根弦杆基本上都是轴心受压构件,充分利用了材料的性能。

断面形式确定后,钢管直径及壁厚就直接影响着结构强度。考虑到防腐等要求,壁厚不宜小于12mm。钢管面积与混凝土面积之比称为含钢率,其值不宜小于5%,否则不能发挥钢管混凝土弦杆的套箍作用。但含钢率也不宜大于10%,以免浪费钢材。

2. 横撑

横撑主要设置在拱顶、拱脚及拱肋与桥面系交接处,其主要作用是将钢管混凝土拱肋连接成整体,保证结构稳定。

横撑多采用钢管格架。横撑钢管可以是空心的,也可内填混凝土形成钢管混凝土横撑。

3. 吊杆

中、下承式钢管混凝土拱桥需设置吊杆,吊杆锚固在拱肋上。为避免锚具直接暴露在大气中,常将其设置在拱肋弦杆内或缀板处[图3-22a)、b)、c)]。图3-22d)是图3-22a)的大样构造,垫板A由4根$\underline{\phi}$16的定位钢筋焊接在钢管内,锚头支承在垫板A上;为加强定位钢筋与钢管的连接,在定位钢筋与钢管内壁的连接处,焊接$\underline{\phi}$22加强钢筋,以加固圆形开孔。

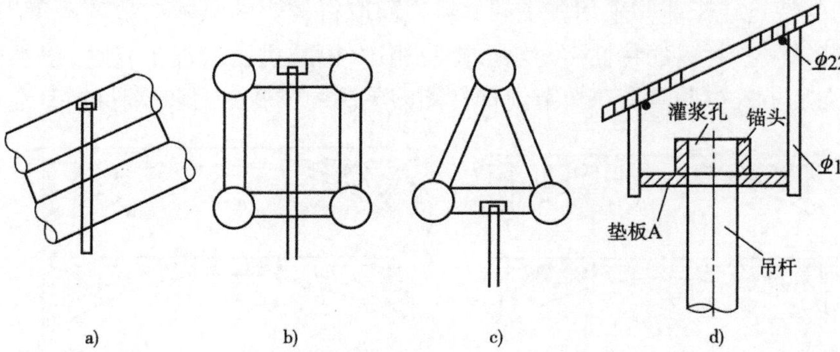

图3-22　拱肋吊杆锚具布置

吊杆可采用平行钢绞线或平行钢丝束,外套无缝钢管或热挤聚乙烯层防护。上下锚头可采用OVM锚、冷铸镦头锚等,然后用高强度等级混凝土封锚。张拉端通常设置在缀板处或钢管弦杆内,而固定锚设在下端以便拆卸更换。锚头必须防护严密,不能外露在大气中,以免锈蚀。为便于更换,可以做成双吊杆。

四、钢桁拱桥

近年来,随着钢材技术的进步,出现了各种高新性能的钢材,因此钢桁拱桥(图3-23)有了较大的发展。拱桥的力学特点决定其具有较好的竖向刚度,而斜拉桥和悬索桥本身属于柔性体系,必须在结构和体系布置上加以处理才能满足受力和高速行车的需要;桁架桥中的杆件多为承受轴向力构件,能够充分发挥材料的力学性能;桁架桥具有每个节间杆件都能够根据受力大小而灵活改变钢种和截面的特点,展现了良好的经济性能;桥梁的上部结构施工多为高空作业;桁架拱桥的单根杆件相对较轻,不需要大型的起吊设备,施工迅速;钢桁拱桥外形轮廓柔和,桥型雄伟壮观,易于与周边景观协调搭配,能够体现现代工业化的风貌。钢桁拱桥在大跨公铁两用桥中应用越来越广。

图3-23 钢桁拱桥

但钢桁拱桥也存在着节点构造复杂、杆件稳定性要求较高、水平推力较大,对地基要求较高等缺点,而且支座吨位大,需更换大型支座,作为钢结构需考虑防腐处理。

1. 拱肋(图3-24)

桁式拱肋的特点在于能够采用较小的材料截面取得较大的纵横向抗弯刚度,且杆件以受轴向力为主,能够发挥材料的特性。与箱形拱肋相比,桁式拱肋减轻了自重,使拱桥具有更强的跨越能力,而且桁式拱肋具有每个节间杆件能够灵活的改变截面和钢种的特点。

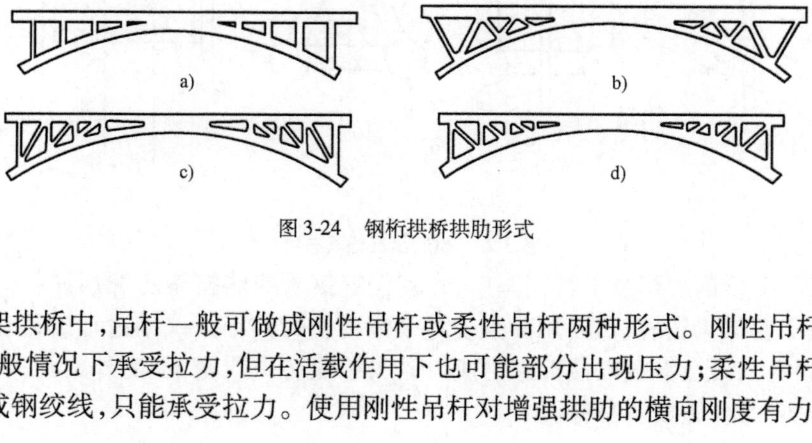

图3-24 钢桁拱桥拱肋形式

2. 吊杆

在钢桁架拱桥中,吊杆一般可做成刚性吊杆或柔性吊杆两种形式。刚性吊杆多用钢管或型钢制成,一般情况下承受拉力,但在活载作用下也可能部分出现压力;柔性吊杆可采用高强平行钢丝束或钢绞线,只能承受拉力。使用刚性吊杆对增强拱肋的横向刚度有力,但施工程序多,工艺较复杂。使用柔性吊杆可以部分消除拱肋和桥面系之间的相互影响,施工方便,外形较好。

3. 系杆

钢桁拱桥为无推力拱桥,拱的推力全部由系杆承担,因此系杆将承受较大的轴向拉力。系杆亦分为刚性系杆和柔性系杆两种形式。刚性系杆用型钢制成,并通常作为桁式加劲梁的弦杆,此种形式与主桁拱间的连接构造简单,受力明确。在铁路桥中多采用刚性系杆,可以减少拱脚的水平变位,增加结构的竖向刚度;柔性系杆可采用平行钢丝束制成,其特点是便于施工安装,但在主桁上的锚固构造设计难度大。

4. 加劲梁

加劲梁在铁路桥中多采用桁架形式以提高结构刚度,在公路桥中多采用箱形截面。在现存大跨度钢桁架拱桥中,行车系的行车道梁与拱组合,共同受力桥型。

现代桥梁结构大多是几种体系的组合,如钢桁拱—桁梁组合结构,具有代表性的有宜万铁路万州长江大桥(图3-25),该桥两侧边跨为平弦钢桁梁,中跨为刚性拱柔性梁的钢桁拱桥。边跨主桁桁式采用有竖杆的三角形桁式,主桁桁高16m,桁宽16m,节间长度12m;中间支点设加劲弦,加劲腿高20m,加劲腿的设置增加了中支点处主梁桁高,改善了结构受力条件,同时与钢桁拱拱肋下弦匀顺过渡。中跨钢桁拱拱肋采用变高度N形桁架,中支点处桁高41m,跨中拱肋桁高8m,拱顶至桥面高度63m。拱肋桁架上、下弦拱轴线分别采用不同的二次抛物线,上弦拱轴线与边跨平弦上弦采用圆曲线匀顺过渡。为承受拱肋产生的水平力,两拱肋之间设钢系杆。拱肋与系杆之间采用刚性吊杆连接,吊杆间距12m,吊杆最大长度55m。

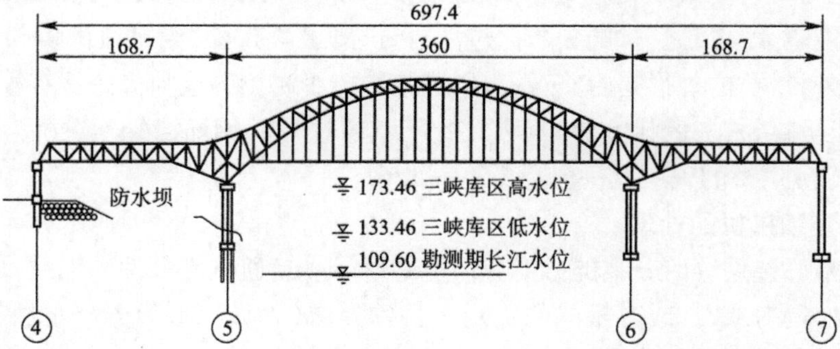

图3-25　万州长江大桥主桥布置图(尺寸单位:m)

五、拱桥上部结构设计

1. 拱桥的总体设计

拱桥的总体设计包括:通过必要的桥址方案比较确定桥位;再根据地质、通航等确定桥梁长度、跨径、孔数、桥面设计高程、拱的主要几何尺寸、墩台基础的形式和埋置深度、桥上和桥头引道的纵坡等内容。

1)确定拱桥的长度和分孔

选定桥位后,应通过水文计算和经济技术比较,并综合考虑桥梁与两头路线的衔接,确定两岸桥台之间的总长度,并确定桥台的位置。

拟订桥梁的长度后，可进一步对拱桥进行分孔。此时应根据桥址处的通航、地形、地质情况，结合选用的结构体系、结构形式和施工条件，进一步选择单孔还是多孔。

如果为通航河流，应考虑通航孔和不通航孔两部分，其中通航孔跨径和高程应满足航道等级规定的要求，并且多布置在常水位时的河床最深处或航行最方便的地方。对于航道可能变迁的河流，必须设置几个通航的桥跨。对于不通航孔或非通航河段，桥孔划分应按经济原则考虑。

2）确定拱桥的设计高程和矢跨比

拱桥的高程主要包括桥面高程、拱顶底面高程、起拱线高程、基础底面高程等。

桥面高程代表着建桥高度，即指桥面与缘石相接处的高程，一般由两岸线路的纵断面设计来控制。对于跨越平原区河流的拱桥，其桥面最小高度一般由桥下净空控制，并且还要满足排洪或不同航道等级净空界限的要求。

桥面高程确定后，将其减去拱顶填料厚度（含路面）和主拱圈的厚度，即可得到拱顶底面高程。

起拱线的高程主要由矢跨比的要求决定，但为了尽量减小桥墩（台）基础底面的弯矩、节省墩台的圬工数量，一般宜选择低拱脚的设计方案。基础底面的高程主要根据冲刷深度、地基承载力等因数确定。

矢跨比是拱桥设计的主要参数之一，不仅影响拱圈的内力，而且也影响到拱桥的构造形式和施工方法的选择，应由通航、泄洪、上下部结构受力等综合因素确定。

矢跨比减小，拱的推力增大，相应地在拱圈内产生的轴向力也大，这对拱圈自身的受力状况是有利的，但对墩台基础不利。另外，对于无铰拱或两铰拱来说，矢跨比越小，由外部因素引起的附加内力就越大。反之，拱的矢跨比过大时，拱脚区段过陡，给拱圈的砌筑或混凝土浇筑带来困难。另外，拱桥的外形是否美观，与周围景物能否协调等也与矢跨比有很大关系。通常对于石、混凝土板拱桥，矢跨比宜为1/6～1/4，不宜超过1/8；钢筋混凝土拱桥为1/10～1/6，不宜小于1/12；箱形拱桥的矢跨比一般为1/10～1/6。

3）不等跨连续拱桥的处理

连续拱桥最好选用等跨分孔的方案。但受地形、地质、通航等条件的限制，如引桥很长，考虑与桥面纵坡协调一致时，或对桥梁的美观有特殊要求（如城市或风景区的桥梁）时，可采用不等跨的分孔（图3-26）。

图3-26　不等跨拱桥的分孔

不等跨拱桥，由于相邻孔的恒载推力不相等，使桥墩和基础承受了不平衡推力。在采用柔性墩的多孔连续拱桥中，还需考虑恒载不平衡推力产生的连拱作用，使计算和构造较为复杂。为了减小不平衡推力，改善桥墩、基础的受力状况，可采用以下措施。

（1）采用不同的矢跨比

利用矢跨比与推力大小成反比的关系，在相邻两孔中，大跨径用较陡的拱（产生水平推力较小），小跨径用较平坦的拱（产生水平推力较大），尽量减小两相邻孔在恒载作用下的不平衡推力。

（2）采用不同的拱脚高程

由于采用了不同的矢跨比，致使两相邻孔的拱脚高程不在同一水平线上。因大跨径孔的矢跨比大，拱脚降低，减小了拱脚水平推力对基底的力臂，这样可以使大跨与小跨的恒载水平推力对基底所产生的弯矩得到平衡（图3-27）。

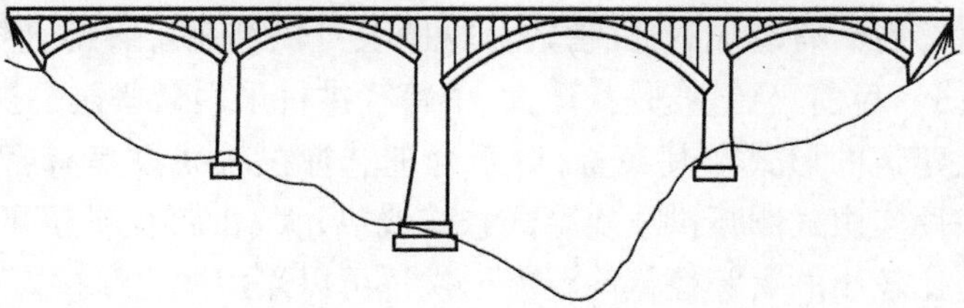

图3-27 不同的拱脚高程

（3）调整拱上建筑的恒载质量

通常将大跨径部分采用轻质的拱上填料或空腹式拱上建筑，而小跨径采用重质的拱上填料或实腹式拱上建筑，以调整恒载质量改变拱桥恒载的水平推力。

以上三种措施在设计时可同时采用。如果仍不能达到完全平衡恒载推力的目的，也可设计成体型不对称的或以加大尺寸的桥墩和基础来解决。

2. 拱轴线型的选择和拱上建筑的布置

拱轴线的形状直接影响着拱圈的内力分布及大小，选择拱轴线应尽可能降低由于荷载产生的弯矩值，充分利用圬工材料的抗压性能。理想的拱轴线应与各种荷载的压力线相吻合；拱圈截面上轴向力，无弯矩作用，应力均匀，这样的拱轴线又称为合理拱轴线。但由于除恒载外，拱圈还要受到活载、温度变化和材料收缩等因素的作用，不可能获得这样的拱轴线。因此在具体设计时，对于公路拱桥恒载所占比重大，一般采用恒载压力线作为拱轴线；特殊情况，活载较大时，如铁路拱桥，可用恒载加一半活载的压力线作为拱轴线。

除了考虑受力的因素外，拱轴线型的选择还应满足三方面的要求：①对于无支架施工的拱桥，应能满足各施工阶段的要求，并尽可能少用或不用临时性施工措施；②计算方法简便，易为生产人员掌握；③线型美观，便于施工。

拱桥常用的拱轴线型有以下几种：

（1）圆弧线。圆弧线拱轴各点曲率相同，线型简单，施工放样方便，易于掌握。但只有当圆弧形上作用满布均布的径向荷载时，其拱轴才与恒载压力线重合。当矢跨比较小时，两者出入还不算大，采用圆弧拱并不使恒载内力增大过多；但当矢跨比接近1/2时，与恒载压力线偏离较大，拱圈受力不均。因此，圆弧线拱轴通常适合于20m以下的小跨径拱桥。

（2）抛物线。在竖向均布荷载作用下，拱的合理拱轴线是二次抛物线，因此适合于恒载分布比较接近均匀的拱桥，如矢跨比较小的大跨径空腹式拱桥、桁架拱、刚架拱等；也可采用高次抛物线。

（3）悬链线。实腹式拱桥的恒载集度，从拱顶到拱脚是均匀增加的，这种荷载分布图式的合理拱轴线是一条悬链线。因此,实腹式拱桥采用悬链线作拱轴线,在结构自重作用下,当不计拱圈由结构自重弹性压缩产生的影响时,拱圈截面将只受轴力而无弯矩。

对于空腹式拱桥,由于有立柱传下来的集中荷载,恒载强度从拱顶到拱脚不再是连续分布的,其相应的恒载压力线也不再是悬链线,而是一条在腹孔墩处有转折点的多段曲线。但此时仍采用与恒载压力线相近的悬链线作拱轴线,使恒载压力线与拱轴线在拱顶、四分之一跨径、拱脚等五个截面重合。由此,恒载压力线与拱轴线之间将有偏离,但这种偏离对拱圈控制截面的内力是有利的,可以减少弹性压缩产生的弯矩。又因为用悬链线作拱轴线,对各种空腹形式的拱上建筑的适应性较强,有现成的、完备的计算图表可供利用。因此,空腹式拱桥也广泛采用悬链线作为拱轴线。目前,悬链线是我国大、中跨径拱桥采用最普遍的拱轴线型。

综上所述,拱上建筑的形式及其布置,对于合理选择拱轴线型是有密切联系的。一般而言,小跨径拱桥可采用实腹式圆弧拱或实腹式悬链线拱;大、中跨径拱桥可采用空腹式悬链线拱;轻型拱桥或矢跨比较小的大跨径钢筋混凝土拱桥可以采用抛物线拱。

第二节　刚　构　桥

桥跨结构和墩台(支柱)整体相连的桥梁称为刚架桥或刚构桥。在竖向荷载作用下,刚架桥主梁端部将产生负弯矩,而跨中的正弯矩相应减小,跨中截面尺寸就可减小。在刚架桥结构中,墩台在竖向荷载作用下,除承受压力外,还承受弯矩。中小跨径钢架桥一般采用钢筋混凝土结构,大跨度刚架桥则采用预应力混凝土结构。

刚架桥外形美观、结构尺寸小、桥下净空大、桥下视野开阔。因此,通常适用于需要较大桥下净空和建筑高度受到限制的桥梁,如立交桥、高架桥。但墩梁连接构造复杂,柱脚有水平推力。钢筋混凝土刚架桥混凝土用量小,然而钢筋的用量较大,且梁柱刚性连接处易开裂,所以钢筋混凝土刚架桥常用于中小跨度桥梁,而预应力混凝土刚架桥则常用于大跨度桥梁。

刚架桥可以是单跨结构,也可以是多跨结构。单跨刚架桥的支腿可设计成直柱式,称为门式刚架桥,或设计成斜柱式,称为斜腿刚架桥。在中小跨径桥梁中,常用上述两种形式。而在大跨钢架结构中,可做成非连续式,即在主梁跨中设置剪力铰或悬挂简支梁,从而形成所谓带铰的T形刚构或带挂梁的T形刚构。大跨刚架桥也可以将主梁做成连续结构,形成连续刚构桥。对于主梁连续式的大跨刚架桥,当桥梁全长太大时,宜设置伸缩缝,或者做成数座分离式的连续刚架桥。

一、门式刚构桥

用单跨门式刚构桥的支柱作为直柱式结构时,可下部设铰[图3-28a)],也可与基础固结[图3-28b)]。由于单跨门式刚架桥一般要产生较大的水平推力,为了抵消水平反力,可以用拉杆连接两根支柱的底部[图3-28c)]。

刚构桥的结点(指主梁与支柱相连的地方)受力是较为复杂的。该结点必须具有强大的刚度,以保证主梁和支柱的刚性连接。结点与主梁和支柱相连的截面上有很大的弯矩,因此在结点的内侧,混凝土承受很高的压应力;外侧的拉应力由钢筋承受。设计中一般通过增设横隔板(支柱和主梁均为箱梁结构)或梗腋的措施,以改善结点的受力状况。

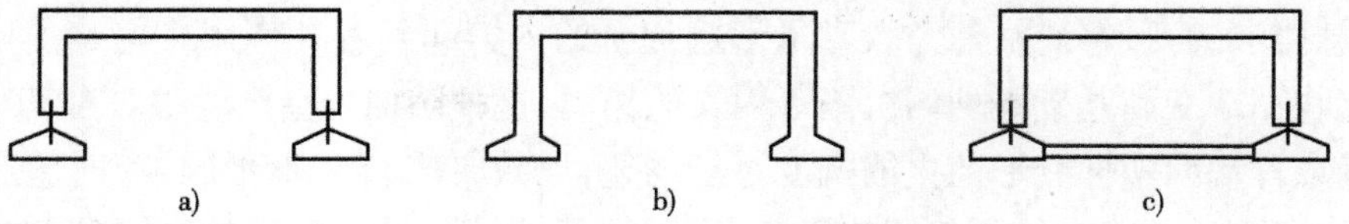

图 3-28 门式钢架桥

二、斜腿刚构桥

支腿做成斜柱式的单跨刚构桥时，称为斜腿刚构桥，因该桥的压力线与拱桥相近，故其所受的弯矩比门式刚构桥小；主梁跨径缩小，但支承反力却有所增大，而且斜腿的长度也相应增大。因此，当桥下净空要求为梯形时，斜腿刚构桥为首选方案，它可用较小的主梁跨径来跨越深谷或与其他线路立交，如图 3-29 所示。该桥型主梁的截面相对较小，不仅能节省工程材料、降低工程造价，而且可以采用如缆索吊装法、悬臂施工法或设备较简单的转体施工法。

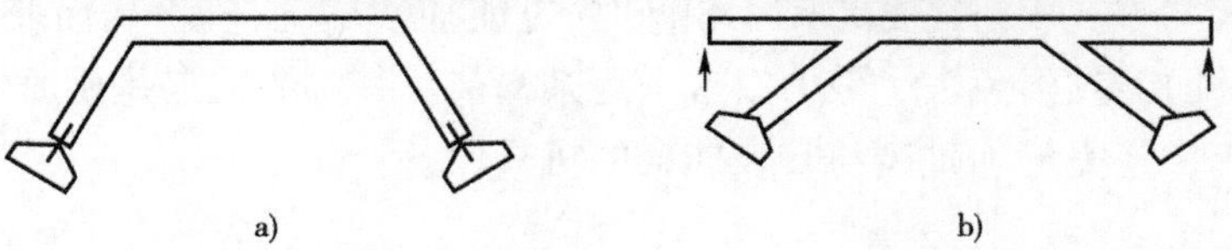

图 3-29 斜腿钢架桥

三跨预应力混凝土斜腿刚构桥的总体布置设计参数见图 3-30。考虑到斜腿对主梁变形的约束要比竖直的刚构墩差，因此主梁支点高度一般比相同跨度的连续刚构体系主梁略大，支点梁高与跨中梁高与之比以 2～2.5 为宜。斜腿的倾斜角为 40°～50°。斜腿与基础的连接往往采用铰接，常用的铰支座的类型有铅板铰、钢铰和混凝土铰。

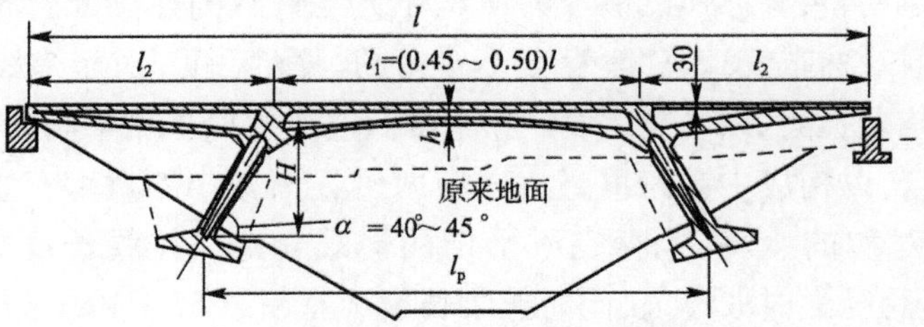

图 3-30 预应力混凝土斜腿钢架桥

斜腿刚构桥施工不便，应用不多。图 3-30 为我国第一座预应力混凝土铁路斜腿刚构桥——浊漳河斜腿刚构桥，主梁和斜腿都是单箱单室截面，中跨的理论跨长为 44m，支点梁高 4.8m，支点处的高跨比为 1/9.2；跨中梁高为 20m，跨中梁高与支点梁高之比为 1:2.4，仅在主梁上布置了预应力筋。目前，国外预应力混凝土铁路斜腿刚构桥的跨度已达到 85.5m（指两腿之间的跨度）。

三、T 形刚构桥

T 形刚构桥与门形或斜腿钢构桥的受力特点不同，在竖向荷载作用下，不产生水平推力。如图 3-31 所示为带铰的 T 形刚构，它的上部结构全部是悬臂部分，相邻两悬臂通过剪力铰相连接。剪力铰是一种只传递竖向剪力而不传递纵向水平力和弯矩的连接构造。当在一个 T 形结构单元上作用有竖向荷载时，相邻的 T 构单元通过剪力铰共同参与受力。从结构整体受力和牵制悬臂端的变形分析,剪力铰对T形刚构桥的内力起到有利作用。但是由于受温度变化、混凝土收缩徐变和基础不均匀沉陷等因素的作用,这种结构内会产生很难准确计算的附加内力,而且悬臂端因塑性变形产生的挠度不易调整,以致带来行车不平顺、有时施工中还要强迫合龙等许多不足。剪力铰不仅结构复杂、用钢量多、费用增加,而且铰和梁的刚度差异引起结构变形不协调,致使桥面不平顺,导致行车不舒适。上述种种缺点限制了带铰T形刚构桥的应用范围。

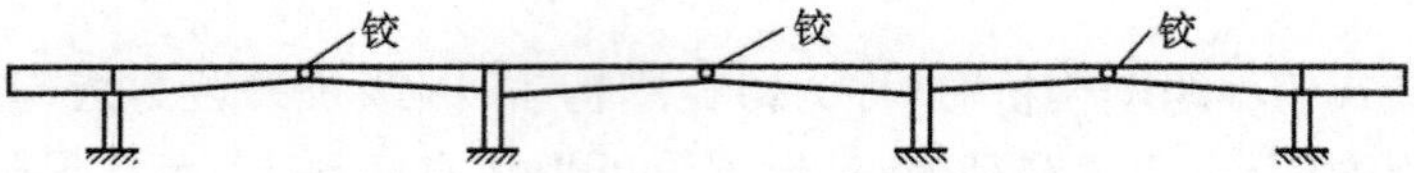

图3-31 带铰的T形刚构桥

比较常用的是带挂梁的T形刚构桥(图3-32),这种结构是一种静定结构,与带铰的T形刚构相比,虽然各个T构单元完全独立、其受力与变形稍大,但它具有受力明确,构造简单的特点,特别是挂梁与多孔引桥简支跨尺寸相同时,更能加快施工进度,从而获得更高的经济效益。虽增加了牛腿构造,但免去了剪力铰这一复杂构造。其主要缺点是桥面伸缩缝多,对高速行车不利,在施工中还需增加预制与安装挂梁的机具设备。

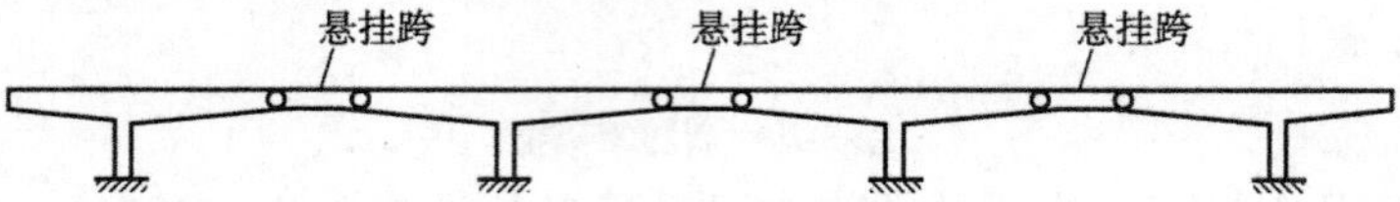

图3-32 带挂梁的T形刚构桥

普通钢筋混凝土T形刚构桥,跨径一般不超过60m,因为过大的跨度会导致悬臂根部在墩顶处产生较严重的裂缝,因此现代的T构桥广泛采用预应力混凝土结构。

带挂梁的T形刚构桥,其形式以偶数的T构单元与奇数的挂梁配合布置最为简单合理,此时刚构两侧的恒载对称布置,墩柱不存在不平衡的恒载弯矩。对于多跨T形刚构桥,一般采用相同尺寸的T构及挂梁,以便简化设计和施工。但也可以采用不同的T构悬臂长度和尺寸相同的挂梁相配合,以构成中孔跨度最大并向两侧逐渐减小的桥形布置方案,此时每个T形两侧的恒载是不对称的,墩柱也存在不平衡的恒载弯矩。挂梁长度与主孔长度之比取0.25~0.50,当主孔跨径大时取小值,同时挂梁长度不宜超过35~40m,以利于挂梁安装。预应力混凝土T形钢构桥的梁截面主要采用箱形截面形式。

T形刚构桥与预应力混凝土连续梁桥相比,如都采用悬臂施工法,可节省墩梁固结和跨中合龙两道关键工序。虽然桥墩刚度较大,但可节省昂贵的支座费用,其综合用材和费用却比连续梁经济。特别是T形刚构受力是长悬臂体系,全跨以承受负弯矩为主,预应力束筋布置在桥的顶面上,方便了施工。与悬臂拼装施工方法协调结合是它的主要特点,为T形刚构桥施工悬空作业机械化、装配化提供了有利条件。尤其对在深水、深谷、大江、急流等障碍条件下修建的大跨度桥梁,施工条件十分有利,并可获得合理的技术经济指标。

四、连续刚构桥

连续刚构桥是将T形刚构的粗厚桥墩减薄,形成柔性桥墩,并使墩梁固结、主梁连续。它实际上是一种墩梁固结的连续梁桥,这种体系利用主墩的柔性来适应结构由预应力、混凝土收缩徐变和温度变化所引起的纵向位移,当跨度大、桥墩高时采用这种体系最合适。

连续刚构桥跨中一般不设铰也不带挂梁,除桥面连续、行车平顺外,更重要的是梁体内的内力分布更加合理,能充分发挥高强度材料的作用,有利于增大跨径。随着桥梁施工技术水平的提高,对混凝土收缩、徐变、温度变化、预应力作用、墩台不均匀沉陷等因素引起的附加内力研究的深入使问题得到解决,大跨度预应力混凝土连续刚构桥已成为目前主要采用的桥梁结构体系之一。

为了减小上部结构的自重,达到增加跨度、减少下部结构的工程量、增加截面抗扭刚度的目的,一般箱顶宽在21.9m以下时,基本都采用单箱单室截面,如果顶宽更大时,往往分成上下两个分离单箱室。

典型的连续刚构桥与T形刚构桥一样,一般对称布置并采用悬臂施工方法修建。随着墩高的增加,桥墩对上部结构的嵌固作用越来越小,逐步转化为柔性墩的作用。图3-33为某连续刚构桥结构体系。

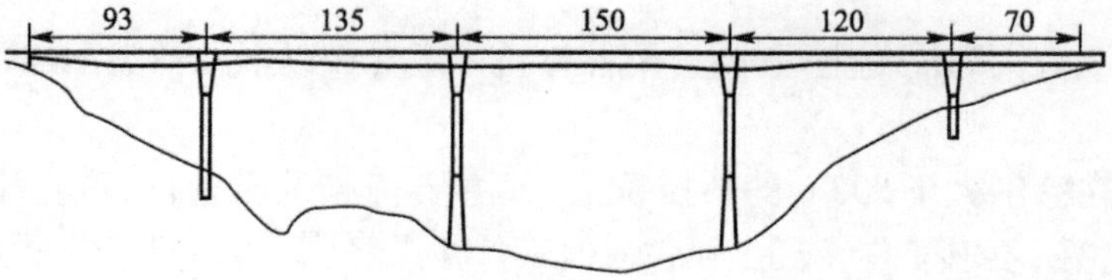

图3-33　某连续刚构桥(尺寸单位:m)

理论计算分析:当薄壁墩高 $H>10\text{m}$ 时,跨中恒载正弯矩、支点恒、活载负弯矩与连续梁相应的弯矩值相差不大,跨中活载最大正弯矩在墩高 $H>20\text{m}$ 时也接近连续梁相应的弯矩值。由此可见,连续刚构体系的梁部受力性能与连续梁相差无几,而薄壁墩底部所承受的弯矩及梁体的轴力则随着墩高的增大而急剧减小。

T形刚构桥、连续梁桥及连续刚构桥的主要优缺点对比见表3-1。

大跨度预应力混凝土梁式桥优缺点比较表　　表3-1

桥　型	优　点	缺　点
T形刚构桥	1. 主墩无支座; 2. 施工无体系转换; 3. 带挂梁T构为静定结构,因此温度变化、混凝土收缩、徐变不产生附加内力	1. 伸缩缝多,行车不舒适; 2. 跨中可能产生较大挠度; 3. 顺桥向抗弯刚度和横桥向抗扭刚度小,不利于悬臂施工的横向抗风要求
连续梁桥	1. 伸缩缝少,行车舒适; 2. 滑动支座时连续长度可增长; 3. 滑动支座时温度变化、混凝土收缩、徐变产生的附加内力较小; 4. 有较好的抗震性能	1. 主墩有支座; 2. 施工时需墩梁固结,有体系转换; 3. 顺桥向抗弯刚度和横桥向抗扭刚度小,不利于悬臂施工的横向抗风要求
连续刚构桥	1. 主墩无支座; 2. 施工体系转换方便; 3. 伸缩缝少,行车舒适; 4. 顺桥向抗弯刚度和横桥向抗扭刚度大,受力性能好; 5. 顺桥向抗推刚度小,对温度变化、混凝土收缩、徐变及地震影响均有利	1. 上部结构连续长度有一定的限制,长度再增加时应改用连续刚构和连续梁组合体系; 2. 主墩的抗撞击能力较弱

第三节　斜　拉　桥

斜拉桥属组合体系桥，其上部结构由主梁、拉索和索塔三部分组成。斜拉桥是一种桥面体系以主梁承受轴向力（密索体系）或承受弯矩（稀索体系）为主，支承体系以拉索受拉和索塔受压为主的桥梁。拉索相当于在主梁跨内增加了若干弹性支承，使主梁跨径显著减小，从而大大减小了梁内弯矩、梁体尺寸和梁体质量，使桥梁的跨越能力显著增大。下面说明斜拉桥的三个组成部分的结构形式和构造。

一、主梁

1.主梁截面形式

主梁材料一般有钢和混凝土两种，这两种材料可组合成以下几种类型的主梁。

1）钢梁

钢梁一般用在跨度大于500m的斜拉桥上，其主要特点是质量轻、跨越能力大、构件可在工厂制作、质量可靠、便于安装、施工速度快，但其价格昂贵，后期养护工作量大，抗风稳定性较差。钢主梁以箱形截面为主，这是由于其抗扭刚度大和抗风性能好。图3-34所示为几种常用的钢梁横截面。

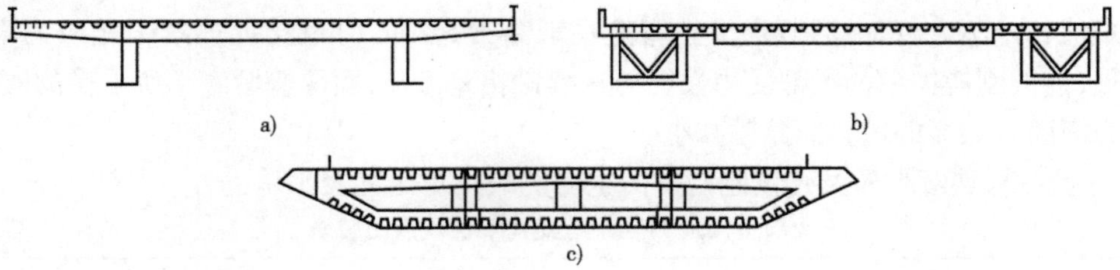

图3-34　钢梁常用截面

2）混凝土梁

混凝土梁的特点是：刚度大、挠度小、阻尼效果好、混凝土自重大、抗振动性能较好。图3-35为几种常用的混凝土主梁截面形式。

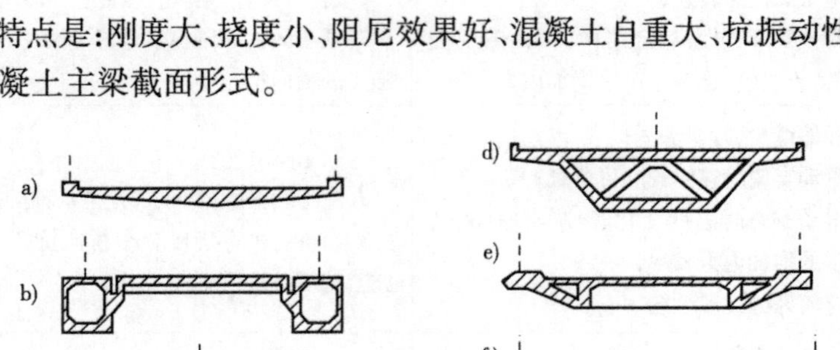

图3-35　常用混凝土主梁截面形式

图3-35a）为实心混凝土板梁，构造简单，建筑高度小，比较轻巧，抗风性能好，适用于小跨径（在150m以内）、桥宽不超过20m的公路桥梁。图3-35b）是由两个分离箱梁组成，箱梁之间设桥面系，它的特点是将梁施工化整为零，便于施工。图3-35c）、d）是单箱截面。单箱截面

抗扭刚度大，广泛应用于单索面斜拉桥。实践中有单箱单室，单箱多室，外腹板有直腹板或斜腹板等多种形式。直腹板抗风性能差，斜腹板既可改善风动力性能，又可减少墩宽，减轻梁体质量，但施工较复杂。一箱分成多少个室由桥面宽度而定。室多增加工作量及钢筋用量，目前设计的趋势是少室，相应采取横向加预应力或加设横隔板，让桥面板纵向受力等措施。图3-35d)用于单索面，将中间腹板改为斜撑可以减轻梁体质量。图3-35e)为半封闭双三角形或双室梯形箱形截面，外缘做成风嘴状，以减少迎风阻力，端部加厚以便锚固拉索。风洞试验证明这种截面具有最佳空气动力性能。图3-35f)是双主肋截面，肋之间为整体桥面板，这种截面形式简单，施工方便。适合于双索面桥，具有良好的抗风动力性能。

3)钢、混凝土结合梁

结合梁是在钢主梁上用混凝土桥面板代替正交异性钢桥面板，是近年来公路大跨斜拉桥主梁形式之一。它除有钢主梁的特点外，与钢主梁相比，能节省钢材用量，且其刚度大，抗风稳定性好，能有利分担斜索的水平分力，但自重比钢主梁大。500~700m的跨度范围比较适合采用主梁为结合梁的斜拉桥。图3-36为结合梁主梁的横截面。

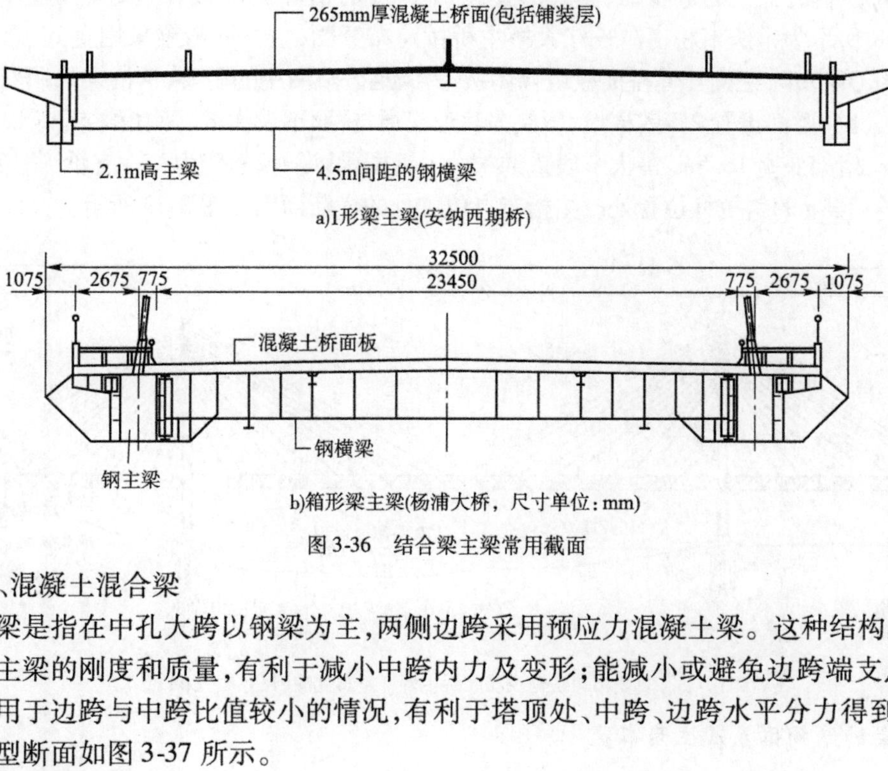

图3-36　结合梁主梁常用截面

4)钢、混凝土混合梁

混合梁是指在中孔大跨以钢梁为主，两侧边跨采用预应力混凝土梁。这种结构的特点是：加大边跨主梁的刚度和质量，有利于减小中跨内力及变形；能减小或避免边跨端支点负反力。它特别适用于边跨与中跨比值较小的情况，有利于塔顶处、中跨、边跨水平分力得到平衡。混合梁的典型断面如图3-37所示。

5)钢桁斜拉桥

钢桁斜拉桥由正交异性板作为桥面与钢桁梁相结合形成主梁。其中正交异性桥面板可分为混凝土桥面板和钢桥面板两种。钢桁架形式的主梁，可以适应布置双层桥面的需要，且其抗弯刚度大，综合高效性能比较突出，在大跨径公轨两用斜拉桥中得到了广泛应用。

与钢桁梁共同受力的正交异性钢桥面板是由纵横相互垂直的加劲肋(纵肋和横肋)连同桥面板组成的共同承受车轮荷载的整体结构。正交异性桥面板的优点包括自重小、建筑高度低、极限承载力大、跨越能力大、使用寿命长、易于加工制造和安装、进行桥梁修复工作时不会

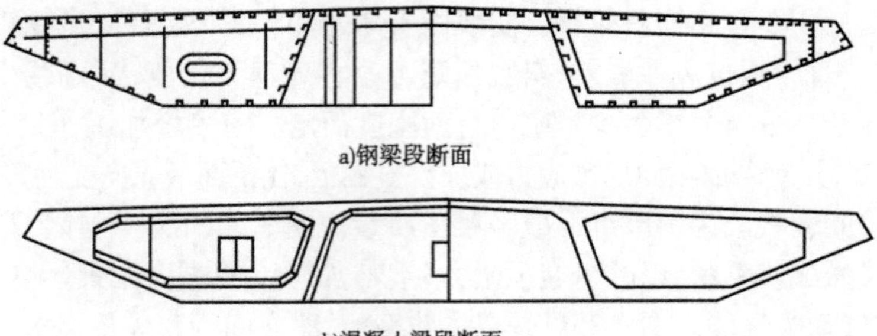

a)钢梁段断面

b)混凝土梁段断面

图 3-37　混合梁常用截面

影响交通,并且可以形成连续桥面,桥上行车有利。另外,用钢桥面板取代了传统的钢筋混凝土桥面板,实现了桥梁设计轻型化。在主桁架结构中,桥面板不仅是直接承重结构,而且作为主桁的一部分截面参与工作,能够发挥桥面、主桁和平联等多方面的综合作用,使桥梁的抗弯刚度、抗扭刚度及动力性能得到改善,经济性能得到提高。近年来,随着桥面板技术的不断发展以及桥面板制造工艺的进步,我国大部分大、中跨度的钢桥开始采用正交异性整体桥面板结构。图 3-38 所示为重庆市粉房湾长江大桥主桥桥跨布置图,主桥钢桁梁采用空间三角形桁式,钢材材质为 Q345qD,正交异性桥面板组合体系,为满足公轨两用的需要,钢桁梁采用双层桥面布置,上层为公路,桥面设置 2% 的横坡,下层为轨道交通,桥面不设横坡。钢桁梁桁高 12.2m,桁架顶宽 37.0m,桁架底宽 16.5m,最大节段重约 439t。钢桁梁以斜拉索作为弹性支承,斜拉索布置在每个节段缝后 3m 的斜拉杆位置处。主桁节点位置处的横断面图如图 3-39 所示。

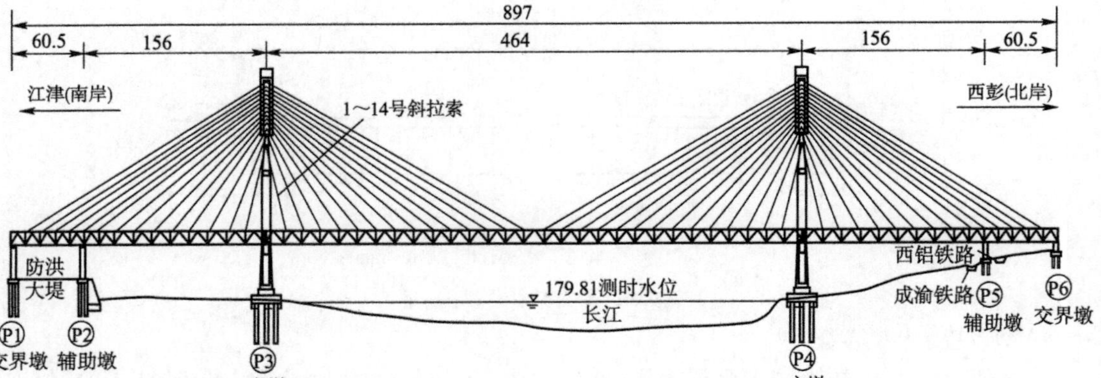

图 3-38　重庆市粉房湾长江大桥主桥桥跨布置图(尺寸单位:m)

2. 主梁的结构体系及立面布置

斜拉桥根据主梁、塔、索和墩的不同组合方式可以分为漂浮体系、半漂浮体系、塔梁固结体系和刚构体系四种,如图 3-40 所示。

漂浮体系是在桥塔处不设刚性支座,而是在塔墩处从塔的横梁处设置一对垂直吊索吊住主梁。这种体系的主要优点是:主梁可随塔柱的缩短而下降;温度、混凝土收缩、徐变力均匀,主梁无较大负弯矩;地震时允许全梁纵向摆荡,从而吸震消能。缺点是:当采用悬臂施工时,塔柱处需将主梁临时固结,并且在运营当中位移较大。

半漂浮体系是塔墩固结、塔梁分离,主梁通过支座支承在塔墩上。这种体系主要缺点是:

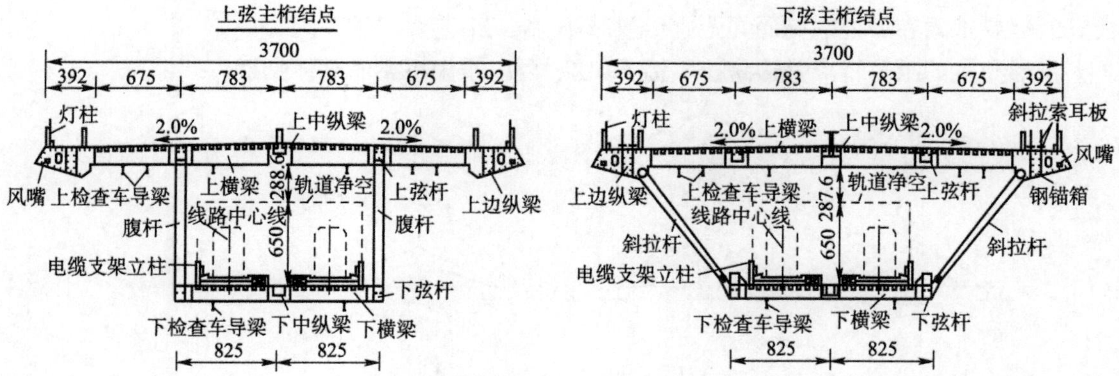

图 3-39　粉房湾长江大桥主桁结点位置横断面图(尺寸单位:cm)

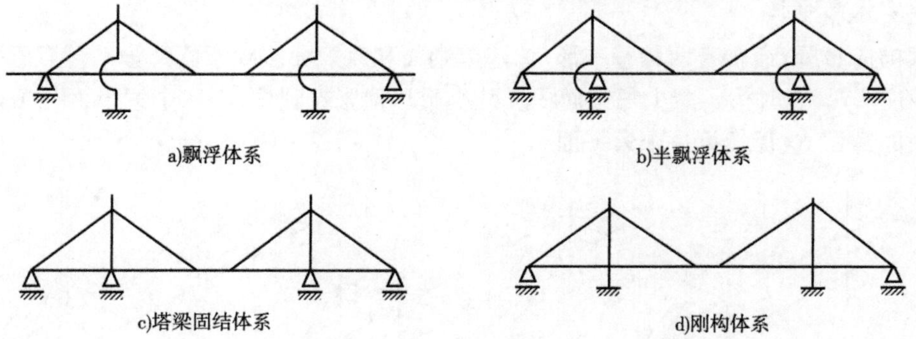

图 3-40　斜拉桥结构体系

塔墩两侧均由拉索弹性支承主梁,塔墩处为刚性支承,在塔墩支承处会出现较大的负弯矩,需加强支承区段的主梁截面。

塔梁固结体系是在一个桥塔横梁上设置固定铰支座,其余墩、台、塔处均为活动铰支座,整个梁就如连续梁一样。

刚构体系是梁、塔、墩为固结。这种体系的优点是:省支座、满足悬臂施工的稳定要求;梁挠度减小。缺点是:在主梁固结处负弯矩更大。它较适用于独塔斜拉桥及有良好的地基条件与地震烈度低的地区。

二、拉索

1. 拉索纵向布置

按拉索纵向布置的形式,可以分为四种形式:辐射形、竖琴形、扇形、星形,如图 3-41 所示。

辐射形的特点是所有拉索集中于塔顶,使各根拉索具有可能的最大倾角。由于索力主要由垂直力的需要而定,因此拉索效率发挥最好,拉索用钢量最少。其主要缺点是拉索汇交到塔顶,构造处理较困难,一般塔顶要采用鞍座。

竖琴形拉索互相平行,倾角相同。它的突出优点是:从各个方面看,索不会交叉,简洁美观。从拉索受力分析拉索总拉力大,拉索对主梁的支承效果差,用钢量最大,又无法形成漂浮体系,于抗风、抗震不利,且难于控制中跨挠度,竖琴形布置一般只用于中、小跨径桥中。

扇形介于辐射形与竖琴形之间,是采用最多的一种索形。结构抗扭刚度和抗风振性能比较好。但要求索在塔处的锚固间距宜尽量减小,施工工艺要求较高。

星形布置的唯一特点是边跨拉索锚于梁端,可以增大桥梁的整体刚度。

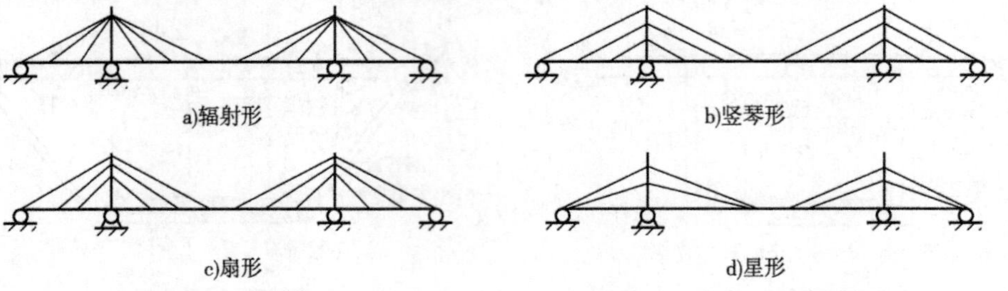

图 3-41　拉索纵向布置形式

2. 拉索横向布置

拉索横向布置,通常有两种基本形式,即单索面和双索面。双索面又分平行双索面与双斜索面(图 3-42)。有时为了减少每索面积及减小千斤顶张拉吨位,将一个索平面分成两个横向间距很小的索面,这仍然算一个索平面。

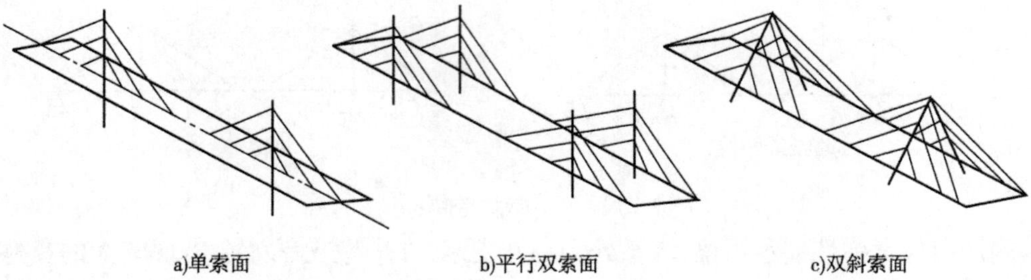

图 3-42　拉索横向布置形式

单索面斜拉索置于桥梁纵轴线上,这对于有较宽分车带的桥梁特别适合,基本不用增加桥梁宽度,具有良好的视觉效果,单索面斜拉桥的缺点是其抗扭能力由主梁承担。

双索面又可分为平行双索面和双斜索面。双斜索面可较大地提高梁的抗扭能力,抗风动力性能也较好,但斜索面会产生横向弯矩。

三、索塔

索塔承受塔自重、拉索、主梁及桥面系的恒载与活载。索塔可以是钢结构或钢筋混凝土结构。由于索塔是以受压为主的压弯构件,因此采用混凝土材料,且养护维修费用少。

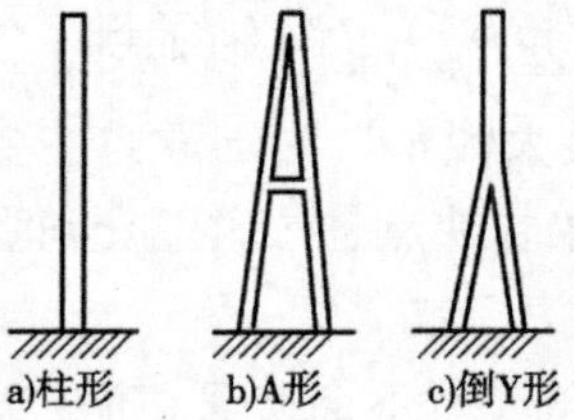

图 3-43　顺桥向索塔形式

1. 索塔的结构形式

常用的索塔形式在顺桥方向有柱形、A 形和倒 Y 形等,如图 3-43 所示。单柱塔构造简单,采用最普遍。A 形和倒 Y 形塔顺桥向刚度大,有利于承受索塔两侧的不平衡拉力,抵抗较大的弯矩与减少塔顶的纵向位移,减少梁的挠度。此时一般设计双壁墩与其配合。

在横桥方向,常用的索塔形式有单柱式、双柱式、门式、A 形、H 形(图 3-44)。其中单柱式构造简单,仅用于单索面斜拉桥,A 形、倒 Y 形可用于单索面或双索面布置。其他一般用于双索面。

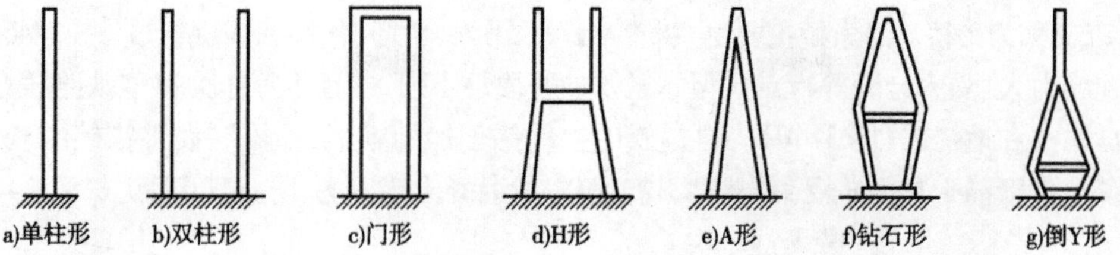

图 3-44　横桥向索塔形式

塔柱的截面可以是实心矩形，当尺寸较大时，可采用箱形截面。

2. 拉索与索塔的连接

拉索与索塔的连接是指索塔上索锚固构造，这也是重要部位，要保证索锚固的可靠性。拉索在塔上的锚固形式主要有鞍座形式、交叉锚固形式和拉索对称锚固形式。如图 3-45 所示。

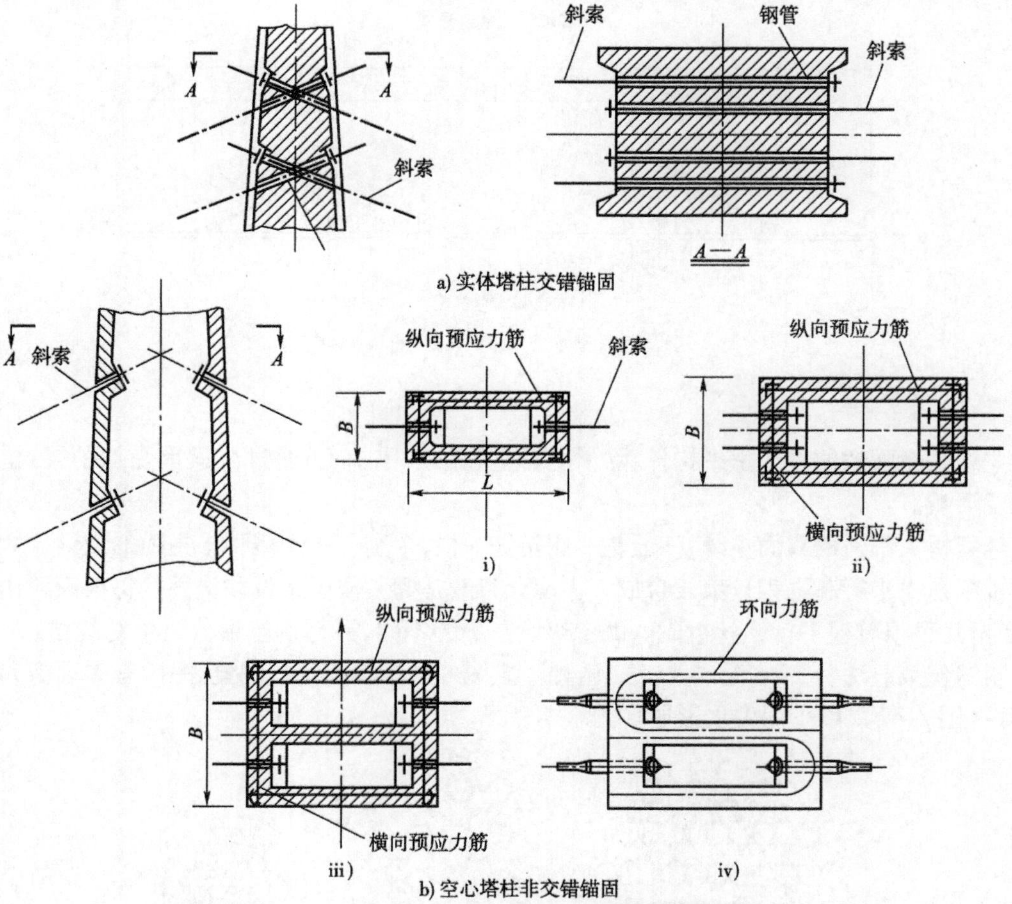

注：i)、ii)、iii)、iv) 为 A—A 截面的四种选择。

图 3-45　斜拉索在混凝土塔上的锚固

第四节　悬　索　桥

悬索桥是以主缆为主要承重结构的桥梁，行车的加劲梁是由从主缆上垂吊下来的吊索扣系固定的,所以又称为吊桥。悬索桥主要由主缆、加劲梁、吊索、桥塔、鞍座和锚碇组成[图3-46a)]。它具有跨越能力大、受力合理等特点。但悬索桥的坚固性不强,并且不宜作为重型铁路桥梁。悬索桥分为自锚式和地锚式(图3-46)。自锚式的主缆锚于加劲梁上,不需要设置锚碇结构,而地锚式的主缆端头则锚于重力式混凝土锚块或岩洞中的混凝土锚块上,防止其走动。

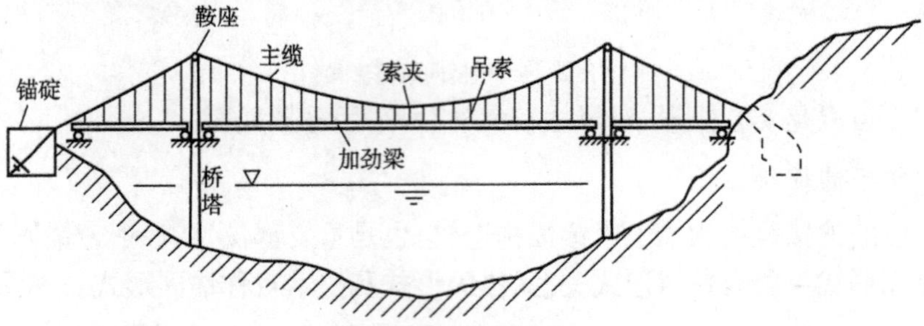

a)地锚式悬索桥

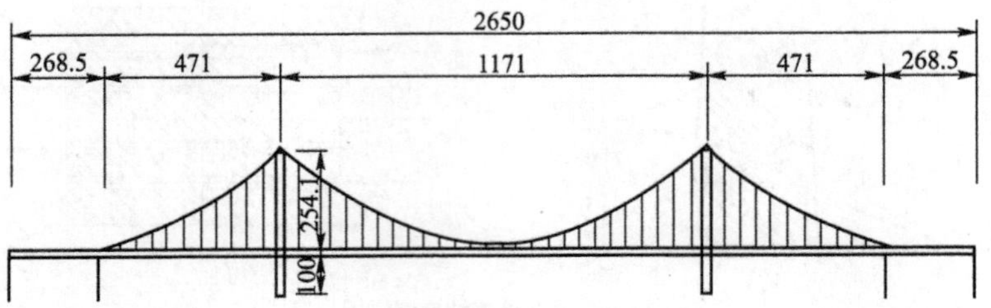

b)自锚式悬索桥

图3-46 悬索桥示意图(尺寸单位:m)

一、主缆

主缆是悬索桥的主要承重构件,除承受自重和吊索重外,又通过吊索承受加劲梁、桥面系恒载及活载。

悬索桥大都采用双面主缆,一般是一侧布置一根,个别有一侧用两根主缆的设计。大多数悬索桥主缆由平行高强钢丝束股合成。主缆分束股是为了便于架设和锚固。每根束股由几十根,乃至几百根单根平行钢丝组成。由于架设方法的不同,平行钢丝束分空中纺线法(AS法)与预制钢丝束股法(PPWS法或PS法)两种。主缆外形多按六角形配置,一般有尖顶型和平顶型两种(图3-47),以采用尖顶形居多。

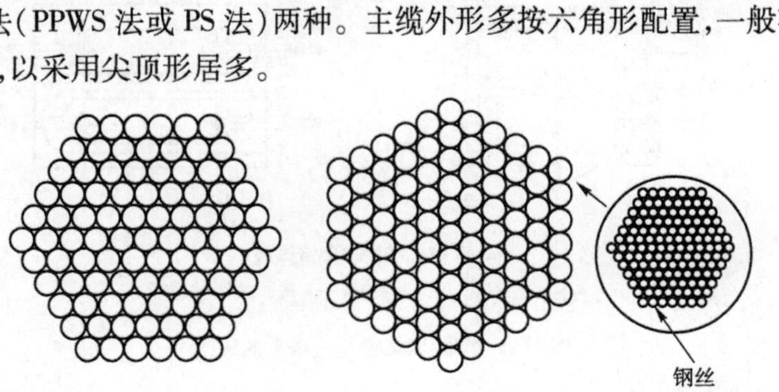

a)平顶型 b)尖顶型 c)钢丝束股断面

图3-47 主缆断面

目前悬索桥主缆通常都采用镀锌钢丝。为了防锈蚀,在主缆索四周涂以锌粉膏等防锈剂,再用直径4mm软退火的镀锌钢丝缠绕,然后在上面再涂油漆,以形成双重防锈蚀措施。为了完全防水，主缆箍处产生的间隙要填充密实材料。在锚碇区主缆分散开来，锚固到锚块，无法用镀锌钢丝缠绕，常采用在锚碇箱内吹风除湿措施，保持箱内空气干燥。

二、加劲梁

加劲梁的主要功能是提供桥面系和防止桥面发生过大的挠曲和扭曲变形。悬索桥加劲梁主要有两种形式：钢桁梁和扁平钢箱梁（图 3-48）。钢桁架梁用钢量较多，适宜于公铁两用的双层桥，扁平钢箱梁只适用于公路单层桥面。

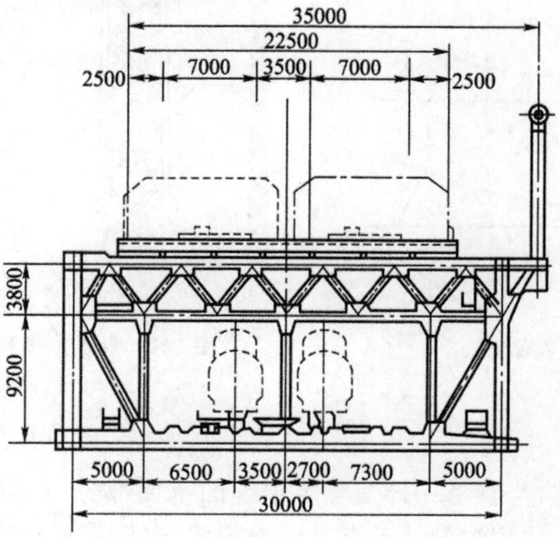

a)钢桁梁加劲梁

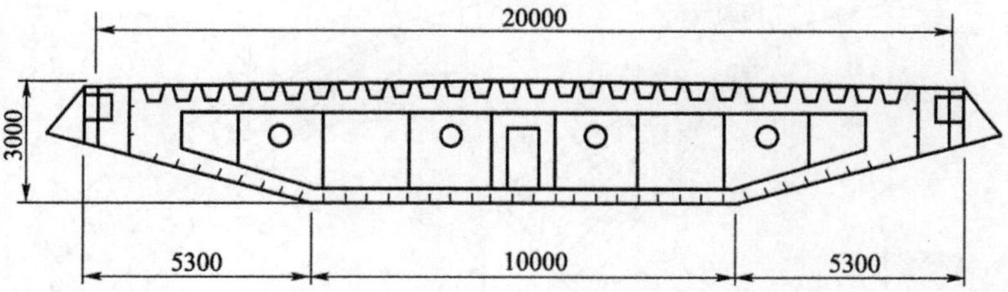

b)扁平钢箱梁加劲梁

图 3-48　加劲梁断面（尺寸单位：mm）

三、吊索

吊索也称吊杆，是将加劲梁恒载和活载传递到主缆的构件。吊索有直吊索和斜吊索两种（图 3-49）。其上端通过索夹与主缆相连，下端与加劲梁连接。

斜吊索和主缆、加劲梁一起起到桁架作用，能提高桥的整体刚度；结构振动衰减性能好；在主跨跨中附近，活载产生应力变化幅度大，容易引起疲劳问题；吊索容易松弛。

为便于架设，吊索使用的材料要求具有一定柔性。因此，吊索一般用钢丝绳制作，也有用钢绞线或用 PE 防护的平行钢丝束股制作，少数小跨度悬索桥也有用刚性吊杆。

四、索塔

索塔是支承主缆的重要构件，荷载通过索塔传到塔墩和基础。索塔还承受作用于塔身、加劲梁及主缆上的风力。

索塔的材料可以是混凝土或钢的。我国的悬索桥都采用混凝土塔。索塔形式分顺桥方向与横桥方向。顺桥方向为柱型等宽或从塔顶向塔底以一定坡度扩大,塔底固定[图 3-50a)]。索塔承受弯矩和轴力,可看成梁一柱构件。由于轴向压力很大,一般弯曲的边缘不会产生拉应力。横桥方向为底部固定的平面桁架或刚架或混合式[图 3-50b)、c)、d)]。塔柱断面多数为箱形,钢塔也有采用十字形箱等。

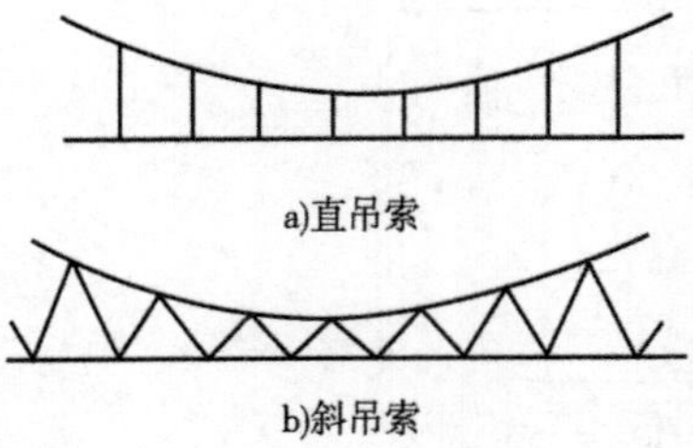

图 3-49 吊索形式

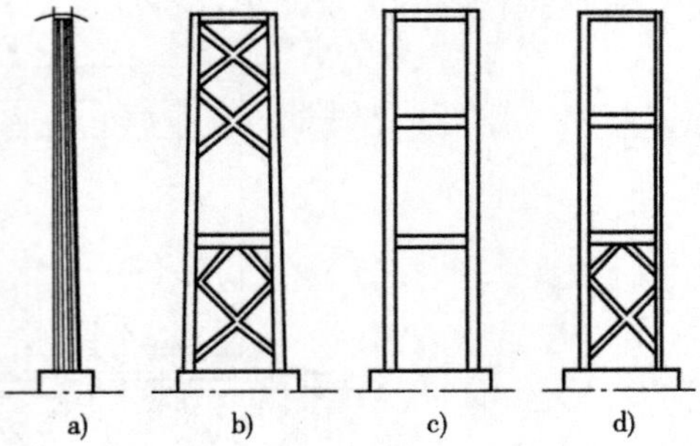

图 3-50 索塔顺、横桥向结构形式

五、锚碇

锚碇是主缆的锚固体,与索塔一样是支承主缆的重要部分,它将主缆的拉力传递给地基。锚碇一般由锚碇基础、锚块、主缆的锚碇架及固定装置、遮棚等部分组成[图 3-51a)]。

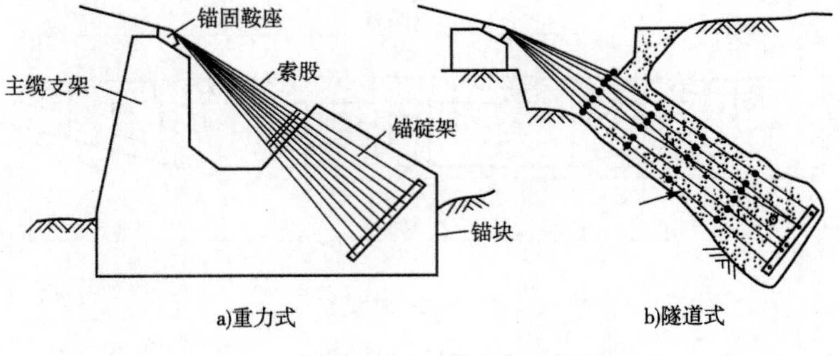

图 3-51 锚碇形式

锚碇的形式可分为重力式和隧道式(图 3-51)。重力式锚块是最常采用的形式,依靠混凝土质量来抵抗主缆的拉力。隧道式锚块用于坚固、节理少的基岩外露的情况,是把岩石凿隧洞,其内埋入锚碇架,然后填充混凝土抵抗主缆拉力。一般来说,锚碇做得都比较大,这样才能使主缆传来的荷载通过锚碇传至地面。

第五节 能力训练

一、刚构桥设计实例

北京地铁 14 号线连续刚构桥,上部结构为三跨预应力混凝土连续梁桥,跨径为 70m +

70m + 57.5m。采用悬臂施工法施工，预应力混凝土连续梁及悬臂梁采用悬臂施工时需进行体系转换，即在悬臂施工时，梁墩采取临时固结，结合为 T 形刚构，合龙前，撤销梁墩临时固结，结构呈悬臂梁受力状态，待结构合龙形成连续梁体系。主桥为变截面单箱单室型梁桥，梁高为 2.0 ~ 5.0m，全长 197.5m，其简图如图 3-52 所示。桥面宽 10.8m，桥梁横向坡度双向为 1.5‰，主梁采用 C55 混凝土浇筑。

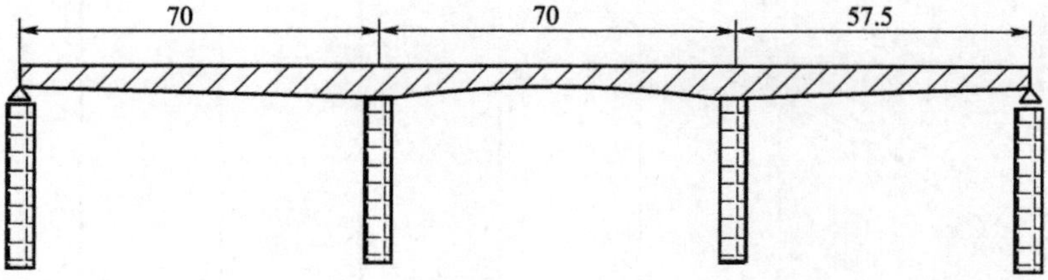

图 3-52　北京地铁 14 号线连续刚构桥示意图(尺寸单位:m)

支点梁高取 4m，高跨比为 4/70 = 1/17.5。跨中高度取 2.5m，高跨比为 2.5/70 = 1/28。考虑布置预应力钢束、普通钢筋及承受轮载的需要，箱梁顶板厚取 25cm，翼缘顶板厚度取 15cm，根部底板厚度取 40cm，跨中底板厚度取 32cm。梁高、底板均按 1.6 次抛物线变化，腹板厚度跨中 0.4m，在桥墩加厚到 1m，加大腹板厚度是为了增加箱梁的抗剪能力。桥面全宽 10.8m，采用单箱单室构造，对称布置。箱梁底板宽为 6.8m。顶板外翼缘外悬 2m。箱梁顶板翼缘端部厚度左端为 15cm，右端为 15cm，为利脱模并减弱转角处的应力集中，腹板与顶板外侧相接处做成统一的承托，腹板与顶板内侧相接处做成 30cm × 60cm，腹板和底板内侧相接处做成 30cm × 60cm，不随腹板厚度变化。主梁支点根部及跨中横截面构造如图 3-53 所示。为增加截面的横向刚度，限制畸变应力。本桥在各刚构墩处设置 100cm 厚的横隔板，在中跨跨中及边跨支点处设置 50cm 厚的横隔板。

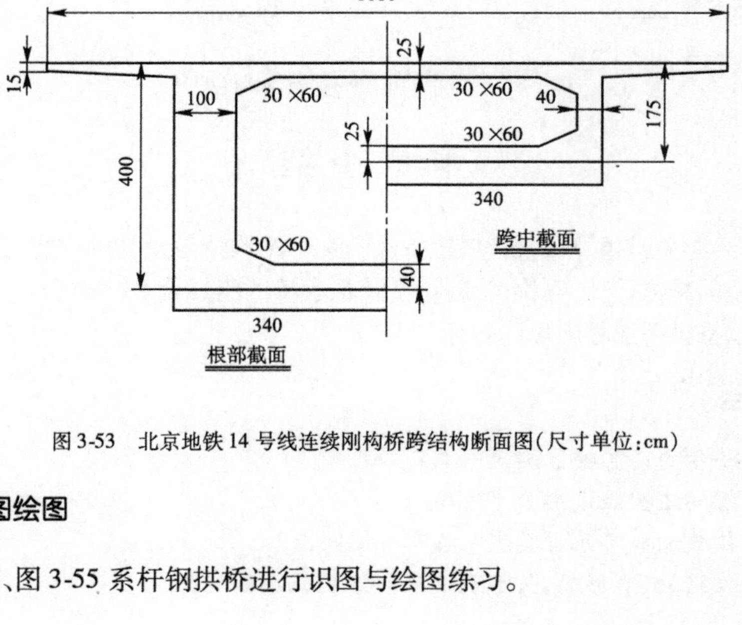

图 3-53　北京地铁 14 号线连续刚构桥跨结构断面图(尺寸单位:cm)

二、拱桥识图绘图

对如图 3-54、图 3-55 系杆钢拱桥进行识图与绘图练习。

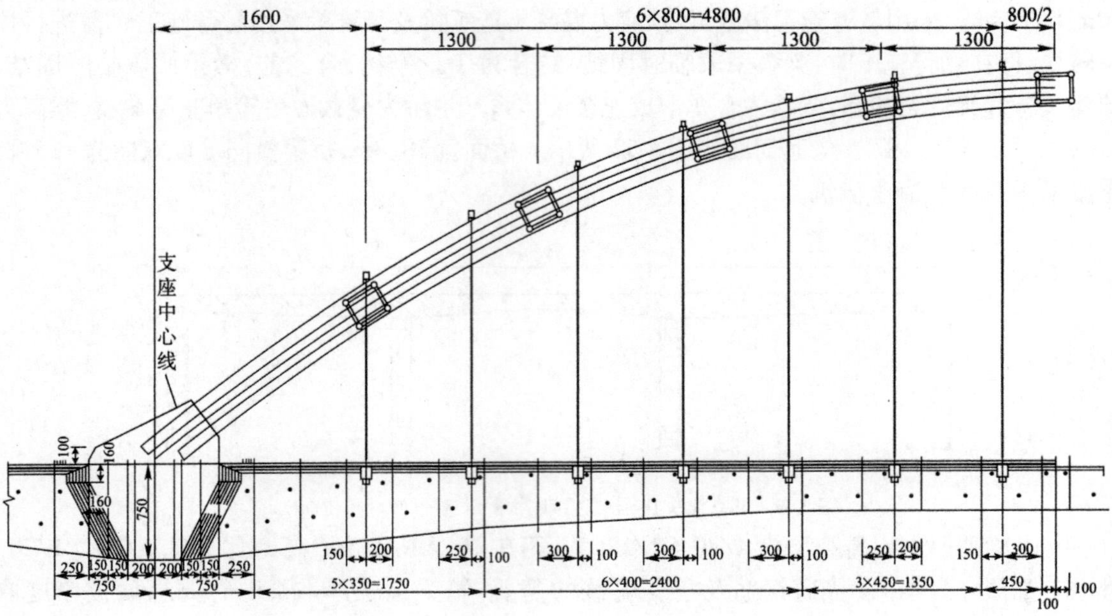

图 3-54　钢管拱拱肋立面图(尺寸单位:cm)

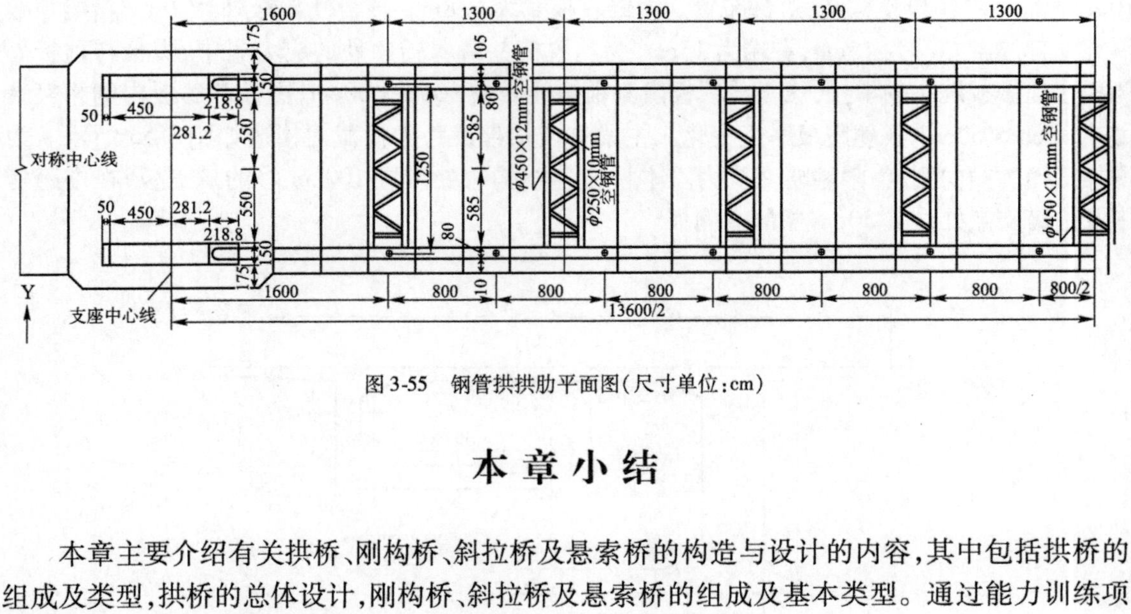

图 3-55　钢管拱拱肋平面图(尺寸单位:cm)

本章小结

本章主要介绍有关拱桥、刚构桥、斜拉桥及悬索桥的构造与设计的内容,其中包括拱桥的组成及类型,拱桥的总体设计,刚构桥、斜拉桥及悬索桥的组成及基本类型。通过能力训练项目的学习,应能掌握拱桥工程图识读的基本方法。

复习思考题

1. 拱桥与梁桥受力的主要区别是什么?
2. 实腹式拱桥的主要组成部分有哪些?
3. 主拱圈的横截面有哪几种类型?各有什么特点?
4. 简述拱桥伸缩缝、变形缝、防水层设置的位置及常见做法。

5. 拱桥的总体布置有哪些主要内容？
6. 不等跨连续拱桥有哪些处理方法？
7. 简述拱轴线选择的基本要求。
8. 常见的拱铰有哪几种类型？
9. 刚架桥有几种常用的类型？
10. 悬索桥的主要组成是什么？
11. 斜拉桥根据主梁截面划分有几种形式？各自的特点是什么？

第四章　桥梁墩台构造与设计

教学目标

1. 掌握桥梁重力式墩台、轻型墩台、桩柱式墩台的主要类型及构造要求。

2. 掌握桥梁墩台上作用的荷载以及荷载组合。

3. 掌握重力式墩台主要尺寸的拟定、墩台身强度的验算、基底承载力和偏心距的验算、墩台的稳定性的验算、墩台顶位移的验算方法；具有识读一般桥梁墩台设计图纸的能力；能够运用设计规范、手册和标准图进行桥梁工程中一般桥墩和桥台的设计。

4. 掌握拱桥墩台的类型、构造和设计。

5. 能进行常用的施工计算，确定施工过程中需要的各种数据。

6. 了解柔性桥墩和空心桥墩的设计内容和计算方法。

第一节　梁式桥墩台构造与设计

一、梁式桥墩台的类型和构造

桥梁墩台是桥梁的重要组成部分，是桥梁的下部结构，其作用在于承担着上部结构的荷载，并连同自身重力有效地传给基础。桥墩是多孔桥梁中处于相邻桥孔之间，支承上部结构，并将荷载传递到基础上的构造物。桥台是指在岸边或桥孔尽端与路堤连接处、支承桥梁上部结构并将荷载传于地基上的构筑物。

桥梁的墩台通常由墩(台)帽、墩(台)身和基础三部分组成(图4-1)。墩(台)帽一般为水平的厚板，其上支承上部结构的支座传递竖直、水平反力，并将这些反力均匀分布到其下的墩台身的整个截面。台帽常与挡土的背墙结合，形成各种形式的布置。墩(台)身是主要的传力部分，上托墩(台)帽、下接基础，桥梁高度较大时，墩(台)身的工程量将占整个墩(台)的绝大部分。

另外，在桥梁的总体设计中，除要遵循安全、耐久的原则外，桥梁的美观设计也日益被重视。合理地选形使上、下部结构协调一致，轻巧美观，与周围的环境交相辉映、相得益彰。特别是在城市桥梁与高架桥中，桥梁墩台结构的适宜造型更能显示出它在桥梁美学中的独特功能。

1. 桥墩的类型与构造

桥墩按其构造可分为实体式(重力式)、空心薄壁式、桩柱式和轻型桥墩等。桥墩按墩身截面形状可分为矩形、圆形、圆端形和尖端形等。按建筑材料还可分为木墩、石墩、混凝土墩、钢筋混凝土墩和钢墩等。

1)实体式桥墩

实体式桥墩又称为重力式桥墩(图 4-1),它主要依靠自身较大的重力来平衡外力,从而保证桥墩的强度和稳定性。通常,采用抗压性能较好而抗拉性能较差的石或混凝土圬工建造。它具有坚固耐久、施工较简易、养护工作量小,砂石材料可就地取材等优点,同时对船、漂流物、山坡落石、滚石的撞击、磨损或冰压力的作用等的抵御能力较强。适用于荷载较大的大中型桥梁或流冰、漂浮物较多的河流中。缺点是工程量大、自重大,因而对地基承载力的要求也较高,基础工程量也往往随之增大。

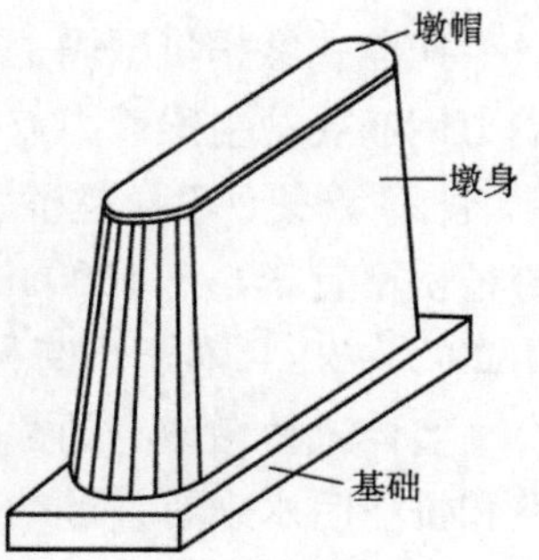

图 4-1　梁桥实体式桥墩示意图

(1)墩帽。墩帽直接承受桥跨结构,应力较集中,一般采用混凝土或钢筋混凝土形式。墩帽的四周较墩身出檐 100 ~ 200mm,并在其上做成沟槽形滴水。在墩帽顶放置支座的部位,应设置支承垫石,在其内应设置一层或多层水平钢筋网,支承垫石的形式及尺寸视上部构造要求、支座的大小、形式而定,与支座底板边缘相对的支座垫石边缘应向外展出 100 ~ 200mm,支座垫石顶面应高出墩帽顶面排水坡的上棱。若采用板式橡胶支座,应考虑更换支座所需的位置。当桥墩上相邻两孔的支座高度不同时,可用混凝土垫石调整。不设支承垫石的墩帽,在支承部位也要加钢筋网,钢筋网用 ϕ8mm 钢筋组成中距 50 ~ 100mm 的方格,如图 4-2 所示。

墩帽的平面尺寸必须满足桥跨结构的支座布置需要,并考虑安装上部构造时的施工要求。

墩帽平面尺寸的合理确定,将直接影响墩身的平面尺寸和材料的选用。例如,当顺桥向的墩帽宽度较小,而桥墩又较高时,墩身就显得很薄,需要采用钢筋混凝土结构形式;如果墩身在横桥向的长度较小,或者做成柱子的形式,那么反过来又影响着墩帽(或称帽梁)的受力和尺寸及其配筋数量。因此,精心地拟定墩帽尺寸对整个桥墩设计具有重要意义。当桥面较宽时,为了节省桥墩圬工,减轻结构自重,常利用挑出的悬臂或托盘来缩短墩身横向长度,做成悬臂式或托盘式墩帽,如图 4-3 所示。

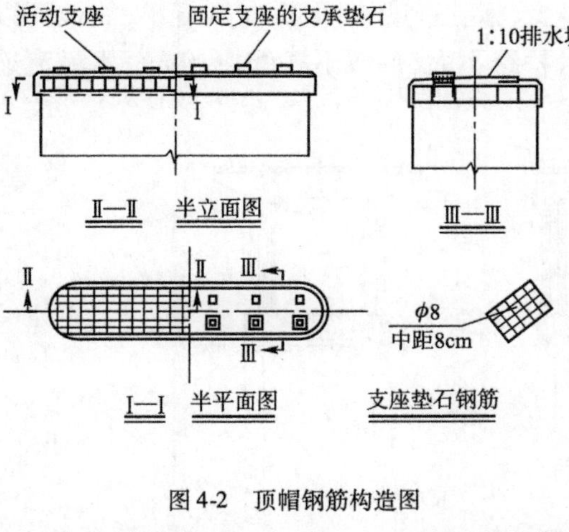

图 4-2　顶帽钢筋构造图

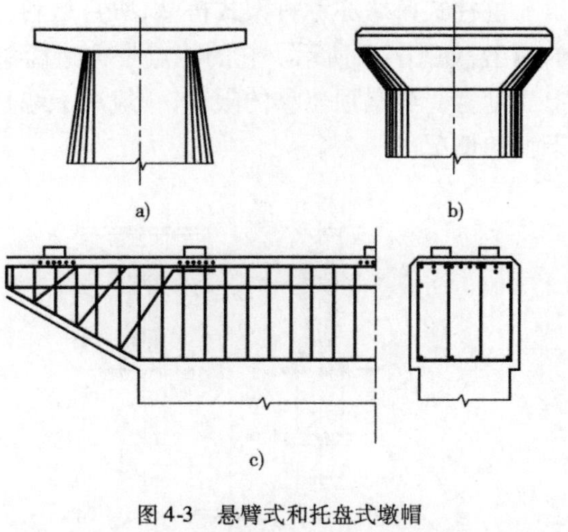

图 4-3　悬臂式和托盘式墩帽

悬臂式墩帽采用 C30 以上混凝土,墩帽长度和宽度视上部构造的形式和尺寸、支座的尺寸和距离以及主梁的施工吊装要求等条件而定；墩帽的高度视受力大小和钢筋排列的需要而定；悬出部分高度可向两端头逐渐缩小，悬臂两端的高度通常采用 30 ~ 40cm。

托盘式墩帽将墩帽上的力通过托盘逐渐传递到紧缩了的墩身顶截面上。墩帽内是否配置受力钢筋要视主梁着力点位置和托盘扩散角大小而定。

(2)墩身。墩身是桥墩的主体。重力式桥墩墩身的顶宽，小跨径桥不宜小于 800mm；中等跨径桥不宜于小于 1000mm；大跨径桥的墩身顶宽，视上部构造类型而定。墩身的侧坡一般采用 20:1 ~ 30:1，对于小跨径桥的桥墩，当桥墩高度不高时也可做成竖直形式。

实体式桥墩墩身的截面形式有圆形、圆端形、尖端形、矩形等[图 4-4a) ~ d)]。从水力特性和桥墩阻水来看，圆形、圆端形及尖端形较好。圆形截面对各方向的水流阻水和导流情况相同，适应于潮汐河流和流向不定的桥位，为了便于水流和漂浮物通过，墩身可做成圆端形或尖端形截面；无水的岸墩或高架桥墩可以做成矩形截面；在有强烈水流或大量漂浮物、流冰的河道(冰厚大于 0.5m，流冰速度大于 1m/s)上，桥墩的迎水端应做成破冰棱体(图 4-4)，破冰棱可由强度较高的石料砌成，也可以用钢筋混凝土进行加固。

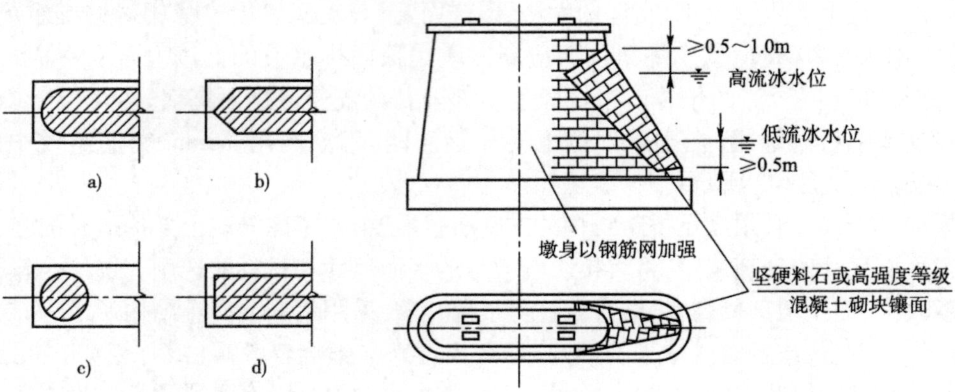

图 4-4　墩身平面及破冰棱

2)柱式桥墩

桩柱式桥墩亦称排架式桥墩，墩身是利用基础的桩延伸出地面的桩柱，顶帽就是连接桩柱的帽梁，如图 4-5 所示。它的特点是构造简单、用料少、施工进度快，但纵向刚度小，故地面以上高度常受到墩顶位移的限制，一般用于地基松软、桥跨不大、桥墩不高(8 ~ 10m)、水流流速不大的情况。

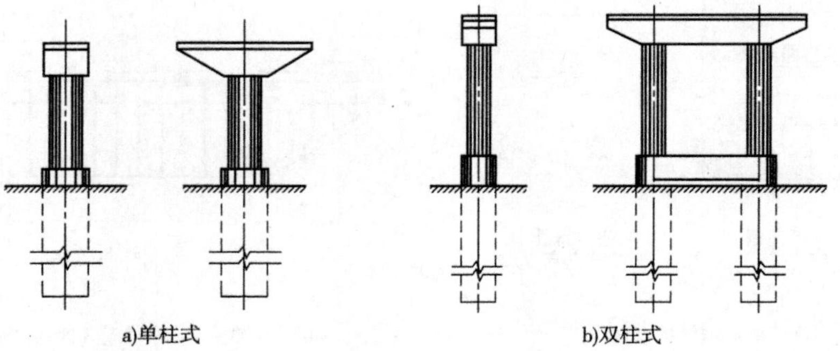

图 4-5　桩柱式桥墩

(1)单柱式桥墩,适用于水流与桥轴斜交角大于15°的桥梁,或河流急弯、流向不固定的桥梁。在具有抗扭刚度的上部结构中,这种单根立柱还能一起参与承受上部结构的扭力。在水流与桥轴斜交角小于15°、仅有较小的漂流物或轻微的流冰河流中,可采用双柱式,配以桩基础,具有施工便利、速度快、圬工体积小、工程造价低和比较美观等优点,是桥梁建筑中较多采用的形式之一。

单桩式桥墩可有带帽梁和不带帽梁两种,其配筋构造如图4-6和图4-7所示。

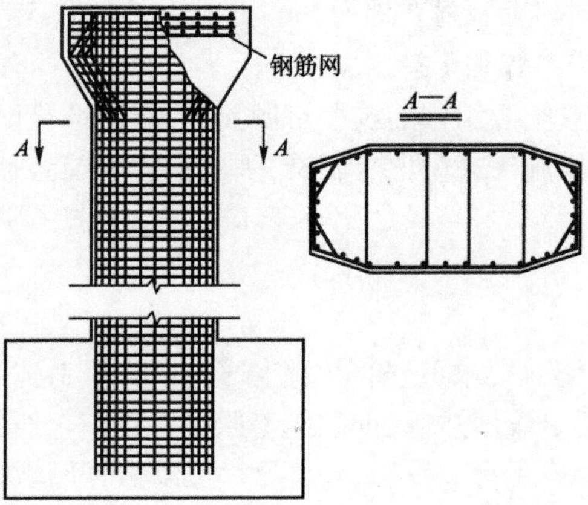

图4-6　单柱式有帽梁桥墩钢筋构造

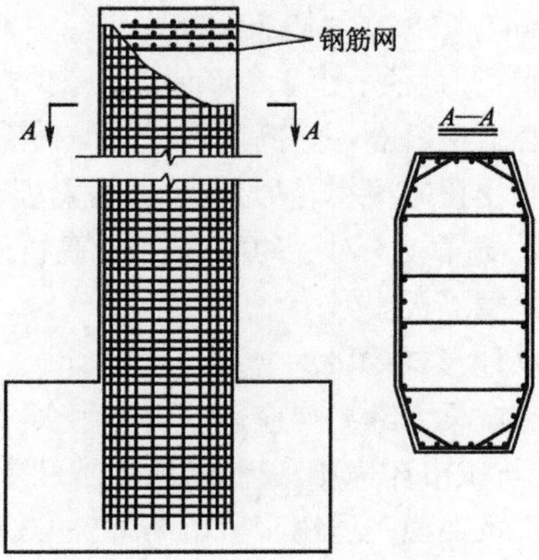

图4-7　单柱式无帽梁桥墩钢筋构造

(2)双柱式桥墩亦称刚架式桥墩,它用钢筋混凝土做成刚架,基础可为桩基或其他形式,墩身做成双柱式。这种形式圬工较省,多用于横向较宽的双线桥或一般引桥中。如南京、九江长江大桥的引桥都采用了双柱式桥墩。它的使用高度一般在30m以内,也有个别采用多层钢架而达40多米。

3)空心式桥墩

空心式桥墩(图4-8)能够充分利用材料的强度,可节省材料,减轻桥墩自重,进而减少基

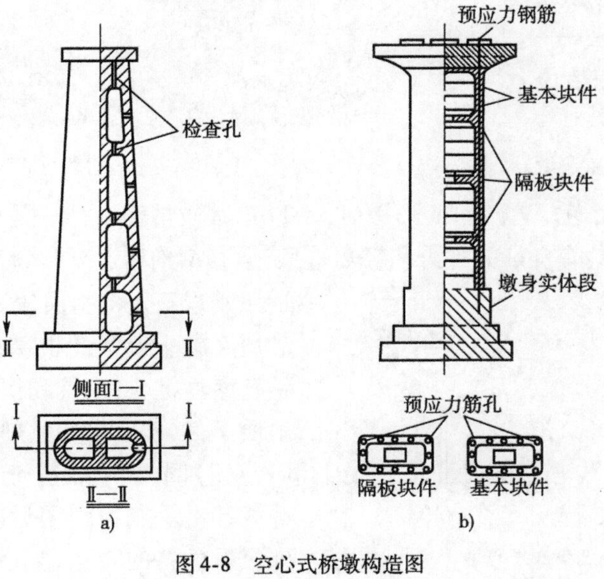

图4-8　空心式桥墩构造图

础工程量。空心墩可以采用钢滑动模板施工，其施工速度快、质量好、能节省模板支架，对于高桥墩，更能显出其优越性。

空心式桥墩可以采用混凝土或钢筋混凝土材料。混凝土空心墩宜在高度小于 50m 的桥墩中使用。高桥墩一般采用钢筋混凝土材料。

空心墩在顶帽下需有一实体过渡段，使荷载均匀分布到内墙及外壁，其体段厚度不少于 1～2m。空心墩墩身最小壁厚，采用钢筋混凝土时不宜小于 300mm，采用素混凝土时不宜小于 500mm。墩身立面侧坡通常为 20:1～30:1。陆上墩身在地面 5m 以上部分应设交错的通风孔与泄水孔，直径不小于 200mm，以减少内外温差和利于排水。

空心墩中每隔一定高度设置一段横隔板，对空心结构的抗扭有明显作用，但试验证明一般空心墩所受扭矩很小。另外，设置横隔板对滑模施工来说比较困难，因此目前的趋势是尽量不设或少设横隔板。对于 40m 以上的高桥墩，或壁厚与半径之比小于 1:10 时，应按 6～10m 的间距设置横隔板。

4）其他形式桥墩

轨道桥梁下部结构应遵循安全耐久，满足交通要求，造价低，维修养护少，预制施工方便，工期短，与城市环境相和谐，桥墩位置和形状要尽量多透空、少占地等原则。对于全线高架桥，宜减少桥墩类型。适用于城市高架桥的桥墩形式还有 T 形墩、双柱墩、V 形墩、Y 形墩、倒梯形墩和矩形等。

（1）T 形墩。T 形墩（图 4-9）能减轻墩身质量、节约工程材料、减少占地面积，而且较美观，墩身截面一般为圆柱形、矩形、六边形等。T 形墩与区间 T 形梁、箱梁、槽形梁等上部结构相结合，使得上下部结构的轮廓线过渡平顺，受力合理。我国重庆轻轨就采用了 T 形墩，如图 4-10 所示。

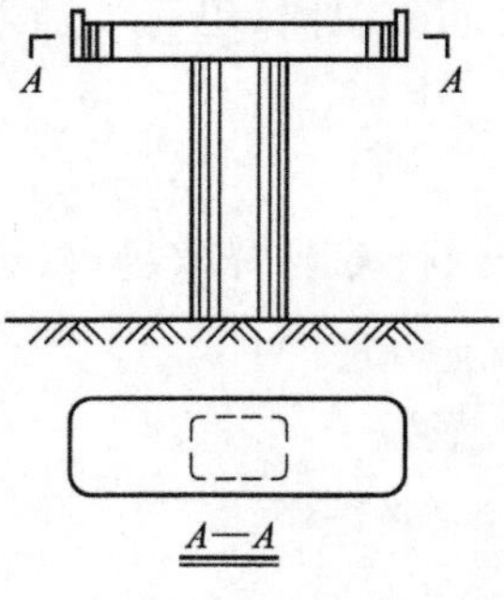

图 4-9　T 形墩

图 4-10　地铁与轻轨的 T 形墩

（2）V 形墩和 Y 形墩。V 形和 Y 形墩（图 4-11），其质量轻、占地面积小、外表美观简洁、桥下透空大、适用面广，具有良好的视野和轻巧造型，但其结构构造复杂、施工不便。基础形式有适用于岩石及持力层较浅的扩大基础，适用于砂质及软土地基的桩基础。桩基础可又分为钻孔灌注桩、打入桩和挖孔桩。应根据各地的地质条件，确定合理的基础形式。

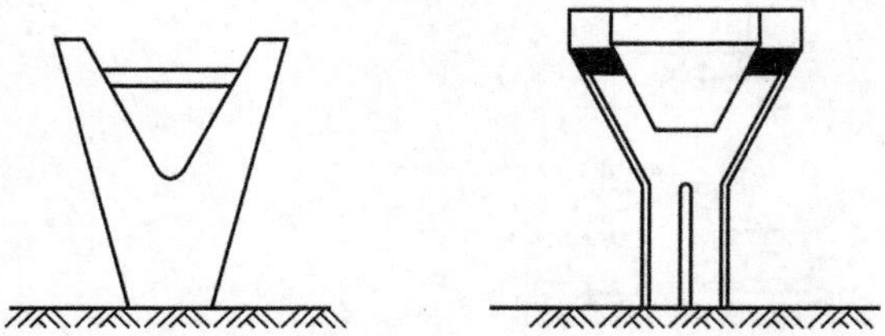

a)V形墩　b)Y形墩

图 4-11　V 形墩和 Y 形墩

（3）倒梯形墩：适于单箱单室箱梁和脊梁等梁部支承点相距稍远的梁型。特别是对于外腹板微斜的箱梁，如墩高适宜，则可使梁的腹板和墩的边线斜度一致,使上下部浑然一体。如墩高相差较大时,此种墩的整体造型不易协调。采用倒梯形墩墩身材料用量较大,将会增加墩身费用。

(4)矩形墩:分直线式矩形墩和变形式矩形墩,它们适于单箱单室箱梁和下承式脊梁等梁部支承点相距较近的梁型。直线式矩形墩能适应墩高的变化,它可与直腹板箱梁匹配,使箱梁底宽同墩横向宽度一致,从而使上下部浑然一体,显得挺拔有力度。采用直线式矩形墩受力较为合理,施工方便。变形式矩形墩可与腹板微斜的箱梁匹配,其外观比直线式矩形墩显得活泼。上海莘闵轻轨交通线采用变形式矩形墩。

墩柱选型除了要考虑与梁部结构相协调,使其显得轻巧、美观外,还应考虑线路所经过的地段及线路的布置。在市内,尤其在交叉路口,墩柱占地尽可能小些,使视野开阔些;在郊外,则可适当放松要求。对比上述几种墩柱,如梁型采用箱形梁或下承式脊梁,则墩柱可因其节约占地、受力合理、施工方便、美观经济的优点而优先采用矩形墩。如梁型采用T形梁或板梁,相应墩柱可采用T形墩或双柱墩。

2. 桥台的类型与构造

梁式桥台主要分为实体式桥台和轻型桥台两大类。

1)实体(重力)式桥台

实体式桥台在我国目前应用最为普遍。它主要依靠自身较大的质量、较大的截面尺寸和建筑材料的抗压性能,以承受竖直方向和水平方向的荷载。通常,采用抗压性能较好而抗拉性能较差的石砌或混凝土圬工建造。它具有坚固耐久、施工较简易、养护工作量较小、砂石材料往往可以就地取材等优点。缺点是工程量大、自重大,因而对地基承载力的要求也较高,基础工程量也往往随之增大。

实体式桥台有多种形式。常见的类型有矩形桥台、U形桥台、T形桥台、耳墙式桥台、埋式桥台。图4-12为矩形桥台与U形桥台的示意图。

(1)矩形桥台与U形桥台。矩形桥台的形状简单,施工方便但工程量大,目前已较少采用。当填土不高,桥跨较小且桥面不宽时可考虑采用。

当桥面较宽或桥跨较小、填土较低时,采用U形桥台较为节省。U形桥台由台帽、台身和基础三部分组成。由于台身是由前墙和两个侧墙构成的U字形结构,故而得名。U形桥台构造见图4-13。U形桥台的优点是构造简单,可以用混凝土或片石、块石砌筑。它适用于填土高度在4~10m以下或跨度稍大的桥梁;缺点是桥台体积和自重较大,也增加了对地基的要求。此外,桥台的两个侧墙之间的填土容易积水,结冰后冻胀,使侧墙产生裂缝。所以宜用渗水性较好的土夯填,并做好台后排水措施。

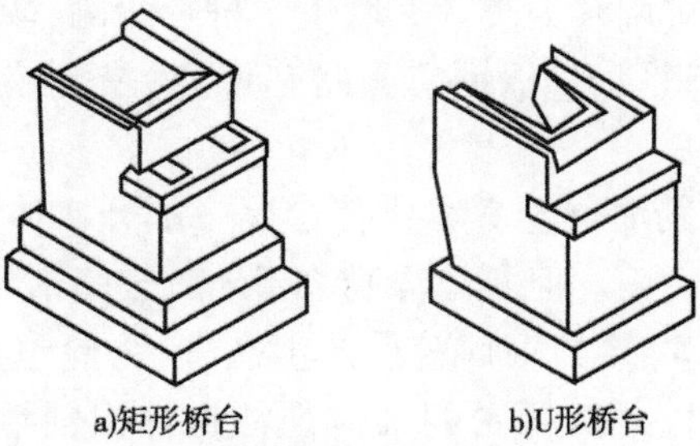

图4-12　矩形桥台与U形桥台

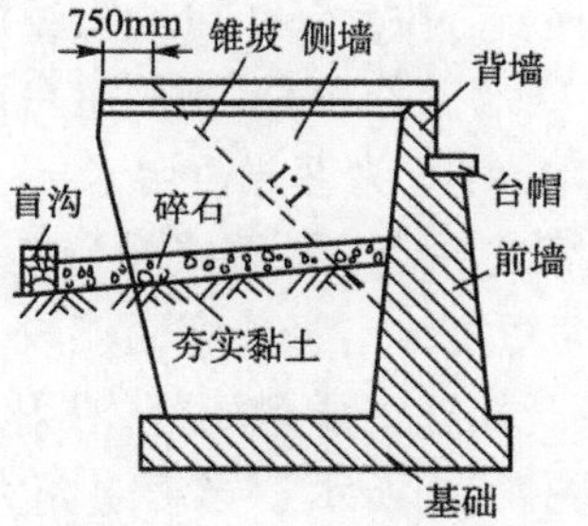

图4-13　U形桥台构造

①台帽。梁桥台帽的构造和尺寸要求与相应的桥墩墩帽有许多共同之处,不同的是台帽顶面只设单排支座,在另一侧则要砌筑挡住路堤填土的背墙。背墙的顶宽,对于片石砌体,不得小于500mm;对于块石、料石砌体及混凝土砌体,不宜小于400mm。背墙一般做成垂直的,并与两侧侧墙连接。在台帽放置支座部分的构造尺寸、钢筋配置及混凝土强度等级可按相应的墩帽构造进行设计。

②台身。台身由前墙和侧墙构成,并结合成一体,兼有挡土墙和支撑墙的作用。侧墙正面一般是直立的,其长度视桥台高度和锥坡坡度而定。桥台越高,侧墙则越长。侧墙尾端,应有不小于0.75m的长度伸入路堤内,以保证与路堤有良好的衔接。台身的宽度通常与路基的宽度相同。

两个侧墙之间应填以渗透性较好的填料。为了排除桥台前墙后面的积水,应于侧墙间在略高于高水位的平面上铺一层向路堤方向设有斜坡的夯实黏土作为不透水层,并在黏土层上再铺两层碎石,以将积水引向设于台后横穿路堤的盲沟内(图4-13)。

(2)T形桥台。T形桥台在铁路桥中使用较多,它适用于填土高度为4～12m的桥梁。通常,T形桥台的纵向长度是根据锥体填土的构造要求和锥体填土的坡脚不超出桥台前缘的条件确定的。当填土较高时,台长随之加长,导致圬工数量增大,故有时将锥体适当伸入台前一部分,如图4-14所示。

T形桥台是由矩形桥台挖去后端两侧的一部分演变而成的,这样使得工程量大为减小。由于T形桥台的后墙较窄,道砟槽带有钢筋混凝土悬臂。为节省圬工和改善受力状态,其后墙做成仰斜式,桥台采用在路堤填土内深埋的布置方式。此外,基础襟边做成前宽后窄形式,以均匀分布基底应力。T形桥台的应用广泛,尤其适用于较长的桥跨和较高路堤的桥台。

T形桥台的不足之处主要是,台身长度按台身与锥坡的构造要求确定的,而不是按受力条件来考虑的。这样,当填土高度较高时,台身长度会很长,使得桥台的工料费有所增加。在条件允许的情况下,可以采用在后墙上开洞以节省圬工,或使锥体填土伸出前墙面以减小台身长度等措施来弥补这一缺陷。

(3)埋式桥台。埋式桥台是指部分台身埋在锥体护坡中,这样可使高桥台减少台长,故对跨谷高桥甚为有利。但由于它占据了桥孔一部分空间,因此将压缩跨河桥部分过水面积,在方案比选时应综合权衡"减小台长"和"增大跨径"二者的利弊。

我国铁路部门现行埋置式桥台标准适用于跨径为16m、20m、24m、32m的钢筋混凝土梁和预应力混凝土梁桥,锥形护坡填土根据跨径不同为8～20m;台身宽一般为3m,但曲线上的桥台,当台身为浆砌片石、截面强度不满足要求时,横向应予以加宽。

按结构形式,桥台还可分为带翼墙和不带翼墙两大类。翼墙位于桥台两侧,多采用八字形和一字形。翼墙的作用是:挡住桥台两侧的路基填土,保证桥头路基稳定,并引导水流顺畅地进入桥孔。图4-15为埋式桥台。

(4)耳墙式桥台。耳墙式桥台是用两片钢筋混凝土耳墙代替台尾一部分实体圬工与路堤相连,从而缩短实体台身长度而能较多地节省圬工。但两片耳墙位于地面较高部位,其施工工艺要求较高。如施工质量不好,在耳墙与台身连接的根部较易产生裂缝,为此也要求耳墙不宜太长,如图4-16所示。当填土高大于7m时,此类桥台的锥体往往也伸出前墙,形成埋式桥台。

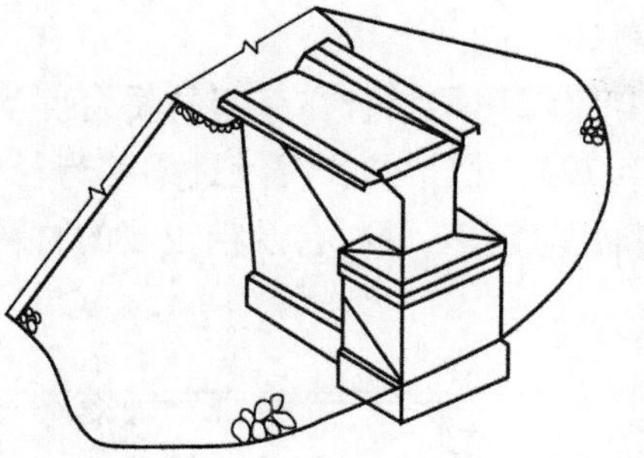
图 4-14　T形桥台

图 4-15　埋式桥台

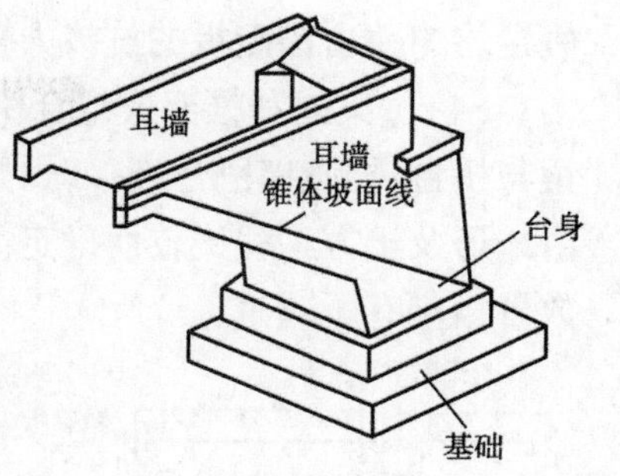

图 4-16　耳墙式桥台

2)轻型桥台

在地质条件较差的地区,如果按重力式桥台设计,地基承载力往往无法满足要求,基础沉降也会大大超限。因而可以利用钢筋混凝土结构的抗弯能力来减少圬工体积而使桥台轻型化。轻型桥台的形式很多,其主要特点是利用钢筋混凝土结构本身的抗弯能力来减少圬工体积而使桥台轻型化。

(1)薄壁轻型桥台。钢筋混凝土薄壁轻型桥台由扶壁式挡土墙和两侧的薄侧墙构成(图 4-17)。挡土墙由厚度不小于 150mm(一般为 150 ~300mm)的前墙和间距为 2.5 ~3.0m 的扶壁所组成。台顶由竖直小墙和支于扶壁上的水平板构成,用以支承桥跨结构。两侧薄壁可以与前墙垂直,有时也做成与前墙斜交的形式。前者称 U 形薄桥台,后者称八字形薄桥台。这种桥台不仅可以减少圬工体积 40% ~50%,同时因自重减轻而减小了对地基的压力。故适用于软弱地基的条件,但其构造和施工比较复杂,并且钢筋用量也较多。

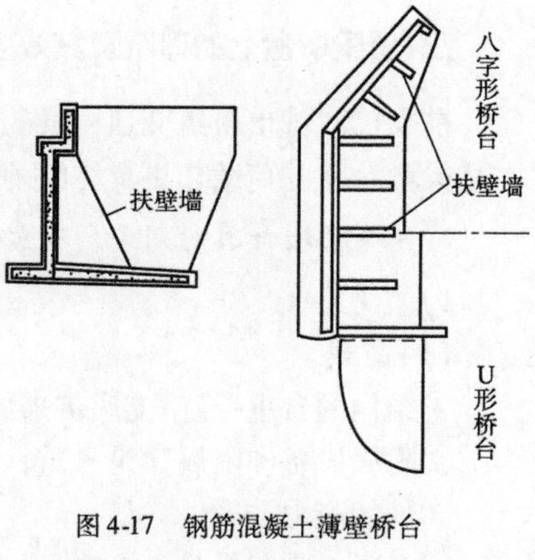

图 4-17　钢筋混凝土薄壁桥台

(2)支撑梁轻型桥台。这种桥台的特点是,台身为直立的薄壁墙,台身两侧有翼墙。在两桥台下部设置钢筋混凝土支撑梁,支撑梁设在冲刷线或河床铺砌线以下。上部结构与桥台通过锚栓连接,于是便构成四铰框架结构系统,并借助两端台后的被动土压力来保持稳定。它的基础将视为作用于弹性地基上的梁来计算,一般用 C25 混凝土,当基础长度大于 12m 时,必须配置钢筋。支撑梁应对称于桥中心线布置,中距宜为2 ~3m。支撑梁也可用混凝土或块石砌筑,以节约钢筋,但截面尺寸不应小于 400mm ×400mm。

支撑梁轻型桥台台帽使用 C30 钢筋混凝土,台帽内的预埋栓钉应与上部结构互相锚固。为了保证支撑梁牢固地埋入土中,一般埋置深度为 1.5m,在有冲刷的河流上,还应用片石铺砌河床。如果基础能嵌入风化岩层 15 ~25cm 时,也可不设下部支撑梁。台身前墙与翼墙之间一般设沉降缝分离。

(3)锚碇板式桥台。锚碇板式桥台有分离式和结合式两种形式。分离式是台身与锚碇板、挡土结构分开,台身主要承受上部结构传来的竖向力,由锚碇板承受台后土压力。锚碇板结构由锚碇板、立柱、拉杆和挡土墙组成,如图 4-18a)所示。结合式锚碇板桥台的构造见图 4-18b),它的挡土板与台身结合在一起,台身兼做立柱和挡土板,作用在台身的所有水平力假定均匀并由锚碇板的抗拔力来平衡，台身仅承受竖向荷载。

(4)过梁式和框架式组合桥台。过梁式桥台是桥台与挡土墙用梁结合在一起的桥台。当梁与桥台、挡土墙刚性连接时，则形成框架式组合桥台(图4-19)。框架的长度及过梁的跨径，由地形及土方工程比较而确定。组合式桥台越长，梁的材料用量就多，而桥台及挡土墙的材料数量相应有所减少。

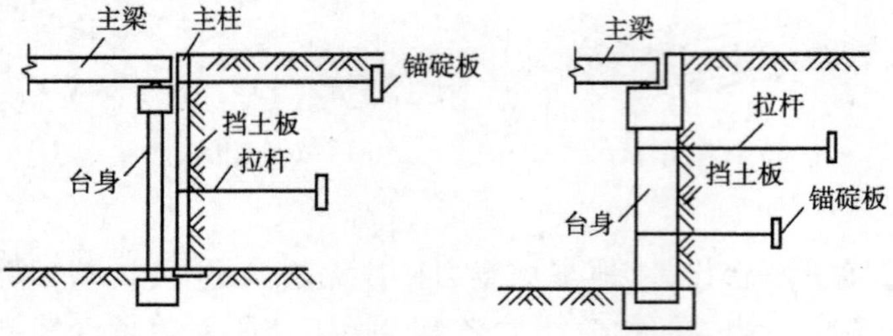

a)分离式　　b)结合式

图4-18　锚碇板式桥台

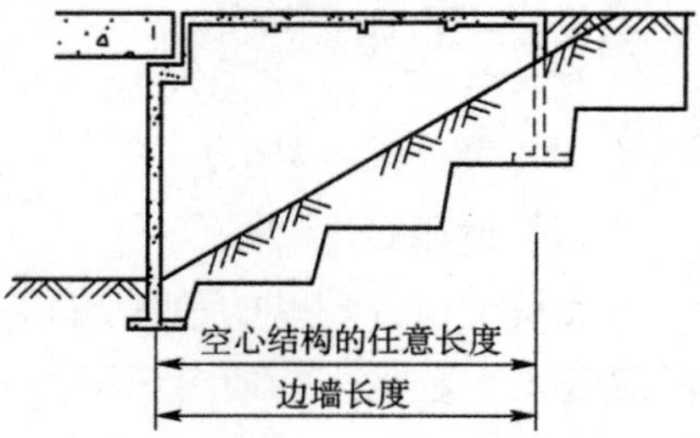

图4-19　框架式组合桥台

二、桥梁墩台上的荷载及其效应组合

前文已对城市轨道交通桥梁的有关荷载及其荷载效应组合作了详细介绍，本节将对作用在桥梁墩台上的荷载作更具体的阐述。

1.高架桥墩计算时用到的荷载

1)主力

(1)恒载

①结构的自重：经由支座传来的恒载力、桥墩自重。

②附属设备和附属建筑自重。

③预加应力。

④混凝土收缩及徐变影响力。

⑤基础变位影响力：对于处于非岩石地基上的超静定结构，应当考虑由于地基沉降引起的支座长期变位的影响。

⑥土压力：当桥墩修建在山坡或埋置式桥台的锥体护坡范围内时，桥墩侧面受到土的水平推力。

⑦静水压力及浮力：在计算水下部分墩台时，基础承受着水的浮力，其值等于桥梁墩台浸入水中的体积乘以水的重度。位于完整岩石上桥梁墩台，基础的混凝土与岩石接触良好时，可不考虑水浮力。对位于无法肯定是否为透水地基上的墩台，为安全考虑，应分别按透水与不透水两种情况验算基底面而取其不利者。

(2)活载

活载包括列车竖向静活载、列车竖向动力作用、列车离心力、无缝线路纵向水平力、列车活载产生的土压力、人群荷载。

2)附加力

附加力包括列车制动力或牵引力、列车横向摇摆力、风力、温度影响力、流水压力。

3）特殊荷载

特殊荷载无缝线路段轨力、船只或汽车的撞击力、地震力、施工临时荷载。

2. 桥台计算时用到的荷载

作用于桥台的荷载包括：

（1）垂直恒载：桥跨结构恒载反力、台顶及台身自重、基础自重、覆土自重。

（2）列车活载：桥跨结构活载反力、桥跨上列车制动力（或牵引力）、台顶垂直活载、台顶列车制动力（或牵引力）。

（3）填土土压力：台背后垂直土压力、台背倾斜土压力、基础上的土压力、前墙及基础加宽部分的土压力、台前静止土压力。

（4）活载侧压力：台后路堤填土上垂直活载的侧压力。

（5）台后填土对桥台基底前后边缘竖向压力。

三、重力式墩台计算

1. 重力式桥墩计算

1）荷载计算

（1）恒载。恒载包括桥跨自重及墩身自重。桥跨自重见本书第一章。桥墩上所受桥跨自重压力等于相邻两桥跨通过支座传来的自重压力之和，等跨时传来的桥跨自重压力作用在桥墩中心线上。

计算桥墩自重时，常将桥墩分成许多简单的块体分别计算，最后求和。各种材料重度统一按如下数值采用：钢筋混凝土（配筋率在3%以内）$25kN/m^3$，混凝土、片石混凝土、浆砌块石$23kN/m^3$，浆砌片石$22kN/m^3$。

（2）活载。轻轨和地铁车辆荷载标准图示，见图1-12。

铁路列车活载采用中—活载。列车活载通过桥跨以支座反力方式传给桥墩，由于其在桥跨上是移动的，因此它在不同位置上传给桥墩的反力是不同的。设计时，活载的布置应使桥墩处于不利的受力状态。根据设计经验，检算中常用的活载图式有单孔重载、单孔轻载、双孔重载以及双孔空车活载等。

①单孔重载。单孔重载仅在一孔梁上布满活载，并使5个集中荷载位于所要检算的桥墩一侧。此种加载方式能对桥墩产生最大的竖向偏心压力和较大的纵向水平力（牵引力），见图4-20a）。

②单孔轻载。单孔轻载仅在一孔梁上满布活载，但集中荷载位于梁的另一端。因为这种加载对桥墩的竖向偏心压力比单孔重载小，故称单孔轻载。其纵向水平力（制动力）与单孔重载相同，见图4-20b）。

③双孔重载。双孔重载是在与检算桥墩相邻的两孔梁上都布置活载，使桥墩上两个支座反力之和达到最大值。由结构力学原理可知，如果相邻两孔梁的跨度分别为L_1和L_2。两孔梁上活载分别为G_1和G_2则当$G_1/L_1 = G_2/L_2$时，中墩的支座反力为最大。由此，即可求得加载图式中的x值（即活载在梁上的加载位置），见图4-20c）。

④双孔空车活载。此为两孔梁上满布空车的活载，按10kN/m计，它对实体墩验算不

控制。

列车的冲击力对实体桥墩的作用衰减很快，因此在检算实体墩身各截面时，一律不计冲击力。

其他荷载见本书第一章及《铁路桥涵设计基本规范》(TB 10002.1—2005)。

2)主要尺寸拟定

(1)顶帽尺寸。根据《铁路桥涵设计基本规范》(TB 10002.1—2005)规定，梁式桥的实体墩、台帽厚度一般不小于40cm，并应有10～20cm的檐口。墩、台帽应采用C20以上的钢筋混凝土制成。

(2)墩(台)帽平面尺寸。墩(台)帽平面尺寸应根据上部构造形式、支座布置情况、架设上部构造施工方法的要求来确定。进行抗震设计时，还需考虑设防措施需要的宽度。

顶帽支座布置如图4-21所示，当相邻两跨度相等时，两相邻支座间的顺桥方向中心距为：

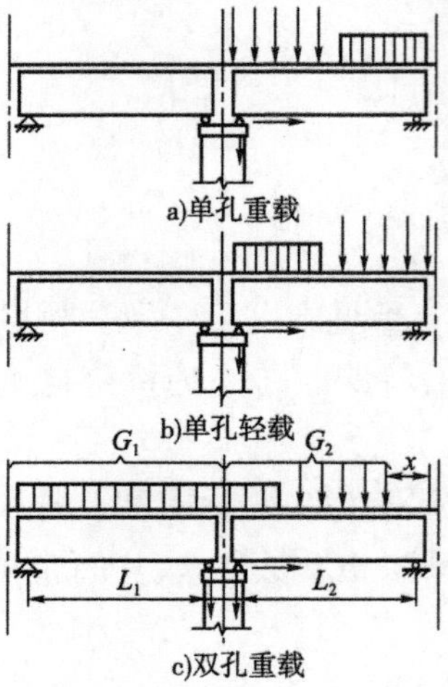

图4-20 验算桥墩的加载图示

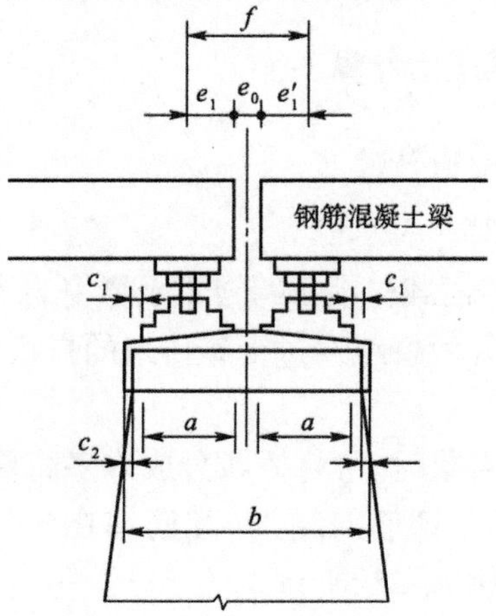

图4-21 墩帽顺桥向尺寸

$$f = e_1 + e'_1 + e_0 \geqslant a \tag{4-1}$$

式中：a——梁支座底板的纵向尺寸；

e_1、e'_1——梁伸过支座中心线的长度；

e_0——相邻两梁应留的缝隙，其数值为：跨度 $L \leqslant 16$m 时，采用6cm；$L \geqslant 20$m 时，采用10cm，曲线上及坡道上的铁路桥梁，还应考虑曲线和坡度布置对空隙的影响，大跨度梁还应考虑预拱度和因荷载引起梁的伸缩的影响。

支座底板的纵线尺寸 a 和横向尺寸 W 应根据顶帽钢筋混凝土局部承压计算确定，桥跨结构标准设计中一般都已列出支座底板尺寸。

支撑垫石边缘至顶帽边缘的距离 $c = c_1 + c_2$ 应满足下列规定：

①顺桥方向跨度 $L \leqslant 8$m 时，c 不应小于15cm；$8 < L < 20$m 时，c 不应小于25cm；$L \geqslant 20$m 时，不应小于40cm。

②横桥方向当顶帽为圆弧形时，支承垫石角至顶帽最近边缘的最小距离与顺桥方向相同；当顶帽为矩形时，支承垫石角至顶帽边缘的最小距离为50cm。

因此，等跨度直线桥顶帽纵向尺寸为：

$$b = f + a + 2c \tag{4-2}$$

同样,可拟定顶帽横向尺寸,顶帽横向宽度还应满足下列要求:当跨度 $L \leqslant 8\text{m}$ 时,不小于4m;当 $8\text{m} < L < 20\text{m}$ 时,不小于5m;当 $L \geqslant 20\text{m}$ 时,不小于6m。

(3)墩台身尺寸。墩台身尺寸主要包括墩台高、墩台顶面、底面尺寸及墩台身侧坡等。墩台高由基础顶面及桥面高程或设计洪水位控制。墩台顶面尺寸,梁桥实体式墩台由墩台帽控制。

3)桥墩力学验算的主要内容

桥墩的构造形式、主要尺寸初步拟定之后,就要通过力学验算来验证初拟尺寸是否合理并加以修正,有时为了求得比较经济合理的尺寸,需反复修正数次。但也应指出:合理尺寸的确定,并不唯一取决于力学验算的需要,有些尺寸是考虑到施工、运营、养护维修以及其他特殊要求而确定的。

实体桥墩是用圬工建造的柱式偏心受压结构,为使其在各种荷载作用下满足强度、刚度、抗裂性和稳定性的要求,应对墩身做如下几方面的验算:

(1)各截面上的合力偏心距验算。

(2)墩身截面应力验算。

(3)墩身稳定性验算。

(4)墩顶水平位移验算。

4)墩身验算

(1)墩身受压稳定性验算。《铁路桥涵设计基本规范》(TB 10002.1—2005)规定:混凝土和石砌实体桥墩,墩身受压稳定性按式(4-3)计算:

$$KN < N_{cr} \tag{4-3}$$

式中:K——安全系数,对于整体灌注的混凝土墩台,主力时 $K = 2.0$,主力加附加力时 $K = 1.6$;对于混凝土块砌体,主力时,$K = 2.5$;主力加附加力时,$K = 2.0$;

N——作用于墩顶处的轴向压力;

N_{cr}——桥墩顺截面回转半径较小方向的纵向弯曲(屈曲)临界荷载。

从材料力学原理可知,理想直杆受压的屈曲临界荷载为:

$$N_{cr} = \frac{\pi^2 EI}{l_0^2} \tag{4-4a}$$

式中:E——构件材料的弹性模量;

I——构件全截面对形心主轴的较小惯性矩;

l_0——整个墩台的计算长度。

如果受压构件是顶面小、底面大的变截面构件,则其临界荷载应采用式(4-4b)计算:

$$N_{cr} = \frac{4mEI_d}{l_0^2} \tag{4-4b}$$

式中:I_d——构件底部截面绕垂直弯曲方向形心轴的全截面惯性矩;

m——变截面影响系数,查表4-1。表中 I_0 为构件顶面绕垂直弯曲方向形心轴的惯性矩。

变截面影响系数　表4-1

I_0/I_d	0.1	0.2	0.3	0.4	0.5	0.6	0.7	0.8	0.9	1.0
m	1.20	1.51	1.71	1.87	2.00	2.12	2.22	2.31	2.39	$\pi^2/4$

(2)墩身截面强度验算。为适应受力要求,桥墩多为变截面结构。为使墩身各截面都满足强度要求,通常每隔3～5m设一验算截面,并在有突变的界面处,如托盘底、墩身边坡变换处、墩底等处设验算截面,通过比较找出控制设计的界面。等截面桥墩的墩身底部截面即为控制界面。

桥墩受力特点是偏心受压。在单向偏心时,强度验算公式如下:

$$\sigma=\frac{N+G}{A}\pm\frac{M_y\eta\cdot x}{I_y}\leqslant[\sigma] \tag{4-5}$$

式中:σ——墩台中任意验算截面上的压应力;

N——作用于墩台顶面处的轴向压力;

G——验算截面以上顺轴向的墩台自重;

A——验算截面的全面积;

$[\sigma]$——墩台的中心受压或偏心受压容许应力;

M_y——对验算截面重心轴y的弯矩;

I_y——验算截面绕重心轴y的全截面惯性矩;

x——验算应力的x轴坐标;

η——弯矩增大系数,对于下端固定于基础顶面、上端为自由的桥墩,在外力作用下的侧向位移在墩顶处为最大,亦即墩身底部截面处有弯矩增大系数η为最大。

$$\eta_{\max}=\frac{1}{1-\dfrac{KN_{顶}}{N_{cr}}} \tag{4-6}$$

式中:K——安全系数;

$N_{顶}$——作用于构件顶部的轴向压力;

N_{cr}——受压构件的屈曲临界荷载,对于混凝土及石砌圬工材料的变截面桥墩,采用式(4-7)计算:

$$N_{cr}=\alpha\frac{4mE_0I_d}{l_0^2}\left[\frac{1}{1+\alpha\dfrac{4mE_0I_d}{l_0^2}\dfrac{1}{1.1R_cA_0}}\right] \tag{4-7}$$

式中:α——小于l的修正系数,应由试验资料确定,对于混凝土及石砌圬工材料,近似地按钢筋混凝土偏心受压构件试验所得的公式计算;

R_c——极限抗压强度;

A_0——墩身平均截面的全面积。

(3)墩身截面偏心验算。墩身截面偏心验算,就是使各界面的合力(即界面上竖向力)对截面形心的偏心距不大于相应的容许偏心,即:

$$e=\frac{\eta M}{N}\leqslant[e] \tag{4-8}$$

根据材料力学对弹性体的分析：偏心受压截面的合力偏心矩超出其截面核心即出现拉应力。对于抗拉强度很低的圬工结构，由于其为非理想弹性材料，因此，它的截面力分布不符合胡克定律，特别是应力水平较高时，受拉区边缘的拉应力比按照弹性材料分析的应力要低很多。利用这一特点，并考虑到圬工尚有一定的抗拉能力及较好的抗压能力，根据对大量试验资料的分析认为：在正常荷载作用下不出现显著的拉裂现象，并具有一定安全储备的前提下，截面合力的偏心矩可以大于截面核心半径。为此，《铁路桥涵设计基本规范》(TB 10002.3—2005)对混凝土及石砌的实体墩身的截面合力偏心距 e 作了如下规定：

主力	$e \leqslant 0.5S$
主力＋附加力，圆形截面	$e \leqslant 0.5S$
主力＋附加力，其他形状截面	$e \leqslant 0.6S$
主力＋特殊荷载(地震力除外)	$e \leqslant 0.7S$

该式中 S 系沿截面重心与合力作用点的连线上量取，自截面重心至该连线与截面外包轮廓线的交点距离。

矩形截面斜偏心受压时，可只分别检算纵向及横向偏心而不必按合成偏心验算。墩身截面合力偏心的检算，与截面强度检算同样，每隔 3～5m 取一截面验算，最后找出其控制截面。

《铁路桥涵设计基本规范》要求墩顶的纵向(顺桥方向)和横向(横桥方向)弹性水平位移均应符合式(4-9)规定：

$$\Delta \leqslant 5\sqrt{L} \tag{4-9}$$

式中：L——桥梁跨度(m)，当 $L \leqslant 24$m 时，L 按 24m 计算；当为不等跨时，L 采用相邻跨之中较小的跨度；

Δ——墩(台)顶帽处的水平位移(mm)，包括由于墩(台)身和基础的弹性变形，以及基底土弹性变形的影响。

由于墩身挠曲变形引起的墩顶位移 Δ，应按墩顶为自由端、墩底为固定端的悬臂梁计算，根据虚功原理：

$$\Delta_1 = \int_0^h \frac{M_P \overline{M}}{EI} \mathrm{d}h \tag{4-10}$$

对于放坡的变截面墩身，为避免烦琐的积分运算，可将墩身等分为 n 段，每段高 Δh，再分别计算各段的平均截面惯性矩 I_i；平均弯矩 M_i(不包括墩身自重)及其到墩顶的平均高度 h_i，即可用下式近似地计算 Δ_1：

$$\Delta_1 = \sum_{i=1}^{n} \frac{M_i}{EI_i} h_i \Delta h \tag{4-11}$$

设计经验表明，矮而粗的实体墩具有较大的刚度，常不需验算墩顶位移；但接近或超过 30m 的较高桥墩，则应验算墩顶位移。

2. 重力式桥台的计算

桥台受力状态较桥墩复杂，它要承受土压力，包括台后填土、锥体填土及活载对台后填土的作用而产生的土压力等。此外，桥台除承受梁跨部分的荷载外，道砟槽部分还直接承受活载。桥台的受力情况如图 4-22 所示。

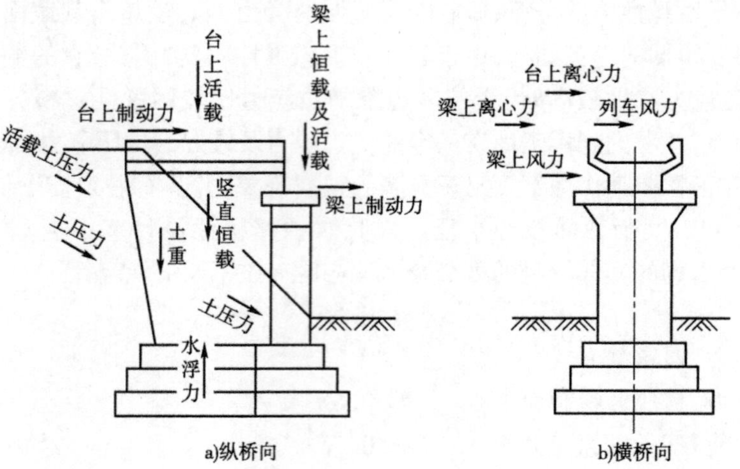

图 4-22　桥台受力情况

1)桥台计算内容

桥台检算内容包括台身截面应力检算、偏心检算、受压稳定检算、台顶水平位移检算及基础和地基的检算等,这些皆与桥墩检算项目相同。

桥台的道砟槽和耳墙式桥台的耳墙等常是受力较集中之处,钢筋布置应通过力学计算而定,但由于标准设计中已有成套的设计图纸可查用,因此除特殊需要外,可不另作检算。

根据设计经验,U 形桥台及 T 形桥台按锥体坡度构造要求和填土高确定的桥台结构尺寸,一般都可满足强度、受压稳定和偏心限值的要求,可以不检算;埋式桥台或耳墙式桥台的台身尺寸相对较小,常需进行检算(套用标准图纸者除外)。

2)桥台台身截面计算特点

桥台台身检算的内容、方法、要求和桥墩墩身基本相同。由于桥台衔接路堤,且在纵向又是不对称的结构,故检算中需注意以下几点。

(1)桥台受填土压力和活载土压等侧向主力的作用,再加上桥台竖向荷载较大,使主力组合对结构的影响较大,因此主力组合常可能控制应力和稳定性的检算,主力加附加力组合也可能控制偏心检算,这样就使桥台检算中会有主力组合,也有主力加附加力组合,而不像直线上桥墩常为主力加附加力组合控制设计,一般仅须计及主力和附加力组合。

(2)由于桥台结构的形状在纵向的受力都是不对称的,此外,制动力或牵引力的方向可以指向桥孔,也可以向路堤,因此桥台可能在检算截面前端产生最大应力或偏心,也可能在后端产生最大应力和偏心,故需按前端、后端两种情况分别进行应力和偏心的检算。

桥梁的轻型桥台计算主要有三个方面:

(1)桥台(顺桥向)在侧向土压力作用下,台身作为竖梁进行截面强度验算。

(2)桥台(包括基础)在竖向荷载作用下,横桥向作为一根弹性地基短梁进行截面强度验算。

(3)基础底下地基应力验算。

3. 实体桥墩检算算例

1)设计资料及检算要求

(1)图 4-23 所示为一实体矩形桥墩。桥墩结构为等跨 $L=24\text{m}$ 道砟桥面预应力混凝土梁,梁上设双侧人行道(直线梁桥面系质量为 38kN/m),梁长 $L_0=24.70\text{m}$,梁高 2.10m,轨底至梁底 2.60m,轨底至墩顶 3.00m,支座铰中心至墩顶为 0.31m,每孔梁重 1568kN。

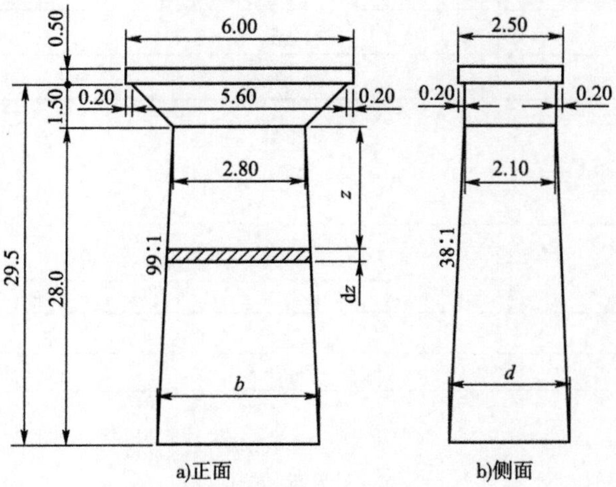

图 4-23　实体桥墩检算图(尺寸单位:m)

(2)桥上线路为直线、单线、平坡。

(3)平时桥下无流水、无冰冻、基底是良好岩层。

(4)风力:有车时,风荷载强度 $W=1.2\text{kPa}$;无车时,风荷载强度 $W=2.1\text{kPa}$。

(5)建筑材料:墩帽为 C30 钢筋混凝土;托盘为 C20 混凝土;墩身为 C25 混凝土。

(6)检算要求:检算墩顶以下 15m 及基顶处墩身截面(即 $h=13\text{m}$ 与 $h=28\text{m}$ 处截面)。

2)荷载计算

(1)恒载

①梁及桥面系(道床)重:

$$N_1=1568+38\times24.7=2507\text{kN}$$

②墩帽重:

$$N_2=2.5\times6.0\times0.5\times25=187.5\text{kN}$$

③托盘重:

$$N_3=\frac{5.6+2.8}{2}\times1.5\times2.1\times23=304.3\text{kN}$$

④墩身重。

墩身体积为:

$$\begin{aligned}V_4&=\int_0^h\left(2.1+\frac{2z}{38}\right)\left(2.8+\frac{2z}{99}\right)\text{d}z\\&=\int_0^h\left[2.1\times2.8+2\left(\frac{2.8}{38}+\frac{2.1}{99}\right)z+\frac{4z^2}{38\times99}\right]\text{d}z\\&=2.1\times2.8h+\left(\frac{2.8}{38}+\frac{2.1}{99}\right)h^2+\frac{4}{3\times38\times99}h^3\\&=5.88h+0.095h^2+\frac{2}{5643}h^3\end{aligned}$$

则 $N_4 = V_4 \times 23\ kN/m^3$，计算结果见表 4-2。

检算截面处（$h=13m$，$h=28m$）墩身重 表 4-2

h(m)	V_4(m^3)	V_4(kN)
13	93.274	2 145
28	246.900	5 678

（2）活载

①单孔轻载（图 4-24）。

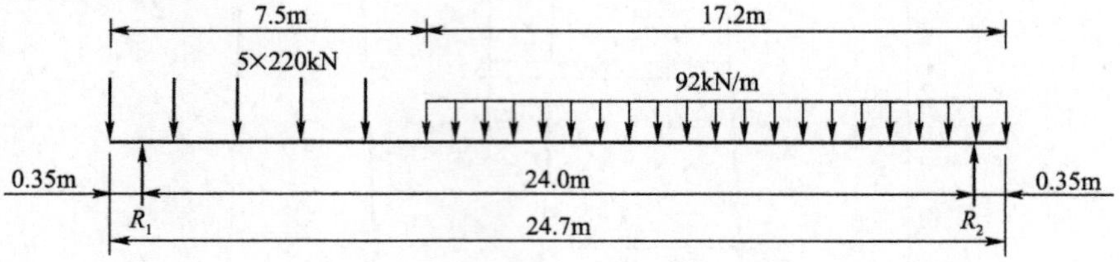

图 4-24 单孔加载

R_1-单孔重载；R_2-单孔轻载

$$R_2 = \frac{1}{24} \times \left[5 \times 220 \times (3 - 0.35) + 92 \times 17.2 \times \left(7.5 - 0.35 + \frac{1}{2} \times 17.2\right)\right] = 1160kN$$

$$M_{R_2} = 1160 \times 0.35 = 406kN \cdot m$$

②单孔重载（图 4-25）。

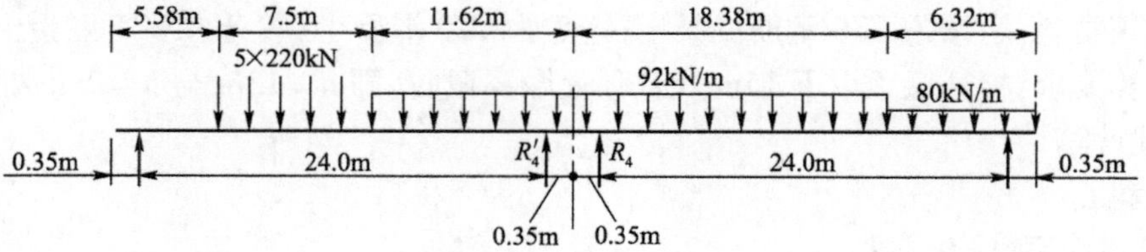

图 4-25 双孔重载

$$R_1 = (5 \times 220 + 92 \times 17.2) - 1160 = 1522kN$$

$$M_{R_1} = 1522 \times 0.35 = 532.7kN \cdot m$$

③双孔重载（图 4-27）。

查表 $x = 5.58m$，可计算支座反力如下：

$$R'_4 = \frac{1}{24} \times \left[5 \times 220 \times (5.58 - 0.35 + 3) + 92 \times 11.62 \times \left(5.58 - 0.35 + 7.5 + \frac{1}{2} \times 11.62\right)\right]$$

$$= 1203kN$$

$$R''_4 = \frac{1}{24} \times \left[80 \times 6.32 \times \left(\frac{6.32}{2} - 0.35\right) + 92 \times 18.38 \times \left(5.97 + \frac{1}{2} \times 18.38\right)\right] = 1127.3kN$$

$$R_4 = R'_4 + R''_4 = 2330kN$$

活载竖直力对桥墩中心的偏心力矩为：

$$M_{R_4} = (1203 - 1127.3) \times 0.35 = 26.5kN \cdot m$$

（3）附加力

①制动力（牵引力）。

a. 单孔加载：

$$P_z = 0.1 \times (5 \times 220 + 92 \times 17.2) = 268.2\text{kN}$$

$$M_z = 268.2 \times (0.31 + 2 + h) = 619.5 + 268.2h$$

制动力对墩身检算截面的力矩见表4-3。

制动力对墩身检算截面的力矩　　表4-3

h(m)	13	28
M_z(kN·m)	4106.1	8129.1

b. 双孔重载：

$$P_z = 0.1 \times (5 \times 220 + 92 \times 11.62) + 0.1 \times (80 \times 6.32 + 92 \times 18.38) \times \frac{1}{4}$$

$$= 271.8\text{kN} > 268.2\text{kN}$$

因已大于一孔梁跨的固定支座水平力，故采用单孔加载的制动力 $P_z = 268.2\text{kN}$。

②风力（只考虑纵向）。

a. 顶帽风力：

$$P_{x1} = 6 \times 0.5 \times 1.2 = 3.60\text{kN}$$

作用点至托盘底的力臂为：

$$C_{x1} = \frac{1}{2} \times 0.5 + 1.5 = 1.75\text{m}$$

b. 托盘风力：

$$P_{x2} = \frac{5.6 + 2.8}{2} \times 1.5 \times 1.2 = 7.56\text{kN}$$

其作用点至托盘底的力臂为：

$$C_{x2} = \frac{1.5}{3} \times \frac{2 \times 5.6 + 2.8}{5.6 + 2.8} = 0.83\text{m}$$

c. 墩身风力：

墩身受风面积是梯形，可分成中间一个矩形加上两侧的三角形，则墩身风力对检算截面的力矩为：

$$M_P = 2.8 \times h \times W \times \frac{h}{2} + \frac{h^2}{99} \times W \times \frac{h}{3} = 2.8 \times 1.2 \times \frac{h^2}{2} + \frac{h^3 \times 1.2}{3 \times 99} = 1.68h^2 + 0.004h^3$$

风力矩（M_p）的计算见表4-4。

检算截面处桥墩各部分风力矩（单位：kN·m）　　表4-4

风力矩 M_P \ h(m)	13	28
顶帽：$3.6 \times (h + 1.75)$	53.1	107.1
托盘：$7.56 \times (h + 0.83)$	104.6	218.0
墩身：$1.68h^2 + 0.004h^3$	292.7	1404.9
合计	450.4	1730.0

3）墩身截面检算

(1)合力偏心检算

①墩身截面几何特性计算(表4-5)。

墩身截面几何特性计算　　表4-5

h(m)	0	13	28
$d=2.1+\frac{2}{38}\times h$(m)	2.10	2.78	3.57
$b=2.8+\frac{2}{99}\times h$(m)	2.80	3.06	3.37
A(m)	5.88	8.51	12.03
I_x(m)	2.16	5.47	12.78
W_x(m)	2.06	3.94	7.16

②单孔轻载作用下,墩身截面纵向偏心检算(表4-6)。

墩身截面纵向偏心检算　　表4-6

检算项目 \ 截面位置 h(m)	13	28
恒载 $N_1+N_2+N_3+N_4$(kN)	5144	8676
活载 R_2(kN)	1160	1160
垂直力合计 $\sum N$(kN)	6304	9836
垂直力偏心力矩 M_{R_2}(kN·m)	406	406
水平力矩 M_z+M_p(kN·m)	4557	9859
力矩合计 $\sum M$(kN·m)	4963	10265
偏心距 $e=\sum M/\sum N$(m)	0.787	1.04
容许偏心距$[e]=0.6s$(m)	0.834	1.071

根据计算结果,偏心符合要求。

(2)整体纵向稳定性检算

①计算数据。

查《铁路桥涵设计基本规范》(TB 10002.1—2005)得:

$$E_0=24\times10^6\text{kPa}$$

$I_{ox}=2.16\text{m}^4$,$I_{dx}=12.78\text{m}^4$。则有:

$$I_{ox}/I_{dx}=2.16/12.78=0.169$$

查同规范表5.1.2,可得 $m=1.414$。

查同规范:$R_c=10.5\times10^3$kPa;根据同规范表5.1.2,A_0 为构件平均截面的全面积。本题采用 $h=13$m 处面积,由表4-9 查得:$A_0=8.51\text{m}^2$;按《铁路桥涵设计基本规范》(TB 10002.1—2005)表5.2.3-2 的"注",构件一端固定、另一端为自由端时,$l_0=2l$,则 $l_0=60$m(l 为实际墩高)。

②计算临界荷载。

整体纵向稳定性检算如表4-7 所示。

单孔重载、双孔重载时,荷载均小于 N_{cry},故整体纵向稳定检算合格。

(3)强度检算

①B_y 的计算。按式计算可得：单孔重载时，$B_y=0.2887$；双孔重载时，$B_y=0.2623$。

整体纵向稳定性检算　　表4-7

检算项目	单孔重载	双孔重载
梁及桥面系重 N_1(kN)	2507	2507
支座反力 R_1 或 R_4(kN)	1522	2330
墩顶垂直力 $N=N_1+R_1$(kN)	4029	4837
墩顶水平力 P_z(kN)	268.2	268.2
支点反力矩 M_R(kN·m)	532.7	26.5
制动力矩或牵引力矩(kN·m)	83.1	83.1
墩顶外力矩(kN·m)	615.8	109.6
$\frac{e_0}{h}=\frac{M/N}{2.78}$	0.0550	0.0082
刚度修正系数 $\alpha\approx\frac{0.1}{0.2+e_0/h}+0.16$	0.552	0.640
$\beta=\alpha\frac{4mE_0I_{dx}}{l_0^2}$	266004	308410
临界荷载 $N_{cry}=\beta\frac{1}{1+\beta\frac{1}{1.1R_cA_0}}$(kN)	71771	74536
$K^*\cdot N$(kN)	6446	7739

注：根据《铁路桥涵钢筋混凝土和预应力混凝土结构设计规范》(TB 10002.3—2005)，查表6.1.5，主＋附时，安全系数$K=1.6$。

②计算弯矩增大系数 η_y(表4-8)。

弯矩增大系数计算　　表4-8

项目		单孔重载	双孔重载
$\eta_y\approx1+\frac{\left(\frac{1}{1-\frac{KN}{N_{cry}}\cdot B_y}-1\right)\mu'}{\frac{l_0}{2}}$	$\mu'=15$	1.0133	1.0140
	$\mu'=30$	1.0266	1.0280

③强度检算(表4-9)。

强度检算　　表4-9

项目	单孔重载		双孔重载	
h(m)	13	28	13	28
$N+G=N_1+R_1+N_2+N_4$(m)	6666	10198	7474	11006
$M_x=M_R+M_z+M_p$(kN·m)	5089	10392	4583	9886
η_y	1.0133	1.0266	1.0140	1.0280
$\sigma_{max}=\frac{N+G}{A}+\frac{\eta_yM_y}{W_x}$(kPa)	2092	2338	2057	2334
$\sigma_{min}=\frac{N+G}{A}-\frac{\eta_yM_y}{W_x}$(kPa)	-525	-642	-301	-505

从以上计算结果可以看出,本例墩身单孔重载较双孔重载应力大,因截面出现拉应力,故按单孔重载作应力重分布计算,见表4-10。

应力重分布计算 表4-10

项　　目	检算截面	
h(m)	13	28
d(m)	2.78	3.57
$e_y=\eta_y M_x(N+G)$(m)	0.774	1.046
$\lambda=\dfrac{2d}{3\left(\dfrac{d}{2}-e\right)}$	3.01	3.22
$\dfrac{N+G}{A}$(kPa)	783.3	847.7
$\sigma'_{max}=\dfrac{N+G}{A}\cdot\lambda$(kPa)	2358	2730

墩身混凝土弯曲受压及偏心受压容许应力$[\sigma_b]=6.1$MPa,有附加力时,容许应力可以提高30%,即$[\sigma_b]_{主+附}=1.3\times6.1=7.93$MPa,以上计算最大压应力$\sigma_{max}$均在容许范围以内。

四、柱式桥墩计算

柱式桥墩的计算包括盖梁和柱身的计算,盖梁一般采用钢筋混凝土材料。在构造上,桩柱的钢筋伸入到盖梁内并与盖梁的钢筋绑扎成整体,因此盖梁与桩柱形成刚架结构。对于双柱墩台,当盖梁的刚度与桩柱的刚度比较大时,为简化计算可忽略节点不均衡弯矩的分配及传递,按简支梁或双悬臂梁计算及配筋。多柱式墩的盖梁按多跨连续梁计算。

1.恒载

恒载包括上部结构恒载支点反力和盖梁自重。

2.活载

活载组合时,活载布置要使得各种组合为最不利情况,求出支点最大反力作为盖梁的活载。荷载的横向分布计算,当活载对称布置时,按杠杆法计算,当活载为非对称布置时,按刚性横梁法(或偏心受压法、刚接板法或G-M法)计算。在盖梁内力计算时,可考虑桩柱支承宽度对弯矩峰值的削减。

3.施工荷载

盖梁在施工过程中,荷载的不对称性很大,各截面将产生较大的弯矩,因此要根据当时的架梁施工方案对各截面的受弯、受剪进行验算。构件吊装时,构件重力应乘以动力系数1.2,并视构件具体情况做适当增减。

4.荷载组合及内力计算

按钢筋混凝土构件进行。

5.配筋计算及抗裂性计算

盖梁的配筋计算方法与钢筋混凝土梁配筋计算相同。

五、轻型桥墩的计算

柔性墩的内力也是分别按纵向和横向计算。其横向计算方法与重力式墩相同,在此仅介绍纵向计算方法。

根据柔性墩所采用的基础类型,其墩底的约束情况可分为刚性约束(实体基础)和弹性约束(桩基础)两类,此处仅讲述刚性约束计算。

实体基础刚度较大,与截面尺寸较小的墩身比较,基础本身的变形很小,其基顶位移可忽略不计。这样,柔性墩桥的结构图式每结构联可视为多铰超静定框架,柔性墩的个数即为超静定的次数。柔性墩在计算中可简化为顶端铰支、下端固定的偏心受压杆。柔性墩桥在进行顺桥向外力计算时应考虑下列因素:

(1)列车制动力或牵引力。

(2)梁受垂直荷载时下缘伸长。

(3)温度变化时梁的伸缩。

(4)梁体混凝土收缩徐变。

(5)水平力作用时固定支座的缝隙变化。

(6)架梁时残留的墩顶位移。

(7)支座垂直反力及其偏心力矩。

(8)墩身风力。

(9)墩身日照。

(10)墩身施工偏差及架梁偏差。

柔性墩墩顶位移 Δ 按下式分两项计算:

$$\Delta = \Delta_1 + \Delta_b$$

式中:Δ_1——制动力或牵引力引起的墩顶位移;

Δ_b——梁的变形引起的墩顶位移。

制动力或牵引力引起的墩顶位移 D_1 按式(4-12)计算:

$$\Delta_1 = \frac{P}{\sum K_i} \tag{4-12}$$

式中:P——联内总的制动力(纵向水平力);

K_i——单墩的剪力刚度。

梁的变形引起的墩顶位移 Δ_b 按式(4-13)式计算:

$$\Delta_b = \Delta_2 + \Delta_3 + \Delta_4 + \Delta_5 + \Delta_6 \tag{4-13}$$

式中:Δ_2——竖向荷载作用下梁下缘伸长产生的墩顶位移;

Δ_3——梁体温度变化产生的墩顶位移;

Δ_4——固定支座缝隙产生的墩顶位移;

Δ_5——梁体混凝土收缩徐变产生的墩顶位移;

Δ_6——架梁时残留的墩顶位移,宜按每个柔性墩单独考虑,可采用 3mm。

柔性墩一般为钢筋混凝土结构,按照《铁路柔性墩桥技术规范》(TB 10052—1997)的规定,一般有以下几个验算项目:

(1)强度验算:为保证柔性墩在运营时的安全,柔性墩按偏心受压构件进行验算。

(2)抗裂性验算:保证混凝土开裂后大气不侵蚀钢筋,从而保证柔性墩有足够耐久性。

(3)墩顶水平位移验算:柔性墩在横向的受力特性与一般重力式墩相似,但因横向刚度比同高度的重力式墩小。当桥墩位于曲线上时,纵向水平力和位移均使横向力,横向受力处于不利状态。为确保安全,柔性墩墩顶横向位移的容许值取为 $4\sqrt{L}$ mm,这里 L 为梁的计算跨度,单位为 m。

(4)稳定性验算:保证墩承压时不发生纵、横向屈曲失稳,柔性墩的计算长度 l_0 取 0.85 倍墩高。

(5)施工时的验算:由于柔性墩施工和运营时为不同的受力体系,为保证施工时的安全,常进行柔性墩架梁前的悬臂梁检算和架梁中的验算。

(6)柔性墩桥中的刚性墩(台):它的设计与重力式墩相同,但所承受的纵向水平力常比一般梁桥大。

(7)柔性墩的纵、横向自振频率验算。

另外,在柔性墩的设计中还应注意:柔性墩桥中的梁体目前均用现行简支梁,但两端用固定支座与墩台相连后,改变了原简支梁的受力条件。当梁体下翼缘伸长,受弯构件改变成拉弯构件。因此,为了保证柔性墩桥的安全,应按这种受力状态对简支梁体进行检算。

作用于柔性墩桥上的纵向水平力,绝大部分通过梁体、支座、顶帽逐孔传至刚性墩,因此传递纵向水平力的结构系统,包括梁体、支座(尤其是刚性墩台上的固定支座,它要传递几乎全联上的全部水平力)、锚栓和顶帽等应加以验算,使之具有足够的强度。

柔性墩桥上的活动支座,其活动量应满足全联梁体纵向水平位移的需要,如采用一般简支梁的摇轴支座,常因活动量过大而产生摇轴倾倒的病害,故对活动支座也要验算,必要时应进行特别设计。

由上可知,在柔性墩桥中,无论是固定支座还是活动支座,如选用一般简支梁桥的支座则需要加强,甚至改造。如采用盆式橡胶支座,则固定支座和活动支座一般均能满足要求。

第二节　拱桥墩台构造与设计

拱桥墩台同梁桥墩台一样,也分为两大类型:一类是重力式墩台,另一类是轻型墩台,其作用原理与梁桥墩台大致相同。

一、拱桥桥墩

1. 重力式桥墩

拱桥是一种推力结构,拱圈传给桥墩上的力,除了垂直力以外,还有较大的水平推力,这是与梁桥的最大不同之处。从抵御恒载水平力的能力来看,拱桥桥墩又可分为普通墩和单向推力墩两种。普通墩除了承受相邻两跨结构传来的垂直反力外,一般不承受恒载水平推力,或者当相邻孔不相同时只承受经过相互抵消后尚余的不平衡推力。单向推力墩又称制动墩,它的主要作用是在它的一侧桥孔因某种原因遭到毁坏时,能承受住单向的恒载水平推力,以保证其另一侧的拱桥不致遭到倾塌。而且当施工时为了拱架的多次周转，或者当缆索吊装设备的工作跨径受到限制时，为了能按桥台与某墩之间或者按某两个桥墩之间作为一个施工段进行分段施工，也要设置能承受部分恒载单向推力的制动墩。由此可见，为了满足结构强度和稳定的要求，普通墩的墩身可以做得薄一些[图 4-26a）~c）]，单向推力墩则要做得厚实一些[图 4-26d）]。

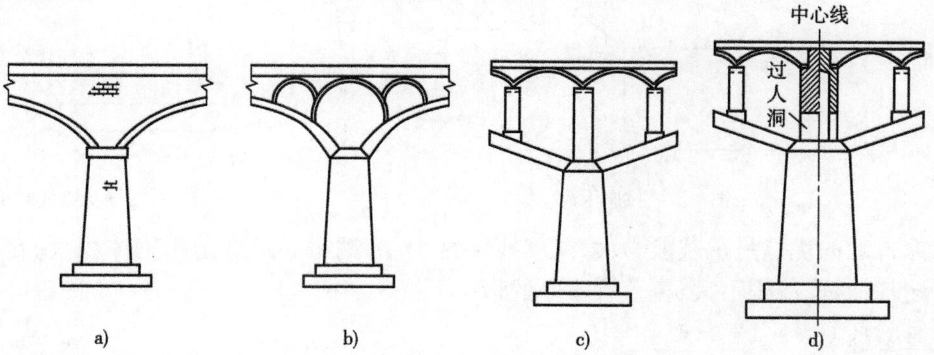

图 4-26　拱桥普通墩与单向推力墩

与梁桥重力式桥墩相比较，拱桥桥墩在构造上还有以下的特点。

梁桥桥墩的顶面要设置传力的支座，且支座距顶面边缘应保持一定的距离；而无支架吊装的拱桥桥墩则在其顶面的边缘设置成倾斜面的拱座、直接承受由拱圈传来的压力，放无铰拱的拱座总是设计成与拱轴线呈正交的斜面。由于拱座承受着较大的拱圈压力，故一般采用 C20 以上的整体式混凝土预制。肋拱桥的拱座由于压力比较集中，故应用高强度等级混凝土及数层钢筋网加固；装配式的肋拱，以及双曲拱桥的拱座，也可预留供插入拱肋的孔槽（图 4-27），就位以后再浇灌混凝土封固。为了加强肋底与拱座的连接，底部可设 U 形槽浇灌混凝土，混凝土强度等级应不低于 C25。有时孔底或孔壁还应增设一些加固钢筋网。

当桥墩两侧孔径相等时，则拱座均设置在桥墩顶部的起拱线高程上，有时考虑桥面的纵坡，两侧的起拱线高程可以略有不同。当桥墩两侧的孔径不等，恒载水平推力不平衡时，将拱座设置在不同的起拱线高程上。此时，桥墩墩身可在推力小的一侧变坡或增大边坡。从外形美观上考虑，变坡点一般设在常水位以下（图 4-28）。墩身两侧边坡和梁桥的一样，一般也为 20∶1 ~ 30∶1。

由于上承式拱桥的桥面与墩顶顶面相距有一段高度，故墩顶以上结构常采用几种不同形式。对于实腹式石拱桥，其墩顶以上部分通常做成与侧墙平齐的形式[图 4-26a）]。对于空腹式石拱桥或双曲拱桥的普通墩，常采用立墙式、立柱加盖梁式或者采用跨越式[图 4-26b）、c）]。对于单向推力墩常采用立墙式和框架式[图 4-26d）]。当采用立墙式时，为了检修的方便，墙中应设置过人孔；当采用立柱加盖梁或框架式时，则应按照钢筋混凝土结构进行设计配筋。立柱和盖梁可以做成装配式构件，采用不低于 C20 的钢筋混凝土。架设时可以将预制立柱插入墩顶预留的孔槽内，使工期大为加快。普通墩的顶宽，对于混凝土墩一般可按拱跨的 1/25 ~ 1/15 估算，石砌墩可按拱跨的 1/20 ~ 1/10 估算，其比值将随跨径的增大而减小，且不宜小于 800mm。对于单向推力墩，则按具体情况计算确定。

为了缩减墩身长度，拱桥墩顶部分也可做成托盘形式。托盘可采用 C20 素混凝土圬工，或仅布置构造钢筋。墩身材料可以采用块石、片石或混凝土预制块砌筑，也可用片石混凝土浇筑。

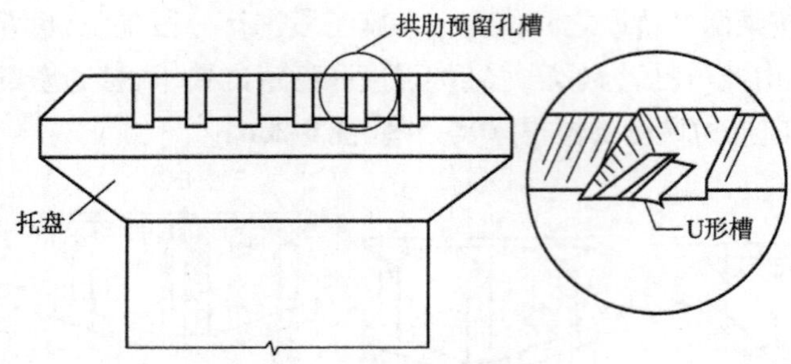

图4-27　拱座构造

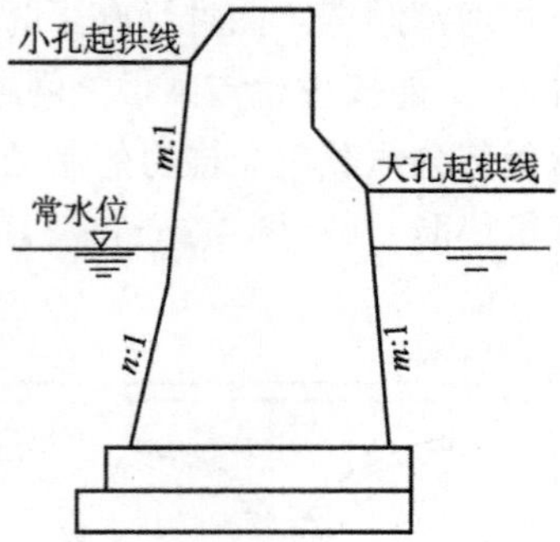

图4-28　拱桥墩身边坡的变化

重力式墩的优点是承载能力大、能就地取材、节约钢材。缺点是圬工体积大、自重大。一般用于地基较好、冲刷不大、覆盖层不厚的情况下。

2. 轻型桥墩

拱桥轻型桥墩按构造形式不同,主要有以下几种类型。

(1)柱式桥墩。拱桥桥墩上所用的轻型桥墩,一般为配合钻孔灌注桩基础的桩柱式桥墩(图4-29)。从外形上看,它与梁桥上的桩柱式桥墩非常相似。其主要差别是:在梁桥墩帽上设置支座,而在拱桥墩顶部分则设置拱座。当拱桥跨径在10m左右时,常采用两根直径为1m的钻孔灌注桩;跨径在20m左右时,可采用两根直径为1.2m或三根直径为1m的钻孔灌注桩;跨径在30m左右时,可采用三根直径为1.2~1.3m的钻孔灌注桩。桩墩较高时,应在桩间设置横系梁以增强桩柱刚性。桩柱式桥墩一般采用单排桩,跨径在40~50m以上可采用双排桩。在桩顶设置承台,与墩柱连成整体。如果柱与桩直接连接,则应在结合处设置横系梁。若柱高大于6.8m时,还应在柱的中部设置横系梁。

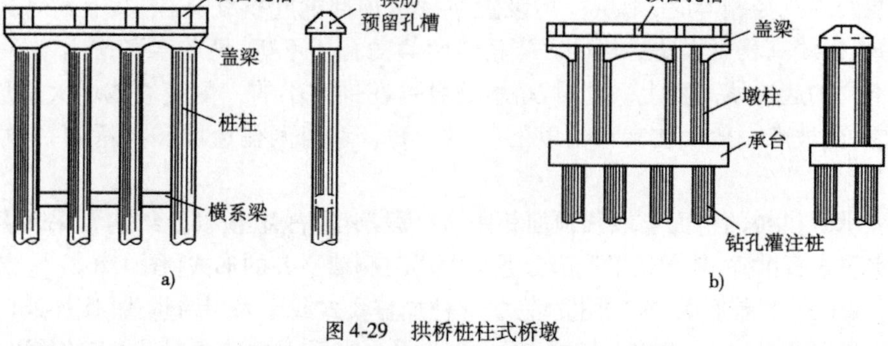

图4-29　拱桥桩柱式桥墩

(2)斜撑墩[图4-30a)]。在采用轻型桥墩的多孔拱桥中,每隔3~5孔应设单向推力墩。当桥墩较矮或单向推力不大时,可采用轻型的单向推力墩。这种桥墩的特点是在普通墩的墩柱上,从两侧对称地增设钢筋混凝土斜撑和水平拉杆,用来提高抵抗水平推力的能力,其优点是阻水面积小,并可节约圬工体积。为了提高构件的抗裂性,可以采用预应力混凝土结构。这种桥墩只在桥不太高的旱地上采用。

(3)悬臂墩[图4-30b)]。在桩柱式墩上加一对悬臂,拱脚支承在悬臂端。当一孔坍塌时,邻孔恒载单向推力对桩柱身产生的弯矩,被恒载竖直反力产生的反向弯矩抵消一部分,从而减小桩柱身的弯矩,而能够承受拱的单向恒载推力。

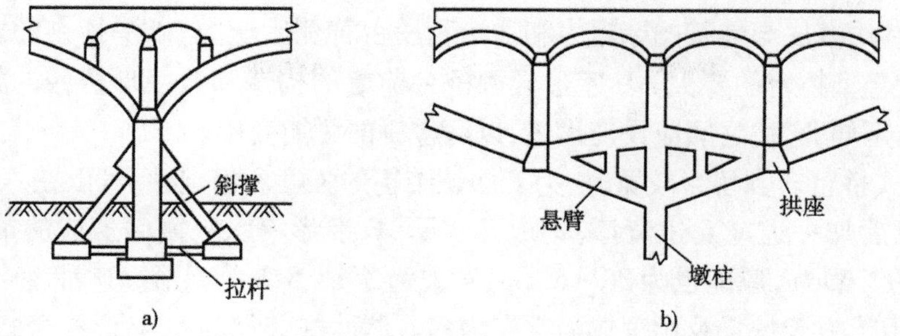

图 4-30　拱桥轻型单向推力墩

二、拱桥桥台

拱桥桥台既要承受来自拱圈的推力、竖向力及弯矩，又要承受台后土的侧压力，可分为重力式桥台、轻型桥台、组合式桥台、空腹式桥台和齿槛式桥台等。

1. 重力式桥台

常用的重力式桥台为 U 形桥台（图 4-31），它由台帽、台身和基础三部分组成。U 形桥台的台身是由前墙和平行于行车方向的两侧翼墙构成，其水平截面呈 U 字形。U 形桥台常采用锥形护坡与路堤连接，锥坡的坡度根据坡高、地形等确定。拱桥桥台只在向河心的一侧设置拱座，其尺寸可参照相应拱桥桥墩的拱座拟定。其他部分的尺寸可参考相应梁桥 U 形桥台进行设计。

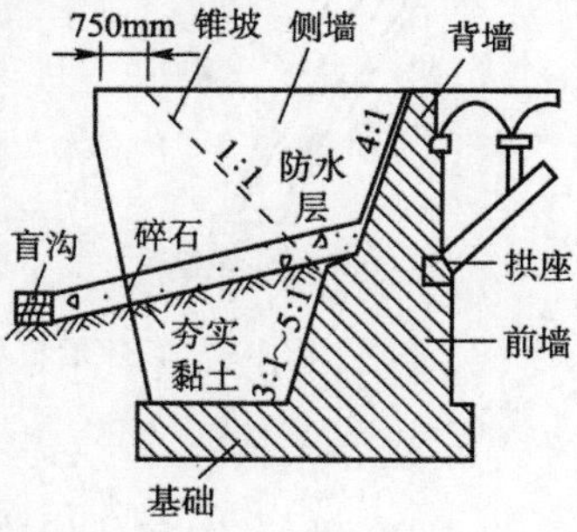

图 4-31　拱桥 U 形桥台

两个侧墙之间应填以渗透性较好的填料。为了排除桥台前墙后面的积水，应于侧墙间在略高于高水位的平面上铺一层向路堤方向没有斜坡的夯实黏土作为不透水层，并在黏土层上再铺一层碎石，将积水引向设于台后横穿路堤的盲沟内（图 4-31）。拱座和基础尺寸的拟定可参照桥墩进行。

2. 轻型桥台

轻型桥台是相对于重力式桥台而言的。其工作原理是，当桥台受到拱的推力后，便发生绕基底形心轴而向路堤方向的转动，此时台后的土便产生抗力来平衡拱的推力，由于土参与提供部分抗力，从而使桥台的尺寸大大地小于实体重力式桥台，但此时必须验算由于拱脚位移而在拱圈内产生的不利附加内力的影响。采用轻型桥台时，要注意保证台后的填土质量，台后填土应严格按照规定分层夯实，并做好台后填土的防护工作，防止受水流的侵蚀和冲刷。常用的轻型桥台有八字形和 U 字形桥台，以及由此派生出来的背撑式桥台。

（1）八字形桥台。八字形桥台的构造简单，台身由前墙和两侧的八字翼墙构成[图 4-32a）]。两者之间通常留沉降缝分砌。前墙可以是等厚度的，也可以是变厚度的。变厚度台身的背坡为 2:1 ~4:1。翼墙的顶宽一般为 40cm，前坡为 10:1，后坡为 5:1。为了防止基底向河心滑动，基础应有一定的埋置深度。

（2）U 字形桥台。U 字形轻型桥台是由前墙和平行于车行方向的侧墙组成，构成 U 字形的水平截面[图 4-33b）]。它与 U 形重力式桥台的差别是，后者是靠扩大桥台底面积，以减小基底压力，并利用基底与地基的摩阻力和适当利用台背侧土压力，以平衡拱的水平推力；因此基础底面积较轻型桥台的要大。U 字形轻型桥台前墙的构造和八字形桥台的相同，但侧墙却是拱上侧墙的延伸，它们之间应设变形缝，以适应桥的可能变位。

（3）背撑式桥台。当桥台较宽时，为了保证结构的强度和稳定性，可以在八字形或 U 字形桥台的前墙背后加一道或几道背撑，构成Ⅱ字形、E 字形等水平截面形式的前墙（图 4-33）。背撑顶宽为 30 ~ 60cm，厚度也为 30 ~ 60cm，背坡为 3:1 ~ 5:1 的梯形。这种桥台比八字形桥台稳定性要好，但土方开挖量及圬工体积都有增多。然而加背撑的 U 字形桥台却能适用季较大跨径的高桥和宽桥。

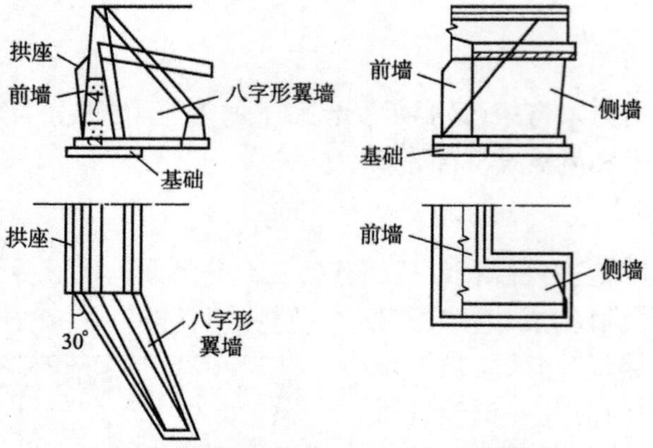

a)八字形桥台　　b)U字形桥台

图 4-32　八字形和 U 字形轻型桥台

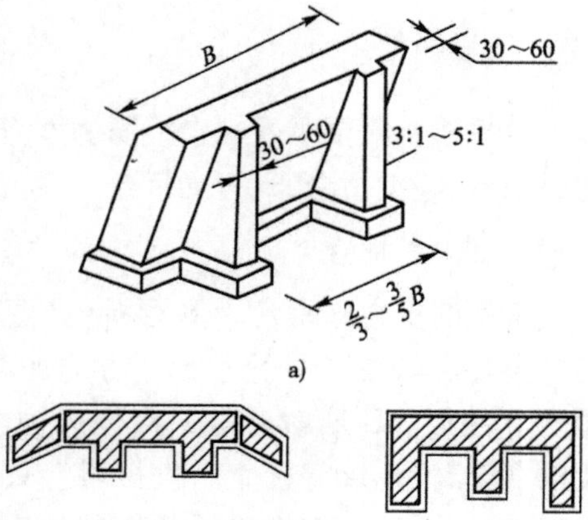

a)　b)　c)

图 4-33　背撑式桥台（尺寸单位：cm）

3. 组合式桥台

自 20 世纪 70 年代以来，拱桥组合式桥台已为各地所采用，实践证明效果良好。组合式桥台由台身和后座两部分组成（图 4-34）。台身基础承受竖向力，一般采用桩基或沉井基础；拱的水平推力则主要由后座基底的摩阻力及台后的土侧压力来平衡。因此后座基底高程应低于拱脚下缘的高程。台身与后座间应密切贴合，并设置沉降缝，以适应两者的不均匀沉降，在地基土质较差时，后座基础也应适当处理，以免后座向后倾斜，导致台身和拱圈的位移和变形。

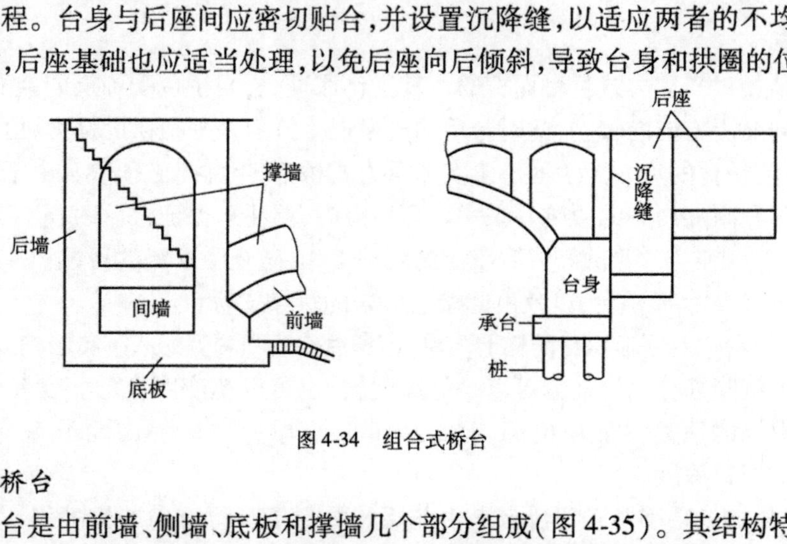

图 4-34　组合式桥台

4. 齿槛式桥台

齿槛式桥台是由前墙、侧墙、底板和撑墙几个部分组成（图 4-35）。其结构特点是，基底面积较大，可以支承一定的垂直压力；墙下的齿槛可以增加摩擦和抗滑的稳定性；台背做成斜挡板，利用它背面的原状土和前墙背面的新填土，共同平衡拱的水平推力；前墙与后墙板之间的撑墙可以提高结构的刚度。齿槛的宽度和深度一般不小于50cm。这种桥台适用于软土地基和路堤较低的中小跨径拱桥。

5. 空腹式桥台

空腹式桥台由前墙、后墙、基础板和撑墙等部分组成（图4-36）。前墙承受拱圈传来的荷载，后墙支承台后的土压力。在前后墙之间设置撑墙3～4道，作为传力构件，并对后墙起到扶壁作用，对基础板起到加劲作用。空腹可以是敞口的，也可以是封闭的。如地基承载力许可时，也可在腹内填土。这种桥台一般是在软土地基、河床无冲刷或冲刷轻微、水位变化小的河道上采用。

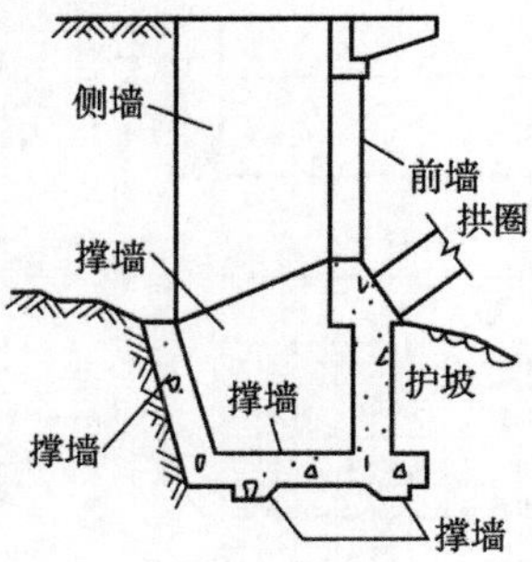

图4-35　齿槛式桥台

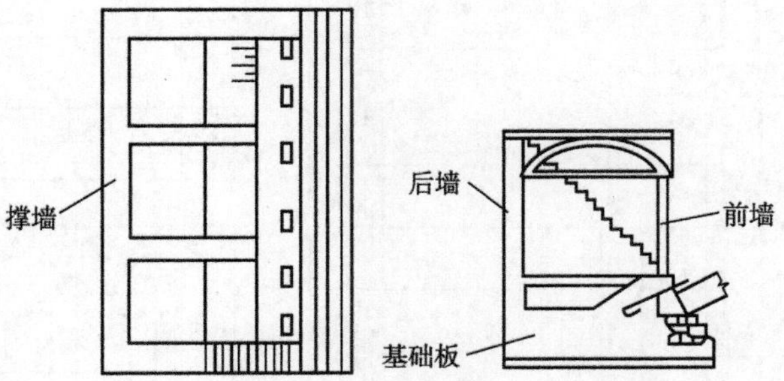

图4-36　空腹式桥台

第三节　能力训练

一、墩（台）标准图的应用

一般情况下，桥梁墩（台）均可套用标准图进行设计。

1. 桥墩

（1）根据桥墩处的轨底高程及桥跨的建筑高度（轨底至墩顶高），确定桥墩支承垫石面高程，如图4-37所示。

（2）根据桥跨的跨度选用顶帽的形式和尺寸。

（3）根据水文和地质等资料及基础最小埋深的要求，拟定基底高程。为了直接套用标准设计图，在确定基底高程时，应使墩身高度 $h(H)$ 加基础厚度 h_{φ} 为整米数。

（4）根据桥梁的跨度、线路情况（直线或曲线）、地基土的类型（岩石或非岩石）、墩身高度、基础厚度 h_{ϕ}、地基的容许承载力等资料，查阅有关标准图，选用基础尺寸及墩身尺寸。对于非岩石地基和较差岩石地基的基础尺寸，可根据基底

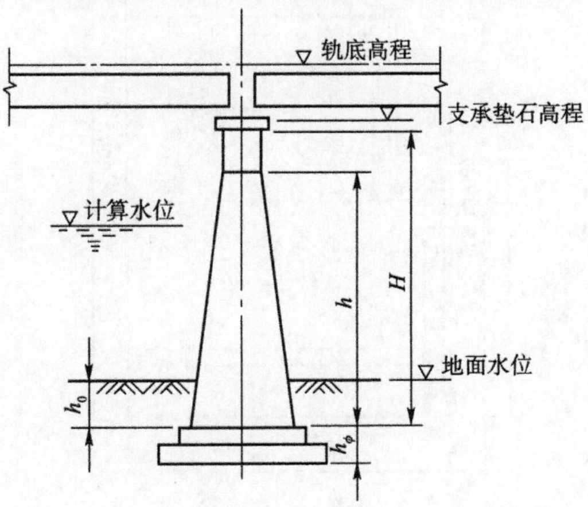

图4-37　桥墩高度的拟定

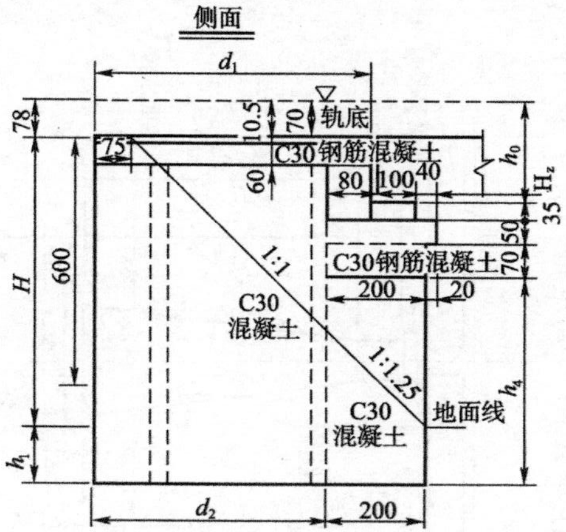

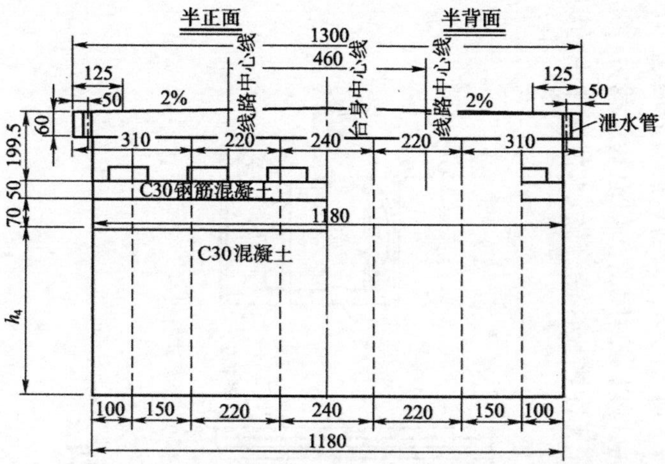

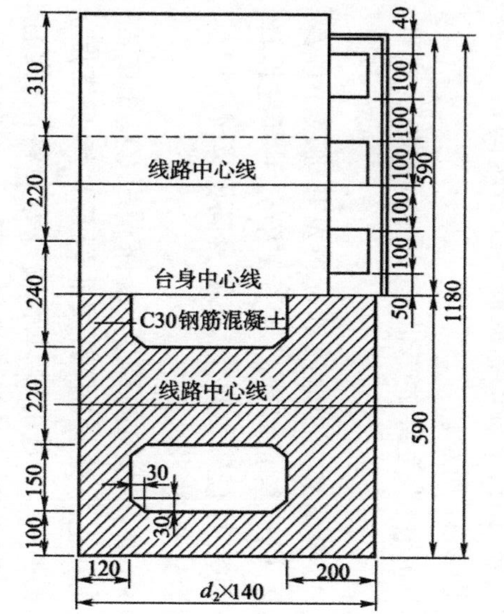

填土高H (m)	h_0 (m)	H_z (m)	h_1 (m)	h_4 (m)	d_1 (m)	d_2 (m)
4.5	2.3	0.15	0	1.28	4.05	3.25
			1	2.28	4.05	3.25
			2	3.28	4.05	3.25
5			0	1.78	4.55	3.75
			1	2.78	4.55	3.75
			2	3.78	4.55	3.75
5.5			0	2.28	5.05	4.25
			1	3.28	5.05	4.25
			2	4.28	5.05	4.25
6			0	2.78	5.55	4.75
			1	3.78	5.55	4.75
			2	4.78	5.55	4.75
6.5			0	3.28	6.18	5.38
			1	4.28	6.18	5.38
			2	5.28	6.18	5.38
7			0	3.78	6.80	6.00
			1	4.78	6.80	6.00
			2	5.78	6.80	6.00

填土高H (m)	h_0 (m)	H_z (m)	h_1 (m)	h_4 (m)	d_1 (m)	d_2 (m)
7.5	2.3	0.15	0	4.28	7.43	6.63
			1	5.28	7.43	6.63
			2	6.28	7.43	6.63
8			0	4.78	8.05	7.25
			1	5.78	8.05	7.25
			2	6.78	8.05	7.25
8.5			0	5.28	8.68	7.88
			1	6.28	8.68	7.88
			2	7.28	8.68	7.88
9			0	5.78	9.30	8.50
			1	6.78	9.30	8.50
			2	7.78	9.30	8.50
9.5			0	6.28	9.93	9.13
			1	7.28	9.93	9.13
			2	8.28	9.93	9.13
10			0	6.78	10.55	9.75
			1	7.78	10.55	9.75
			2	8.78	10.55	9.75

附注：

1. 本图尺寸除注明者外均以厘米计。
2. 桥台双侧均设泄水孔，泄水孔纵向间距为2.0m。
3. 图中桥台长d_1：当填土高$H \leqslant 6.0$m时为$H+75-120$cm；当填土高$H>6.0$m时为$75+600+(H-600)\times 1.25-120$cm。
4. 图中支座高H_z。图中轨底至梁底为230cm。图中侧墙高h_4为$78+H+h_1-h_0-H_z-35-50-70$cm。图中台身长$d_2$为$d_1-80$cm。
5. 支座采用盆式橡胶支座。

图4-38　桥台大样图

最大应力小于或等于地基容许承载力的原则来选用。对于硬质岩石的基础尺寸，可根据墩身高度来选用。

(5)尺寸确定后，从有关标准图中查得桥墩工程数量，并绘制桥墩设计图。

2. 桥台

(1)确定填土高度(H)：标准图中填土高度一般以0.5m为单位，因此，应将实际的填土高取整，也以0.5m为单位。

(2)确定桥台长度(d_1)：填土高度确定之后，即可算出d_1。具体为：

当$H \leqslant 6$m时：

$$d_1 = 0.75 + H - d_0 \tag{4-14a}$$

当$6\text{m} < H \leqslant 12$m时：

$$d_1 = 6.75 + 1.25(H - 6.0) - d_0 \tag{4-14b}$$

式中：d_0——桥台胸墙至前墙的距离，d_0可从标准图中查得。

(3)确定埋置深度及底面至基底的总深度(h)：基础埋置深度要满足《铁路桥涵设计基本规范》(TB 10001.1—2005)对最小埋深的构造要求和对地基容许承载力的要求，并应使路肩至基底的高差以0.5m为单位取值。确定了埋深之后，就可以算得设计地面至基底的总深度h(h应以锥体护坡与前墙的交点算起)。

(4)确定基础尺寸及台身入土深度(H_1)：根据桥梁跨度L、填土高度H、地面至基底深度h及地基土的容许承载力，由标准图查得基础的层数和尺寸(应使基底最大应力$\sigma_{max} \leqslant [\sigma]$)。在确定基础层数及尺寸的同时，也就决定了台身入土深度H_1。

(5)根据填土高度，台身入土高度H_1和桥梁跨度L，可由标准图查得台身尺寸。

(6)顶帽部分及台顶部分尺寸：在标准图中可查得各种跨度的有关顶帽尺寸及其他各部分细节尺寸。

(7)防护工程：主要是锥体护坡及河床加固。一般桥台均设有锥体护坡，用片石砌筑，其厚度根据水力和水文条件决定。在小桥设计中，河床铺砌的种类和厚度通常已在孔径计算中确定，至于河床的铺砌范围构造，可在标准图中查得。

(8)工程数量：根据选定的台身尺寸及基础尺寸，可在标准图中查出相应的工程数量。

二、墩台识图

桥台大样，如图4-38所示。

本章小结

桥梁墩台是桥梁的下部结构，其作用在于它承担着上部结构的荷载，并连同自身重力有效地传给基础。桥墩是多孔桥梁中处于相邻桥孔之间的构造物，它除承受上部结构的荷载外，还要承受流水压力、风力以及可能出现的地震力或浮冰、船只和漂流物的撞击力等。桥台是在岸边或桥孔尽端与路堤连接处的构筑物，它一般具有连接、支承和挡土的功能，使桥梁和路堤连接平顺，行车平稳。桥梁的墩台通常由墩(台)帽、墩(台)身和基础三部分组成。

桥墩按其构造可分为实体墩、空心墩、轻型墩等。实体墩适用于荷载较大的大中型桥梁或流冰、漂浮物较多的河流中;空心墩适用于高桥墩;桩柱式墩常为配合桩基础而采用;柔性墩多用于墩高较低、跨径较小的多孔梁式桥。桥墩按墩身截面形状又可分为矩形墩、圆形墩、圆端形墩、尖端形墩等。

实体式桥台有多种形式。常见的类型有U形桥台、T形桥台、耳墙式桥台、埋式桥台、矩形桥台。实体式桥台是目前我国应用最为普遍的。它主要依靠自身较大的质量、较大的截面尺寸和建筑材料的抗压性能,以承受竖直方向和水平方向的荷载。它具有坚固耐久、施工较简易、养护工作量较小、砂石材料往往可以就地取材等优点。缺点是工程量大、自重大,因而对地基承载力的要求也较高,基础工程量也往往随之增大。

桥梁墩台的设计主要包括:荷载计算、选定墩台类型、拟定墩台各部分尺寸、计算各项外力并进行最不利荷载组合、计算墩台各截面的内力、进行配筋设计和选取控制截面进行验算。验算内容包括强度验算、偏心验算和稳定性验算等。

拱桥墩台要承受巨大的水平推力,因此无论在构造上,还是在设计中,都与梁桥墩台有所不同,拱桥墩台必须具有足够的强度和稳定性。

复习思考题

1. 桥梁墩(台)由哪几部分组成?桥墩、桥台有何作用?
2. 梁桥桥墩的主要类型有哪几种?
3. 简述桥梁轻型桥墩的种类与特点。
4. 试述实体式桥墩的工作特点与使用范围。
5. 桥台有哪些类型?分别适用于什么条件?
6. 实体桥墩的计算步骤有哪些?
7. 空心桥墩的计算特点有哪些?
8. 拱桥桥墩与梁桥桥墩有何区别?
9. 什么是拱桥的单向推力墩?有哪几种形式?
10. 在设计桥梁墩台时,应考虑哪几种外荷载作用?

第五章　梁式桥上部结构施工

教学目标

1. 了解桥梁施工准备的内容和施工测量的方法。

2. 掌握钢筋混凝土和预应力混凝土简支梁桥、预应力混凝土连续梁桥的常规施工方法、施工工艺和施工技术。

3. 理解连续梁悬臂拼装施工所用的设备和主要内容、施工程序、施工工艺方法及注意事项。

4. 了解桥梁的其他主要施工方法(如移动模架法、顶推法等)。

5. 了解轨道桥梁人行道遮板及栏杆、电缆槽、防水系统、排水系统、伸缩系统及综合接地系统的施工方法及注意事项。

6. 掌握桥梁施工过程中的质量检验项目和要求。

能力目标

1. 具有桥涵勘测、施工放样和竣工测量的能力。

2. 能合理地选择一般桥梁施工方法,并编制各结构组成部分的主要施工工艺流程。

3. 具有钢筋混凝土与预应力混凝土简支梁和连续梁桥的施工组织和施工管理的能力。

4. 具有较强的自学和获取新知识的能力,较强的可持续发展能力和一定的创新能力。

第一节　施工准备工作和桥位施工测量

一、施工准备工作

施工准备工作的基本任务是为桥梁工程的施工建立必要的技术和物资条件,统筹安排施工力量和施工现场,是施工得以顺利进行的基本保证。施工准备通常包括技术准备、劳动力组织准备、物资准备和施工现场准备等工作。

1. 技术准备

技术准备是施工准备的核心。由于任何技术上的差错和隐患都可能危及人身安全并造成质量事故,带来生命、财产和经济的巨大损失,因此必须认真做好技术准备工作。

(1)熟悉设计文件、研究施工图纸及现场核对施工单位在收到拟建工程的设计图纸和有关技术文件后,应尽快组织工程技术人员熟悉、研究所有技术文件和图纸,全面领会设计意图;检查图纸与其各组成部分之间有无矛盾和错误;在几何尺寸、坐标、高程、说明等方面是否一致;技术要求是否正确;并与现场情况进行核对,同时要做好详细记录,提出对设计图纸的疑问和建议等。

(2)原始资料的进一步调查分析

对拟建工程进行实地勘察,进一步获得有关原始数据的第一手资料,这对于正确选择施工方案、制定技术措施、合理安排施工顺序和施工进度计划是非常必要的。

①自然条件的调查分析。

a. 地质。应了解的主要内容有:地质构造、墩(台)位处的基岩埋深、岩层状态、岩石性质、覆盖层土质、土的性质和类别、地基土的承载力、土的冻结深度、妨碍基础施工的障碍物、地震级别和烈度等。

b. 水文。应了解的主要内容有:河流流量和水质、年水位变化情况、最高洪水位和最低枯水位的时期及持续时间、流速和漂浮物、地下水位的高低变化、含水层的厚度和流向;冰冻地区的河流封冻时间、融冰时间、流冰水位、冰块大小;受潮汐影响河流或水域中潮水的涨落时间、潮汐水位的变化规律和潮流等情况。

c. 气象。调查的内容一般包括:气温、气候、降雨、降雪、冰冻、台风(含龙卷风、雷雨大风等突发性灾害)、风向、风速等变化规律及历年记录;冬、雨季的期限及冬季地层冻结厚度等情况。

d. 施工现场的地形、地物。

②技术经济条件的调查分析。

主要内容包括:施工现场的动迁状况、当地可利用的地方材料状况、地方能源和交通运输状况、地方劳动力和技术水平状况、当地生活物资供应状况、可提供的施工用水用电状况、设备租赁状况、当地消防治安状况及分包单位的实力状况等。

(3)施工前的设计技术交底

设计技术交底一般由建设单位(业主)主持,设计、监理和施工单位(承包人)参加。先由设计单位说明工程的设计依据、意图和功能要求,并对特殊结构、新材料、新工艺和新技术提出设计要求,进行技术交底。然后施工单位根据研究图纸的记录以及对设计意图的理解,提出对设计图纸的疑问、建议和变更。最后在统一认识的基础上,对所探讨的问题逐一做好记录,形成"设计技术交底纪要",由建设单位正式行文,参加单位共同会签盖章,作为与设计文件同时使用的技术文件和指导施工的依据,以及建设单位与施工单位进行工程结算的依据。当工程为设计施工总承包时,应由总承包人主持进行内部设计技术交底。

(4)制订施工方案、进行施工设计

在全面掌握设计文件和设计图纸,正确理解了设计意图和技术要求,以及进行了以施工为目的的各项调查之后,应根据进一步掌握的情况和资料,对投标时初步拟订的施工方法和技术措施等进行重新评价和深入研究,以制订出详尽的更符合现场实际情况的施工方案。

施工设计应在保证安全的前提下尽量考虑使用现有材料和设备,因地制宜,使设计出的临时结构经济适用、装拆简便、功能性强。

(5)编制施工组织设计

施工组织设计是施工准备工作的重要组成部分，也是指导工程施工中全部生产活动的基本技术经济文件。编制施工组织设计的目的在于全面、合理、有计划地组织施工，从而具体实现设计意图，优质高效地完成施工任务。

(6)编制施工预算

施工预算是根据施工图纸、施工组织设计或施工方案、施工定额等文件进行编制的。施工预算是施工企业内部控制各项成本支出、考核用工、签发施工任务单、限额领料以及基层进行经济核算的依据，也是制订分包合同时确定分包价格的依据。

2. 劳动力组织准备和物资准备

(1)劳动力组织准备

①建立组织机构。确定组织机构应遵循的原则是：根据工程项目的规模、结构特点和管理机构中各职能部门的职责，人员的配备应力求精干，以适应任务的需要。坚持合理分工与密切协作相结合，使之便于指挥和管理，分工明确，责权具体。

②合理设置施工班组。施工班组的建立应认真考虑专业和工种之间的合理配置，技工和普工的比例要满足合理的劳动组织，并符合流水作业方式的要求，同时制订出该工程的劳动力需要量计划。

③集结施工力量，组织劳动力进场。进场后应对工人进行技术、安全操作规程以及消防、文明施工等方面的培训教育。

④施工组织设计、施工计划和施工技术的交底。在单位工程或分部分项工程开工之前，应将工程的设计内容、施工组织设计、施工计划和施工技术等要求，详尽地向施工班组和工人进行交底，以保证工程能严格按照设计图纸、施工工艺、安全技术措施、降低成本措施和施工验收规范的要求施工；新技术、新材料、新结构和新工艺的实施方案和保证措施的落实；有关部位的设计变更和技术核定等事项。

⑤建立健全各项管理制度。通常包括技术质量责任制度、工程技术档案管理制度、施工图纸学习与会审制度、技术交底制度、技术部门及各级人员的岗位责任制、工程材料和构件的检查验收制度、工程质量检查与验收制度、材料出入库制度、安全操作制度、机具使用保养制度等。

(2)物资准备

物资准备工作的主要内容包括：工程材料，如钢材、木材、水泥、砂石等的准备；工程施工设备的准备；其他各种小型生产工具、小型配件等的准备。

3. 施工现场准备

施工现场的准备工作主要是为工程的施工创造有利条件和提供物资保证，其具体内容如下：

(1)施工控制网测量。按照勘测设计单位提供的桥位平面图控制网中所设置的基线桩、水准高程以及重要桩志和保护桩等资料，建立满足施工要求的平面和立面施工测量控制网。

(2)补充钻探。桥梁工程在初步设计时所依据的地质钻探资料往往因钻孔较少、孔距过大而不能满足施工的需要，因此必须对有些地质情况不甚明了的墩位进行补充钻探，以查明墩位处的地质情况和可能的隐蔽物，为基础工程的施工创造有利条件。

(3)搞好“四通一平”。“四通一平”是指水通、电通、通信通、路通和平整场地。另外,为蒸汽养生的需要以及考虑寒冷冰冻地区特殊性,还要考虑暖气供热的要求。

(4)建造临时设施。按照施工总平面图的布置,建造所有生产、办公、生活、居住和储存等临时用房,以及临时便道、码头、混凝土拌和站和构件预制场地等。

(5)安装调试施工机具。

(6)材料的试验和储存堆放。按照材料的需要量计划,应及时提供,包括混凝土和砂浆的配合比与强度、钢材的机械性能等各种材料的试验申请计划。并组织材料进场,按规定的地点和指定的方式进行储存堆放。

(7)新技术项目的试制和试验。

(8)冬雨季施工安排。

(9)消防、保安措施。

(10)建立健全施工现场各项管理制度。

二、桥梁施工测量

1.概述

桥梁施工测量的主要任务是精确地测定桥轴线位置、墩台中心位置以及对构造物各细部构造的定位和放样。对大型桥梁来讲,首先必须建立平面控制网、高程系统及测量桥位中线(桥轴线)的长度,以确保桥梁走向、跨径、高程等符合规范和设计要求。

测量前必须做好必要的技术和组织准备工作;要熟悉设计文件、图纸和有关测设资料;要与监理单位办理好现场固定桩的交接工作;还应做好测量人员的分工、仪器的校验和施工步骤的制定等准备工作。

2.桥位中线测量

桥位中线及其长度是用来确定墩台位置的依据。测量桥位中线的目的,是控制中线的长度和方向,从而确保墩台位置的正确,因此保证桥轴线测量的必要精度是十分重要的。

为了确保桥轴线长度的精度,有时需要建立独立的三角网与国家的控制点进行联测。为了与线路的坐标取得统一,也需要与线路上的国家平面控制点进行联测。

(1)预估桥轴线长度的精度

在测量桥轴线长度之前,应预先估算桥轴线长度所需要的精度,以便合理拟订测量方案和规定各项测量的限差。桥轴线的精度要求取决于桥长、跨径及其假设的精度,因此估算时应考虑这些因素。

(2)桥轴线长度的测量方法

测量桥轴线长度的方法,通常采用光电测距法(目前使用电子全站仪测量更为方便)、直接丈量法、三角网法等。对于直线桥梁可以直接采用此三种方法进行测量;对于曲线桥梁,应结合曲线桥梁的轴线在曲线上的位置而定。

3.桥梁墩台定位与轴线测量

在桥梁施工测量中,最主要的工作是准确地定出桥梁墩台的中心位置和它的纵横轴线,这些工作称为墩台定位。

(1)直线桥梁的墩台定位

位于直线段上的桥梁,其墩、台中心一般都位于桥轴线的方向上,根据桥轴线控制桩及各墩台中心的里程,即可求得其间的距离。使用全站仪,并在被测设点位上可以安置棱镜的条件下,若用坐标法放出桥墩中心位置,则更为精确和方便。

(2)曲线桥的墩台定位

一般路线设计中常用的有圆曲线和缓和曲线,各主点要素的计算有专门的计算公式。在设计文件已给定墩台定位有关数据时,只需重新复核无误即可按其进行放样定位。一般在直角坐标系中进行坐标值的计算较为普遍和简便。可以先建立以墩台中心为原点,切线及法线方向为坐标轴的局部坐标系,在局部坐标系中确立待放点局部坐标值;再利用墩台中心的线路坐标值将局部坐标值转换至线路坐标中。

(3)墩台纵横轴线的测设

墩台中心测设定位以后,尚需测设墩台的纵横轴线,作为墩台细部放样的依据。在直线桥上,墩台的横轴线与桥的纵轴线重合,而且各墩台一致,所以可利用桥轴线两端控制桩来标志横轴线的方向,而不再另行测设标志桩。

在水中的桥墩,因不能架设仪器,也不能钉设护桩,则暂不测设轴线,等筑岛、围堰或沉井露出水面以后,再利用它们钉设护桩,准确地测设出墩台中心及纵横轴线。

4. 桥梁施工的高程测量

在桥梁施工阶段,除了建立平面控制,尚需建立高程控制。一般在河流两岸分别布设若干个水准基点,作为施工阶段高程放样以及桥梁营运阶段沉陷观测的依据。因此,在布设水准基点时,点的密度及高程控制的精度,均应考虑这两方面的要求。布设水准点可由国家水准点引入,经复测后使用。

为了施工方便起见,应在基点的基础上设立若干施工水准点。基点是永久性的,它既要满足施工要求,又要满足变形观测时永久使用要求。施工水准点只用于施工阶段,要尽量靠近施工地点。

无论是基点还是施工水准点,均要选在地基稳固、使用方便且不易破坏的地方。根据地形条件,使用期限和精度要求,可分别埋设混凝土标石、钢管标石、管柱标石或钻孔标石。

第二节　简支梁的预制与架设

一、概述

简支梁属于静定结构,地基变形、温度变化、混凝土收缩徐变、张拉预应力等均不会在梁中产生附加内力,而且受力简单、设计计算方便、施工方便、工期短、造价低且容易维修。由于上述特点,使得简支梁桥成为钢筋混凝土和预应力混凝土梁式桥体系中应用最早、使用最广泛的一种桥型。

混凝土简支梁桥施工方法主要包括现场浇筑法和预制安装法两大类。

现场浇筑法:是在桥位处搭设施工支架,在支架上立模板,在现场浇筑梁体混凝土,待混凝土达到强度后拆除模板、施工支架的方法。现场浇筑施工无须预制场地,而且不需要大型起吊、运输设备,梁体的主筋可不中断,桥梁整体性好。它的缺点主要是工期长,混凝土的收缩、徐变引起的应力损失比较大,施工质量不容易控制;施工中的支架、模板耗用量大,施工费用高;搭设支架影响排洪、通航,施工期间可能受到洪水和漂流物的威胁。

预制安装法:是指在预制工厂或在运输方便的桥址附近设置预制场进行梁体的预制工作,然后采用一定的架设方法进行安装的方法。预制安装法施工一般是指钢筋混凝土或预应力钢筋混凝土简支梁的预制安装。预制构件安装的方法很多,各需不同的安装设备,可根据施工的实际情况合理选择。

预制安装法施工的主要特点:由于是工厂化集中生产制作,梁体质量好,尺寸精度高;桥梁上下部结构可以平行作业,因而可缩短现场工期;能有效利用劳动力,并由此而降低了工程造价;由于施工速度快,可适用于紧急施工工程;将梁体预制后由于要存放一段时间,因此在安装时已有一定龄期,可减少混凝土收缩、徐变引起的变形。

综上所述,装配式桥的造价较之整体浇筑桥是高还是低的问题,是要针对具体的桥梁项目进行具体分析的,不能一概而论。当桥址地形条件不可能设立支架,施工队伍有足够的或有可能获得所需的设备;桥的工程数量相当大,以致如采用就地浇筑方法施工势必在冬季施工,难以保证工程质量和工程进度,这时采用装配式施工将是经济合理的。近年来,随着吊运能力的不断提高,预应力工艺的日趋完善,预制安装的施工方法在国内外获得了更大的发展。

二、混凝土简支梁桥的制造工艺

1. 钢筋混凝土梁施工工艺

对于钢筋混凝土简支梁,无论采用哪一种施工方法进行施工,都必须经过图5-1所示的基本施工工艺流程才能成型。

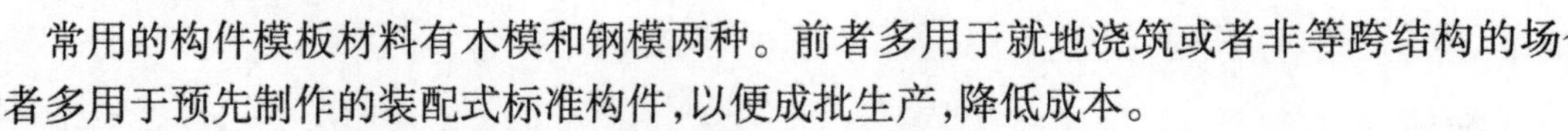

图5-1 钢筋混凝土简支梁施工工艺流程

下面将简单介绍每一流程。

1)支立模板

(1)常用模板的构造

常用的构件模板材料有木模和钢模两种。前者多用于就地浇筑或者非等跨结构的场合;后者多用于预先制作的装配式标准构件,以便成批生产,降低成本。

①图5-2用于制造T形梁装拆式钢模板构造,它同样是除了用于截面成型的钢壳板以外,还要用角钢做成水平肋、竖向肋、斜撑、直撑以及固定侧模用的顶部和底部拉杆等部件来固定模板位置。T形梁钢模板如图5-3所示。

②图5-4为预应力混凝土箱形截面无砟无枕梁的中间段钢模板。全梁内外模板分为8段,中间段长5m,用8mm厚的钢板作面板,并加焊横肋与竖肋。箱梁内模本身呈箱形,在竖向分为上下两部分。上部高度较大,下部较小,在竖向连接处做成斜面。上下两部分又都在中线处分成两块,用铰1和铰2连接。内模下部的顶面设有轻便轨道3。拆除内模时,推入小车,旋动伸缩撑杆4使其长度缩短,使上部两侧内模绕铰1转动脱模,并将它们卸落在小车上运出梁体之外,然后将撑杆4换装到内模下部两侧连接角钢5上,借缩短撑杆使内模下部绕铰2转

动脱模，然后滑移出梁体。箱形截面梁钢模板如图5-5所示。

为了确保腹板和底板的厚度符合设计要求，可在内模与外模及内模与底模之间用直径60mm的塑料管作横撑，并在其中穿以螺栓连接。梁体灌注完毕后，拆除螺栓，拔出塑料管，即形成通风孔。

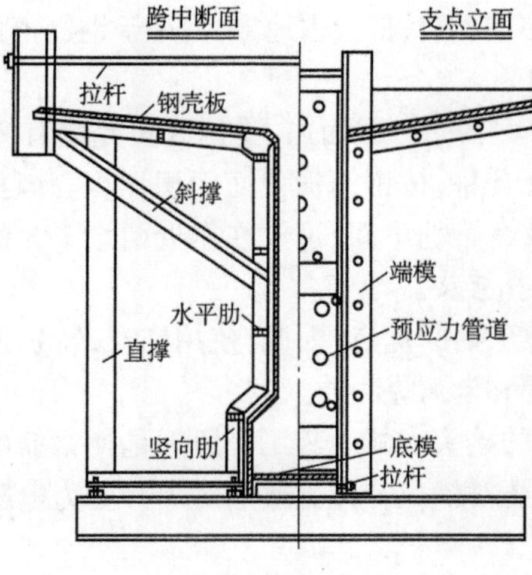

图5-2　T形梁钢模板构造图

图5-3　T形梁钢模板

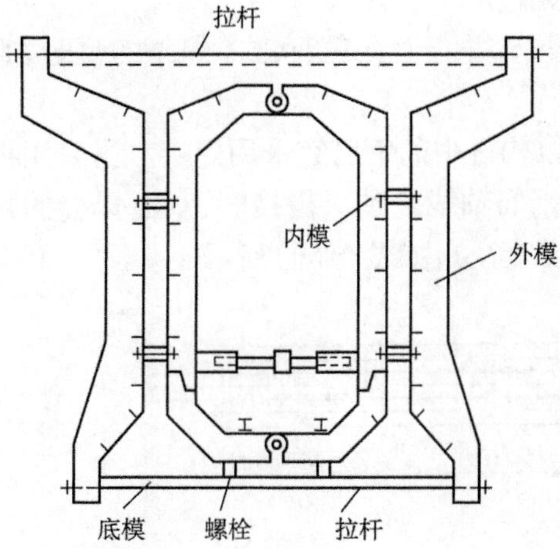

图5-4　箱形截面梁中间段钢模板

图5-5　箱形截面梁钢模板

(2)模板的制作与安装

模板在制作和安装时，必须保证模板接缝密合，如有缝隙，需塞堵严密，以防漏浆。建筑物外露面的模板应刨光并涂以石灰乳浆、肥皂水或润滑油等润滑剂。为减少施工现场的安装拆卸工作和便于周转使用，模板应尽量制成装配式组件或块件。模板应用内撑支撑，用螺栓拴紧。使用木内撑时，应在浇筑到该部位时及时将支撑撤掉。

支架及模板，在使用前应进行检验，需保证坚固、稳定，其位置及尺寸符合设计要求。

2)钢筋骨架成型

混凝土内的钢筋骨架是由主筋、架立筋、斜筋、分布钢筋以及附加钢件构成，并且均要通过钢筋整直→切断→除锈→弯曲→焊接或者绑扎等工序后才能成型。

钢筋接头的形式有焊接接头和绑扎接头两种。

(1)绑扎接头简便易行,就是把钢筋按规定搭接起来,然后在搭接部分的中心和两端用铅丝扎紧。绑扎接头依靠钢筋搭接部分锚固在混凝土中来传力,因此,使用范围受到一定限制,凡钢筋直径超过25mm就不应采用绑扎接头。绑扎接头操作方便,但其缺点是:不如焊接接头牢固可靠,特别是钢筋直径较大的情况;要消耗较多的钢材;搭接占地方大,用于钢筋密集的结构时,浇灌混凝土有困难;工效低,进度慢。

受力钢筋的绑扎接头,不应集中在同一截面内。在同一截面内,受拉区只允许有25%的接头,受压区只允许有50%的接头。上述规定的百分率,按钢筋横截面面积计算。绑扎接头应布置在受力较小处(例如:简支梁,不应把接头放在梁的中间,可放在靠近两端1/3的范围内);距钢筋弯曲处10d范围之内,也应避免设置绑扎接头。

(2)焊接接头有节约钢材、提高工程质量、缩短工期的优点,因此,使用广泛,特别适用于钢筋工程量较大的建筑工地。焊接接头分接触对焊和电弧焊两种。

①接触对焊:这是一种成本低、质量好、效率高的接头方式。其工作原理是使钢筋的端面接触,通电发热到一定程度,再加压顶锻,把两根钢筋对接成一体。接触对焊又分为电阻对焊和闪光对焊两种。

②电弧焊:包括交、直流两类电焊机。其工作原理是利用电弧产生的热能,把钢筋末端和焊条(或帮条和焊条)熔化,冷却凝固后便形成焊接接头。

电弧焊焊条,应选用低碳、低合金、高强度钢焊条,并符合国家标准。焊条的型号、直径和钢筋直径与焊接形式有关,应按规定选用。

直径$d>28$mm的钢筋和轴心受拉、小偏心受拉构件中的钢筋宜采用焊接。当采用搭叠式电弧焊接时,钢筋端都应预先折向一侧,使两接合钢筋轴线一致。搭接时,双面焊缝的长度不得小于5d,单面焊缝的长度不得小于10d(d为钢筋直径),如图5-6a)所示。

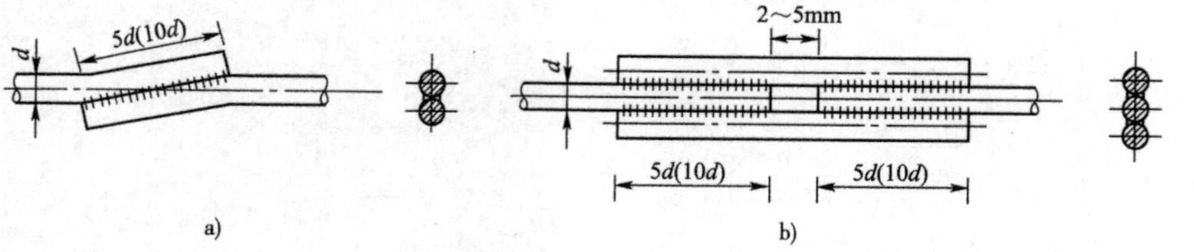

图5-6　钢筋接头焊缝形式(括号内数字为单面焊接时取值)

当采用夹杆式电弧焊接时,夹杆的总截面面积不得小于被焊钢筋的截面积。夹杆长度,如用双面焊缝不小于5d,如用单面焊时不应小于10d,如图5-6b)所示。

为了防止钢筋在焊接过程中由于温度变化造成的翘曲变形及焊缝内的收缩应力,钢筋骨架应采取合理的焊接工艺措施。钢筋应采用双面焊缝使骨架的变形尽可能均匀对称,若只能采用单面焊时,应在垂直骨架平面方向留预拱度。在施焊顺序上采用先点焊后跳焊,且在跳焊时采用分段跳焊和分层跳焊的方法,即从钢筋骨架中心向两端对称错开焊接,且先下部后上部,每条焊缝应一次焊成。在同一部位有多层钢筋焊接时,各道焊缝应互相交错跳焊。当多层钢筋直径不同时,可先焊直径相同的,再焊直径不同的。

3)浇筑及振捣混凝土

该施工过程包括混凝土搅拌→混凝土运输→浇筑混凝土→振捣密实4个工序。混凝土的砂、石配合比及水灰比均应通过设计和试验室试配来确定,拌制一般采用搅拌机。混凝土振捣的目的是让模板内混凝土密实,不能使混凝土内存在大的空洞,表面出现蜂窝和麻面现象。

(1)混凝土的运输

混凝土的运输能力应适应混凝土凝结速度和浇筑速度的需要,务必使混凝土在运到浇筑地点时仍保持均匀性和规定的坍落度。无论采用汽车运输还是搅拌车运输,其运输时间均不宜超过规定的时间范围。

采用泵送混凝土应符合下列规定:混凝土的供应必须保证输送混凝土泵能连续工作;输送管线宜直,转弯宜缓,接头应严密,如管道向下倾斜,应防止混入空气,产生阻塞;泵送前应先用水泥浆润滑输送管道内壁,混凝土出现离析现象时,应立即用压力水或其他方法冲洗管内混凝土,泵送间歇时间不宜超过 15min;在泵送过程中,受料斗内应具有足够的混凝土,以防止吸入空气产生阻塞。

(2)混凝土的浇筑

混凝土简支梁构件的高度一般较高,故宜分层浇筑。当采用插入式振捣器时,其分层厚度不宜超过0.3m。分层方法可以有水平分层和倾斜分层两种,如图 5-7 所示。当采用水平分层浇筑时,由于构件较长,故必须在前一层混凝土开始凝结之前,将次一层混凝土浇筑完毕。当气温在30℃以上时,前、后两层浇筑时间相隔不宜超过 1h;当气温在 30℃以下时,不宜超过1.5h;或由试验资料来确定相隔时间。当无法满足上述规定的间隔时间时,就必须预先确定施工缝预留的位置。一般将它选择在受剪力和弯矩较小且便于施工的部位,并应按下列要求进行处理:

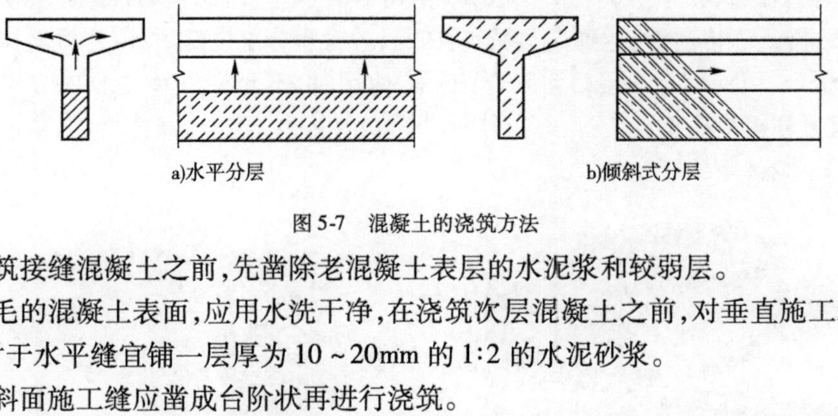

a)水平分层　　b)倾斜式分层

图 5-7　混凝土的浇筑方法

①在浇筑接缝混凝土之前,先凿除老混凝土表层的水泥浆和较弱层。

②经凿毛的混凝土表面,应用水洗干净,在浇筑次层混凝土之前,对垂直施工缝宜刷一层净水泥浆,对于水平缝宜铺一层厚为 10 ~ 20mm 的 1:2 的水泥砂浆。

③对于斜面施工缝应凿成台阶状再进行浇筑。

④接缝位置处在重要部位或者结构物处在地震区时,则在灌筑之前应增设锚固钢筋,以防开裂。

(3)混凝土的振捣

混凝土的捣实就是使入模的混凝土成型与密实的过程,从而保证混凝土构件外形正确,表面平整,混凝土的强度和其他性能符合设计要求。混凝土入模后应立即进行充分的振捣,使新入模的混凝土充满模板的每一角落,排出气泡,使混凝土拌和物获得最大的密实度和均匀性。混凝土的振捣分为人工振捣和机械振捣。人工振捣由于工作效率低下,振捣效果差而较少采用。目前普遍采用机械振捣混凝土。

施工现场可以采用机械外力去克服混凝土拌和物的黏聚力和内摩擦力而使其液化、沉实。混凝土振捣机械按其工作方式分为:内部振捣器(插入式振捣器)、表面振捣器(平板振捣器)、外部振捣器(附着式振捣器)和振动台。

①内部振动器(图5-8、图5-9)。

内部振动器又称插入式振动器,是施工现场使用最多的一种,适用于深度或厚度较大的混凝土构件捣实。

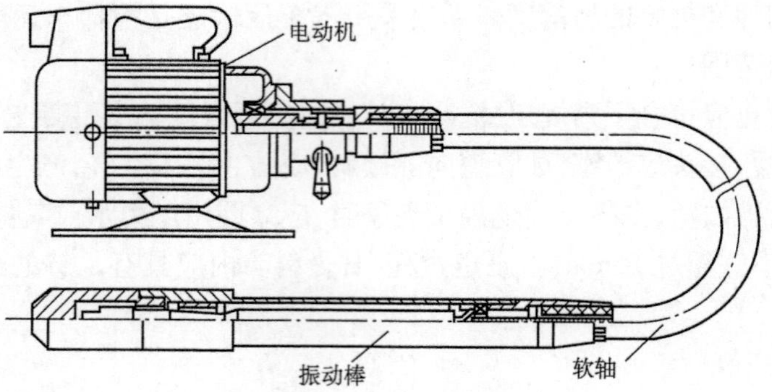

图5-8 插入式振动器结构图

插入式振动器的工作部分是振动棒,是一个棒状空心圆柱体,内部安装偏心振子。在电动机驱动下,由于偏心振子的振动,棒体产生高频微幅的机械振动。工作时,将振动棒插入混凝土中,通过棒体将振动能传给混凝土,其振动密实的效率高。

插入式振动器操作要点:一是,垂直振捣,即振动棒与混凝土表面垂直;二是,斜向振捣,即振动棒与混凝土表面成约为40°~45°;三是,振捣器的操作要做到快插慢拔,插点要均匀,逐点移动,顺序进行,不得遗漏,达到均匀振实;四是,混凝土分层浇筑时,应将振动棒深入下层混凝土50~100mm,以促使上下层相互胶合;五是,使用时,不允许将其支承在结构钢筋上或碰撞钢筋,不宜紧靠模板振捣。

②表面振动器(图5-10)。

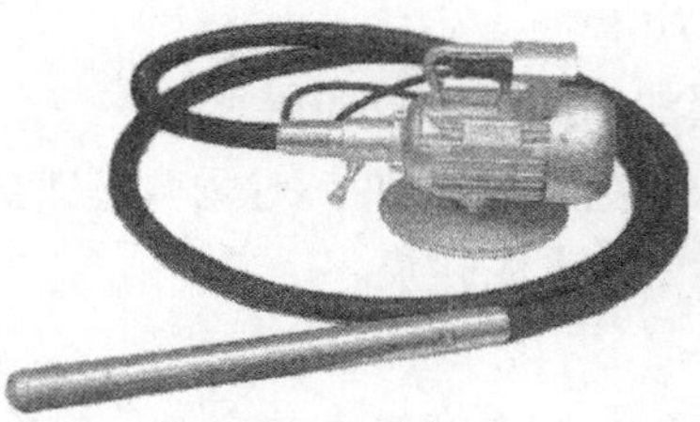

图5-9 插入式振动器

图5-10 平板式振动器

表面振动器又称平板振动器,是由带偏心块的电动机和平板组成。平板振动器是放在混凝土表面进行振捣,适用于厚度不大的混凝土路面和桥面等工程的施工。当使用表面振动器时,振捣器产生振动波通过与之固定的振捣底板传给混凝土。

表面振动器操作要点:一是,振动器的平板要与混凝土保持接触,使振波有效地传到混凝土而使之振实;二是,在每一位置上应连续振动25~40s,以混凝土表面出现均匀的浆液为准;三是,移动时,前后位置和排与排之间要相互搭接,防止漏振。

③外部振动器(图5-11)。

外部振动器又称附着式振动器,它是直接固定在模板上,利用带偏心块的振动器产生的振动力，通过模板传递给混凝土，达到振实的目的。适用于振捣断面较小或钢筋较密的构件。

外部振动器操作要点：一是，外部振动器的振动深度约为25cm；若构件尺寸较厚时，应在构件两侧分别安装振动器，同时进行振捣；二是，振动器安装在混凝土模板上时，每次振动时间不应超过1min，当混凝土在模内泛浆流动或成水平状即可停振，不得在混凝土初凝状态时再振；三是，装置振动器的构件模板应坚固牢靠，其面积应与振动器额定振动面积相适应。

④振动台（图5-12）。

图5-11 附着式振动器

图5-12 振动台

混凝土振动台主要由台底架、振动器弹簧等部件组成，台面与底架均用钢板和型钢焊接而成，振动台是用电动机加一对偏心轮组成。混凝土振动台适用于试验室，现场工地做试件成型和预制构件如各种板、梁等的振实成型。

振动台操作要点：一是，振动台使用前需试车，先空载3～5min，停车拧紧全部紧固零件，反复2～3次，才能正式投入使用；二是，振动台在生产使用中，混凝土试件的试模必须牢固地紧固在工作台上，试模的放置必须与台面的中心线相对称，使负载平衡；混凝土的厚度以20cm为宜，超过20cm时应分层浇筑或随浇随振。

4）养护及拆除模板

混凝土成型后，为保证水泥水化作用能正常进行，应及时进行养护。养护的目的是为了保证混凝土凝结核硬化必需的湿度和适宜的温度，促使水泥水化作用充分发展。混凝土中拌和水的用量虽比水泥水化所需的水量大得多，但由于蒸发，骨料、模板和基层的吸水作用以及环境条件等因素的影响，可使混凝土内的水分降低到水泥水化必需的用量之下，从而妨碍了水泥水化的正常进行。因此，如果混凝土养护不及时、不充分，不仅易产生收缩裂缝、降低强度，而且会影响到后台的耐久性及其他性能。试验表明，未养护的混凝土与经充分养护的混凝土相比，其28d抗压强度将降低30%左右，1年后的抗压强度降低5%左右，由此可见，养护对混凝土工程的重要性。

混凝土浇筑完毕后，应在收浆后尽快用草袋、麻袋或稻草等物予以覆盖和洒水养护。洒水持续时间，随水泥品种的不同和是否掺用塑化剂而异，对于用硅酸盐水泥拌制的混凝土构件不少于7昼夜，对于用矿渣水泥、火山灰水泥或在施工中掺用塑化剂的，不少于14昼夜。

梁体混凝土采用蒸汽养护时，分为静停、升温、恒温、降温四个阶段；静停期间应保持棚温不低于5℃，浇筑完4h后方可升温，升温速度不得大于10℃/h，恒温时蒸汽温度不宜超过45℃，梁体芯部混凝土温度不宜超过60℃，降温速度不应大于10℃/h；蒸养期间及撤除保温设施时，梁体混凝土芯部与表层、表层与环境温差不宜超过15℃；蒸汽养护结束后，应立即进入自然养护，时间不少于7d。梁体混凝土采用自然养护时，梁体表面应采用草袋或麻袋覆盖，并在其上覆盖塑料薄膜，梁体洒水次数应能保持混凝土表面充分潮湿为度；当环境相对湿度小于60%时，自然养护不应少于28d；相对湿度在60%以上时，自然养护不应少于14d。当环境温度低于5℃时，梁体表面应喷涂养护剂，采取保温措施，禁止对混凝土洒水。

混凝土构件经过养护后，达到了设计强度的25%～50%时，即可拆除侧模；达到了设计吊装强度并不低于设计强度等级的70%时，就可起吊主梁。

2. 后张法预应力混凝土简支梁的制造

普通钢筋混凝土简支梁构件的预制较为简单，这就是在地面专门的场地上，按照图5-1的基本施工工艺流程来完成构件的制作，然后堆放在场地的一侧，等待运到桥孔处进行安装。

后张法预应力混凝土简支梁构件的预制过程也基本相同，所不同的主要有两点：第一，在钢筋成型这个施工过程的同时，要按照设计图中的位置布设制孔器，即在混凝土构件中预留孔道，供以后预应力筋的穿入；第二，当完成混凝土养护和拆除模板后，按照设计图中所规定的混凝土龄期强度，将制备好的预应力筋穿入孔道中，完成张拉过程。由于它是在完成混凝土构件的制作之后再施加预应力，故把这种构件称作后张法预应力混凝土预制构件。

后张法预应力混凝土梁施工基本过程：钢筋骨架制作并预埋管道→灌注混凝土→抽拔管道并穿束→张拉（初、终）→封端→存梁。

（1）预应力锚具

锚具是在制作预应力混凝土构件时锚固预应力筋的一种装置。锚具类型繁多，按其传力锚固的受力原理，可分为三类：依靠摩擦力锚固的锚具，如楔形锚、锥形锚和用于锚固钢绞线的JM锚与夹片式群锚等；依靠承压锚固的锚具，如镦头锚、钢筋螺纹锚等；依靠黏结力锚固的锚具，如先张法的筋束锚固，以及后张法固定端的钢绞线压花锚具等。下面介绍一下夹片锚具。

夹片锚具主要用于锚固钢绞线筋束。由于钢绞线与周围接触面积小，且强度高，硬度大，所以对锚具性能要求高。这种锚具是在一块多孔的锚板上，利用每个锥形孔装一副夹片，夹持一根钢绞线。其优点是任何一根钢绞线锚固失效，都不会引起整体锚固失效。每束钢绞线的根数不受限制。对锚板与夹片的要求，与单孔夹片锚具相同。多孔夹片锚固体系在后张法有黏结预应力混凝土结构中用途最广，主要品牌有QM、XM 、OVM型等。如图5-13～图5-15所示。

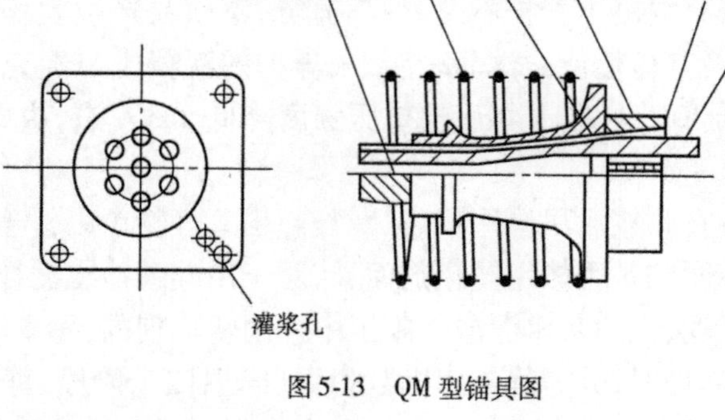

图5-13　QM型锚具图

（2）制孔器

制孔器的种类：埋置式和抽拔式。

埋置式制孔器，主要有铁皮管、铝合金波纹管（图5-16）、塑料波纹管（图5-17）。埋置式制孔器在梁体制成后将留在梁内，形成的孔道壁对预应力筋的摩阻力小，但它们加工成本高，使用后也不能回收。铁皮管用薄铁皮制作,安放时分段连接。这种制孔器制作时费人工,速度慢,在接缝和接头处容易漏浆,造成以后穿束和张拉的困难。波纹管由铝合金片材用制管机卷制而成,横向刚度大,不易变形,不会漏浆,纵向也便于弯成各种线形,与构件混凝土的黏结也较好,故比较常用。塑料波纹管的应用越来越广泛,它的优点是抗腐蚀性好;能防止氯离子侵入;不导电,可防电流腐蚀;强度高,不怕踩压;耐疲劳性好等。

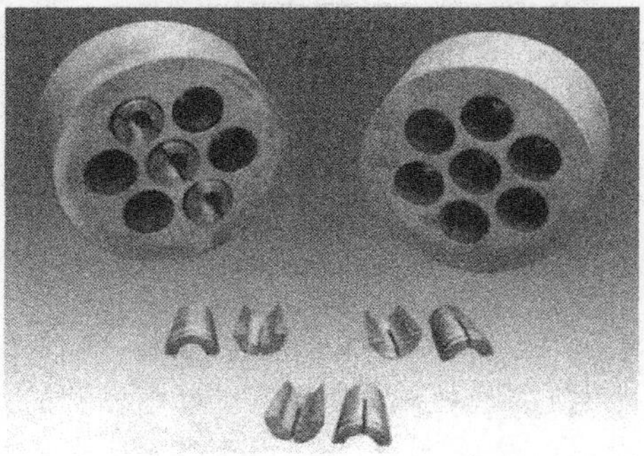

图 5-14　OVM 型锚具

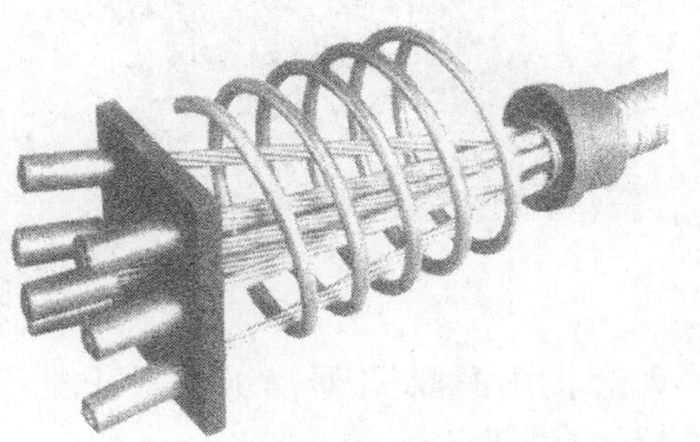

图 5-15　固定端 P 型锚具

图 5-16　金属波纹管

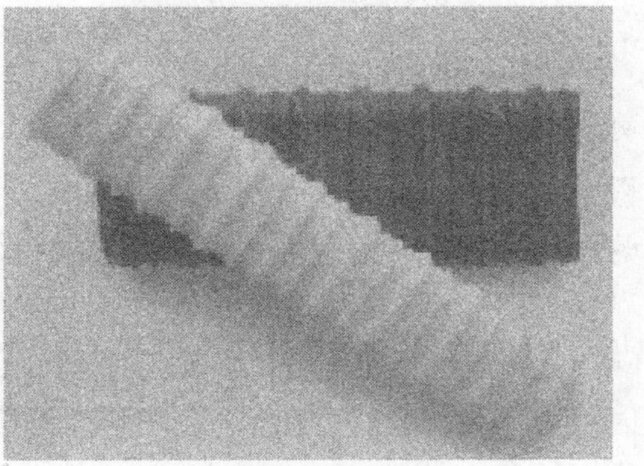

图 5-17　塑料波纹管

抽拔式制孔器,即利用制孔器预先安放在预应力束的设计位置上,待混凝土强度达到抽拔要求后将它拔出,构件内即形成孔道。这种方法制孔的优点是,制孔器能够周转使用,应用较广。常用的抽拔式制孔器(俗称抽拔管)有以下三种:

①橡胶管制孔器:分夹布胶管和钢丝网胶管两种。通常选用具有 5 ~7 层夹布的高压输水(气)管作为制孔器,要求管壁牢固,耐磨性能好,能承受 5kN 以上的工作拉力,并且弹性恢复性能好,有良好的挠曲适应性(图 5-18)。

胶管内如利用充气或充水来增加刚度,管内压力不得低于 500kPa。充气(水)后胶管的外径应符合孔道直径的要求。为增加胶管的刚度并准确控制位置,需在橡胶管内置一圆钢筋(称芯棒)。

②金属伸缩管制孔器:是一种用金属丝编织成的可伸缩网套,具有压缩时直径增大而拉伸时直径减小的特性。为了防止漏浆和增强刚度,网套内可衬以普通橡胶衬管插入圆钢或 5mm 钢丝束芯棒。

③钢管制孔器:是用表面平整光滑的钢管焊接制成。焊接接头应磨平。钢管制孔器抽拔力大,但不能弯曲,仅适用于短而直的孔道。混凝土浇筑完毕后,要定时转动钢管。

a)

b)

图 5-18　橡胶管

无论采用何种制孔器，都应按设计规定或施工需要预留排气排水和灌浆用的孔眼。

(3) 钢束制作

高强钢丝用前调直，普通钢绞线使用前通过预拉减低松弛。钢绞线下料时两端各 5cm 处扎紧。钢绞线束每隔 1 ~ 1.5m 用细铅丝扎紧。

钢绞线束的下料长度由孔道长度和工作长度决定。

钢绞线的下料方法有氧气-乙炔切割法、电弧熔割法和机械切割法三种。

(4) 穿束

预应力筋穿入孔道的方法有先穿束法和后穿束法两种。先穿束法即在浇筑混凝土之前穿束。这种穿束法较省力，但束端保护不当易生锈。后穿束法即在浇筑混凝土之后穿束。穿束可在混凝土养护期内进行，不占工期，便于用通孔器或高压水通孔，穿束后及时张拉、易于防锈，但穿束较为费力。后穿束法可用人工穿束、卷扬机穿束和穿束机穿束。

(5) 张拉

张拉前须做好千斤顶和压力表的校验，与张拉吨位相应的油压表读数和钢丝伸长量的计算、张拉顺序的确定和清孔、穿束等工作；对千斤顶和油泵应进行仔细检查以保证各部分不漏油和正常工作；画出油压表读数和实际拉力的标定曲线，确定预应力筋（束）预应力值和油压表读数间的直接关系。如图 5-19 所示。

a)

b)

图 5-19　装配式预应力混凝土箱梁预应力束的张拉

后张法预应力混凝土简支梁的预应力筋张拉工艺,除设计有特别规定外,宜按初张拉和终张拉两个阶段进行。张拉数量及张拉力值应符合设计要求。预应力束张拉前,应清除管道内的杂物及积水。终张拉应在梁体混凝土强度及弹性模量达到设计值后、龄期不少于10d时进行。预施力应采用两端同步张拉,并符合设计要求的张拉顺序。预施力过程中应保持两端的伸长量基本一致。张拉期间应采取措施避免锚具、预应力筋受雨水、养护用水浇淋,防止锚具及预应力筋出现锈蚀。张拉千斤顶一般可使用单作用、双作用、三作用千斤顶。

各钢丝束的张拉顺序,应对称于构件截面的竖直轴线,同时考虑不使构件的上下缘混凝土应力超过允许值。

张拉时钢筋或钢丝应力用油压表读数来控制,同时测量伸长量作校核。根据应力与伸长的比例关系,实测的伸长量与计算的伸长量相差不应大于5%。

预应力筋锚固应在张拉控制应力达到稳定后进行。预应力筋锚固后的外露长度不宜小于30mm,锚具应用封端混凝土保护,当需长期外露时,应采取防止锈蚀的措施。一般情况下,锚固完毕并经检验合格后即可切割端头多余的预应力筋,严禁用电弧焊切割,强调用砂轮机切割。

(6)孔道压浆和封锚

预应力孔道内压浆的目的是防止预应力钢束锈蚀,通过水泥浆将钢束与混凝土黏结成整体,减轻锚具受力,提高梁承载力、耐久性及抗裂性能。压浆前应用压缩空气清除管道内杂物,吹去水分后压浆。水泥浆采用32.5级以上水泥,水灰比0.4~0.45,砂浆强度等级不低于混凝土的80%。为保证管道压浆密实,一般进行反复两次压浆,第一次压浆从甲端压入,乙端流浓浆时堵住乙端,达到压力后堵住甲端。第二次压浆,距第一次压浆30min后,从另一端再来一遍,如图5-20所示。

图5-20　孔道压浆

施锚后压浆前须将预应力筋(束)露于锚头外的部分(张拉时的工作长度)截除。当采用分阶段张拉力筋时,应在各阶段分别制取试件,压浆后将锚具周围冲洗干净并凿毛,设置钢筋网并浇筑封锚混凝土。

封锚混凝土的强度等级应符合设计要求,一般不宜低于梁体混凝土强度等级的80%,并不宜低于C30。封端混凝土必须严格控制梁体长度。长期外露的金属锚具,应采取防锈措施。

3. 先张法预应力混凝土简支梁的制造

先张法预制板梁的工艺是在浇筑混凝土之前先进行预应力筋的张拉,并将其临时固定在张拉台座上,然后完成图5-1中的基本施工工艺流程,待混凝土达到规定强度(但不得低于设计强度等级的80%)时,逐渐将预应力筋松弛,利用力筋回缩和与混凝土之间的黏结作用,使构件获得预应力,下面仅介绍与后张法制造工艺的不同之处。

(1)台座墩式台座

张拉台座可分为墩式台座和槽式台座两种。

墩式台座是靠自重和土压力来平衡张拉力所产生的倾覆力矩,并靠土壤的反力和摩擦力来抵抗水平位移。台座由台面、承力架、横梁和定位钢板等组成,如图5-21所示。台面有整体式混凝土台面和装配式台面两种,它是制梁的底模。承力架承受全部的张拉力,横梁是将预应力筋张拉力传给承力架的构件,它们都需要进行专门的设计计算。定位钢板是用来固定预应力筋的位置,其厚度必须保证承受张拉力后具有足够的刚度。定位板上的圆孔位置则按构件中预应力筋的设计位置确定。

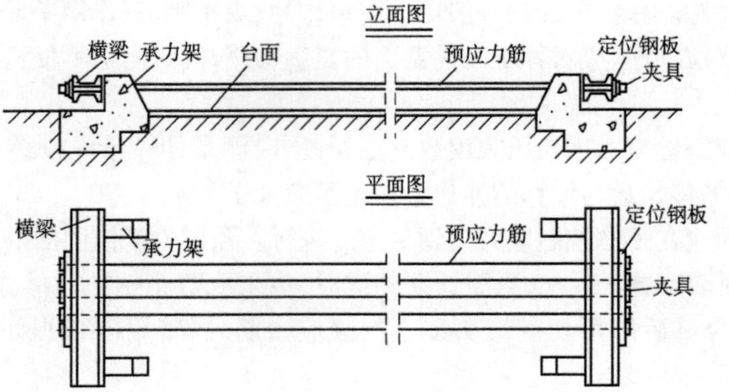

图5-21 重力式台座构造

当现场地质条件较差,台座又不很长时,可以采用由台面、传力柱、横梁、横系梁等构件组成的槽式台座,如图5-22所示。传力柱和横系梁一般用钢筋混凝土做成,其他部分与墩式台座相同。

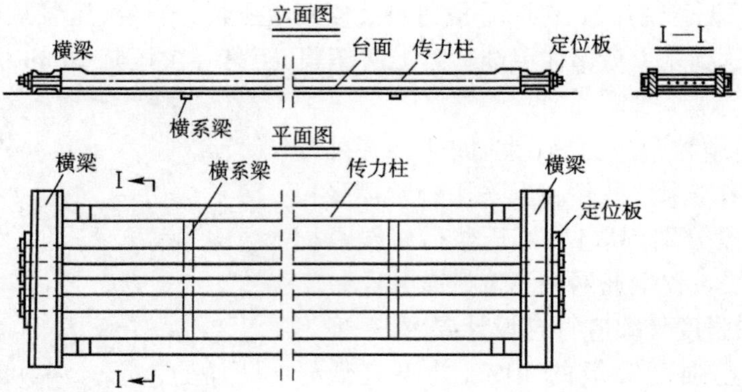

图5-22 槽式台座构造

(2)初调应力

为使各力筋初应力基本相等,在整体张拉钢束前,用千斤顶进行单束调整,张拉应力为$0.15R_y^j$。

(3)整体张拉

在固定横梁与活动横梁之间设置两对,每对上下两台千斤顶。为了固定应力以便抽换千斤顶,在台座的一端每对千斤顶外侧各设置一个支承垫箱;台座另一端每对千斤顶外侧,各设一套螺旋项式固定应力装置(支承筒)。一端整体张拉至钢绞线应力为$0.65R_y^j$,放入支承垫箱。另一端超张拉至$0.8R_y^j$,并维持5min,以克服钢绞线的松弛损失和满足测量伸长值的作业时间。退回至$1.04\sigma_k$(σ_k为控制应力,$0.04\sigma_k$考虑支承筒压缩变形应力损失)旋紧支承筒。钢绞线维持在σ_k的应力状态下,灌注混凝土并养护至放松强度(一般为80%的设计强度)。

(4)混凝土灌注

梁体混凝土从一端向另一端推进,因梁体钢绞线密集且在高应力状态下,混凝土采用底模振捣(振动小车)。桥面和腹板用插入振捣器振捣。

(5)预应力筋的放松

当混凝土达到了预期的强度以后,就要从台座上将预应力筋的张拉力放松,逐渐将此力传递到混凝土构件上。放松的方法有多种,下面仅介绍常用的两种方法。

①千斤顶放松:首先要在台座上重新安装千斤顶,先将力筋稍张拉至能够逐步扭松端部固定螺母的程度,然后逐渐放松千斤顶,让钢筋慢慢回缩完毕为止(图5-23)。

②砂筒放松:在张拉预应力之前,在承力架和横梁之间各放一个灌满被烘干过的细砂砂筒(图5-24)。张拉时筒内砂子被压实。当需要放松预应力筋时,可将出砂口打开,使砂子慢慢流出,活塞徐徐顶入,直至张拉力被全部放松为止。本法易于控制放松速度,故应用较广。

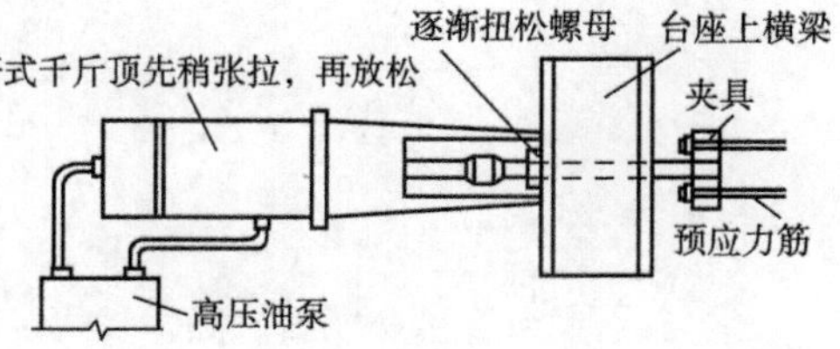

图5-23　千斤顶放松示意

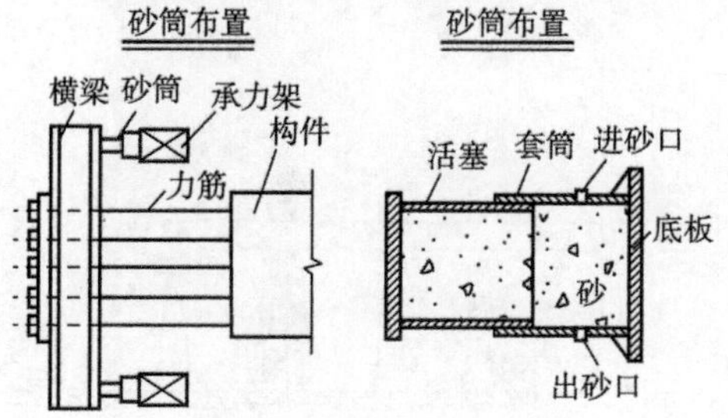

图5-24　砂筒放松示意

三、装配式混凝土简支梁桥的安装

为了把在预制构件厂或桥梁施工现场预制的简支梁或板安放到设计位置,还需要完成两个重要的施工过程,即构件的水平运输和构件的垂直向安装。

1.预制构件的运输

从工地预制场至桥头处的运输,称为场内运输,通常需要铺设钢轨便道,由预制场地用龙门吊机或木扒杆将预制构件装上平板车后,再用绞车牵引运抵桥头。当采用水上浮吊架梁时,还需要在河岸适当位置修建临时便桥(码头),再将钢轨便道延伸到这里,以便将预制构件运上驳船,再开往桥孔下面进行架设。

从预制构件厂至施工现场的运输,称为场外运输,通常用大型平板车、驳船或火车等运输工具。不论属于哪类运输方式,都要求在运输过程中,构件的放置要符合受力方向,并在构件的两侧采用斜撑和木楔加以临时固定,防止构建发生倾斜、滑动或跳动造成构件的损坏。

2.预制构件的安装

安装预制简支梁构件的机械设备和方法较多,现仅就几种常见的架设方法略加说明。

(1)自行式吊车架设

当桥梁跨径不大,质量较轻时可以采用自行式吊车架梁。如果是岸上的引桥或者桥墩不高时,可以视吊装质量的不同,用一台或两台吊车直接在桥下进行吊装,图5-25a);如果桥下是河道或桥墩较高时则将吊车直接开到桥上,利用吊机的伸臂边架梁、边前进,图5-25b)。

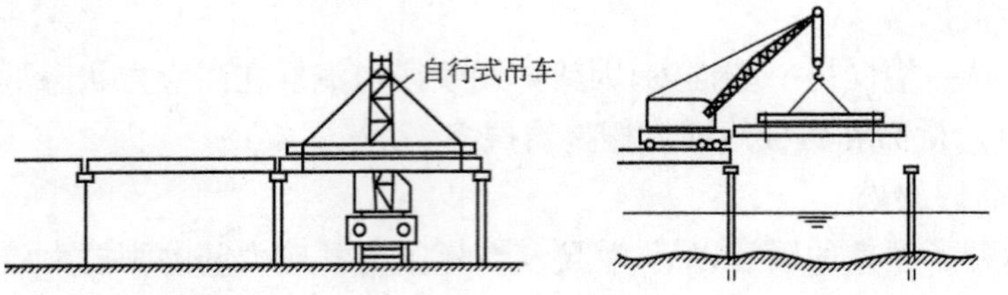

a)　　　　　　　　　　　　b)

图 5-25　小跨径梁的架设

(2)浮吊船架设

浮吊船实际上是吊车与驳船的联合体,它可以在通航河道上的桥孔下面架桥,而装有成批预制构件的装梁船,则停靠在浮吊船的一旁,随时供浮吊船起吊,如图 5-26 所示。浮吊船宜逆流而上,先远后近地安装。吊装前应先下锚定位,航道要临时封锁。浮吊船如图 5-27 所示。

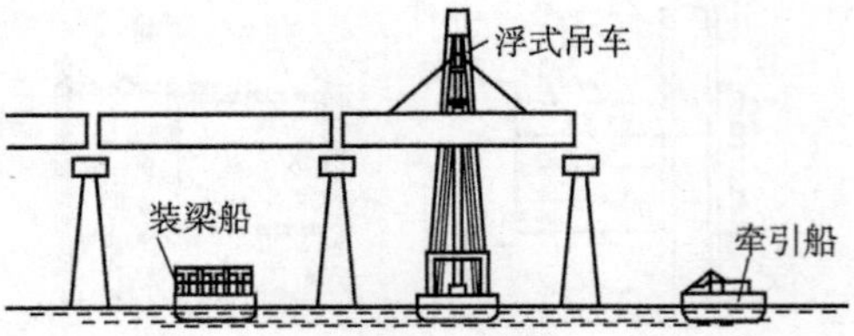

图 5-26　浮吊架设法

图 5-27　浮吊船

(3)跨墩龙门式吊车架设

当桥不太高,架桥孔数又多,且沿桥墩两侧铺设轨道不困难时,可以采用跨墩的龙门式吊车(图 5-28)。此时,尚应在龙门式吊车的内侧铺设运梁轨道,或者设便道用拖车运梁。我国广珠城际轨道交通工程施工中,曾采用跨墩门式吊机进行装配式预应力简支梁的安装施工(图 5-29)。

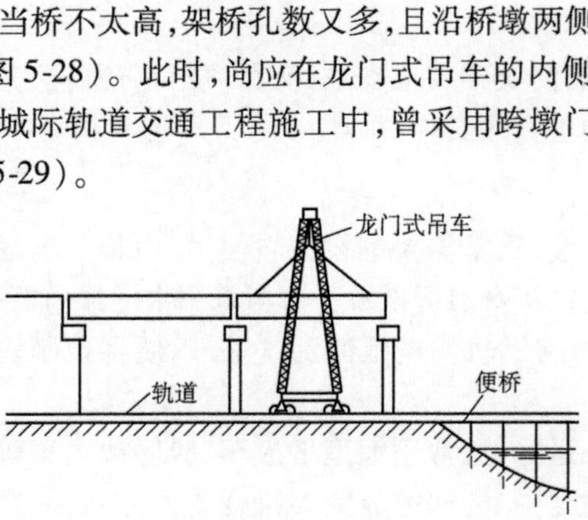

图 5-28　跨墩龙门式吊车架设法

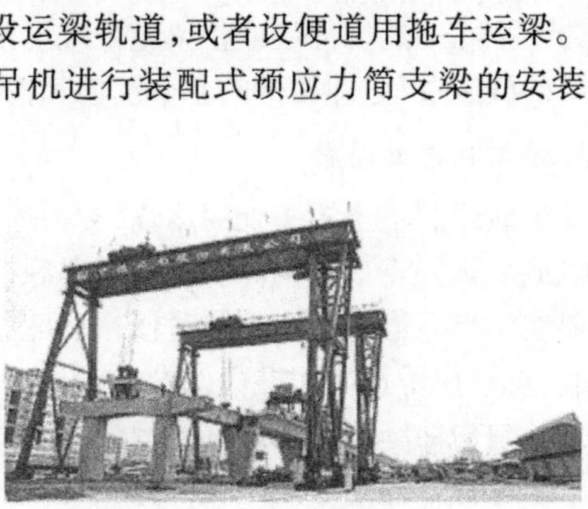

图 5-29　广珠城际轨道跨墩门式吊机施工

(4)单梁式架桥机架梁

①结构特点:

单梁式架桥机的机臂是单一的箱形截面梁,起吊能力为 130t,可架设跨度 32m 铁路简支 T 形梁。

其基本特点是:机臂能做升降、水平摆动;可在隧道洞口及半径 450m 的曲线上,连续架设跨度 32m 以内的各种混凝土梁;不需架梁岔线;机械化程度较高,本身设有自动行驶的动力装置,既能架梁又能铺轨;一般不须使用超重车压道和特殊加固路基;能依靠自身装置装梁、自行运梁、直接喂梁;架桥机不需吊梁运行,安全性好。该机型的主要缺点是:不能使梁片一次就位;需墩上人工移梁;费时费工也会降低安全性。

②架桥机的构造:架桥机由主机、机动平车和龙门架三部分组成。如图5-30所示。

③架梁作业全过程(图5-31)按照顺序分述如下:

a.架桥机自行至桥头。架梁前,架桥机应在车站组装完毕。在半悬臂状态下(机臂回缩13m)与机动平车联挂,由主机控制运行至前方待架梁的桥头约150m处停下。

b.组装换装龙门吊。如车站的设备较好(如股道多,有吊装设备),龙门吊的组装宜在车站组装。龙门吊组装完毕后,可骑在待架的梁片上,由机车在后面将他们一起向前顶进。

图5-30　单梁式架桥机

c.梁片换装。龙门吊将梁吊起后,机车将运梁平车拉出龙门吊。机动平车自行至梁下对位后,将梁放在其上。梁放在机动平车上时,前端搁在枕木上,后端搁在拖梁小车上。

d.架桥机对位。2号柱下拉,使机臂前端0号柱处于上翘状态(此举为调整由于大悬臂引起的挠度)。主机以500m/h的速度前进,达到桥孔架设位置时停下。机臂前伸,直到0号柱达到前方桥墩上空,放下0号柱,2号柱上升。

e.运梁至桥头。利用机动平车前端的液压千斤顶将梁顶起,拆除枕木,落下千斤顶,使梁前端落在主机的拖梁小车上(有动力),后端落在机动平车的拖梁小车上(无动力)。

f.架梁。拖梁使梁前端到第一部吊梁小车下。用第一部吊梁小车将梁前端吊起。通过千斤顶的顶、落将梁的后端落在主机的拖梁小车上。然后由吊梁小车向前运梁。当梁后端达到第二部吊梁小车时,第二部吊梁小车再将梁后端吊起。继续前行到桥位,然后落梁。落梁后需横移梁。

(5)双梁式架桥机架梁

①结构特点:

双梁式架桥机有两片主梁,其最大起吊能力为130t(如图5-32)。主要技术特点如下:喂梁简单,可直接从运梁平车上吊梁,桥梁不需换装。架设两片梁,能直接落梁一次就位,无须使用拨道法或移梁法,在墩台上无须人工移梁;架桥机轴重小,桥头线路无须特殊加固,压道量小;不需铺设桥头岔线;吊点低,架桥机不吊梁走行,作业平稳、安全;能在隧道口及隧道内架梁;可在半径大于350m的曲线上架设32m及以下的各种跨度的混凝土梁和钢板梁;架桥机两端均能架梁,不需转向;主梁间距能宽能窄,宽时为工作状态,窄时为运输状态;电动机械设备完整配套,结构简单,操纵方便,具有自动走行装置。架桥机构造如图5-33所示。主要由台车、主梁、机臂、前门架、后门架、前支腿、中支腿、后支腿、吊梁桁车、活动横梁等组成。

②架梁作业程序:

a.起动自动走行装置,架桥机自行到桥头就位,对准位置,支好台车及前、中、后支腿;

b.运梁平车将梁运入机身,吊梁桁车开到相应位置吊梁;

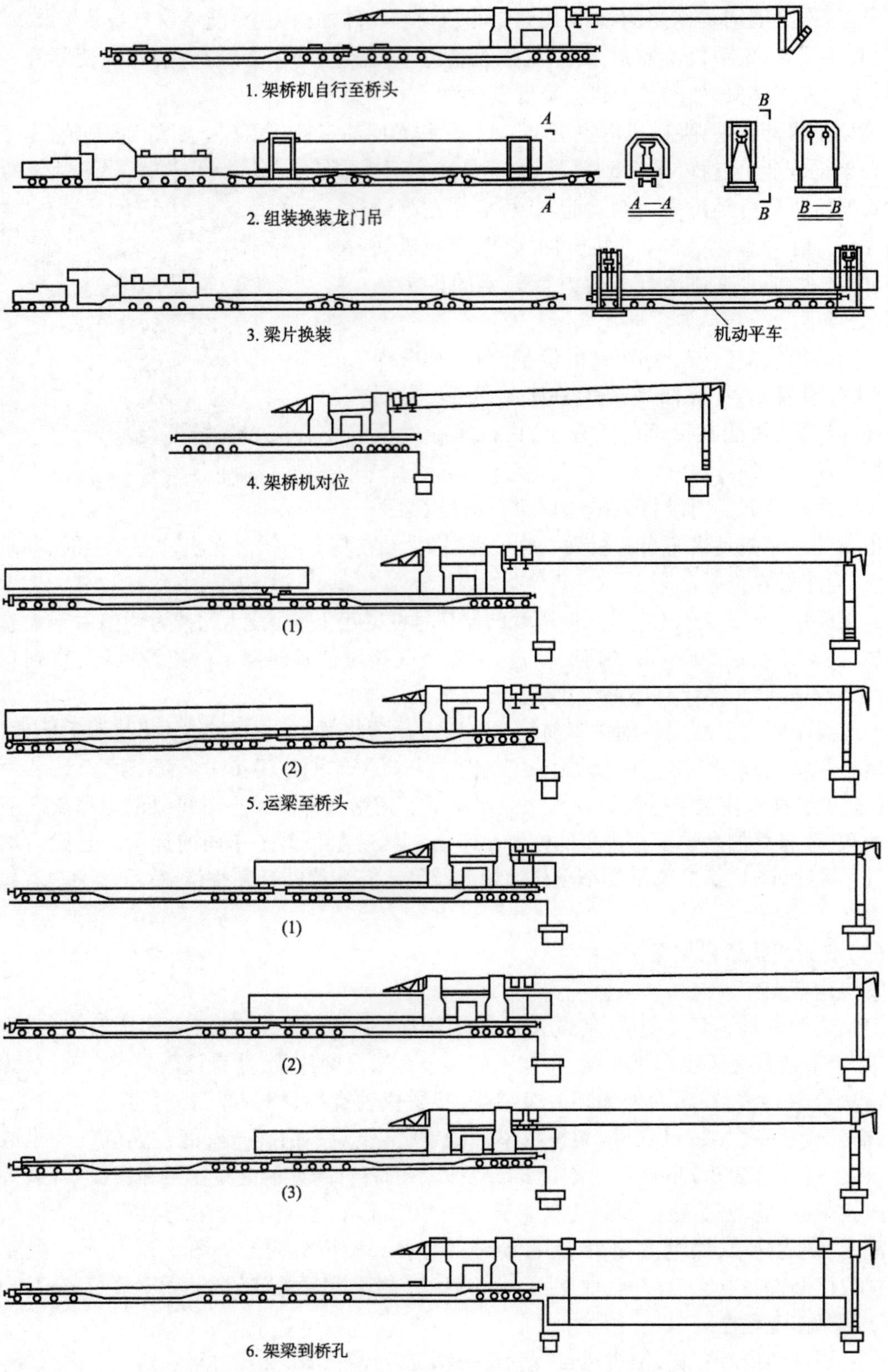

图 5-31　单梁式架桥机作业过程

图 5-32 双梁式架桥机

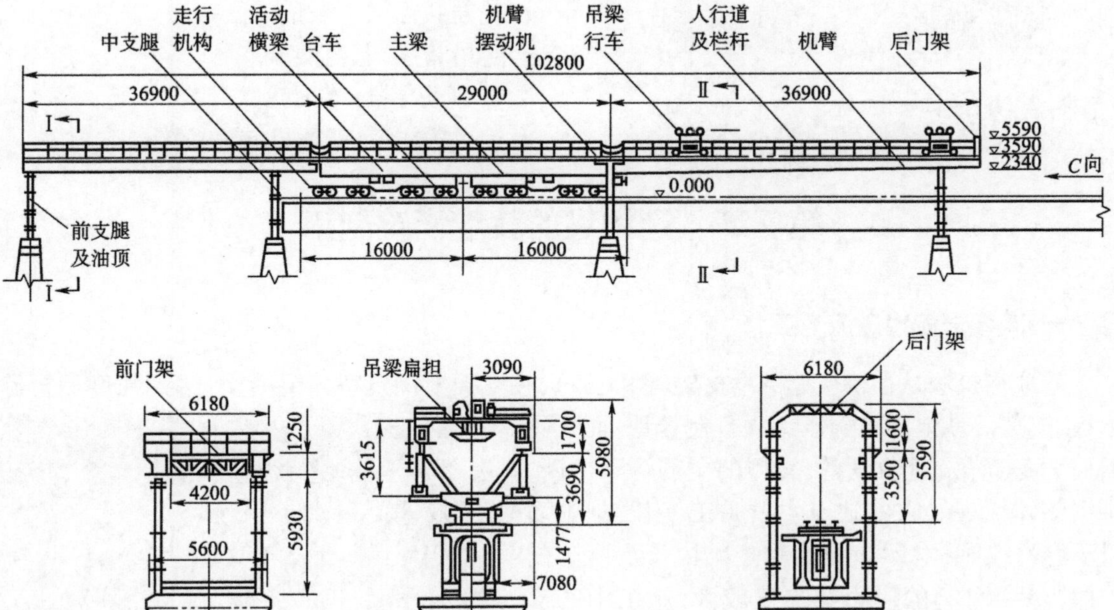

图 5-33 架桥机构造(尺寸单位:mm)

c. 吊梁桁车吊梁运行;

d. 吊梁桁车对位、下落,横移小车将第一片梁落位,然后起吊扁担梁、横移、后退,继续将第二片梁对位、下落、横移、再下落、就位;

e. 架完一孔梁并铺好桥面后,缩短支腿高度,架桥机自行到下一跨继续架梁。

(6)下导梁式架桥机架梁

①结构特点:

下导梁式架桥机分成上、下两个梁体,下梁为导梁,上梁为吊装梁。架设时,运梁车从后部行驶至两梁之间,此时上梁的后支腿先向上折起,然后落下后支腿于已架好的梁体上。利用钢下导梁作运输通道,用运梁车将混凝土梁运到被架桥跨上方,通过靠近支腿位置的起重小车将混凝土梁提离运梁车，运梁车退出后将下导梁往前纵移一跨，让出梁体位置，上梁吊梁小车再将梁准确落到正式支座上。

下导梁式架桥机由下导梁、主梁（上梁）、前支腿、后支腿、喂梁支腿、起重小车等组成。

图5-34　开封至郑州城际轨道交通下导梁式架桥

我国2010年建成的开封至郑州城际轨道交通项目，是郑汴一体化的重要基础设施，施工中曾采用下导梁式架桥机进行装配式预应力简支梁的安装施工（图5-34）。

②架梁过程：

a. 架桥机通过后支腿的走行系统，运行到架梁的适当位置，固定好支腿；

b. 轮轨式运梁车喂梁就位；

c. 起吊箱梁，退运梁车；

d. 前移下导梁，落梁就位；

e. 铺运输轨道，架桥机前移一跨。

第三节　连续梁的就地浇筑施工

一、支架法就地浇筑施工

就地浇筑法是在桥位处搭设支架（图5-35），在支架上浇筑桥体混凝土，达到强度后拆除模板、支架。就地浇筑施工无须预制场地，而且不需要大型起吊、运输设备，梁体的主筋可不中断，桥梁整体性好。它的缺点主要是工期长，施工质量不容易控制；对预应力混凝土梁由于混凝土的收缩、徐变引起的应力损失比较大；施工中的支架、模板耗用量大，施工费用高；搭设支架影响排洪、通航，施工期间可能受到洪水和漂流物的威胁。

图5-35　桥梁支架

1. 支架

1）支架的形式与构造

就地浇筑混凝土梁桥的上部结构，首先应根据桥梁的跨径、桥孔下面覆盖土层的地质条件、水的深浅等因素，合理地选择支架的形式，在桥孔位置搭设支架，以支承模板、浇筑的钢筋混凝土。

支架按其构造分为立柱式、梁式和梁柱式（图5-36）。立柱式构造简单，用于陆地或不通航河道以及桥墩不高的小跨径桥梁。梁式支架根据跨径不同采用I型钢、钢板梁或钢桁梁，一般I型钢用于跨径小于10m，钢板梁用于跨径小于20m，钢桁梁用于跨径大于20m。梁可以支承在墩旁支架上，也可在桥墩处临时设置的横梁上。梁柱式支架在大跨桥上使用，梁支承在桥墩台以及临时支架或临时墩上，形成多跨连续支架。支架除支承模板、满足就地浇筑施工外，还要设置卸落设备，待梁施工完成后，落架脱模。曲线桥梁的支架采用折线形支架和调节伸臂长度来适应平面曲线的要求。

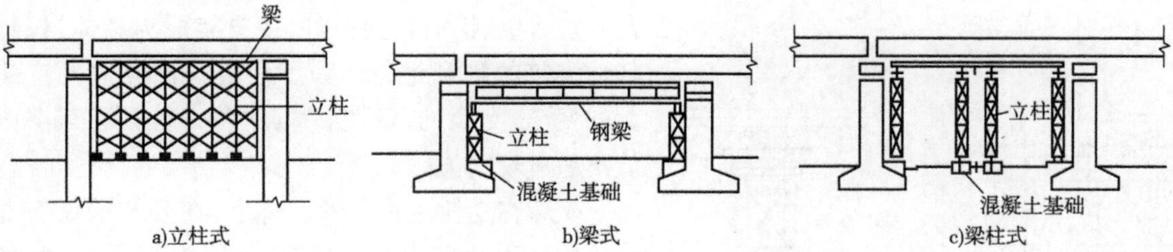

图 5-36　支架构造

(1)满布式木支架

满布式木支架常用于陆地或不通航的河道，或桥墩不高、桥位处水位不深的桥梁。其形式可根据支架所需跨径的大小等条件，采用排架式、人字撑式或八字撑式。排架式为最简单的满布式支架，主要由排架及纵梁等部件构成。其纵梁为抗弯构件，因此，跨径一般不大于4m。人字撑式和八字撑式的支架构造较复杂，其纵梁需加设人字撑或八字撑为可变形结构。因此，需在浇筑混凝土时适当安排浇筑程序和保持均匀、对称地进行，以防发生较大变形。这类支架的跨径可达 8m 左右。

(2)钢木混合支架

为加大支架跨径，减少排架数量，支架的纵梁可采用工字钢，其跨径可达 10m。但在这种情况下，支架多改用木框架结构，以提高支架的承载力及稳定性。这类钢木混合支架的构造通常如图 5-37 所示。

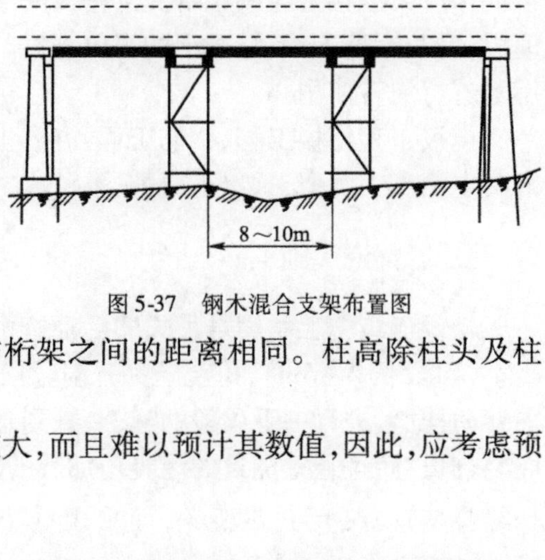

图 5-37　钢木混合支架布置图

(3)万能杆件拼装支架

用万能杆件可拼装成各种跨度和高度的支架，其跨度需与杆件本身长度成整倍数。用万能杆件拼装的桁架的高度，可达 2m、4m、6m 或 6m 以上。当高度为 2m 时，腹杆拼为三角形；高度为 4m 时，腹杆拼为菱形；高度超过 6m 时，则拼成多斜杆的形式。用万能杆件拼装墩架时，柱与柱之间的距离应与桁架之间的距离相同。柱高除柱头及柱脚外应为 2m 的倍数。

用万能杆件拼装的支架，在荷载作用下的变形较大，而且难以预计其数值，因此，应考虑预加压重，加的预压重相当于灌筑混凝土重力。

(4)轻型钢支架

桥下地面较平坦，地基有一定承载力的梁桥，为节省木料，宜采用轻型钢支架。轻型钢支架的梁和柱，以工字钢、槽钢或钢管为主要材料，斜撑、连接系等可采用角钢。构件应制成统一规格和标准；排架应预先拼装成片或组，并以混凝土、钢筋混凝土枕木或木板作为支承基底。为了防止冲刷，支承基底须埋入地面以下适当的深度。为适应桥下高度，排架下应垫以一定厚度的枕木或木楔等。

轻型钢支架构造示例，如图 5-38 所示。

2)对支架的要求

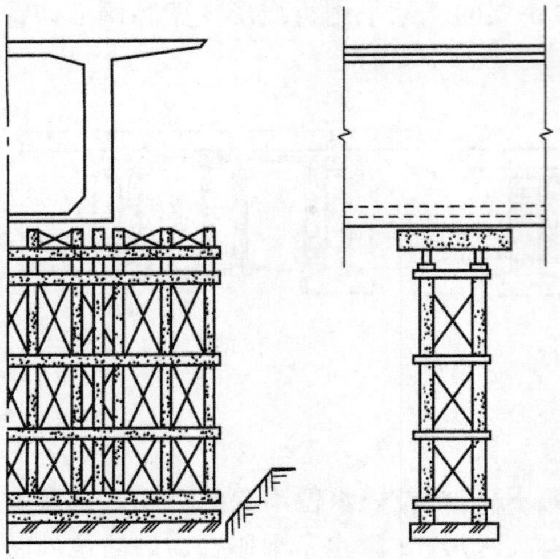

图5-38　轻型钢支架

支架虽然是临时结构,但它要承受桥梁的大部分恒重,因此必须有足够的强度、刚度,构件结合紧密并加入纵、横向连接杆件,使支架成为整体,保证就地浇筑的顺利进行。为了使浇筑的梁体不产生大的变形,支架的基础要坚实可靠,以保证其沉陷值不超过规定值。

支架在受荷后有变形和挠度,在安装前要有充分的估计和计算,并在安装支架时设置预拱度,使就地浇筑的主梁线形符合设计要求。支架的卸落设备有木楔、砂筒和千斤顶等数种,卸架时要对称、均匀,不应使主梁发生局部受力的状态。

除了对支架本身的要求以外,还需对地基进行处理,原则上应使得地基平整、稳定,满足支架所传到地基上的应力要求。由于满堂支架间距较小,一般为60~120cm,支点多,这就对地基承载力要求较低,一般情况下,针对不同土类进行施工面整体换填。在软基可换填石灰土,在一般性土类可换填砂砾,换填厚度为30~100cm,有条件的用压路机压实。在各支点下设置混凝土方块、条形方木、型钢等材料,分布承压面积。

2. 连续梁的施工

预应力混凝土连续梁桥支架搭设完毕后,应按照一定的施工程序完成各联桥的施工,包括模板工程、钢筋工程、混凝土的浇筑、养护、拆模等工序。在一联桥施工完成后,卸落支架,将其拆除进行周转使用。

模板工程模板工程、钢筋工程、混凝土的浇筑、养护、拆模等工序的施工过程,与本章第二节简支梁施工类似,这里不再赘述。

二、悬臂浇筑施工

悬臂浇筑施工利用悬吊式的活动脚手架(或称挂篮)在墩柱两侧对称平衡地浇筑梁段混凝土(每段长2~5m),每浇筑完一对梁段,待达到规定强度后就张拉预应力筋并锚固,然后向前移动挂篮,进行一下梁段的施工,直到悬臂端为止。但梁体部分不能与墩柱平行施工,施工周期较长,而且悬臂浇筑的混凝土加载龄期短,混凝土收缩和徐变影响较大。我国武汉地铁1号线跨汉丹、汉宜铁路桥梁,即采用挂篮施工如图5-39所示。

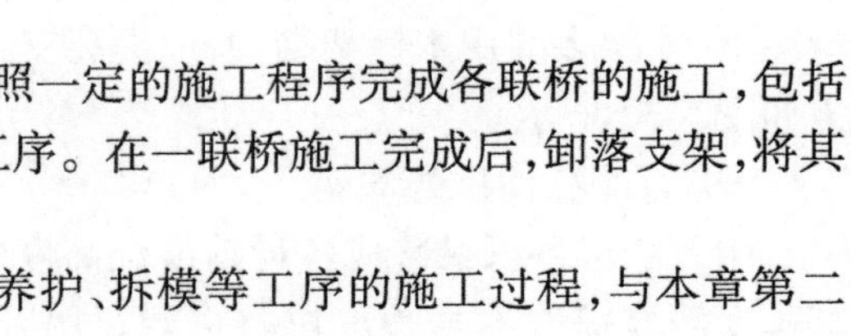

图5-39　武汉轨道交通跨汉丹、汉宜铁路桥梁

1. 施工程序

梁体一般要分为四部分浇筑,如图5-40所示。图中A段为墩顶梁段(又称0号块),B段为由0号块两侧对称分段悬臂浇筑段,C段为边孔在支架上浇筑段,D段为主梁在跨中合龙段。主梁各部分的长度视主梁形式和跨径、挂篮的形式

及施工周期而定。0 号块一般为 5 ~ 10m，悬臂浇筑分段一般为 3 ~ 5m，支架现浇段一般为 2 ~ 3 个悬臂浇筑分段长度，合龙段一般为 1 ~ 3m。

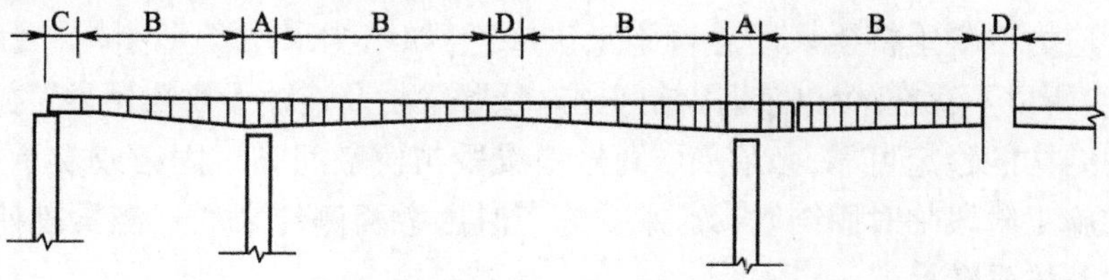

图 5-40　悬臂浇筑分段示意图

A-墩顶梁段；B-0 号块两侧对称分段悬壁浇筑段；C-支架浇筑梁段；D-主梁跨中合龙段

施工程序一般如下：

①在墩顶托架上浇筑 0 号块，并实施墩梁临时固结系统。

②在 0 号块上安装悬臂挂篮，向两侧依次对称地分段灌注主梁至合龙段。

③在临时支架或梁端与边墩间临时托架上支模板浇筑现浇梁段。当现浇段较短时，可利用挂篮浇筑；当与现浇段相接的连接桥是采用顶推法施工时，可将现浇段锚在顶推梁前端施工，并一起顶推到位。

④主梁合龙段可在改装的简支挂篮托架上浇筑。多跨合龙段浇筑的顺序应按设计或施工要求进行。

2. 分段悬浇施工

1）墩顶 0 号段施工

0 号块结构复杂，预埋件、钢筋、各向预应力钢束及其孔道、锚具密集交错，梁面有纵横坡度，端面与待浇段密切相连，务必精心施工。视其结构形式及高度，一般分 2 ~ 3 层浇筑，先底板，再腹板，后顶板。

采用悬臂灌注法施工时，墩顶 0 号块梁段采用在托架上立模现浇，并在施工过程中设置临时梁墩锚固，如图 5-41 所示，使 0 号块梁段能承受两侧悬臂施工时产生的不平衡力矩。施工托架可根据承台形式、墩身高度和地形情况，分别支承在承台、墩身或地面上。它们可采用万能杆件、贝雷桁架，六四军用桁架及型钢等组成，也可采用钢筋混凝土构件作临时支撑。

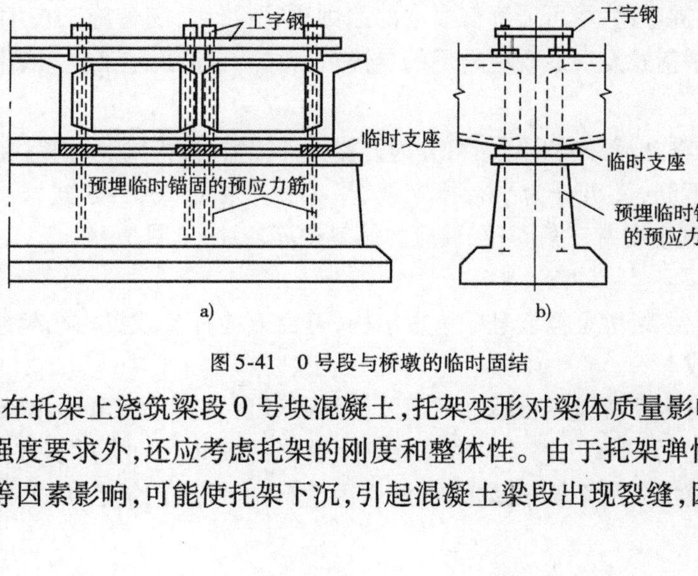

图 5-41　0 号段与桥墩的临时固结

由于考虑到在托架上浇筑梁段 0 号块混凝土，托架变形对梁体质量影响很大，在设计托架时，除考虑托架强度要求外，还应考虑托架的刚度和整体性。由于托架弹性、杆件连接处有缝隙、地基有沉降等因素影响，可能使托架下沉，引起混凝土梁段出现裂缝，因此采用万能杆件、贝雷梁、板梁、型钢等做托架时,在混凝土浇筑以前,可采取预压、抛高或调整等措施,以减少托架变形,并检验托架是否安全。

大跨径预应力混凝土桥梁采用悬臂施工法施工,如结构采用T形刚构,因墩身与梁本身采用刚性连接,所以不存在梁墩临时固结问题。悬臂梁桥及连续梁桥采用悬臂施工法时,为保证施工过程中结构的稳定可靠,必须采取0号块梁段与桥墩间临时固结或支承措施。临时支座的作用是在施工阶段临时固结墩、梁,承受施工时由墩两侧传来的悬浇梁段荷载,在梁体合龙后便于拆除和体系转换。

临时固结措施或支承措施有下列几种形式:

①临时支座一般采用C40混凝土,并用塑料包裹的锚固钢筋穿过混凝土预埋梁底和墩顶中,其布置见图5-42。

②在桥墩一侧或两侧加临时支承或支墩,如图5-42a)、b)。

③将0号块梁段临时支承在扇形或门式托架的两侧,如图5-42c)。

④临时支承可用10~20cm厚夹有电阻丝的硫黄砂浆层、砂筒或混凝土块等卸落设备,以使体系转换时,较方便地解除临时支承。

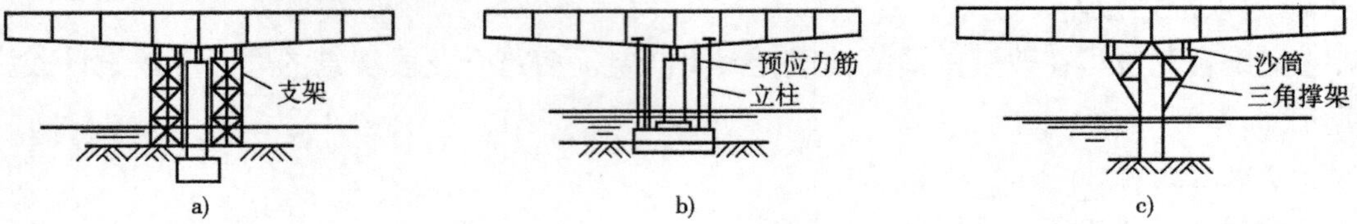

图5-42 临时支承措施

预应力管道的设置与施加详见预应力工程有关叙述。

2)B段梁段悬浇施工

(1)挂篮系统

①挂篮分类。

挂篮是梁体悬臂浇筑专用设施,因为挂篮是施工梁段的承重结构,又是施工梁段的作业现场。选择挂篮时,应按照保证挂篮结构简单,强度可靠,安全稳定,自重轻,受力明确,变形小,行走方便,锚固和装拆容易,尽可能降低成本的原则进行设计。随着施工技术的不断改进,挂篮已由过去的压重平衡式发展成现在通用的自锚平衡式。自锚式施工挂篮结构的形式主要有桁架式、斜拉式两类。

桁架式挂篮按其构成部件的不同,可分为万能杆件挂篮、贝雷梁、型钢组合桁架组合式等。按桁架构成形状的不同,又可分为平行桁架式、平弦无平衡重式、弓弦式、菱形式等多种,见图5-43。斜拉式挂篮主要有三角斜拉、预应力筋斜拉等多种,见图5-44。

②挂篮的主要构造(图5-45)。

a. 主纵桁梁。主纵桁梁是挂篮悬臂承重结构,可由万能杆件或贝雷桁架组拼或采用钢板或大号型钢加工而成。

b. 行走系统。行走系统包括支腿和滑道及拖移收紧设备。采用电动卷扬机牵引,通过圆棒滚动或在铺设的上、下滑道上移动。滑道要求平整光滑,摩阻力小,拆装方便,能反复使用。目前大多采用上滑道覆一层不锈钢薄板,下滑道用槽钢,内设聚四氟乙烯板,行走方便、安全、

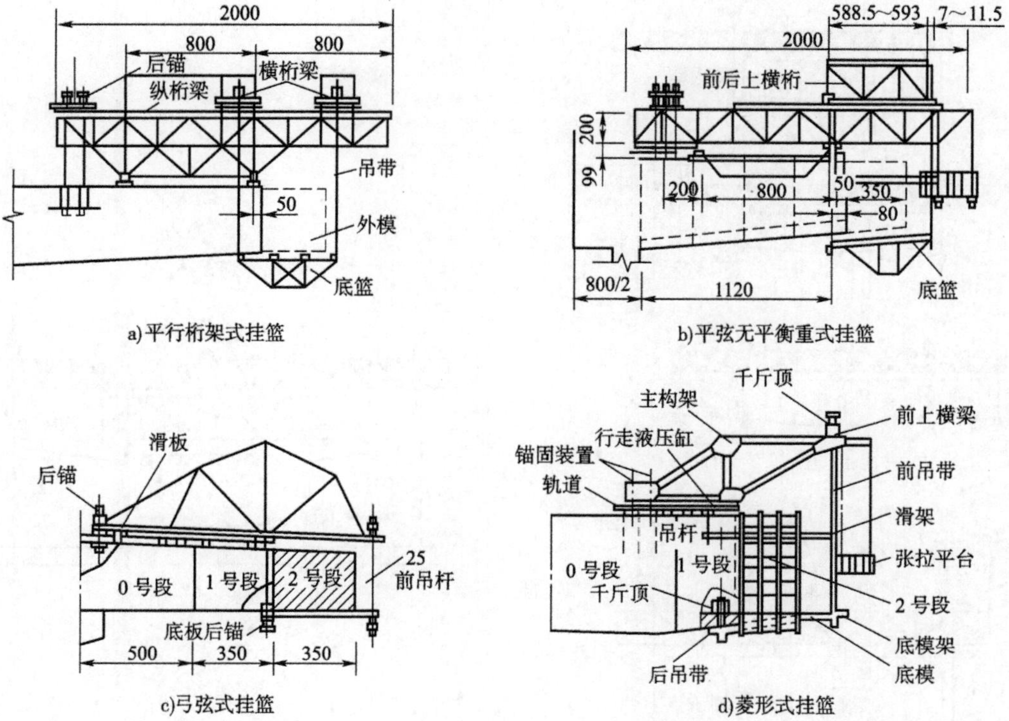

a)平行桁架式挂篮　b)平弦无平衡重式挂篮　c)弓弦式挂篮　d)菱形式挂篮

图 5-43　常用桁架式挂篮类型图(尺寸单位:cm)

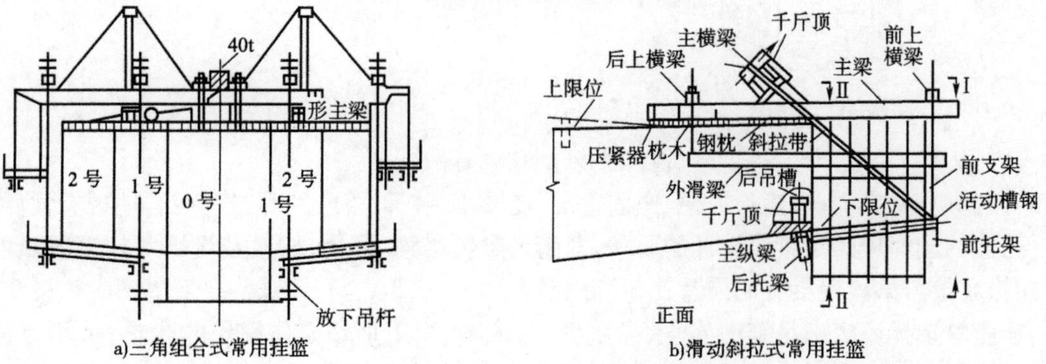

a)三角组合式常用挂篮　b)滑动斜拉式常用挂篮

图 5-44　常用斜拉式挂篮类型图

稳定性好。

c. 底篮。底篮直接承受悬浇梁段的施工重力,可供立模板、绑扎钢筋、浇筑混凝土、养生等工序用,由下横桁梁和底模纵梁及吊杆(吊带)组成。横梁可用万能杆件或贝雷桁架或型钢、钢管构成,底模纵梁用多根 24 ~ 30 号槽钢或工字钢;吊杆一般可用 A32mm 的精轧螺纹钢筋或 16Mn 钢带。

d. 后锚系统。后锚是主纵桁梁自锚平衡装置,由锚杆压梁、压轮、连接件、升降千斤顶等组成,目的是防止挂篮在行走状态及浇筑混凝土梁段时倾覆失稳。系统结构按计算确定,混凝土浇筑前,应按设计锚力的 0.6、1.0、1.5 倍分别用千斤顶检验锚杆。

③挂篮设计与选择。

挂篮的合理设计是保证施工质量、加快施工进度的重要因素。在设计中要求挂篮的质量

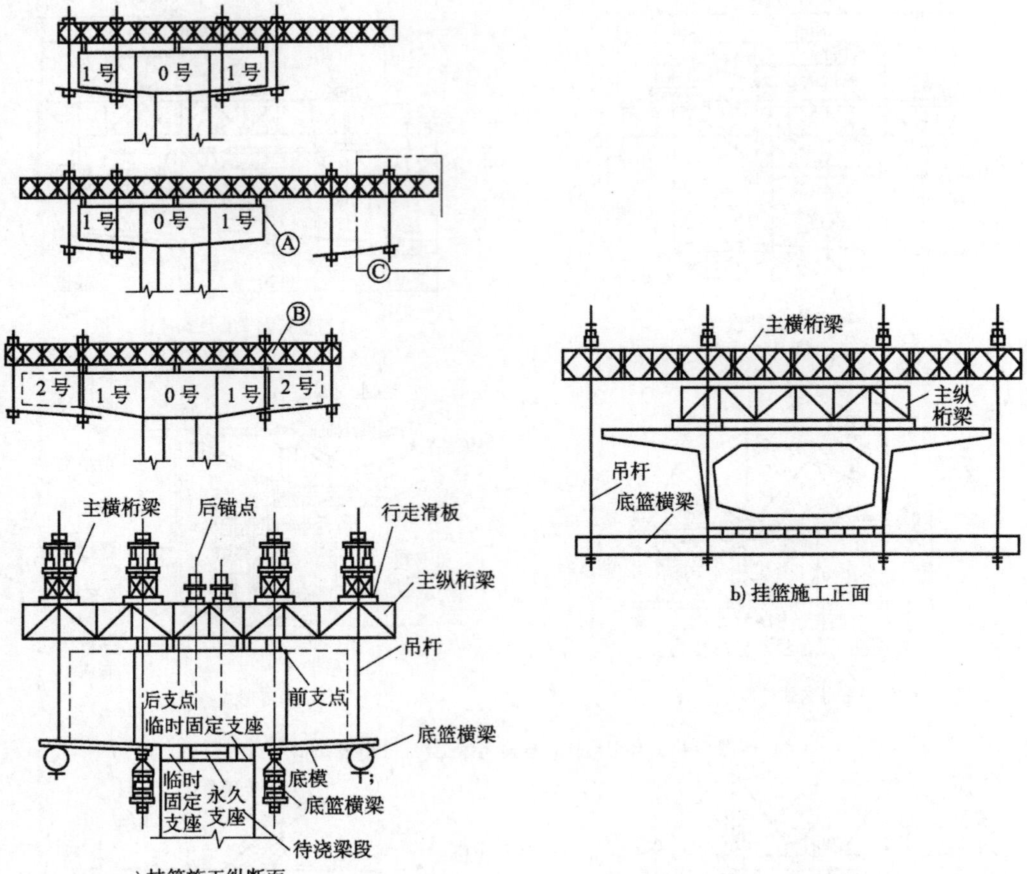

a) 挂篮施工纵断面　　b) 挂篮施工正面

图 5-45　挂篮纵横桁梁系布置图

小、结构简单、受力明确、运行方便、坚固稳定、变形小、装拆方便,并尽量利用当地现有构件。

挂篮的选择应满足梁段设计的要求,即满足梁体结构、形体、质量及设计对挂篮质量的要求,挂篮质量与梁段混凝土的质量比值宜控制在0.3~0.5之间,特殊情况下也不应超过0.7。

挂篮的选择还应满足施工安全、高质量、低成本、短工期和操作简便的要求;采用万能杆件、贝雷桁架、六四军用桁架组拼的挂篮桁架,一般比型钢加工制作的挂篮成型快、设备利用率高、成本低;而自行加工或专业单位生产的挂篮虽一次性投入成本大,但常有结点少、变形小、质量轻、结构完善、施工灵活和适用性强的优点。

④挂篮的安装。

挂篮组拼后,应全面检查安装质量,并做载重试验,以测定其各部位的变形量,并设法消除其永久变形。在起步长度内梁段浇筑完成并获得要求的强度后,在墩顶拼装挂篮。有条件时,应在地面上先进行试拼装,以便在墩顶熟练有序地开展挂篮拼装工作。拼装时应对称进行。挂篮的操作平台下应设置安全网,防止物件坠落,以确保施工安全。挂篮应呈全封闭形式,四周设围护,上下应有专用扶梯,方便施工人员上下挂篮。挂篮行走时,须在挂篮尾部压平衡重,以防倾覆。浇筑混凝土梁段时,必须在挂篮尾部将挂篮与梁进行锚固。

⑤挂篮试压。

为了检验挂篮的性能和安全,并消除结构的非弹性变形,应对挂篮试压。试压通常采用试验台加压法、水箱加压法等。

试验台加压法是对新加工的挂篮可用试验台加压法检测桁架受力性能和状况。试验台可利用桥台承台和在岸边梁中预拉力筋锚住主桁梁后端，前端按最大荷载计算值施力，并记录千斤顶逐级加压变化情况，测出挂篮弹性变形和非弹性变形参数，用作控制悬浇高程依据，见图5-46。

水箱加压法是对就位待浇混凝土的挂篮，可用水箱试压法检查挂篮的性能和状况。加压的水箱一般设于前吊点处，后吊杆穿过紧靠墩顶梁段边的底篮和纵桁梁，锚固于横桁梁上，或穿过已浇箱梁中的预留孔，锚于梁体，在后吊杆的上端装设带压力表的千斤顶，反压挂篮上横桁梁，计算前后施加力后，分级分别进行灌水和顶压，记录全过程挂篮变化情况即可求得控制数据，见图5-47。

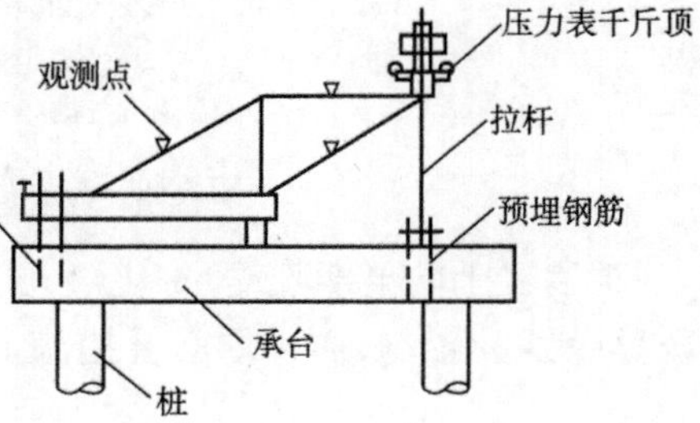

图5-46　菱形挂篮试验台试压示意图

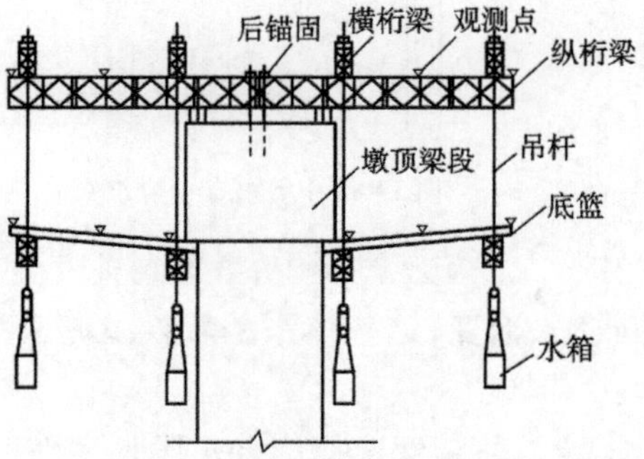

图5-47　挂篮水箱法试压示意图

⑥浇筑混凝土时消除挂篮变形的措施。

每个悬浇段的混凝土一般可二次或三次浇筑完成（混凝土数量少的也可采用一次浇筑完成），为了使后浇混凝土不引起先浇混凝土的开裂，需要消除后浇混凝土引起挂篮的变形。一般可采取如下的几种措施。

a. 箱梁混凝土一次浇筑法。箱梁混凝土的浇筑采用一次浇筑，并在底板混凝土凝固前全部浇筑完毕。也就是要求挂篮的变形全部发生在混凝土塑性状态之间，避免裂纹的产生。但需在浇筑混凝土前预留准确的下沉量。

b. 水箱法。水箱法的布置参见图5-47。浇筑混凝土前先在水箱中注入相当于混凝土质量的水，在混凝土浇筑过程中，逐步放水使挂篮的负荷和挠度基本不变。

c. 抬高挂篮的后支点法。浇筑混凝土前将模板前端设计高程抬高10～30mm，预留第一次浇筑混凝土的下沉量。同时用螺旋式千斤顶顶起挂篮后支点，使之高于滑道或钢轨顶面（一般顶高约20～30mm）。在浇筑第一次混凝土时千斤顶不动，浇筑混凝土质量使挂篮的下沉量与模板的抬高量相抵消。在浇筑第二次混凝土时，将千斤顶分次下降，并随即收紧后锚系的螺栓，使挂篮后支点逐步贴近滑道面或轨道面。随着后支点的下降，以前支点为轴的挂篮前端必然上升一数值。此数值应正好与第二次混凝土质量使挂篮所产生的挠度相抵消，保证箱梁模板不发生下沉变形。此法需用设备很少，较水箱法简单，但需顶起量合适，顶起量应由实测确定。

3）现浇C段梁施工

施工边跨支架上的现浇梁段部分时，可在墩旁搭设临时墩支承平台，一般采用万能杆件、贝雷架等拼装,在其上分段浇筑,如图5-48。

4)合龙段施工

合龙段施工时通常由两个挂篮向一个挂篮过渡,所以先拆除一个挂篮,用另一个挂篮走行跨过合龙段至另一端悬臂施工梁段上,形成合龙段施工支架。也可采用吊架的形式形成支架。合龙段如图5-49所示。

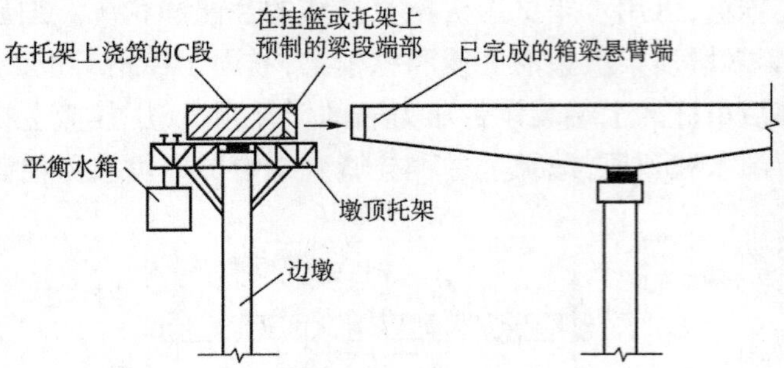

图5-48 边墩托架上浇筑C段

图5-49 合龙段施工图

在合龙段施工过程中,考虑到昼夜温差,现浇混凝土的早期收缩、水化热,已完成梁段混凝土的收缩、徐变,结构体系的转换及施工荷载等因素的影响,需采取必要措施,保证合龙段的质量:

①合龙段长度选择。合龙段长度在满足施工操作要求的前提下,应尽量缩短,一般采用1.5~2.0m。

②合龙温度选择。一般宜在低温合龙,遇夏季应在晚上合龙,并用草袋等覆盖,并加强接头混凝土养护,使混凝土早期结硬过程中处于升温受压状态。

③合龙段混凝土选择。混凝土中宜加入减水剂、早强剂,以便及早达到设计要求强度,及时张拉预应力束筋,防止合龙段混凝土出现裂缝。

④合龙段采用临时锁定措施,采用劲性型钢或预制的混凝土柱安装在合龙段上下部作支撑,然后张拉部分预应力束筋,待合龙段混凝土达到要求强度后,张拉其余预应力束筋,最后再拆除临时锁定装置。

⑤为保证合龙段施工时混凝土始终处于稳定状态,在浇筑之前各悬臂端应附加与混凝土质量相等的配重(或称压重),加配重要依桥轴线对称加载,按浇筑重量分级卸载。如采用多跨一次合龙的施工方案,也应先在边跨合龙,同时需经计算,进行工艺设计和设备系统的优化组合。

5)结构体系转换

连续梁桥采用悬臂施工法,在结构体系转换时,为保证施工阶段的稳定,一般边跨先合龙,释放梁墩锚固,结构由双悬臂状态变成单悬臂状态,最后跨中合龙,成连续梁受力状态。这中间就存在体系转换。施工时应注意以下几点。

①结构由双悬臂状态转换成单悬臂受力状态时,梁体某些部位的弯矩方向发生转换。所以在拆除梁墩锚固前,应按设计要求,张拉一部分或全部布置在梁体下部的正弯矩预应力束。对活动支座还需保证解除临时固结后的结构稳定,如需采取措施限制单悬臂梁发生过大纵向水平位移。

②梁墩临时锚固的放松,应均衡对称进行,确保逐渐均匀地释放。在放松前应测量各梁段高程,在放松过程中,注意各梁段的高程变化,如有异常情况,应立即停止作业,找出原因,以确保施工安全。

③对转换为超静定的结构,需考虑钢束张拉、支座变形、温度变化等因素引起的结构次内力。按设计要求,需进行内力调整时,应以高程、反力等多种因素控制,相互校核。

④在结构体系转换中,临时固结解除后,将梁落于正式支座上,并按高程调整支座高度及反力。支座反力的调整,应以高程控制为主,反力作为校核。

6)施工控制

悬臂浇筑大跨径桥梁施工过程中,由于有许多因素的影响,施工中的实际结构状态将偏离预定的目标,这种偏差严重的将影响结构的使用。为了使悬臂浇筑状态尽可能达到预定的目标,必须在施工过程中逐段进行跟踪控制和调整。采用计算机程序控制,可提高控制速度和精度。

应用计算机程序进行跟踪控制的步骤如下:

①将施工中实际结构状态信息如量测的高程、钢束张拉力、温度变化、截面应力,以及设计参数的实测值,如混凝土、钢材的密度和弹性模量、构件几何尺寸、施工荷载、混凝土的徐变系数等输入计算机程序。

②通过对各种量测信息的综合处理,分析得到结构的实测高程与理论高程的误差。

③对状态进行判断,决定是否要采取有效措施来纠正已偏离目标的结构状态。可采用调整浇筑梁段的高程,改变预应力束的张拉次序,改变张拉力等办法。

通过上述每个节段反复循环的跟踪控制调整办法,使结构与预定目标始终控制在很小误差范围内,最后合龙时,可达到理想目标。

第四节 连续梁的装配化施工

悬臂拼装法(简称悬拼)是悬臂施工法的一种,它是利用移动式悬拼吊机将预制梁段起吊至桥位,然后采用环氧树脂胶和预应力钢丝束连接成整体。采用逐段拼装,一个节段张拉锚固后,再拼装下一节段。悬臂拼装的分段,主要决定于悬拼吊机的起重能力,一般节段长2~5m。节段过长则自重大,需要悬拼吊机起重能力大,节段过短则拼装接缝多,工期也延长。一般在悬臂根部,因截面积较大,预制长度比较短,以后逐渐增长。悬拼施工适用于预制场地及运吊条件好,特别是工程量大和工期较短的梁桥工程。悬臂拼装法施工如图5-50所示。

悬拼和悬浇均利用悬臂原理逐段完成全联梁体的施工,悬拼是以吊机逐段完成梁体拼装,悬浇是以挂篮为支承进行主段浇筑。实践表明,悬拼和悬浇、支架施工等方法相比除有许多共同优点外,悬拼还有以下特点:

(1)进度快。传统的悬浇法灌注一节段梁周期在天气好时也需要1个星期左右;而采用悬拼法,梁体节段的预制可与桥梁下部构造施工同时进行,平行作业缩短了施工工期,且拼装速度快。

(2)制梁条件好,混凝土质量高。悬拼法将大跨度梁化整为零,在地面施工,预制场或工厂化的梁体节段预制有利于整体施工的质量,操作方便、安全。悬浇的混凝土有时会因达不到

a)

b)

图 5-50　悬臂拼装法施工

强度而造成事故，处理起来较麻烦，延误了工期，损失较大。采用悬拼法，节段梁在地面有足够的时间，可以想办法弥补工程施工中的不足。

(3)收缩、徐变变形小。预制梁段的混凝土龄期比悬浇成梁的长，从而减少了悬拼成梁后混凝土的收缩和徐变。

(4)线形好。节段预制采用长线法，长线法是在按梁底曲线制作的固定底模上分段浇筑混凝土的方法，能保证梁底线形。

(5)适合多跨梁施工。当桥梁跨度越大、桥跨越多，则越能体现悬拼法的优越性，也就越经济。悬拼按照起重吊装方式的不同可分为：浮吊悬拼、牵引滑轮组悬拼、连续千斤顶悬拼、缆索起重机(缆吊)悬拼及移动支架悬拼等。悬拼的核心是梁的吊运与拼装，梁体节段的预制是悬拼的基础。

悬拼施工工序主要包括：梁体节段的预制、移位、堆放、运输；梁段起吊拼装；悬拼梁体体系转换；合龙段施工。

一、梁段预制

悬拼施工是将梁沿纵轴向根据起吊能力分成适当长度的节段，在工厂或桥位附近的预制场进行预制，然后运到桥位处用吊机进行拼装。节段预制的质量直接关系着梁段悬拼施工的质量和速度，因此预制时应严格控制梁段断面和形体的精确度，并充分注意预制场地的选择与布置；台座和模板支架的制作；工艺流程的拟订以及养护和储运的每一环节。梁段预制的方法通常有长线浇筑或短线浇筑的立式预制和卧式预制。

1. 长线预制

长线预制是在预制厂或施工现场按桥梁底缘曲线制作固定台座，在台座上安装底模进行节段混凝土浇筑工作。底座的形成有多种方法，它可以利用预制场的地形堆筑土胎，经加固夯实后铺砂石层并在其上面做混凝土底板；盛产石料的地区可用石砌圬工筑成所需的梁底缘的形状；在地质情况较差的预制场地，可采用打短桩基础，在桩基础上搭设排架形成梁底缘曲线。图 5-51 为长线预制台座的构造。

梁体节段的预制一般在底板上进行。模板常采用钢模，每段一块，以便于装拆使用。为加快施工进度，保证节段之间密贴，常采用先浇筑奇数节段，然后利用奇数节段混凝土的端面弥

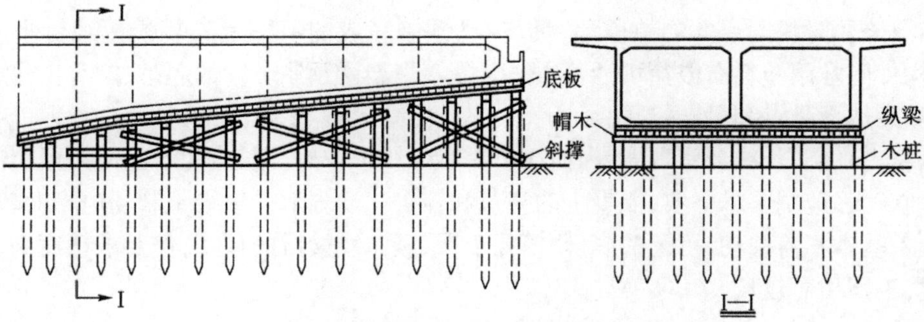

图 5-51　长线法预制箱梁节段的台座

台浇筑偶数节段。也可以采用分阶段的预制方法。当节段混凝土强度达到设计强度 75% 以上后,可吊出预制场地。

长线预制需要较大的施工现场,底模的长度最小需有桥梁跨径的一半,并要求操作设备可在预制场移动。因此,长线法宜在具有固定梁底缘形状的多跨桥上采用,以提高设备的使用效率。长线预制施工方法见图 5-52。

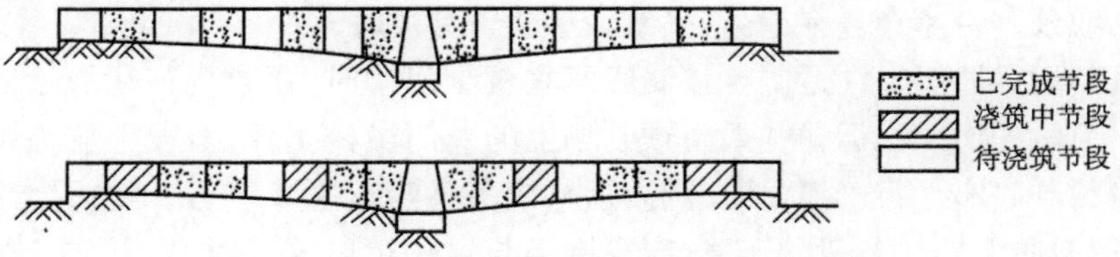

图 5-52　长线预制施工方法

2. 短线预制

短线预制是在固定台位且能纵移的模板内浇筑,由可调整内、外部模板的台车与端梁来完成的。当第一节段混凝土浇筑完成后,在其相对位置上安装下一节段模板,并利用第一节段混凝土的端面作为第二节段的端模完成第二节段混凝土的浇筑工作。这种方法适合节段的工厂化生产预制,设备可周转使用,台座仅需 3 个梁段长,但节段的尺寸和相对位置的调整要复杂一些。短线台座除基础部分外,多采用钢料加工制作。图 5-53 为短线预制台座的构造。此法亦称活动底座法。

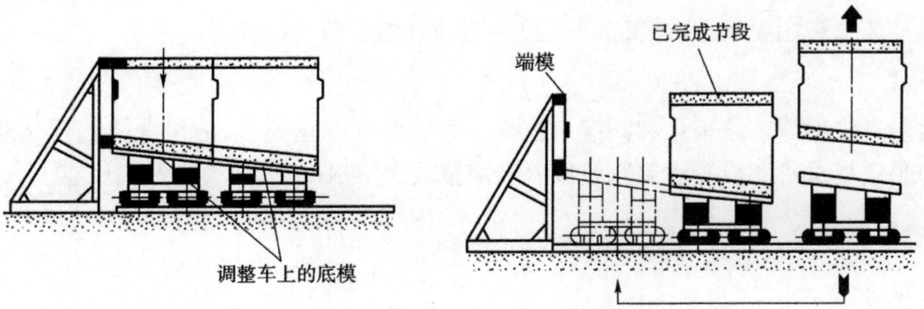

图 5-53　短线预制施工方法

3. 卧式预制

当主梁为桁架梁时,具有较大的桁高和节段长度,且桁架的桁杆截面尺寸不大时,常采用卧式预制。卧式预制要有一个较大的地坪,地坪的高低要经过测量,并有足够的强度,不致产生不均匀沉陷。对相同尺寸的节段还可以在已预制完成的节段上安装模板进行平卧叠层预制,两层构件间常用塑料布或涂机油等方法分隔。桁架梁预制节段的起吊、翻身工作要求操作细致,并注意选择吊点和吊装机具。

可以看出:由于长线台座可靠,因而成桥后梁体线形较好。长线的台座使梁段留有较大余地,但占地较大,地基要求坚实,混凝土的浇筑和养护移动分散。短线预制场地相对较小,浇筑模板及设备基本不需移动,可调的底、侧模便于平、竖曲线梁段的预制;但要求精度高,施工严,周转不便,工期相对较长。

二、梁段运输

梁段运输有水、陆、栈桥及缆吊等各种形式。梁体节段自预制底座上出坑后,一般先存放于存梁场,拼装时节段由存梁场移至桥位处的运输方式,一般可分为场内运输、装船和浮运三个阶段。

1. 场内运输

当存梁场或预制台座布置在岸边,又有大型悬臂浮吊时,可用浮吊直接从存梁场或预制台座将节段吊放到运梁驳船上浮运。当预制底座垂直于河岸时,存梁场往往设于底座轴线的延长线上,此时,节段的出坑和运输一般由预制场上的龙门吊机担任,节段上船也可用预制场的龙门吊机。当预制底座平行于河岸时,场内运输应另备运梁平车进行。栈桥上也必须另设起重吊机,供吊运节段上船。节段的运输,当预制场与栈桥距离较远时,应首先考虑采用平车运输。起运前要将节段安放平稳,底面坡度不同的节段要使用不同厚度的楔形木来调整。节段用带有花篮螺钉的缆索保险。

当采用无转向架的运梁平车时,运输轨道不得设平曲线,纵坡一般应为平坡。当地形条件限制时,最大纵坡也不得大于1%。下坡运行时,平车后部要用钢丝绳牵引保险,不得溜放。

2. 装船

梁段装船在专用码头上进行。码头的主要设施是施工栈桥和节段装船吊机。栈桥的长度应保证在最低施工水位时驳船能进港起运,栈桥的高度要考虑在最高施工水位时栈桥主梁不被水淹,栈桥宽度要考虑到运梁驳船两侧与栈桥之间需有不小于0.5m的安全距离。栈桥起重机的起重能力和主要尺寸(净高和跨度)应与预制场上的吊机相同。

3. 浮运

浮运船只应根据节段重量和高度来选择。为了保证浮运安全,应设法降低浮运重心。开口舱面的船应尽量将节段置于船舱底板。必须置放在甲板面上时,要在舱内压重。

三、悬臂拼装

1. 悬拼方法

预制节段的悬臂拼装可根据现场布置和设备条件采用不同的方法来实现。当靠岸边的桥跨不高且可在陆地或便桥上施工时,可采用自行式吊车、门式吊车来拼装。对于河中桥孔,也可采用水上浮吊进行安装。如果桥墩很高,或水流湍急而不便在陆上、水上施工时,就可利用各种吊机进行高空悬拼施工。

(1)悬臂吊机拼装法

悬臂吊机由纵向主桁架、横向起重桁架、锚固装置、平衡重、起重系、行走系和工作吊篮等部分组成,如图5-54所示。

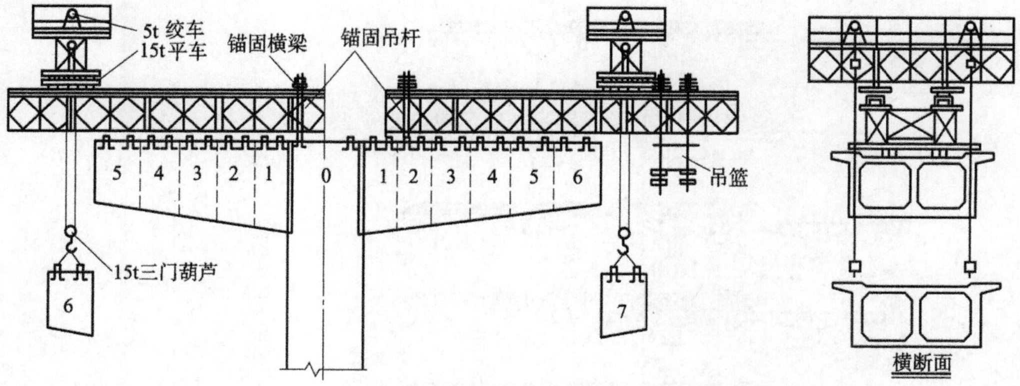

图5-54　悬臂吊机构造图

纵向主桁为吊机的主要承重结构,可由贝雷片、万能杆件、大型型钢等拼制。一般由若干桁片构成两组,用横向连接系联成整体,前后用两根横梁支承。

横向起重桁是供安装起重卷扬机直接起吊箱梁节段之用的构件,多采用贝雷架、万能杆件及型钢等拼配制作。纵向主桁的外荷载就是通过横向起重桁传递给它的。横向起重桁支承在轨道平车上,轨道平车搁置于铺设在纵向主桁上弦的轨道上,起重卷扬机安置在横向起重桁上弦。

设置锚固装置和平衡重的目的是防止主桁架在起吊节段时倾覆翻转,保持其稳定状态。对于拼装墩柱附近节段的双悬臂吊机,可用锚固横梁及吊杆将吊机锚固于0号块上。对称起吊箱梁节段,不需要设置平衡重。单悬臂吊机起吊节段时,也可不设平衡重,而将吊机锚在节段吊环上或竖向预应力筋的螺丝端杆上。

起重系一般是由5t电动卷扬机、吊梁扁担及滑车组等组成,作用是将由驳船浮运到桥位处的节段提升到拼装高度以备拼装。滑车组要根据起吊节段的重量来选用。

吊机的整体纵移可采用钢管滚筒在木板上滚移,由电动卷扬机牵引。牵引绳通过转向滑车系于纵向主桁前支点的牵引钩上。横向起重桁架的行走采用轨道平车,用倒链滑车牵引。

工作吊篮悬挂于纵向主桁前端的吊篮横梁上,吊篮横梁由轨道平车支承以便工作吊篮的纵向移动。工作吊篮供预应力钢丝穿束、千斤顶张拉、压注灰浆等操作之用,可设上、下两层上层供顶板钢束施工操作用,下层供肋板钢束施工操作用。也可只设一层,此时,工作吊篮可用倒链滑车调整高度。

这种吊机的结构较简单,使用最普遍。当吊装墩柱两侧附近节段时,往往采用双悬臂吊机,当节段拼装至一定长度后,将双悬臂吊机改装成两个独立的单悬臂吊机。但在桥的跨径不太大,孔数也不多的情况下,有的工地就不拆开墩顶桁架而在吊机两端不断接长进行悬拼,以免每拼装一对节段就将对称的两个单悬臂吊机移动和锚固一次。

(2)连续桁架(闸式吊机)拼装法

连续桁架悬拼施工可分移动式和固定式两类。移动式连续桁架的长度大于桥的最大跨径,桁架支承在已拼装完成的梁段和待拼墩顶上,由吊车在桁架上移运节段进行悬臂拼装。固定式连续桁架的支点均设在桥墩上,而不增加梁段的施工荷载。

图5-55表示移动式连续桁架,其长度大于两个跨度,有三个支点。这种吊机每移动一次可以同时拼装两孔桥跨结构。

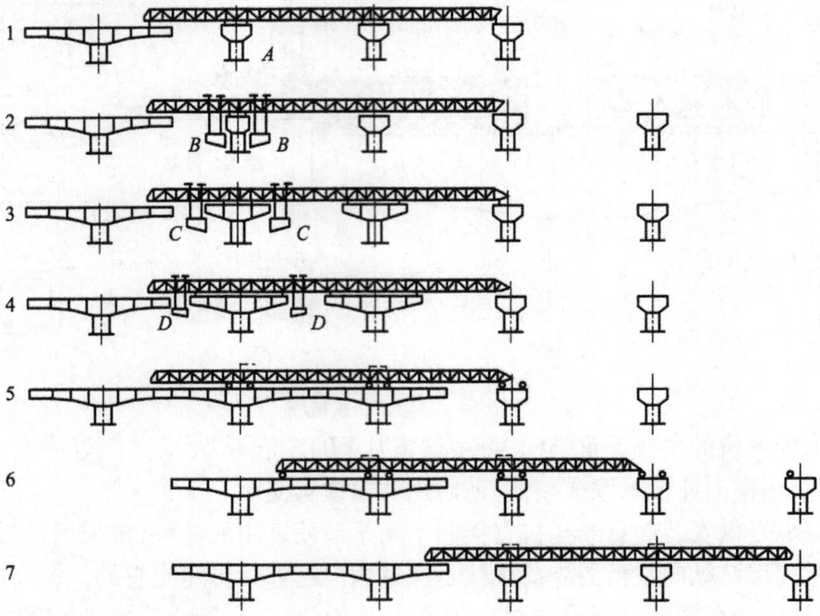

图5-55 移动式连续桁架拼装示意图

(3)缆索起重机(缆吊)拼装法

缆吊无须考虑桥位状况,且吊运结合,机动灵活,作业空间大,在一定设计范围内缆吊几乎可以负责从下部到上部,从此岸到彼岸的施工作业,因此缆吊的利用率和工作效率很高。其缺点是一次性投入大,设计跨度和起吊能力有限,一般起吊能力不宜大于500kN,而一般混凝土预制梁段的重力多达500kN。目前,我国使用缆吊悬拼连续梁都是由两个独立单箱单室并列组合的桥型,为了充分利用缆吊的空间特性,特将预制场及存梁区布设在缆吊作用面内。缆吊进行拼合作业时增加风缆和临时手拉葫芦,以控制梁段即位的精度。缆机运吊结合的优势,大大缩短了采用其他运吊方式所需的转运时间,可以将梁段从预制场直接吊至悬拼结合面。施工速度可达日拼2个作业面4段,甚至可达3个作业面6段。

缆吊悬拼可采用伸臂吊机、缆索吊机、龙门吊机、人字扒杆、汽车吊、履带吊、浮吊等起重机进行拼装。根据吊机的类型和桥孔处具体条件的不同,吊机可以支承在墩柱上、已拼好的梁段上或处在栈桥上、桥孔下。

图5-56为缆索起重机塔柱图。缆索吊装布置可参考其他有关章节。

(4)移动式导梁悬拼

这种施工方法需要设计一套比桥跨略长的可移动式导梁,如图5-57所示。导梁安装在悬拼工作位置,梁段沿已拼梁面运抵导梁旁,由导梁运到拼装位置用预应力拼合在悬臂端上。导梁设有两对固定支架,一对在导梁后面,另一对设在中间,梁段可以从支柱中间通过。导梁前端有一个活动支柱,使导梁在下一个桥墩上能形成支点。导梁下弦杆用来铺设轨道以支承运梁平车。平车可使梁段水平和垂直移动,同时还能使其转动90°。施工可分以下三阶段进行:

①吊装墩顶梁段。导梁放在三个支点上，即后支架上、靠近已悬拼端头的中支架和借助临时支柱而与装在下一桥前方的前支柱相接成第三支点。

②导梁前移。通过后支架的滚动和前支架的滑轮装置，使导梁向前移动。

③吊装其他梁段。拼装其他梁段时，导梁由后支架和中间支架支承。中间支架锚固在墩顶梁段上，后支架锚固在已建成的悬臂梁端。

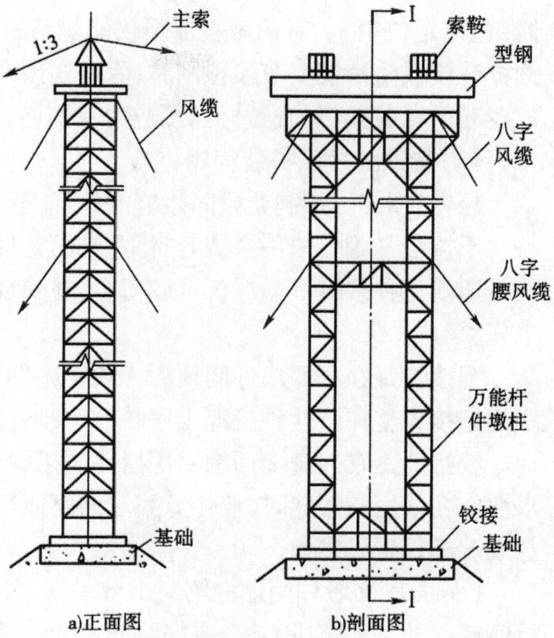

图 5-56　缆索起重机塔柱图

2. 拼装施工

(1)支座临时固结或设置临时支架

为了确保连续梁分段悬拼施工的平衡和稳定，常与悬浇方法相同，将 T 构支座临时固结。当临时固结支座不能满足悬拼要求时，一般考虑在墩两侧或一侧加临时支架。悬拼完成，T 构合龙（合龙要点与悬浇相同），即可恢复原状，拆除支架。

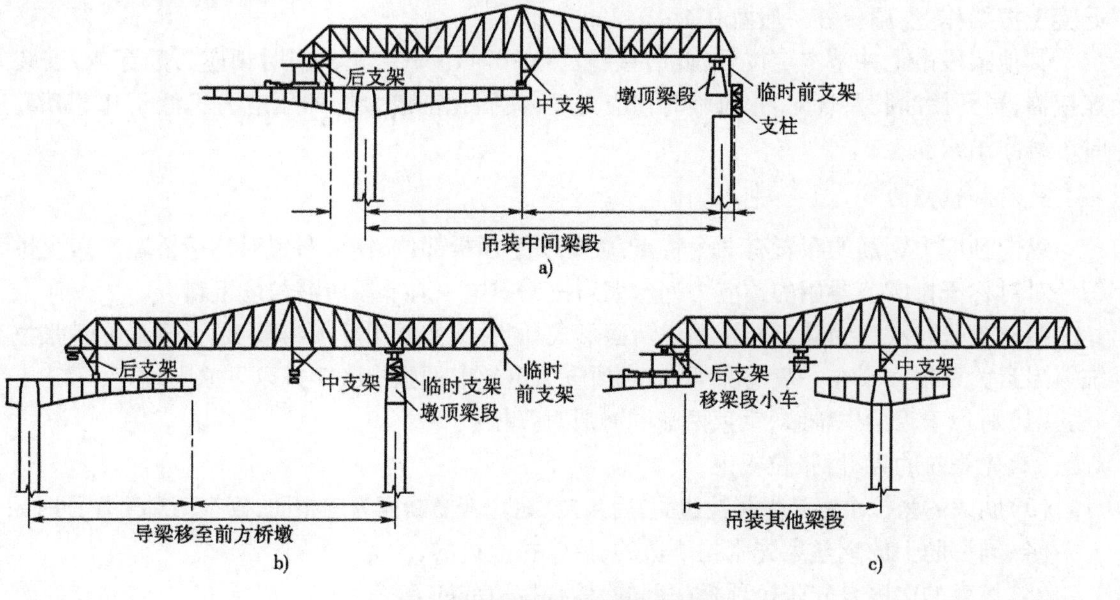

图 5-57　移动式导梁悬拼梁段示意图

梁段拼接有全断面铰接、部分铰接与部分湿接及湿接三种形式。不同的施工阶段和不同的部位常采用不同的接缝形式。两梁段全横断面靠环氧树脂黏结构成全断面铰接，计算时假定为剪力铰。部分铰接与部分湿接是腹板为铰接，顶板及底板通过伸出钢筋连接再现浇混凝土。湿接是相邻梁段间浇筑一段 10 ~ 20cm 宽的混凝土作为接头的连接缝，用以调整随后梁段（基准梁段）的位置，以便准确地控制其后续梁段的安装精度。

为了使预制节段在拼装时能准确而迅速地安装就位，在节段预制时在顶板均衡设置定位器(也称定位销)。有的定位器不仅能起到固定位置的作用,而且能承受剪力。这种定位装置称抗剪楔或防滑楔。节段预制时,除注意预埋定位器装置外,尚须注意按正确位置预埋孔道形成器和吊点装置(吊环或竖向预应力粗钢筋)等。

(2)接缝处理和拼装程序

悬臂拼装时,预制梁段间接缝的处理,分干接缝、湿接缝、胶接缝等几种方法。

干接缝是相邻块件拼装时,将两端面直接贴合,接缝上的内力通过预施力及肋板上的齿形键传递。这种接缝不易保证接缝密合,易受水气侵袭而导致钢筋锈蚀,且容易产生局部应力集中现象。

湿接缝是在相邻块件间现浇一段 10 ~ 20cm 宽的高强度等级的砂浆或小石子混凝土,将块件连接成整体。这种接缝工序复杂,且现浇混凝土需要养生,致使工期延长。

胶接缝是在接缝端面涂一薄层环氧树脂等胶接材料,将相邻整体具有一定的刚度和不透水性。在采用胶接缝时,应注意胶层的厚薄均匀,厚 0.8mm 左右。如悬臂过长,还可在悬臂中部或端部设置湿接缝。

1 号梁段即墩柱两侧的第一个节段,一般与墩柱上的 0 号块以湿接缝相接。1 号块是两侧悬臂箱梁的基准节段,是全跨安装质量的关键。悬拼施工时,防止上翘和下挠的关键在于 1 号块定位准确,因此,必须采用各种定位方法确保 1 号块定位的精度。定位后的 1 号块可由吊机悬吊支承,也可用下面的临时托架支承。为便于进行接缝处管道接头拼接、接头钢筋的焊接和混凝土振捣作业,湿接缝一般宽 0.1 ~ 0.2m。

其他梁段吊上并基本定位后(此时接缝宽约 10 ~ 15cm),先将临时预应力筋穿入,安装好连接器,再开始涂胶及合龙,张拉临时预应力筋,使固化前胶接缝的压应力不低于 0.3MPa,这时可解除吊钩。

3. 施加预应力

纵向预应力钢筋的布置有两个特点:较集中于顶板部位;钢束布置对称于桥墩。因此拼装每一对对称于桥墩节段用的预应力钢丝束须按锚固这一对节段所需长度下料。

钢丝束张拉次序的确定与箱梁横断面形式、同时工作的千斤顶数量、是否设置临时张拉系统等因素关系很大。在一般情况下,纵向预应力钢丝束的张拉次序按以下原则确定:

(1)对称于箱梁中轴线,钢束两端同时成对张拉;

(2)先张拉肋束,后张拉板束;

(3)肋束的张拉次序是先张拉边肋,后张拉中肋(若横断面为三根肋,仅有两对千斤顶时);

(4)同一肋上的钢丝束先张拉下边的,后张拉上边的;

(5)板束的次序是先张拉顶板中部的,后张拉边部的。

4. 孔道压浆

管道压浆的目的是为了保证预应力筋不受腐蚀。目前的工艺是先用高压水检查管道的畅通、匹配面的密贴情况以及封端情况后再进行正式压浆,直到出浆口出浓浆。封闭出浆口持压几分钟,以保证水泥浆尽量充满管道。

压浆是在局部封锚后进行的。尚未进行封端,封锚水泥砂浆极易收缩开裂,造成压浆时漏浆,直接影响持压效果;且水泥浆在管道内会产生收缩,使压浆质量难以控制。故除了保证封端质量外，若在水泥浆中加入适量微膨胀剂，选取合适的配合比，则既能使压浆工作顺利进行，又能使凝固后的水泥浆尽量充满管道，尽可能地排出管道内的水和空气，避免力筋受蚀。值得提出的是，在正式压浆前，必须检查管道畅通及渗漏情况，在压浆时，若从一端压不通，须及时处理，不得从另一端补压了事。

四、合龙段施工

用悬臂施工法建造的连续刚构桥、连续梁桥和悬臂桁架拱，则需在跨中将悬臂端刚性连接、整体合龙。这时合龙段的施工常采用现浇和拼装两种方法。现浇合龙段预留1.5～2m，在主梁高程调整后，现场浇筑混凝土合龙，再张拉预应力索筋，将梁连成整体。节段拼装合龙对预制和拼装的精度要求较高，但工序简单，施工速度快。箱梁T构在跨中合龙时初期常用剪力铰，使悬臂能相对位移和转动，但挠度连续。现在箱梁T构和桁架T构的跨中多用挂梁连接。预制挂梁的吊装方法与装配式简支梁的安装相同。但需注意安装过程中对两边悬臂加载的均衡性问题，以免墩柱受到过大的不均衡力矩。有两种方法：采用平衡重；采用两悬臂端部分批交替架梁，以尽量减少墩柱所受的不平衡力矩。

五、安装误差的控制和纠正

悬臂拼装施工中由于多方面因素影响，各块件的拼装都存在程度不同的误差。其中1号块件定位和胶接缝施工影响最大。1号块件定位不准，则以后拼装的各个块件均将偏离预计的位置。胶接缝施工时胶浆涂层太厚、接缝加压不均匀，将引起梁的意外上翘。为控制和纠正误差，可采取以下措施：

(1)1号块定位时，按计算的悬臂挠度及需设的预拱度确定正确的位置，并仔细进行定位。

(2)其他块件胶接缝的涂层尽量减薄，并使在临时的均匀压力下固化。

(3)悬拼过程中发现实际悬拼挠度过大时，可依具体情况采取以下措施：

①通过多次涂胶将胶接缝做成上厚下薄的胶接层，以调整上翘程度。

②在接缝上缘的胶层内垫钢板，增加接缝厚度。

③将块件端面凿去一层混凝土，凿去的厚度沿截面按需要变化，然后涂胶拼接。

④增加一个湿接缝，即改胶接缝(或千接缝)为湿接缝，将块件调整到要求的位置。

悬臂施工的两种方法中，悬浇施工的结构整体性好，无须预制场地及重型吊装设备。悬拼施工的进度快，需预制场地及重型起吊和运输设备，且模板及支架材料用得多。一般当跨径较大时常用悬浇法施工。

六、施工控制

(1)桥位纵轴线的观测。桥梁纵轴线的施工控制是悬拼法的主要控制点之一。为此，在主桥上部结构施工前，应在立桥两端搭设测量三脚架，其高度应保证在施工时全站仪能直视全桥桥面结构表面的各测点，以便随时测量各有关测点的位置是否有偏差。

(2)拼装块件各点的高程，应根据浇制块件假定的相对高程值，通过实测逐点计算出各相应点的绝对高程，以便悬拼时控制。

(3)块件的拼装：为便于控制，在预制成型拆模后，在块件两外侧各划一通长的黑色线，在块件表面亦同样划一道通长墨线，在吊装前操作工人直接控制三线吻合，则可节约测量时间，容易控制好质量。

(4)0 号块件与 1 号块件的测量工作要精益求精，使后期吊装易于控制。

(5)在块件吊装时，如果发生线形误差，最好及时用湿接缝纠正，以免误差加大，造成明显的线形偏差。

第五节　梁式桥的其他施工方法

一、移动模架法

移动模架法是使用移动式的脚手架和装配式的模板，在桥位上逐孔现浇施工。随着施工进程不断移动连续现浇施工，因此移动模架法也称为“活动的桥梁预制厂”和“造桥机”。这种施工方法自从 1959 年在联邦德国的克钦卡汉桥(该桥总长 511.5m，为 13 孔跨径)使用以来，得到了较广泛的应用，特别对于桥长多孔的高架桥，使用十分方便。它的特点是桥长跨多，桥梁的跨径大约在 30 ~ 50m，为适应这类桥梁的快速施工，节省劳动力，减轻劳动强度和少占施工场地，利用机械化的支架和模板逐跨移动，现浇混凝土施工，这就是移动模架法。移动模架法施工如图 5-58 所示。

a)　　b)

图 5-58　移动模架法施工

1. 移动悬吊模架

移动悬吊模架的形式很多，各有差异，就其基本结构包括三部分：承重梁、从承重梁伸出的肋骨状的横梁和支承主梁的移动支承，见图 5-59。承重梁通常采用钢梁，长度大于两倍跨径，是承受施工设备自重、模板系统重力和现浇混凝土重力的主要构件，承重梁的后段通过可移式支承落在已完成的梁段上，它将重量传给桥墩(或直坐落在墩顶)，承重梁的前端支承在桥墩上，工作状态呈单悬臂梁。承重梁除起承重作用外，在一孔梁施工完成后，作为导梁与悬吊模架一起纵移至下一施工孔，承重梁的移位以及内部运输由数组千斤顶或起重机完成，并通过中心控制操作。

2. 活动模架

活动模架的构造形式较多，其中的一种构造形式由承重梁、导梁、台车和桥墩托架等构件

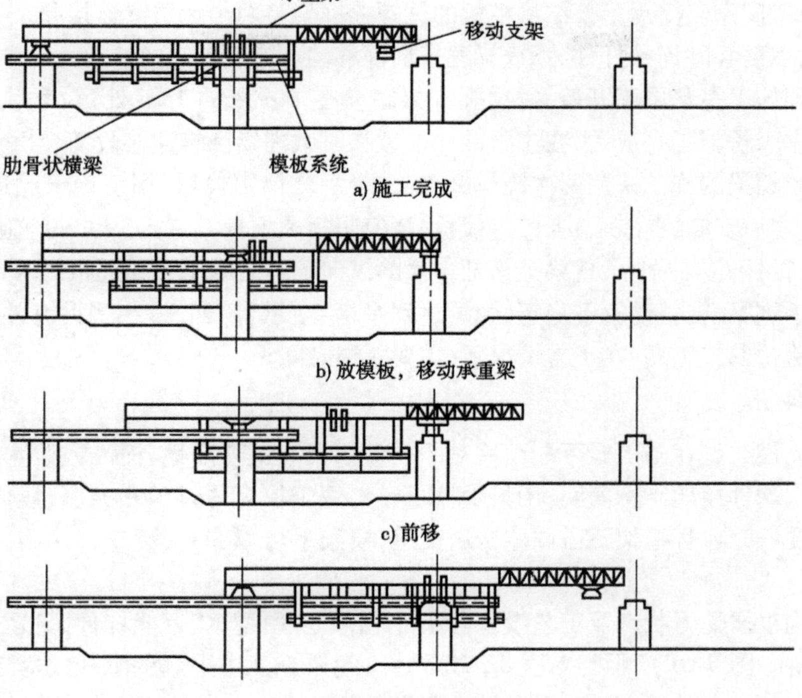

图 5-59　移动悬吊模架的施工程序

组成。在混凝土箱形梁的两侧各设置一根承重梁，支撑模板和承受施工重量，承重梁的长度要大于桥梁跨径，灌注混凝土时承重梁支承在桥墩托架上。导梁主要用于运送承重梁和活动模架，因此需要有大于两倍桥梁跨径的长度，当一跨梁施工完成后进行脱模卸架，由前方台车（在导梁上移动）和后方台车（在已完成的梁上移动），沿纵向将承重梁和活动模架运送至下一跨，承重梁就位后导梁再向前移动，如图 5-60 所示。

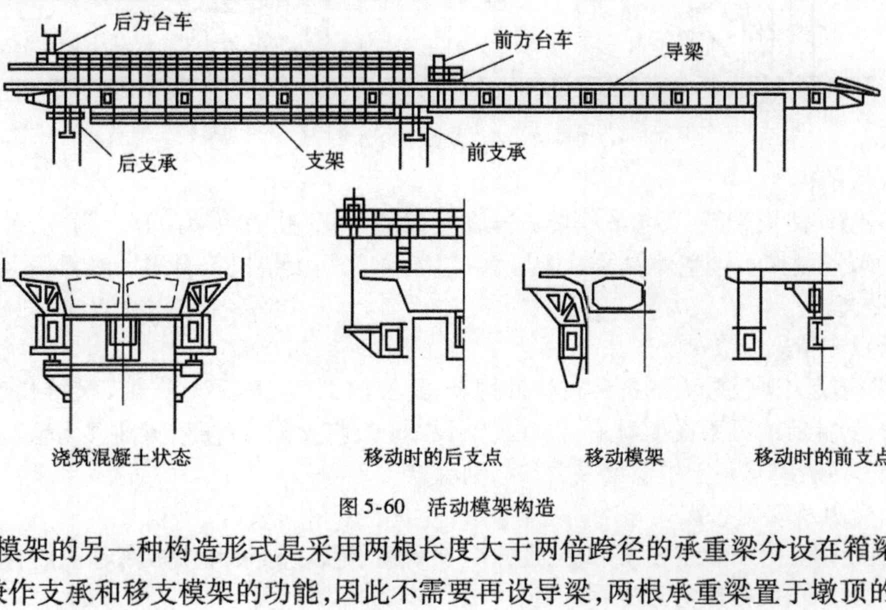

图 5-60　活动模架构造

活动模架的另一种构造形式是采用两根长度大于两倍跨径的承重梁分设在箱梁面的翼缘板下方，兼作支承和移支模架的功能，因此不需要再设导梁，两根承重梁置于墩顶的临时横梁上，两根承重梁间用于支承上部结构模板的钢螺栓框架将两个承重梁连接起来，移动时为了跨越桥墩前进，需要解除连接杆件，承重梁逐根向前移动。

活动模架施工是从岸跨开始，每次施工接缝设在下一跨的13m处（$L/5$附近）连续施工，当正桥和两岸引桥施工完成后，在主跨锚孔设置临时墩现场浇筑连接段使全桥合龙。

对于每个箱梁的施工采用两次浇筑施工法，当承重梁定位后，用螺旋千斤顶调整外模，浇底板混凝土，之后安装设在轨道上的内模板，浇筑腹板及顶板混凝土。在一跨施工结束需移动模架时，将连接杆件从一个承重梁上松开并撤除纵向缆索后将承重梁逐根纵移，由于附有连接杆和模板的承重梁，在移动时不稳定，为了达到平衡，在承重梁的另一侧设有外托架和混凝土平衡梁。每跨桥的施工期，在正常情况下，需要4周时间。

3. 落地移动模架

落地移动模架是在施工梁下地面移动的一种模架。适合陆地、河滩或浅水栈桥上的低架桥条件施工。这种模架结构简明，用料少，质量轻，便于模高的调整和控制，梁体尺寸不限，移动和施工方便、安全，且模架不占两侧交通便道，模架下可以穿行，便于市区施工，但地基整平加固费用高。

模架结构根据受力状态及工艺设备等条件设计，可用型钢、万能杆件、贝雷桁梁及装配式军用梁等组拼。图5-61所示为6联8×20m连续箱梁施工中采用的承托式落地移动模架，它由模板、承重桁梁、千斤顶、支架、滑道及拖拉设备等组成。在桥墩两侧布置可纵向移动的拆装式钢桁梁作主桁梁，梁下用万能杆件作支架。施工时，将两侧钢桁梁和模板连成一体，每施工完一孔后，将其解体，利用支架顶部滑道和拖拉设备，将钢桁梁牵进，支架循环利用。

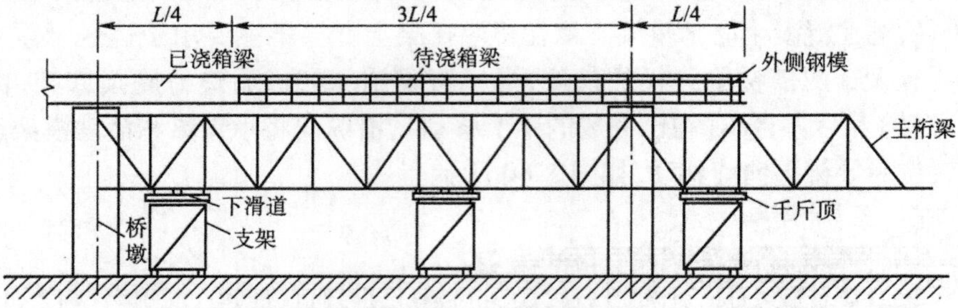

图5-61　中孔梁体模架结构示意

(1)模板结构

用型钢制作侧模骨架，要求底模能悬挂在模架的一侧，并随模架前移。为此，外模和底模均以5m为节段制作。调整外模及模板与承重主桁梁之间楔垫以符合平曲线梁段及竖曲线梁段的形体要求。

(2)承重主桁梁及支架

承重主桁梁用刚性较大的拆装式构件拼装，其长按1.25倍桥跨加端头搭接长度考虑，全长30m。承重主桁梁可不设上滑道，仅在前端设1m长前导梁，以便桁梁前移上墩。支架用万能杆件拼装，间距应有利于主桁梁受力和移动稳定。

(3)千斤顶及钢凳布置

千斤顶和钢凳为承重主桁梁的支点，并用于调整承重主桁梁和模板高程及脱模。钢凳上设钢楔块。千斤顶规格按实际需要选用。

(4)滑道及拖拉装置

模架纵移程序同钢桁梁拖拉安装,在支架上设置下滑道,承重主桁梁下弦为上滑道,上下滑道间设四氟板。下滑道设置可满足模架纵横向移动及弯梁的施工要求。

二、顶推法

自1959年联邦德国的莱昂哈特(Leonhardt)和鲍尔教授在奥地利的阿格尔桥首次使用顶推法以来,世界各国采用顶推法施工的大桥已超过300座。我国于1974年首先在狄家河铁路桥采用顶推法施工,该桥为4×40m预应力混凝土连续梁桥;之后湖南望城沩水河桥使用柔性墩多点顶推连续梁桥的施工,为我国采用顶推法施工积累了成功的经验,有力地推动了我国预应力混凝土连续梁桥的发展。

顶推法施工是在沿桥轴线方向的桥台后设置预制场,设置钢导梁和临时墩、滑道、水平千斤顶施力装置。分节段预制混凝土梁段,用纵向预应力筋连成整体,将梁逐段顶出去(拖出去),再在空出的制梁台座上继续下一梁段浇筑,这样反复循环施工桥梁的方法叫顶推法施工。顶推法施工是对钢桥拖拉法架设原理的应用。所不同的是滑动和施力装置不同。顶推法施工如图5-62所示。

顶推法施工的特点是:不需要支架和大型机械,工程质量容易控制,占用场地小,不受季节影响。但该法仅适用于等高度的直线桥或等半径的曲线桥,顶推梁造价比同等跨径简支梁和现浇变截面连续梁造价高。

图5-62 顶推法施工

预应力混凝土连续梁桥采用顶推法施工在世界各地颇为盛行。顶推法施工不仅用于连续梁桥(包括钢桥),同时也可用于其他桥型。如简支梁桥,也可先连续顶推施工,就位后解除梁跨间的连续;拱桥的拱上纵梁,可在立柱间顶推施工;斜拉桥的主梁采用顶推法等。目前,顶推法为主要针对架设预应力连续梁桥的先进工艺。

1.顶推法施工原理及程序

顶推法的施工原理是沿桥纵轴方向的台后开辟预制场地。分节段预制混凝土梁身,并用纵向预应力筋连成整体,然后通过水平液压千斤顶施力,借助不锈钢板与聚四氟乙烯模压板特制的滑动装置,将梁逐段向对岸顶进,就位后落架,更换正式支座完成桥梁施工。

顶推法的施工程序是在桥台后面的引道上或在刚性好的临时支架上设置制梁场,集中制作(现浇或预制装配)一般为等高度的箱形梁段(约10~30m一段),待有2~3段后,在上、下翼板内施加能承受施工中变号内力的预应力,然后用水平千斤顶等顶推设备将支承在聚四氟乙烯塑料板与不锈钢板滑道上的箱梁向前推移,由于四氟板与不锈钢板间的摩擦系数约为0.02~0.05,故对于梁重即使达100000kN,也只需5000kN以下的力即可推出。推出一段再接长一段,这样周期性地反复操作直至最终位置,进而调整预应力(通常是卸除支点区段底部和跨中区段顶部的部分预应力筋,并且增加和张拉一部分支点区段顶部和跨中区段底部的预应力筋),使满足后加恒载和活载内力的需要,最后,将滑道支承移置成永久支座,至此施工完毕。

2. 顶推施工方法及特点

(1)顶推施工方法

按施力方法分为单点顶推和多点顶推;按顶推方向分单向顶推和双向顶推;下面主要介绍单点顶推和多点顶推。

①单点顶推。

单点顶推水平力的施加位置一般集中设置于主梁预制场靠近桥台或某一桥墩,其他墩台支点只设置滑道支承。单点顶推装置又有两种方式,一种是用单点拉杆千斤顶顶推,视顶推力的大小,安装一台或多台水平千斤顶,通过拉杆连接梁的底板或者两侧,牵引拉动梁体在滑道上前移;另一种是直接顶推梁体,在预制台座的后面,设一个反力座,安装一台或多台千斤顶,直接顶梁向前滑动。

单点顶推适用于桥台刚度大,梁体轻的施工条件。单点顶推的优点有:顶推设备简单,并可利用预应力张拉或者顶进法施工的设备;单点施力,没有多点顶推设备同步运行问题,控制系统简单。单点顶推的缺点有:由于全桥顶推水平力仅由一个墩(台)上顶推设备承担,顶推设备能力要求高,尤其是孔数较多的长桥,顶推设备能力难以适应;未设千斤顶的墩顶均有较大的水平摩阻力。

图5-63a)表示一般单向单点顶推的情况。顶推设备只设在一岸桥台处。在顶推中为了减少悬臂负弯矩,一般要在梁的前端安装一节长度约为顶推跨径(0.6~0.7)倍的钢导梁,导梁应自重轻而刚度大。单向顶推最宜于建造跨度为40~60m的多跨连续梁桥。当跨度更大时,就需在桥墩间设置临时支墩,国外已用顶推法修建了跨度达168m的桥梁。至于顶推速度,当水平千斤顶行程为1m/h,一个顶推循环需10~15min。

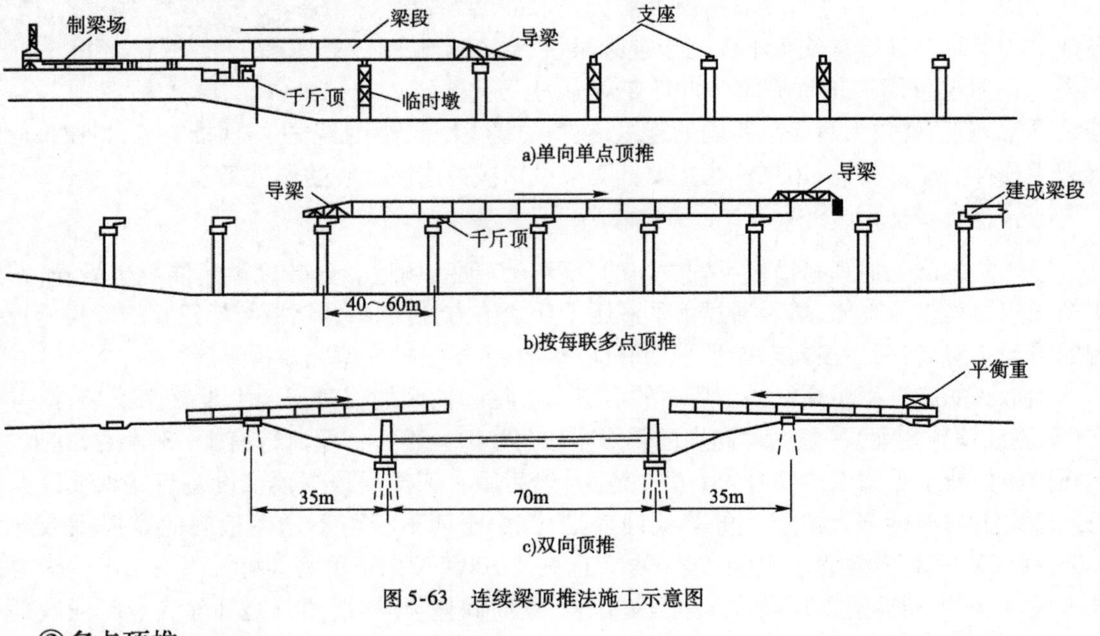

图5-63 连续梁顶推法施工示意图

②多点顶推。

在每个墩台上设置一对小吨位(400~800kN)的水平千斤顶,将集中的顶推力分离到各墩上。由于利用水平千斤顶传给墩台的反力来平衡梁体滑移时在桥墩产生的摩阻力,而使桥墩在顶推过程中承受较小的水平力,因此可以在柔性墩上采用多点顶推施工。

多点顶推施工的关键在于同步。因为顶推水平力是分散在各桥墩上,一般均需通过中心控制室控制各千斤顶的出力等级,保证同时启动、同步前进、同时停止和同时换向。为保证在意外情况下,及时改变全桥的运动状态,各机组和观测点上需装置急停按钮。对于在柔性墩上的多点顶推,为尽量减小对桥墩的水平推力及控制桥墩的水平位移,千斤顶的出力按摩擦力的变化幅度分为几个等级通过计算确定。由于摩擦力的变化引起顶推力与摩擦力的差值变化,每个墩在顶推时可能向前或向后位移,为了达到箱梁匀速前进,应控制水平差值及桥墩位移,施工时在控制室随时调整顶力的级数,控制千斤顶的出力大小。由于千斤顶传力时间差的影响,将不可避免地引起桥墩沿桥纵向摆动,同时箱梁的悬出部分可能上下振动,这些因素对施工极其不利,要尽量减少其影响,做到分级调压,集中控制,差值限定。

多点顶推与集中单点顶推比较,可以免去大规模的顶推设备,能有效地控制顶推梁的偏离,墩上顶推力与该墩上梁体滑动摩阻力互相抵消,桥墩在顶推过程承受较小的水平力,便于结构采用柔性墩。在顶推设备方面,国内一般较多采用拉杆式顶推方案,每个墩位上设置一对液压穿心式水平千斤顶,每侧的拉杆使用一根或两根直径 25mm 高强螺纹钢筋,前端通过锥楔块固定在水平顶活塞杆的头部,另一端使用特制的拉锚器、锚定板等连接器与箱梁连接,水平千斤顶固定在墩身特制的台座上,同时在梁位下设置滑板和滑块。当水平千斤顶施顶时,带动箱梁在滑道上向前滑动。采用拉杆式顶推系统,免去在每二循环顶推过程中用竖向千斤顶将梁顶起使水平千斤顶复位,简化了工艺流程,加快顶推速度。在弯桥采用多点顶推时,由各墩均匀施工加顶力,同时能顺利施工。所以我国在近年来用顶推法施工的预应力混凝土连续梁桥,较多地采用了多点顶推法。但多点顶推需要较多的设备,操作要求也比较高。

对于特别长的多联多跨桥梁也可以应用多点顶推的方式使每联单独顶推就位,如图 5-63b)所示。在此情况下,在墩顶上均可设置顶推装置,且梁的前后端都应安装导梁。图 5-63c)为三跨不等跨连续梁采用从两岸双向顶推施工的图示。用此法可以不设临时墩而修建中跨跨径更大的连续梁桥。

采用顶推法施工,每一节段从制梁开始到顶推完毕,一个循环约需 6 ~ 8d;全梁顶推完毕后,即可调整、张拉和锚固部分预应力筋,进行灌浆、封端、安装永久支座,主体工程即告完成。

(2)顶推法施工的特点

综上所述,预应力混凝土连续梁顶推法施工具有如下特点:

①由于顶推力远比梁体自重小,所以顶推设备轻型简便,不需大型吊运机具;

②不影响桥下通航或行车,对紧急施工,寒冷地区施工,架设场地受限制等特殊条件下,其优点更为明显;

③仅需一套模板周转,节省材料,施工工厂化,易于质量管理;

④施工安全干扰少;

⑤节约劳动力,减轻劳动强度,改善工作条件。

采用顶推法施工也有不足之处:由于顶推过程中,各截面正负弯矩交替变化,致使施工临时预应力筋增多,且装拆与张拉繁杂,梁体截面高度比其他施工方法大;由于顶推悬臂弯矩不能太大,且施工阶段的内力与营运阶段的内力也不能相差太大,所以顶推只适用较多跨(少跨不经济),且跨径不大于 50m 的桥型,以 42m 跨径受力最佳;对于多孔长桥,因工作面(最多两岸对顶)所限,顶推过长,施工工期相对较长。

3. 顶推施工中的几个问题

(1)确定分段长度和预制场布置

顶推法的制梁有两种方法:一种是在梁轴线的预制场上连续预制逐段顶推;另一种是在工厂制成预制块件,运送桥位连接后进行顶推。主梁的节段长度划分主要考虑段间的连接处不要设在连续梁受力最大的支点与跨中截面,同时要考虑制作加工容易,尽量减少分段,缩短工期。因此一般常取每段长 10 ~ 30m。同时根据连续梁反弯点的位置,参考国外有关设计规范,连续梁的顶推节段长度应使每跨梁不多于 2 个接缩缝。

预制场是预制箱梁和顶推过渡的场地,包括主梁节段的浇制平台和模板、钢筋和钢索的加工场地,混凝土搅拌站以及砂、石、水泥的堆放和运输路线用地。预制场一般设在桥台后,长度需要有预制节段长的三倍以上。顶推过渡场地需要布置千斤顶和滑移装置,因此它又是主梁顶推的过渡孔。主梁节段预制完成后,要将节段向前顶推,空出浇筑平台继续浇筑下一节段。

(2)节段的预制工作

节段的预制对桥梁施工质量和施工速度起决定作用。由于预制工作固定在一个位置上进行周期性生产,所以完全可以仿照工厂预制桥梁的条件设临时厂房、吊车,使施工不受气候影响,减轻劳动强度,提高工效。

一般来说,采用顶推法施工多选用等截面箱梁。为保证预制梁尺寸的准确性,并可以多次周转使用,宜使用钢模板。

模板由底模、侧模和内模组成。底模板安置在预制平台上,平台的平整度必须严格控制,因为顶推时的微小高差就会引起梁内力的变化,而且梁底不平整将直接影响顶推工作。通常预制平台要有一个整体的框架基础,要求总下沉量不超过 5mm,其上是型钢及钢板制作的底模和在腹板位置的底模滑道。在底模和基础之间设置卸落设备放下时,底模能自能脱模,将节段落在滑道上。

(3)顶推施工中的横向导向

为了使顶推能正确就位,施工中的横向导向是不可少的。通常在桥墩台上主梁的两侧各安置一个横向水平千斤顶,千斤顶的高度与主梁的底板位置平齐,由墩(台)上的支架固定千斤顶位置。在千斤顶的顶杆与主梁侧面外缘之间放置滑块,顶推时千斤顶的顶杆与滑块的聚四氟乙烯板形成滑动面,顶推时由专人负责不断更换滑块。顶推时的横向导向装置见图 5-64。

横向导向千斤顶在顶推施工中一般只控制两个位置,一个是在预制梁段刚刚离开预制场的部位,另一个设置在顶推施工最前端的桥墩上,因此梁前端的导向位置将随着顶推梁的前时不断更换位置。施工中发现梁的横向位置有误而需要纠偏时,必须在梁顶推前进的过程中进行调整。对于曲线桥,由于超高而形成单面横坡,横向导向装置应比直线处强劲,且数量要增加,同时应注意在顶推时,内外弧两侧前进的距离不同,要加强控制和观测。

4. 施工中的临时设施

连续梁顶推施工的弯矩包络图与营运状态的弯矩包络图相差较大,为了减少施工中的内力,扩大顶推法施工的使用范围,同时也从安全施工(特别在施工初期,不致发生倾覆失稳)和方便施工出发,在施工过程中使用一些临时设施,如导梁(鼻梁)、临时墩、接索、托架及斜拉索

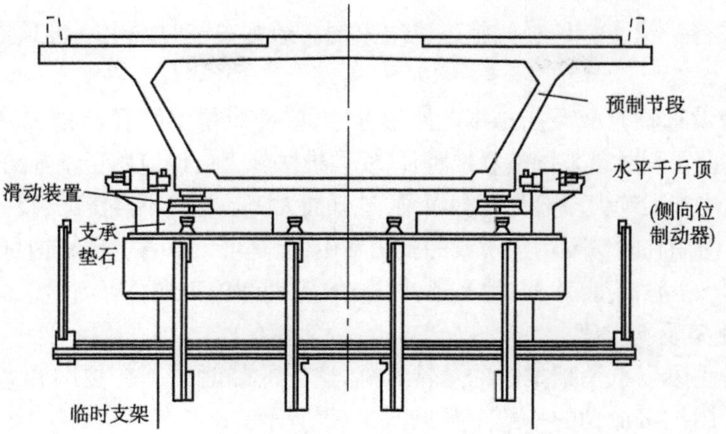

图 5-64　顶推施工的横向导向设施

等结构。

(1)导梁

导梁设置在主梁的前端,为等截面或变截面的钢桁梁或钢板梁,主梁前端装有预埋件与钢导梁拴接。导梁在外形上,底缘与箱梁底应在同一平面上,前端底缘呈向上圆弧形,以便于顶推时顺利通过桥墩。

导梁的长度一般取用顶推跨径的 0.6～0.7 倍,较长的导梁可以减小主梁悬臂负弯矩,但过长的导梁也会导致导梁与箱梁接头处负弯矩和支反力的相应增加;导梁过短则要增大主梁的施工负弯矩值,合理的导梁长度应是主梁最大悬臂负弯矩与营运阶段的支点负弯矩基本相近。

导梁的抗弯刚度和重量,必须在容许应力(强度)范围内使架设时作用在主梁上的应力最小。由于导梁在施工中正负弯矩反复出现,边接螺栓易松动,在顶推中每经历一次反复均需检查和重新拧紧。施工时要随时观测导梁的挠度。根据施工经验,实测挠度往往大于计算挠度。有的甚至大到一倍,主要原因如滑块压缩量不一致、螺栓松动、混凝土收缩及温度变化等影响。这样将会影响导梁顶推进墩,解决的办法是在导梁的前端设置一个竖向千斤顶,通过不断地将导梁端头顶起进墩,这一措施被认为是行之有效的。

顶推施工通常均设置前导梁,也可增设尾导梁。对于大桥引桥采用顶推施工时,导梁在处于主桥相接的位置时,需不断拆除部分导梁,完成顶推就位,也可即将就位,也可在即将就位时,将导梁移至箱梁顶,然后继续顶推到位。

曲线桥顶推施工也可设置导梁,其导梁的平面线形呈圆曲线的切线方向;当曲线半径较小时,也可采用折线形导梁。

(2)临时墩

临时墩由于仅在施工中使用,因此符合要求的前提下,要造价低,便于拆装。钢制临时墩因在荷载作用和温度变化下变形较大而较少采用,目前用得较多的是用滑升模板浇筑的混凝土薄壁空心墩、混凝土预制板或预制板拼砌的空心墩或混凝土板和轻便钢架组成的框架临时墩。临时墩的基础依地质和水深情况决定,可采用桩基础等。为了减小临时墩承受的水平力和增加临时墩的稳定性,在顶推前将临时墩与永久墩用钢丝绳拉紧。也可采用在每墩上、下游各设一束钢索进行张拉，效果较好，施工也很方便。通常在临时墩上不设顶推装置而仅设置滑移装置。

施工时是否设置临时墩需在总体设计中考虑，要确定桥梁跨径与顶推跨径之间关系。在设计中可以通过设置临时墩来调整顶推跨径，使顶推法施工可以应用于不等跨桥，从而扩大其使用范围。但顶推法施工绝大多数为等截面梁，过分加大跨径将是不经济的，目前在大跨径内最多设两个临时墩。使用临时墩要增加桥梁的施工费用，但是可以节省上部结构材料用量，需要从桥梁分跨、通航要求、桥墩高度、水深、地质条件、造价、工期和施工难易等因素来综合考虑。

(3)拉索、托架及斜拉索

用拉索加劲主梁以抵消顶推时的悬臂弯矩，这样的临时设施在法国和意大利建桥中使用并获得成功。采用拉索加劲的一般布置见图5-65所示。

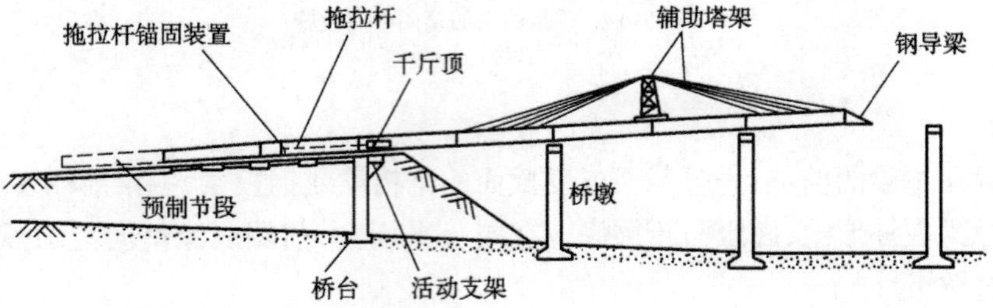

图5-65　用拉索加劲的顶推施工方法

拉索系统由钢制塔架、连接构件，竖向千斤顶和钢索组成，设置在主梁的前端。拉索的范围为两倍顶推移动长度，塔架的集中竖向力。在顶推过程中，箱梁内力不断变化，因此要根据不同阶段的受力状态调节索力，这项工作由设在塔架下端的两个竖向千斤顶来完成。

在桥墩上设托架用以减小顶推跨径和梁的受力。如苏联的西德维纳河桥，桥长 $L=231\text{m}$，分跨为 $33\text{m}+51\text{m}+63\text{m}+51\text{m}+33\text{m}$，导梁长30m。该桥在主墩的每侧设有10.4m的托架，使顶推跨径减小为42.2m，施工后托架与主梁连成整体，形成连续撑架桥。

斜拉索在顶推时用于加固桥墩，特别对于具有较大纵坡和较高桥墩的情况下，采用斜拉索可以减小桥墩的水平力，增加稳定性。这种加固方法宜在水不太深或跨山谷的桥梁上采用。

第六节　桥面施工

本节主要介绍无砟轨道系统在铁路桥梁中的施工。桥面附属结构主要包括由人行道遮板及栏杆、电缆槽、防水系统、排水系统、伸缩系统及支座等部分。

一、轨道桥梁上的无砟轨道施工

1. CRTS Ⅰ型板式无砟轨道施工(图5-66)

(1)底座板施工工艺

①桥面底座板宽2.8m范围内应进行拉毛或凿毛处理，凿毛处理时混凝土见新面不小于50%；桥面底座板施工范围内浮渣、浮浆应清除干净。

②底座板连接钢筋安装前应清除梁内预埋套筒浮渣、浮浆，连接钢筋旋入套筒内长度为

28mm，拧紧力应符合设计图纸要求，连接钢筋端头螺纹采用辊轧成型。

③当梁面套筒被堵塞而导致连接钢筋不能安装时，采用在套筒两侧各植入一根连接钢筋，钢筋规格同原规格，植筋深度为25cm，外露长度为15cm，钢筋锚固采用锚固剂。

(2)轨道板铺设施工工艺

①轨道板的运输、存放及吊装。桥梁地段施工便道沿线路贯通，并能够满足轨道板运输及吊装上桥要求。轨道板由运输车从制板场运输铺设点桥下，桥上由50t汽吊直接吊板上桥进行铺设。

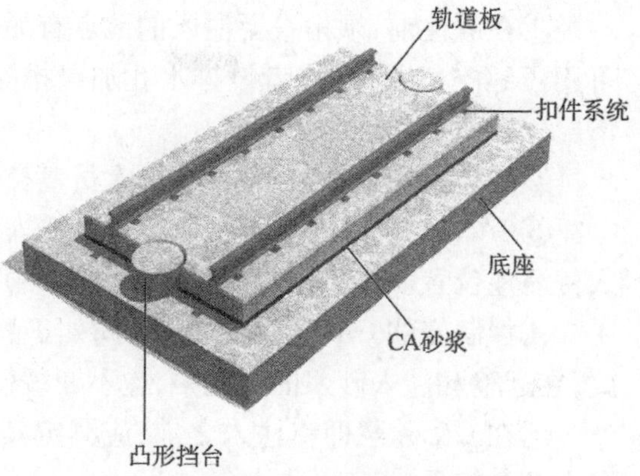

图5-66　CRTSⅠ型板式无砟轨道

②灌注袋的选择及安装铺设。根据轨道板设计高程及底座高程计算砂浆垫层厚度，确定砂浆层厚度以后，选用相应规格的灌注袋。灌注袋的铺设分为水泥乳化沥青砂浆用灌注袋铺设和凸台树脂用灌注袋铺设。CA砂浆灌注前进行水泥乳化沥青砂浆用灌注袋铺设，CA砂浆灌注后进行凸台树脂用灌注袋铺设。

(3)轨道板的粗铺

轨道板粗铺时采用机械和人工配合放置轨道板，铺设前底座混凝土面不得有杂物和积水，并预先在两凸形挡台间的底座表面放置支承垫木，支承垫木尺寸为50mm×100mm×200mm。

轨道板粗铺时尽量控制轨道板中心线与凸形挡台中线对齐，避免轨道板精调工作量的增加。精确测量两相邻凸形挡台间的纵向距离，采用木楔法将轨道板调整至两凸形挡台的中间位置，保证轨道板与两凸形挡台之间的距离之差≤5mm。轨道板与凸形挡台的间隙不得小于30mm。

轨道板铺设时应注意轨道板放置方向，轨道板接地端子一侧应靠防撞墙一侧。

(4)轨道板精调

轨道板精调流程：数据输入→通过CPⅢ点设站(图5-67)→螺栓孔速调标架校正→单元板调整→成果检查。

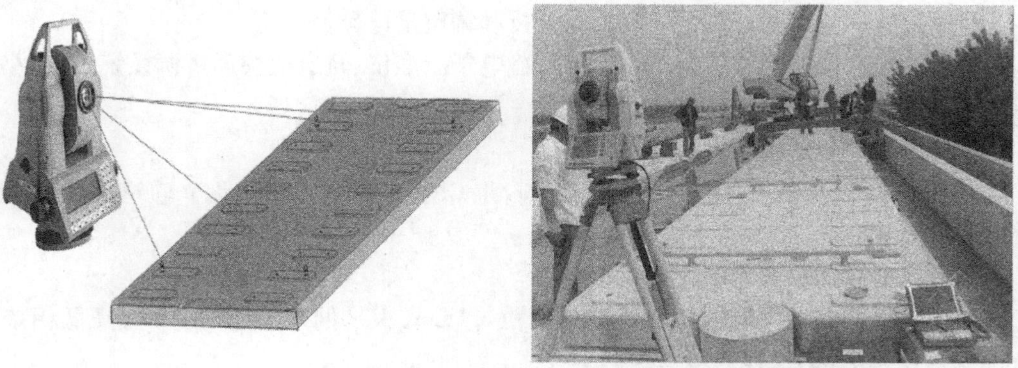

图5-67　CRTSⅠ型轨道板精调系统-uspps

(5)CA砂浆配制及灌注

①在灌注前,须检查要注入的地点有无积水及其他有害杂物,如有就立即清除:水、灰尘等可用压缩空气吹掉,或者设排水孔加以排除。技术人员复核灌注袋位置,并确定灌注袋定位情况。

②灌注过程中专人负责,技术人员复核轨道板高程并现场监督施工。

③CA 砂浆车将拌制好的 CA 砂浆转入中转仓内,然后由汽吊吊装上桥安放在运输车上推入待灌注位置。连接下料软管和灌注漏斗并用固定装置固定。

④拌制好的 CA 砂浆如果长时间处于静止状态,就会变成假凝状态,很快丧失流动性。因此,在运输和注入砂浆的过程中,应不断缓慢地搅拌砂浆。

⑤在 CA 砂浆即将注入之前,应测定其流动时间,尽可能得到所规定的流动性;检验砂浆温度及含气量。

(6)凸形挡台周围树脂填充

采用开罐器将 A 组分的桶盖去掉,上下、左右充分搅拌,将桶底的沉淀物全部搅起,尤其注意桶底边角的沉淀。

将 A 组分和 B 组分按照配比要求倒入搅拌桶内,采用专用搅拌设备上下、左右充分搅拌。搅拌过程中要尽量避免空气混入液体内。

搅拌好的混合液,分装到灌注容器内,由灌注容器进行灌注施工。

(7)扣件安装

①扣件安装前,应清除轨道板面上的淤泥和杂物。

②铺设绝缘垫板时,垫板孔应与预埋套管孔对中。

③铁垫板安装时,轨底坡(铁垫板上的箭头方向)应朝向轨道内侧。

④平垫块应安装在铁垫板上,且平垫块距圆孔中心较长一侧朝内。

⑤将锚固螺栓套上弹簧垫圈,并将螺纹部分涂满铁路专用防护油脂,旋入预埋套筒中,在锚固螺栓拧紧前调整铁垫板位置使铁垫板上标记线与平垫块上的标记线对齐。

⑥轨下垫板安装在铁垫板两侧挡板内,并与铁垫板表面密贴。轨下垫板安装时应注意安装方向,轨下垫板两凹槽方向应与铁垫板纵向平行。

(8)轨道精调施工工艺

①施工准备。组建轨道线形调整测量组,包括 1 名测量工程师和若干名测量工,测量组能正确进行轨道线形测量的计算、实施、数据分析和调整量计算。

配备经校验合格的测量仪器,包括全站仪、电子水准仪、轨道板快速精调系统、轨检小车及配套棱镜、道尺、弦线绳等工具。

②轨检小车复测轨道线形。

在 GRP1000 轨检小车(图 5-68)测量之前,将 CPⅢ网测量成果及无砟轨道线形数据输送轨检小车系统软件。

③测量数据评估及调整量计算。

轨道线形测量数据评估的判别依据是轨距 ±1mm、水平偏差不超过 2mm,高低相差不超过 2mm。对超标的部分,视为轨道线形不合格。

现场调整对照调整量清单,按"先方向,后水平;先方向,后轨距"的原则依次施工。

每次现场调整完成后,及时用轨检小车复测轨道线形。通常无砟轨道的调整工作需要重复 3 ~4 次循环,每次循环的调整量会越来越少。

2. CRTSⅡ 型板式无砟轨道施工(图 5-69)

图 5-68　轨检小车复测轨道线形

图 5-69　CRTSⅡ型板式无砟轨道

桥上 CRTSⅡ型无砟轨道板包括标准板、特殊板和补偿板,标准板长 6450mm、宽 2550mm、厚度 200mm,混凝土的设计强度为 C55,每块板混凝土用量 3.45m^3,板重约 8.6t,特殊板和补偿板依据具体设计确定。轨道板横向配置 60 根中 ϕ10 预应力钢筋,纵向配置 6 根由 ϕ20 精轧螺纹钢筋,用于轨道板的纵向连接,在纵、横向钢筋的上、下层分别配置一层钢筋网片,所有钢筋交叉点均做绝缘处理。每组承轨台之间设有一道控制开裂的 V 形槽。

(1)桥面验收

①桥面平整度。桥面平整度要求 3mm/4m。使用 4m 靠尺测量每次重叠 1m,每桥面分四条线每底座板中心左右各 0.5m 测量检查。对不能满足 3mm/4m 要求,但满足 8mm/4m 要求的,可用 1m 尺复测检查,应满足 2mm/1m 要求。对仍不能满足要求的,应对梁面进行整修处理。

②梁端剪力齿槽等凹槽几何尺寸。梁端左右中线底座板幅宽 2.95m 范围凹槽深度 50mm,两侧横向排水平顺接向外,不能满足要求的应凿除、打磨或补浆处理。

③梁端平整度。1.5m 凹槽范围的平整度要求为 2mm/1m。不能满足要求时,应打磨处理,直至符合要求。

④桥面高程。1.5m 以外部分跨中及支座处凸台顶面中心线位置的桥面高程允许误差 7mm,梁端 1.5m 范围内不允许出现正误差。使用 CPⅢ进行复核检查。对不能满足要求的应进行打磨和采用聚合物砂浆填充处理。

⑤相邻梁端高差。在梁端处理合格基础上,相邻梁端高差不大于 10mm。采用 0.5m 水平尺进行检查,并在底座板范围内对观感较差处进行量测。对大于 10mm 处应进行专门处理,或一侧梁端采取落梁措施或较低一端用特殊砂浆修补。

⑥桥面预埋件。要求预埋件平面、高程位置要准确。采用测量检查,对不能满足无砟轨道施工要求的,视情况进行处理。

⑦桥面排水坡。桥面排水坡构成应符合设计要求。对排水坡存在误差的桥面,应保证设计的汇水、排水能力,不允许反向排水坡的存在,特别是两线中间部位。对可能造成排水系统紊乱的桥面应打磨整修处理。

⑧伸缩缝。伸缩缝安装完成且牢靠,不得有脱落现象。

⑨梁面净宽。满足 8.8m 净宽及位置要求。

⑩防水层施工。防水层空鼓检查可采用拖拽铁链的方法进行。破损及空鼓的防水层部位必须整修。

(2)底座板范围内防水层施工

①先施工底座板下范围内的防水层,施工范围的宽度为3.295m(两侧部分搭接)。

②设计为2mm厚弹性聚酯防水涂料。

(3)CPⅢ测设及底座板放样

①在梁端固定制作上方的防撞墙顶部安装CPⅢ埋件,路基上埋设在接触网支柱的基础上。

②使用全站仪通过CPⅢ点进行底座板放样(CPⅢ的测设及成果提交由中铁咨询完成)。

③底座板的边线测设一般为控制线,距底座板边缘向外15cm,便于施工。

(4)两布一膜作业

两布一膜滑动层(图5-70)包括下层土工布、土工膜和上层土工布,简称两布一膜。两布一膜滑动层从剪力齿槽一端边缘铺设至下一剪力齿槽边缘。

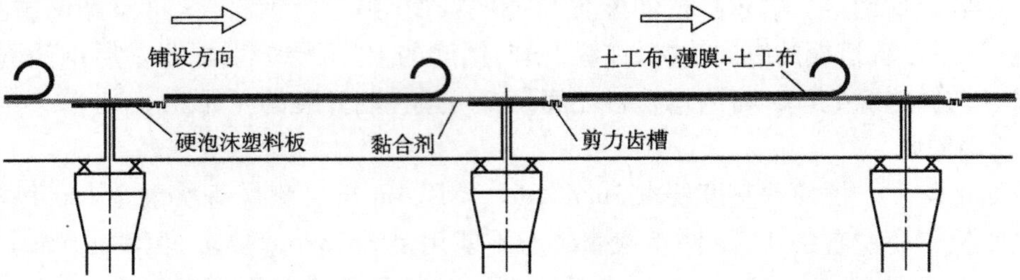

图5-70 两布一膜铺设示意图

在底座板范围内沿线路纵向两侧及中间各弹出宽30cm的黏合剂涂刷带,底层土工布对接,中间薄膜采用熔接方式,上层土工布不许对接。

每一段内土工布尽可能整块连续铺设,如果不能连续整块铺设,下层土工布只允许对接,对接接头要与梁面全断面粘接,采用刷30cm宽横向胶粘接方式,分块对接时,每块土工布的最小长度不小于5m。上层土工布搭接长度不小于20cm,搭接位置与其他层对接处错开至少1m。

(5)底座板施工

底座板施工主要包括的内容有:施工单元划分,钢筋加工,底座板模板安装,底座板混凝土浇筑,底座板张拉。

(6)轨道板施工

轨道板施工主要包括的内容有:放样,轨道板存放,轨道板粗铺,轨道板精调,封边及灌浆,轨道板连接。

(7)剪切连接

在铺轨前,在梁缝处、路桥分界点处的轨道板要进行剪切连接。

剪切连接采用钻孔植筋方式,钻孔深度为39cm,锚杆采用直径为28mm、HRB500级钢筋,长度为34cm。

(8)钢轨铺设

我国无缝线路所铺单元长轨条一般长 1500m 左右，超长无缝线路则不受此限制。单元长轨条是由厂焊 250m 至 500m 长的长钢轨运输到铺设区段后，在区间焊成长轨条而构成。因此，在施工中必须做好装轨、运输、卸轨、铺轨等各项工作。

(9)侧向挡块作业

为防止底座板的横向移动，设置侧向挡块。侧向挡块与底座板及轨道板接触部位用硬泡沫板隔开。

(10)底座板范围外防水层作业

底座板范围外的防水层作业主要包括线间及两侧排水沟，施工工艺同底座板范围。

二、桥面防水层及保护层

桥梁结构的防水体系是提高桥梁结构耐久性的重要技术手段，防水效果的好坏直接关系到桥梁的使用寿命。为满足轨道桥梁结构耐久性的要求，必须有良好的防水体系才能使桥梁构件免遭环境介质的侵蚀。

目前，轨道桥梁中采用的主要防水结构分为：卷材加粘贴涂料型、直接用作防水层涂料型和高聚物改性沥青型等三种方式。具体防水层结构参见图 5-71。

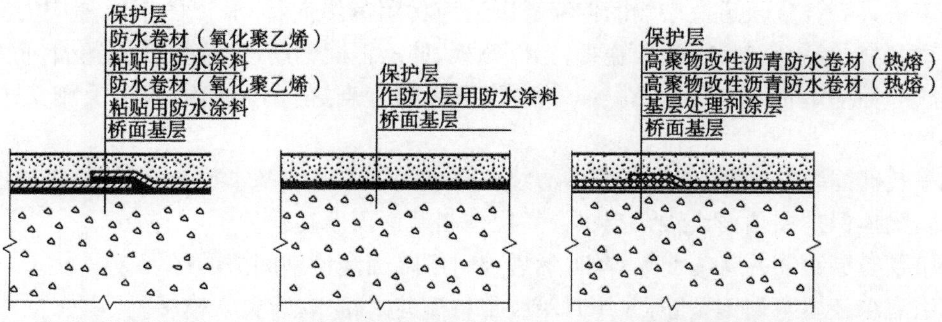

图 5-71　高速铁路桥梁桥面防水结构类型

防水层施工前应先对基层面进行验收，基层应做到平整、无尖锐异物，不起砂、不起皮及无凸凹不平现象，平整度的要求：用 1m 长靠尺测量，空隙不大于 3mm，空隙只允许平缓变化，每米不应超过一处。防水层严禁在雨、雪天和五级风及其以上时施工，其施工材料和施工环境应符合设计要求。

防水卷材铺设前应采用高压风枪清除基层面灰尘。防水卷材应在桥面铺设至挡砟墙、竖墙根部，并顺上坡方向逐幅铺设。防水卷材纵向宜整幅铺设，当防水卷材进行搭接时，先进行纵向搭接，再进行横向搭接，纵向搭接接头应错开。

直接用作防水层涂料型采用聚氨酯防水涂料，用于无砟桥面防护墙外和有砟桥面道砟槽外的防水。聚合物防水涂料应均匀涂刷于基层表面。不得使用风扇或类似工具来缩短干燥时间。涂刷后 24h 内须防止霜冻、雨淋及暴晒。防水层完全干固后，方可作保护层。

高聚物改性沥青型由基层处理剂和高聚物改性沥青卷材构成，可用于无砟桥面防护墙内的防水。高聚物改性沥青卷材厚度有 3.5mm 和 4.5mm 两种，以适应不同的桥面平整度要求。

保护层的设置是为了确保防水层的有效使用。无砟桥面中的保护层厚度不小于 40mm。

实际保护层厚度还应考虑流水坡设置需要。保护层混凝土沿桥面纵向仍需按4m间距设置横向断缝,同时沿纵向中央设置一道纵向断缝,断缝宽10mm,并用防水涂料填充。混凝土保护层灌注完成后,应保水养护,以免失水过快。冬季施工应加入防冻剂。自然养护时,桥面应采用草袋或麻袋覆盖,并在其上覆盖塑料薄膜,桥面混凝土洒水次数应能保持表面充分潮湿。当环境相对湿度小于60%时,自然养护应不少于28d;相对湿度在60%以上时,自然养护应不少于14d。

三、桥面排水

横向多采用双侧排水方式,排水横坡不小于2%。同时需布置排水孔、水篦子、排水管、排水槽及排水管等综合排水措施。排水容量需要与降水量相匹配,排水管道内径不小于150mm。在结构的缝隙处,应注意设置防止漏水的措施。为保证桥面排水畅通,在保护层施工时,应根据泄水管位置设置一定的汇水坡,在泄水管的保护层设置45°的倒角,以便使积水快速流到泄水孔。

四、桥梁伸缩装置

轨道桥梁需设置轨道及结构的伸缩缝以适应桥梁的纵向移动,以防钢轨超应力。伸缩缝由耐候钢型材、橡胶密封带、挡砟盖板、挡砟侧板、伸缩锚固钢筋、定位钢管、定位钢筋及梁体预埋件组成。伸缩缝的施工,应根据伸缩缝的构造和特点进行,伸缩缝构造及施工方法具体如下:

①吊装伸缩装置、调整伸缩装置中心线与梁端间隙中心线基本重合,型钢通过拉线调直。

②按梁体保护层顶面或梁端挡水台高程控制型钢顶面高程。

③布置横穿钢筋并将锚筋等焊牢,然后及时解除固定型钢间隙的弓形板。

④用泡沫条填塞型钢型腔,并用封箱胶带将型腔封帖,安装梁端模板。

⑤浇筑混凝土保护层时必须保护伸缩装置表面不受损伤,型腔内不得漏入砂浆。

⑥待混凝土达到设计强度的70%以上时清理型腔、嵌装防水橡胶条。嵌装防水橡胶条时,应用专用工具进行嵌装,不能损伤防水橡胶条,防水橡胶条的嵌装部位必须完全嵌入到型钢的型腔内。

五、轨道桥梁中的人行道系统

图5-72为一个典型的轨道桥梁人行道系统横向布置情况,它包括了防护墙、人行道板、人行道遮板、人行道栏杆等。有时接触网支柱也布置在人行道上。

施工时,其横向伸出钢筋与竖墙预留钢筋绑扎牢固。设置接触网支柱及下锚拉线基础位置时,遮板的连接钢筋应与支柱基础钢筋绑扎后,在灌筑接触网支柱基础或下锚拉线基础混凝土。由于人行道遮板或声屏障构造重心均在桥面板外,应注意横向伸出钢筋与竖墙预留钢筋绑扎牢固,避免遮板或声屏障安装过程中的失稳情况发生。

双侧人行道栏杆内侧间距应满足设计要求。栏杆扶手高度应保持一致,用10m线量矢度不得大于10mm。人行道步行板的施工必须符合设计要求,铺设应齐全、稳固、无损坏,板间空隙均匀一致。

六、电缆槽

电缆槽由竖墙和盖板组成。

竖墙兼作分割电缆槽、连接遮板和支撑电缆槽盖板的作用,竖墙在梁体现浇完成后在桥面上进行现场灌筑。电缆槽竖墙按 2m 一段设置单元,竖墙施工时各竖墙的高度必须保持一致,确保电缆槽盖板受力均匀。

电缆槽盖板为预制结构,分为通信、信号电缆槽盖板和电力电缆槽盖板两大类。电缆槽盖板在施工时,电缆槽盖板顶面设置横向波纹或凹槽,一方面可起到防滑作用,另一方面对盖板方向进行标识,避免放错。在盖板各方向的交角处设置倒角,以避免盖板的损坏。电缆槽盖板采用集中预制,振捣成型的工艺,安装时确保盖板受力均匀,必要时用砂浆找平。

七、支座

支座是连接桥梁上部结构和下部结构的重要结构部件。它能将桥梁上部结构的反力和变形(位移和转角)可靠地传递给桥梁下部结构,从而使结构的实际受力情况与计算理论相符。

支座主要有橡胶支座和钢支座两大类。限于篇幅,本书只着重介绍钢支座类型中球形支座(图 5-73)施工工艺。

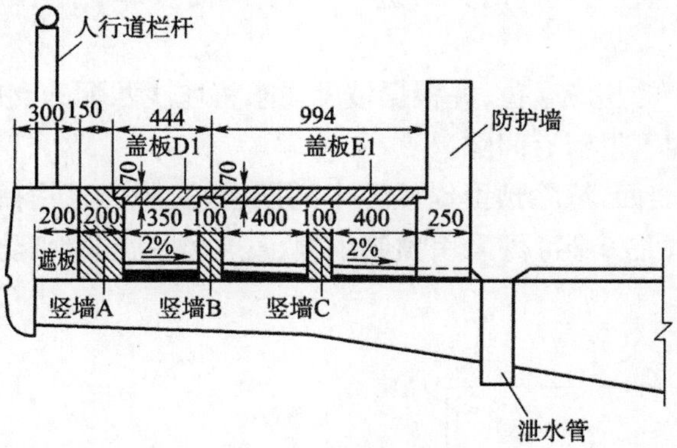

图 5-72 轨道桥梁桥面人行道示意图(尺寸单位:mm)

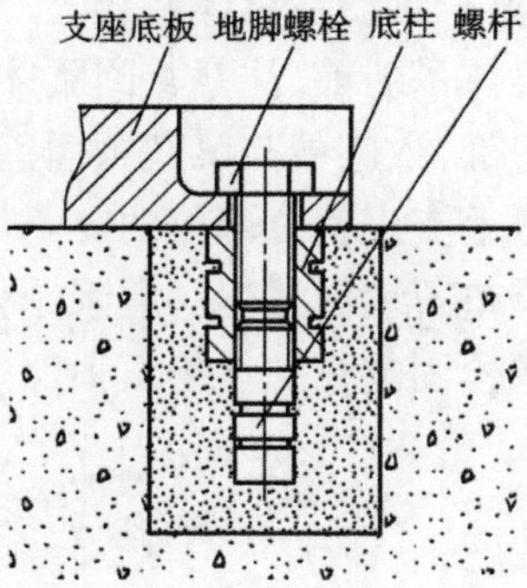

图 5-73 球形支座

1. 球形支座的运输和贮存

球形支座表面喷涂有支座型号、纵桥向方向箭头。支座采用汽车运送至工地现场。

支座到达工地后,施工物资人员应根据计划单和厂家提供的交验清单核对支座型号和数量。

核对无误后应将支座卸至干燥平稳的地方贮存,支座底部应垫以枕木,防止地面暂时性积水浸湿支座。支座按规格摆好后,顶部应盖好防雨布或搭好防雨篷。

2. 球形支座的安装注意事项

(1)支座支承垫石混凝土强度等级不宜低于 C40,垫石高度应考虑安装、养护和必要时更换支座的方便。

(2)球形支座与墩台采用地脚螺栓 + 套筒 + 螺杆的锚固方式,可在不影响正常运营的情况下,更换支座。

(3)在墩台顶面支承垫石部位需预留锚栓孔,锚栓孔预留尺寸规定:直径应大于套筒直径加60mm,深度应大于锚栓长度加50mm。预留锚栓中心及对角线位置偏差不得超过10mm。

(4)支座出厂时,已由生产厂家将支座调平,并拧紧连接螺栓以防止支座在运输、安装过程中发生转动和倾覆。

(5)连续梁桥球形支座可根据设计需要预设位移,用户需在订货时提出预设位移量的要求(位移量由设计院与施工单位共同确定),由生产厂家在出厂前预先调整好。简支梁桥球形支座无须设置偏装。

(6)支座安装前,工地应检查支座连接状况是否正常,不得任意松动上、下支座板连接螺栓。如发现螺栓松动造成支座初始状态发生扰动,施工单位应在厂家指导下进行恢复。

(7)支座安装前,应根据施工图,查阅支座的摆放方向和坡度,保证各活动支座的主位移方向和支座坡度方向正确无误。

现浇梁支座采用梁底混凝土调整坡度,因此支座无使用坡度标识。

对于进行偏装的连续梁桥支座,还应注意偏装方向与图示方向一致。

3.球形支座的安装

(1)预制简支梁球形支座的安装

①预制简支梁体与球形支座采用螺栓与套筒的方式进行锚固,套筒点焊固定在连接钢板上,由制梁厂预埋在梁体底部。

②梁体吊装前,注意查阅梁体使用的相应墩位,并根据坡度要求将坡度匹配的支座安装在预制梁底部,上座板与梁底预埋钢板间不得留有间隙。

③凿毛支座就位部位的支承垫石表面,清除预留锚栓孔中的杂质,安装灌浆用模板,并用水将支承垫石表面浸湿。灌浆用模板(图5-74)可采用预制钢模,底层设一层橡胶防漏条,通过膨胀螺栓固定在支承垫石顶面。

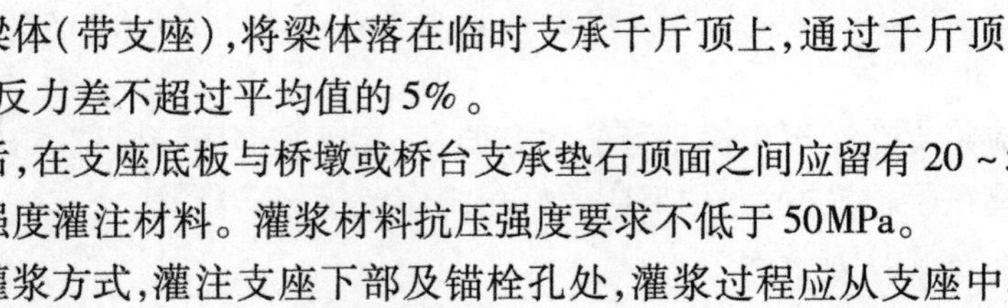

图5-74　灌浆模板布置图

④吊装预制梁体(带支座),将梁体落在临时支承千斤顶上,通过千斤顶调整梁体位置及高程,各千斤顶的反力差不超过平均值的5%。

⑤支座就位后,在支座底板与桥墩或桥台支承垫石顶面之间应留有20~50mm的空隙,以便灌注无收缩高强度灌注材料。灌浆材料抗压强度要求不低于50MPa。

⑥采用重力灌浆方式,灌注支座下部及锚栓孔处,灌浆过程应从支座中心部位向四周注浆,直至从模板与支座底板周边间隙观察到灌浆材料全部灌满为止,如图5-75所示。

⑦灌浆前,应初步计算所需的浆体体积,灌注实用浆体数量不应与计算值产生过大误差,防止中间缺浆。

⑧临时支点拆除前,严禁架桥机过孔;临时支点拆除时,灌浆材料的强度不应小于20MPa。

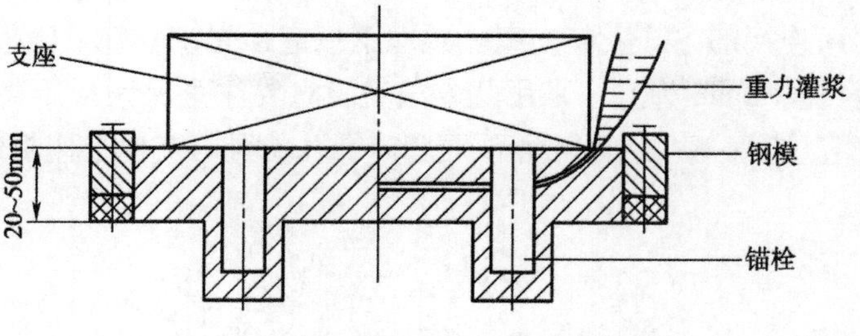

图 5-75　重力灌浆示意图

⑨浆体强度达到规定强度后，拆除钢模板，检查是否有漏浆处，必要时对漏浆处进行补浆。

⑩ 拧紧下支座板锚栓，并拆除各支座的上、下支座连接螺栓，拆除临时支承千斤顶。

(2)连续梁及现浇简支梁支座与墩台的安装

①凿毛支座安装部位的支承垫石表面，清除垫石表面及预留锚栓孔中的杂物，安装灌浆用模板。

②将地脚螺栓穿过支座底板的锚栓孔与套筒螺杆连接在一起，把套筒螺杆另一端插入锚栓预留孔中。然后在下支座板四角用钢楔块调整支座水平，并使下支座板底面高出桥墩顶面 20～50mm，找正支座纵、横向中线位置及高程，使之符合设计要求。

③用无收缩高强度灌注材料灌注锚栓预留孔及支座底面垫层。灌注材料要求抗压强度不低于 50MPa。在使用前应进行配比试验，掌握材料固化时间。

④灌浆前，应初步计算所需的浆体体积，灌注实用浆体数量不应与计算值产生过大误差，应防止中间缺浆。

⑤采用重力灌浆方式，灌注支座下部及锚栓孔网间隙处，灌浆过程应从支座中心部位向四周注浆，直至从钢模与支座底板周边间隙观察到灌浆材料全部灌满为止。

⑥灌浆材料终凝后，拆除模板及四角楔块，检查是否有漏浆处，必要时对漏浆处进行补浆，并用砂浆填堵楔块抽出后的空隙，拧紧下座板锚栓。

(3)支座与现浇梁体(包括连续梁和简支梁)的锚固支座与现浇梁安装

先用地脚螺栓将套筒螺杆固定在支座上座板上。如设置有预埋钢板(钢板上按套筒直径开孔)，则将其穿过套筒并点焊固定，然后沿支座顶面向外搭建梁体模板，搭好后浇筑混凝土即可，如图 5-76 所示。

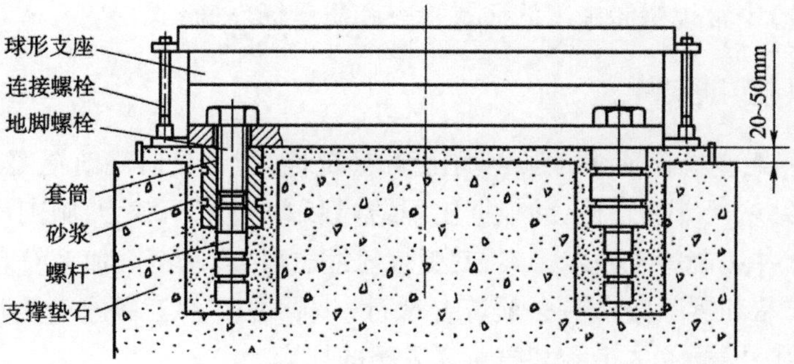

图 5-76　支座与墩台的锚固

(4)支座与预制混凝土连续梁体的锚固(图 5-77)

对于用于预制混凝土连续梁的支座，采用在梁底预埋钢板上预先点焊固定预埋套筒，再用地脚螺栓与预埋套筒连接的方式安装支座。预埋钢板应预先按支座上座板锚栓间距位置要求钻孔,孔径=套筒直径+2mm为宜。采用此方法安装时要注意保证预制梁上预埋钢板的位置与墩台上支座的安装位置一致,从而保证预埋套筒螺孔位置与支座上座板螺栓孔位置相对应。

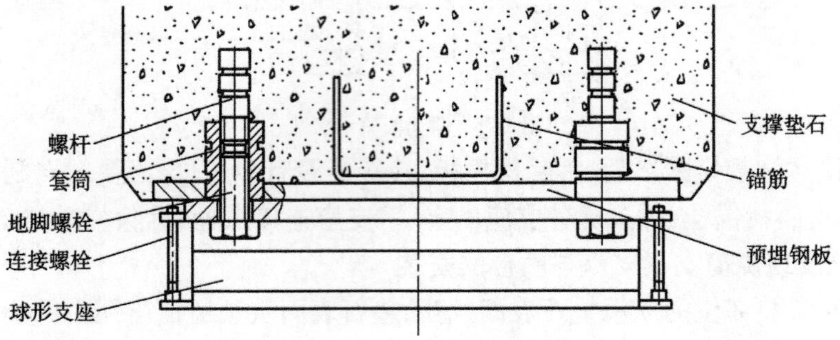

图5-77 支座与连续预制梁体的锚固

(5)运输用连接螺栓的拆除

在支座与墩台及预制梁体安装完毕后,或现浇混凝土梁体形成整体并达到设计强度后,在张拉梁体预应力之前,拆除上、下支座板运输用连接螺栓,以防止约束梁体正常运动。

(6)支座外露表面防护

对支座、地脚螺栓及预埋钢板未进行涂装防护的外露钢表面(不锈钢除外)进行涂装防护,以防止支座及锚栓生锈。涂装按《铁路钢桥保护涂装》(TB/T 1527)中第6套防护体系进行。如支座在安装过程中表面涂装受损,也需进行涂装防护。注意防护过程中,支座不锈钢滑板表面严禁进行涂装,如不小心涂装到不锈钢表面,需立即用丙酮等有机溶剂进行清除。

第七节 梁式桥上部结构施工的质量检验

桥涵施工必须按照国家有关的基本建设程序进行。施工单位的工程质量负责人对工程应进行自检,在施工完成后应配合监理工程师检查验收。本节将《客运专线铁路桥涵工程施工质量验收暂行标准》(铁建设[2005]160号)和《铁路混凝土工程施工质量验收补充标准》(铁建设[2005]160号)中常规桥涵施工的质量检查和质量标准摘录如下。

一、模板及支(拱)架安装

模板及支(拱)架应具有足够的强度、刚度和稳定性;能承受所浇筑混凝土的重力、侧压力及施工荷载;保证结构尺寸的正确,并根据工程结构形式、地基承载力、施工设备和材料等条件进行施工工艺设计并编制施工技术方案,其弹性压缩、预拱度和沉降值应符合设计要求。

模板及支架安装和拆除的检验必须符合现行《铁路混凝土工程施工质量验收补充标准》(铁建设[2005]160号)第4.2.1条和第4.2.2条的规定。

模板安装必须稳固牢靠,接缝严密,不得漏浆。模板与混凝土的接触面必须清理干净并涂刷隔离剂。浇筑混凝土前,模型内的积水和杂物应清理干净。

模板安装允许偏差和检验方法除相关专业验收标准有特殊规定外,应符合表5-1的规定。

模板安装允许偏差和检验方法　　表5-1

序号	项目		允许偏差(mm)	检验方法
1	轴线位置	基础	15	尺量每边不少于2处
		梁、柱、板、墙、拱	5	
2	表面平整度		5	2m靠尺和塞尺不少于3处
3	高程	基础	±20	测量
		梁、柱、板、墙、拱	±5	
4	模板的侧向弯曲	柱	$h/1000$	拉线尺量
		梁、板、墙	1/1500	
5	梁、柱、板、墙、拱两模板内侧宽度		+10 -5	尺量不少于3处
6	梁底模拱度		+5 -2	拉线尺量
7	相邻两板表面高低差		2	尺量

拆除承重模板及支(拱)架时的混凝土强度应符合设计要求。当设计无要求时,除相关专业验收标准有特殊规定外,混凝土强度应符合表5-2的规定。

拆除承重模板时混凝土强度要求　　表5-2

序号	结构类型	结构跨度(m)	达到混凝土设计强度标准值的百分率(%)
1	板、拱	<2	≥50
		2~8	≥75
		>8	≥100
2	梁	≤8	≥75
		>8	≥100
3	悬臂梁(板)	≤2	≥75
		>2	≥100

二、钢筋

钢筋混凝土中的钢筋和预应力混凝土中非预应力钢筋必须符合现行《钢筋混凝土热轧光圆钢筋》(GB 13013)、《钢筋混凝土用热轧带肋钢筋》(GB 1499)、《冷轧带肋钢筋》(GB 13788)、《低碳钢热轧圆盘条》(GB 701)的规定。钢筋应具有出厂质量证明书和试验报告单。对桥涵所用钢筋应抽取试样做力学性能试验。钢筋质量检查和质量标准尚应满足下列规定:

1.钢筋的加工

钢筋加工允许偏差和检验方法应符合表5-3的规定。

2.钢筋的焊接

钢筋焊接接头应按批抽取试件做力学性能检验,其质量必须符合现行行业标准《钢筋焊接及验收规程》(JGJ 18)的规定和设计要求。承受静力荷载为主的直径为28~32mm带肋钢筋采用冷挤压套筒连接接头时，应按批抽取试件做力学性能检验，其质量必须符合现行行业标准《带肋钢筋套筒挤压连接技术规程》(JGJ 108)的规定和设计要求。

钢筋加工允许偏差和检验方法 表 5-3

序号	名　　称	允许偏差(mm)		检验方法
		$L\leqslant5000$	$L>5000$	
1	受力钢筋全长	±10	±20	尺量
2	弯起钢筋的弯折位置	20		
3	箍筋内净尺寸	±3		

检验数量：钢筋接头的外观质量，施工单位、监理单位应全部检查。焊接接头的力学性能检验以同级别、同规格、同接头形式和同一焊工完成的每200个接头为一批，不足200个也按一批计。

3. 钢筋的安装

钢筋安装及钢筋保护层厚度允许偏差和检验方法，除设计和相关专业验收标准有特殊规定外，应符合表5-4的规定。

钢筋安装及钢筋保护层厚度允许偏差和检验方法 表 5-4

序号	名　　称		允许偏差(mm)	检验方法
1	受力钢筋排距		±5	尺量两端、中间各一处
2	同一排中受力钢筋间距	基础、板、墙	±20	
		柱、梁	±10	
3	分布钢筋间距		±20	尺量连续3处
4	箍筋间距	绑扎骨架	±20	
		焊接骨架	±10	
5	弯起点位置(加工偏差±20mm包括在内)		30	尺量
6	钢筋保护层厚度 c	$c\geqslant35$mm	+10 −5	尺量两端、中间各2处
		$25<c<35$mm	+5 −2	
		$c\leqslant25$mm	+3 −1	

三、混凝土工程

实施混凝土质量控制应符合下列规定：

(1)混凝土工程施工前，施工单位应根据设计要求、工程性质、结构特点、环境条件等，制订严密的施工技术方案。

(2)通过对原材料的质量检验与控制、混凝土配合比的确定与控制、混凝土生产和施工过程各工序的质量检验与控制，以及合格性检验控制，使混凝土的质量符合规定要求。

(3)在施工过程中应进行质量检测，应用各种质量管理图表，掌握动态信息，控制整个生产和施工期间的混凝土质量，制订保证质量的措施，完善质量控制过程。

(4)必须配备相应的技术人员和必要的检验及试验设备，建立和健全必要的技术管理与质量控制制度。

1. 混凝土施工

(1)混凝土原材料每盘称量偏差应符合表5-5的规定。

原材料每盘称量允许偏差　　表5-5

序　号	原材料名称	允许偏差(%)
1	水泥、矿物掺和料	±1
2	粗、细骨料	±2
3	外加剂、拌和用水	±1

注：①各种衡器应定期检定，每次使用前应进行零点校核，保证计量准确。

②当遇雨天含水率有显著变化时，应增加含水率检测次数，并及时调整水和骨料的用量。

(2)混凝土拌制前，应测定砂、石含水率，并根据测试结果、环境条件、工作性能要求等及时调整施工配合比。

(3)混凝土拌制前，应测定砂、石含水率，并根据测试结果、环境条件、工作性能要求等及时调整施工配合比。混凝土拌制过程中，应对混凝土拌和物的坍落度进行测定，测定值应符合理论配合比的要求，偏差不宜大于±20mm。

(4)混凝土浇筑完毕后，应按有关专业标准的规定和施工技术方案的要求及时采取有效的养护措施，并应符合下列规定：

①混凝土养护期间，混凝土内部温度不宜超过60℃，最高不得大于65℃，混凝土内部温度与表面温度之差、表面温度与环境温度之差不宜大于20℃(墩台、梁体混凝土不宜大于15℃)，养护用水温度与混凝土表面温度之差不得大于15℃。

②自然养护时：

a. 在混凝土浇筑完毕后应对混凝土进行保水潮湿养护，养护时间不得少于表5-6的规定。

同混凝土潮湿养护的最低期限　　表5-6

混凝土类型	水胶比	大气潮湿(50%<RH<75%)，无风，无阳光直射		大气干燥(RH<50%)，有风，或阳光直射	
		日平均气温 T (℃)	潮湿养护期限 (d)	日平均气温 T (℃)	潮湿养护期限 (d)
胶凝材料中掺有矿物掺和料	≥0.45	$5 \leq T < 10$	21	$5 \leq T < 10$	28
		$10 \leq T < 20$	14	$10 \leq T < 20$	21
		$T \geq 20$	10	$T \geq 20$	14
	≤0.45	$5 \leq T < 10$	14	$5 \leq T < 10$	21
		$10 \leq T < 20$	10	$10 \leq T < 20$	14
		$T \geq 20$	7	$T \geq 20$	10

续上表

混凝土类型	水胶比	大气潮湿(50% < RH < 75%),无风,无阳光直射		大气干燥(RH < 50%),有风,或阳光直射	
		日平均气温 T(℃)	潮湿养护期限(d)	日平均气温 T(℃)	潮湿养护期限(d)
胶凝材料中未掺矿物掺和料	≥0.45	$5 \leq T < 10$ $10 \leq T < 20$ $T \geq 20$	14 10 7	$5 \leq T < 10$ $10 \leq T < 20$ $T \geq 20$	21 14 10
	≤0.45	$5 \leq T < 10$ $10 \leq T < 20$ $T \geq 20$	10 7 7	$5 \leq T < 10$ $10 \leq T < 20$ $T \geq 20$	14 10 7

b. 当环境温度低于5℃时禁止洒水。预制梁混凝土表面应喷涂养护剂,并采取保温措施。

c. 混凝土强度达到1.2 MPa以前,不得在其上踩踏或安装模板及支架。

③蒸汽养护时:

a. 蒸汽养护分静停、升温、恒温、降温四个阶段。静停期间应保持环境温度不低于5℃,混凝土浇筑完4~6h且终凝后方可升温。升温、降温速度不得大于10℃/h,恒温期间混凝土内部温度不宜超过60℃,最高不得大于65℃。

b. 蒸汽养护结束后,应及时采取措施,继续对混凝土进行保温保湿自然养护,自然养护时间不得少于表5-8的规定。

(5)混凝土的强度等级必须符合设计要求。预应力混凝土、喷射混凝土、蒸汽养护混凝土的抗压强度标准条件养护试件的试验龄期为28d,其他混凝土抗压强度标准条件养护试件的试验龄期为56d。抗压强度标准条件养护试件应在混凝土的浇筑地点随机抽样制作,其试件的取样与留置频率应符合下列规定:

①每拌制100盘且不超过100m^{3}的同配合比的混凝土,取样不得少于一次。

②每工作班拌制的同一配合比的混凝土不足100盘时,取样不得少于一次。

③现浇混凝土的每一结构部位,取样不得少于一次。

④每次取样应至少留置一组试件。

⑤标准条件养护试件的留置组数应按设计要求、相关标准规定和实际需要确定。

(6)混凝土同条件养护法试件的抗压强度必须符合设计要求。混凝土抗压强度同条件养护法试件的留置组数应按设计要求、相关标准规定和实际需要确定。桥梁的墩台、梁部和隧道的衬砌等重要部位应制作抗压强度同条件养护法试件。其取样、养护方式和试件留置数量应符合现行行业标准《铁路工程结构混凝土强度检测规程》(TB 10426)的规定。

(7)当设计对混凝土的弹性模量有要求时,其弹性模量必须符合设计要求。弹性模量试件应在混凝土的浇筑地点随机抽样制作,试件制作数量应符合下列规定:

①随构件同条件养护的终张拉/放张弹性模量试件不得少于一组。

②标准条件养护28d弹性模量试件不得少于一组。

③其他条件养护试件按设计要求、相关标准规定和实际需要确定。

(8)结构外形尺寸偏差和检验方法除相关专业技术条件、验收标准有特殊规定外,应符合表5-7的规定。

结构外形尺寸允许偏差和检验方法　　表5-7

序号	项　目		允许偏差	检验方法
1	轴线位置	基础	20mm	每边尺量不少于2处
		梁、柱、板、墙	10mm	
2	表面平整度		8mm	2m靠尺、塞尺测量不少于3处
3	高程	基础	±30mm	测量不少于2处
		梁、柱、板、墙	±10mm	
4	垂直度		1/1000	吊线尺量
5	截面尺寸		+20,0mm	尺量不少于3处
6	梁、桁架的拱度		+5,-2mm	拉线尺量
7	预留孔洞	中心位置	15mm	尺量
		尺寸	+10,0mm	
8	预埋件中心位置		5mm	尺量

四、预应力混凝土工程

1. 一般规定

(1)预应力工程的施工单位应具有相应的资质。施工时,应采取必要的安全技术措施,防止发生事故。

(2)先张法张拉台座应有施工工艺设计。其强度、刚度及稳定性应能满足张拉、浇筑、拆模、放张等工艺要求。

(3)预应力筋张拉设备应定期维护,测力传感器、仪表和量具应按检定周期定期检定。张拉设备应配套标定,配套使用。当在使用过程中出现异常现象或在设备检修后,应重新标定。

(4)预应力材料在存放和搬运过程中应保持清洁,避免机械损伤和锈蚀,制作和安装时应避免污染和电火花损伤,张拉期间应采取措施避免受雨水、养护用水浇淋。预应力筋采用螺纹钢筋时,应避免碰伤螺纹,防止产生弯曲变形。

(5)后张法预应力筋张拉前,应对孔道摩阻损失、扩孔段摩阻损失和锚口摩阻损失进行实际测定;先张法折线配筋张拉前,对折线筋摩阻损失进行实际测定。根据实测结果对张拉控制应力做适当调整,并经监理单位和设计单位认可。后张法预应力筋张拉前,应清除孔道内的杂物及积水;预应力筋张拉完成后,应尽早进行孔道压浆;孔道压浆工艺应符合设计要求;同一孔道压浆应连续进行,一次完成。

(6)预应力筋张拉、放张顺序、控制应力应符合设计要求。后张法预制梁终张拉和先张法预制梁放张完成后应对梁体弹性上拱值进行实测。

2. 原材料

(1)预应力筋进场时,必须对其质量指标进行全面检查并按批抽取试件做破断负荷、屈服负荷、弹性模量、极限伸长率试验,其质量必须符合《预应力混凝土用钢丝》(GB/T 5223)、《预应力混凝土用钢绞线》(GB/T 5224)等现行国家标准的规定和设计要求。预应力混凝土用螺纹钢筋的检验应符合本标准第5.2.1条的规定。

(2)预应力筋用锚具、夹具和连接器进场时,必须对其质量指标进行全面检查并按批进行外观、硬度、静载锚固系数性能试验,其质量必须符合现行国家标准《预应力筋用锚具、夹具和连接器》(GB/T 14370)的规定和设计要求。

3. 制作和安装

(1)预应力筋下料长度应按设计要求或工艺要求计算确定。其允许偏差和检验方法除相关专业验收标准有特殊规定外,尚应符合表5-8的规定。

预应力筋下料长度的允许偏差和检验方法 表5-8

序号	项目		允许偏差(mm)	检验方法
1	钢丝	与设计或计算长度差	±10	尺量
		束中各根钢丝长度差	不大于钢丝长度的1/5000,且不大于5	
2	钢绞线	与设计或计算长度差	±10	
		束中各根钢绞线长度差	5	
3	预应力螺纹钢筋		±50	

(2)预留孔道位置允许偏差和检验方法除相关专业验收标准有特殊规定外,尚应符合表5-9的规定。

预留孔道位置允许偏差和检验方法 表5-9

序号	项目		允许偏差(mm)	检验方法
1	纵向	距跨中4m范围内	6	尺量跨中1处
		其余部位	8	尺量1/4、3/4跨各1处
2	横向		5	尺量两端
3	竖向		h/1000	吊线尺量

注:h为构件高度,单位为mm。

4. 张拉或放张

张拉端预应力筋内缩量应符合设计要求;当设计无要求时,张拉端预应力筋内缩量限值和检验方法应符合表5-10的规定。

张拉端预应力筋内缩量限值和检验方法 表5-10

序号	锚具类别		内缩量限值(mm)	检验方法
1	支承式锚具(镦头锚具等)	螺母缝隙	1	尺量
		每块后加垫板的缝隙	1	
2	锥塞式锚具		5	
3	夹片式锚具	有顶压	5	
		无顶压	6~8	

5. 压浆和封端

(1)孔道压浆浆体的流动度、泌水率、凝结时间、膨胀率等应符合设计要求。

(2)水泥浆试件应在压浆地点随机抽样制作。水泥浆的抗压强度必须符合设计要求。对于在压浆后28d内需要移动的构件,应在压浆地点随机抽样制作同条件养护水泥浆试件,移动混凝土构件时水泥浆的抗压强度必须符合设计要求;当设计无要求时水泥浆的抗压强度应大于设计强度的75%。

(3)锚具和预应力筋封闭防护前必须按设计要求对锚具和预应力筋做防锈和防水处理。锚具和预应力筋封闭防护必须符合设计要求,当设计无要求时应符合下列规定:

①凸出式锚固端锚具的保护层厚度不宜小于50mm;

②外露预应力筋的保护层厚度不宜小于30mm。

五、梁式桥

1. 预应力混凝土简支箱梁

预应力混凝土箱梁节段时外形尺寸允许偏差和检验方法应符合表5-11的规定。

预制梁段浇筑成型后允许偏差和检验方法 表5-11

序号	项目	允许偏差(mm)	检验方法
1	梁段长	±5	尺量
2	梁高	+5,0	
3	梁体宽	+15,0	
4	顶板厚	+10,0	
5	腹板厚	+10,0	
6	底板厚	+10,0	
7	腹板间距	±10	
8	孔道位置	2	
9	梁段纵向中线相对旁弯最大偏离值	5	
10	垂直度	每米不大于3	吊线尺量不少于5处
11	平整度	每米不大于3	1m靠尺测量不少于5处

2. 预应力混凝土T梁

T梁外形尺寸允许偏差和检验方法应符合表5-12的规定。

T梁外形尺寸允许偏差和检验方法 表5-12

序号	项目	允许偏差(mm)		检验方法
1	△梁全长	$L \leq 16m$	±10	检查桥面及底板内外侧
		$L > 16m$	±20	
2	△梁跨度	$L \leq 16m$	±10	
		$L > 16m$	±20	
3	下翼缘宽度	+10,0		检查1/4截面,跨中、3/4、梁两端截面
4	桥面及挡砟墙内外宽度	+10,-5		
5	腹板厚度	+10,0		

续上表

序号	项　目		允许偏差(mm)	检 验 方 法
6	桥面内外侧偏离设计位置		5	从支座螺栓中心放线引向桥面
7	梁高		+10,0	检查两端
8	梁上拱		L/3000	终张拉30天时测量
9	隔板厚度		+10,-5	尺量检查
10	表面垂直度		每米高度3	测量检查不少于5处
11	平整度		每米长度5	1m尺测量不少于15处
12	上支座板	每块板边缘高差	1	用水平尺靠量
		△螺栓孔中心位置	2	观察、尺量
		螺栓外露长度	+10,0	
13	桥面上挡砟墙预留钢筋位置偏离设计位置		10	观察、尺量
14	接触网支架座钢筋偏离设计位置		5	

注:表中有“△”的3项为关键项点,其实测偏差不得超出允许偏差范围。

3. 悬臂浇筑预应力混凝土连续梁(刚构)

连续梁(刚构)悬臂浇筑梁段的允许偏差和检验方法应符合表5-13的规定。

连续梁(刚构)悬臂浇筑梁段的允许偏差和检验方法　　表6-13

序号	项　目	允许偏差(mm)	检 验 方 法
1	悬臂梁段高程	+15,-5	测量检查
2	合龙前两悬臂端相对高差	合龙段长的1/100,且不大于15	
3	梁段轴线偏差	15	
4	梁段顶面高程差	±10	
5	竖向高强精轧螺纹筋垂直度	每米高不大于1	吊线尺量检查不少于5处
6	竖向高强精轧螺纹筋间距	±10	尺量检查不少于5处

第八节　能力训练

编制武汉轻轨1号线二期额头湾站起至舵落口站区间桥梁施工方案(支架法)。

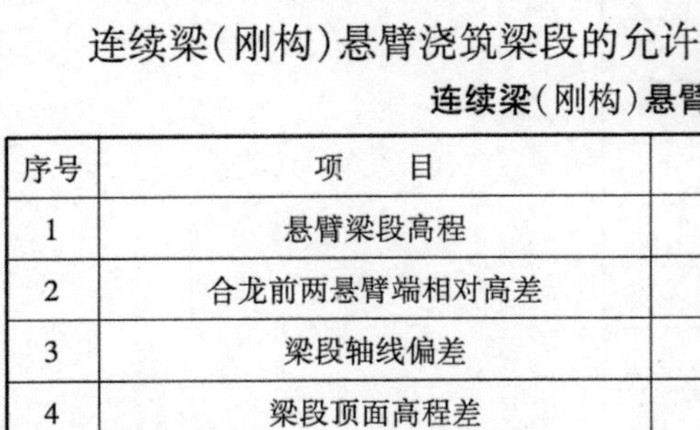

图5-78　武汉轻轨1号线

1. 工程概况

如图5-78所示,武汉市轨道交通1号线二期工程分东西两段,正线全长18.25km,其中西段工程从宗关至吴家山,长11.26km设汉西一路、古田四路、古田三路、古田二路、古田一路、舵落口、额头湾、五环大道、东吴大道9座车站;东段工程由黄埔路至堤角,长6.99km,设头道街、二七路、徐州新村、丹水池、新荣、堤角6座车站。二期工程与一期工程合用控制中心,并在古田新建车辆段及综合维修基地1

座，在古田二路和二七路设主变电站。工程采用与1号线一期工程相同的标准与制式。工程采用B型车，4辆编组，设计最高行车速度80km/h，系统设计最大运输能力2.85万人次/h。

2. 工程特点

(1)区间桥梁施工场地面积较小，在场地内要布置钻孔设备、钢筋加工、支架模板堆放拼装场地，施工通行道路和必要的办公用房等，施工场地相当狭窄。

(2)本工程为高架，桥梁全部为现浇预应力混凝土箱梁，工期紧(245d)，任务重、设计标准高、质量要求严、外观要求美观，而且对施工车辆的通行限制多，协调困难。

(3)本工程处于市区交通要道上施工，区间两边居民和商业区密集。业主对环保控制严、要求高。

(4)本工程在主要交通要道施工，车流人流密集。施工战线长，交叉作业施工多，高空作业多。

(5)区间现浇双线单箱梁施工，结构新、技术要求高、质量标准高、工作量大，是本工程的重点。

3. 区间梁段

本区间桥梁存在单线和双线两种箱预应力简支箱梁，跨径为25m和30m两种。双线梁直线段桥面宽9.0m；单线梁桥面宽5.1m。现浇梁共计68跨，分批分段施工。

本区间后张预应力简支箱梁根据交通要求不同采用满堂轮扣式钢管支架或万能支架进行现浇施工。

根据预应力简支梁设计采用箱内和桥面张拉的方案，张拉施工不受邻跨梁端影响，故连续几跨简支梁可同时组织浇注施工。梁体施工顺序不受限制，随下部结构施工进度先后组织安排。

4. 支架施工

本工程正线大部分位于绿化带上，支架施工前进行绿化带拆除清理及硬化，采用ϕ50轮扣式钢管搭设满堂脚手架或采用万能杆件支架进行施工(图5-79)。按柱距、排距要求找出立杆位置，脚手架直接支立在混凝土面上，立杆底座采用钢靴套，保证荷载均匀分布。满堂钢管支架搭设严格按规范要求施工，步距H为0.75m，纵横向排距L为0.5m，隔排设横向剪刀撑，外侧斜向剪刀撑间距为4m，底排设斜撑，距地面20cm处设扫地杆，小横杆、大横杆、立杆、剪刀撑的连接、错接头等严格按规范要求搭设。钢管顶为螺旋杆，可螺旋旋转进行伸缩，以调节细微高度。螺旋杆顶为“U”形钢槽板，可放置I20工字钢作纵梁，采用15cm×15cm方木作横梁。横梁上垫钢板以增大与钢模的接触面，支架预留拱度在安设方木纵梁时进行设置完成。预留拱度适当的沉落量。支架搭设完毕，铺上底模板后，以不低于上部结构重量100%的砂袋进行预压，消除支架沉降、变形。

图5-79　满堂支架法

注意：一孔支架应一次搭设完毕，以确保前后施工阶段的支架完全连续，沉降一致。

5. 现浇梁施工工艺流程图(图5-80)

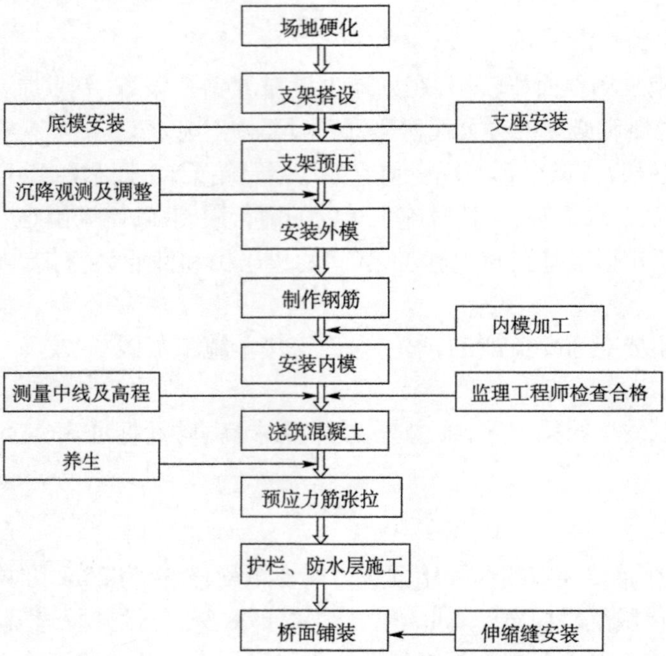

图5-80　支架法施工工艺流程

6. 箱梁模板施工(图5-81、图5-82)

图5-81　箱梁外模板

图5-82　内模及顶板支架施工

模板全部采用新制大块全钢模板。模板设计的原则:牢固、可靠、轻便。模板的刚度要经过检算,防止变形。模板采用δ为6mm钢板制作,用L50×50×6和L75×75×8角钢作加劲肋,加劲肋间距为0.45~0.6m。模板连接采用ϕ14螺栓,间距为0.15m。模板在工厂定制,保证尺寸精确,平整度高,板缝拼装严密。模板处理是保证箱梁外观质量的前提。模板进场后用砂轮机除锈,除锈完后用清水冲洗干净,晒干,然后涂ZM－90建筑模板长效脱模剂,涂刷前将脱模剂搅拌静置20min,气泡消失后进行涂刷,第一层涂刷完静置3h左右,直接涂刷第二道,涂完后自然养护3~5天,对固化已久的模板面,用砂纸打磨后再涂,若局部修补,则将该局部打毛后再涂。在具体施工中,严格把关,精心施工,将箱梁外观质量作为重要的质量控制点。

箱梁外模板采用定制大块钢模,箱梁内模采用组合钢模板,分两次安装,第一次安装倒角及半截腹板高度，待浇完底板及腹板下部混凝土后再安装上截箱梁内模。固定孔道口位置的端模板，安装时与侧模板连接牢固，不得有位移和变形，并使预留孔道的位置正确。简支梁梁缝为6cm，邻跨梁同时现浇时，端模板的设计需考虑拆模方便。

7. 钢筋绑扎（图5-83）

铺设梁底模→箱梁外侧模板安装→绑扎底板及箱梁腹板普通钢筋→波纹管埋设、固定→分两次支立箱梁内模板→绑扎箱梁顶板钢筋→检查、预埋件埋设。

绑扎箱梁底板钢筋前须注意认真仔细安设橡胶支座及埋设并牢固固定梁底支座钢板。箱梁腹板上设有通风孔，间距为1.5m，孔径为10cm，当孔位与钢筋矛盾时可适当调整孔位。

在施工中，为方便人工进入箱梁孔内实施拆模及张拉作业，故须在箱梁顶板中心距梁端2.8m的地方，设80cm×120cm的工作窗，待使用完毕后按原设计恢复。

绑扎普通钢筋时，若钢筋与波纹管道有矛盾，既适当挪移普通钢筋，钢筋不能任意切断。梁端锚下钢筋网片采用点焊成型，当其与螺旋筋相抵触时，可调整其位置。绑扎翼缘板钢筋时注意预埋桥面立柱预埋件。钢筋接头均采用直螺纹接头。钢筋绑扎接头采用铅丝，并适当加设点焊，增强钢筋骨架的稳固性。钢筋骨架与模板接触处均匀布设标准厚度保护层混凝土垫块。

8. 波纹管埋设（图5-84）

钢束孔道成孔采用预埋金属波纹管。安设波纹管严格按设计图纸标定位置，每100cm设一道ϕ20的定位钢筋进行可靠定位，确保波纹管在混凝土振捣过程中不会发生位移。梁端波纹管的立面、平面均按垂直于锚垫板牢固定位。

图5-83　钢筋绑扎

图5-84　波纹管埋设

9. 箱梁混凝土灌注（图5-85）

混凝土浇注前报请监理工程师按照设计图纸核对钢筋尺寸、位置及预埋件埋设位置、数量是否正确；模板断面尺寸误差是否符合规范规定，桥梁中线偏差情况，模板接缝情况及表面平整光洁度。对以上情况逐项检查、验收、各项检查合格后方可进行混凝土浇注。

一跨箱梁整个横截面分两次浇注完，每次浇注由第一次浇注底板及腹板下半部混凝土，第二次浇注腹板上半部及顶板混凝土。梁体一端向另一端后退连续不间断灌注。有桥面坡度时，从低处向高处方向浇注。

浇注时输送混凝土泵车停在梁体纵向适中位置处，保证安设的混凝土输送管不致太长而造成压力不够。

浇注混凝土由市内商品混凝土站供应，用混凝土运输车运至施工现场，桥面搭设混凝土灌注工作平台，保证灌注混凝土用的机具、人员不碰撞、踩踏钢筋骨架，避免扰动及污染钢筋。

混凝土采用插入式振捣器捣固，钢筋密集处采用小型号振捣器，并加强振捣。严格控制浇注坍落度，可适当掺加外加剂，保证混凝土在输送管中输送、入模板槽均有良好的和易性。在振捣时还应注意振动棒不得触碰波纹管，如有触碰，应马上提升、避开。密切注意波纹管、模板、钢筋是否有松动、移位、变形。

主梁混凝土浇注施工均安排在气温相对较低时进行，并及时养护，以免产生裂缝。浇筑尾期及时将桥面进行横向拉毛，以加强与桥面铺装混凝土的连接。应覆盖土工布保湿养生。预应力孔道内应灌水养生，确保混凝土水化热能及时疏导，不致因内外温差而造成混凝土徐变、表面裂纹。

10. 箱梁预应力张拉(图 5-86)

图 5-85　混凝土灌注

图 5-86　梁体张拉

预应力张拉应在混凝土强度达到 90% 以上时方可进行，张拉按要求分批分左右两腹张拉。

张拉前穿钢束。采取拉束的方法穿孔，钢绞线前端安引道工具，引道工具前头做成圆锥形状。波纹管管口锚下垫板不垂直度大于 1°时，用垫板垫平。预应力束的编束严格按设计规定进行，编束、捆扎和搬运过程应无损坏、无污物、无锈蚀。

张拉时，应注意部分预应力筋是采用一端装固定，一端张拉的方法进行张拉。

采用油压千斤顶进行张拉，张拉千斤顶须经过严校核合格后方可使用。张拉锚具按设计要求采用。

张拉分初始应力张拉、超应力张拉、顶压锚塞三步程序进行。

(1)初定张拉控制应力按设计要求采用，实际张拉时根据测得的孔道摩阻力进行计算后再确定每束张拉力。

(2)张拉程序：张拉准备→初应力→105% 超应力张拉(持荷 5min)→锚固。

(3)张拉采用应力与伸长量双控。以预应力控制为主，伸长量作为校核。当伸长量超过 6% 时，应松弛预应力，查明是否有断丝或其他原因后重新张拉。全梁断丝，滑丝总数不得超过钢丝总数的 5‰，且一束内断丝不得超过 1 丝。每端钢丝回缩量不得大于 8mm；锚塞或夹片外露量不得小于 5mm；封端后拱度不得大于 30mm。如超出以上规定范围，应按规范作相应处理。

11. 压浆及封锚(图 5-87)

选择压力足够的压浆机，压浆机应能制造稠度合乎要求的水泥浆，并能以常压进行连续作业。压浆由一端压入，孔道内空气往另一端自然排出。孔道压浆采用设计标号，水泥浆按设计配合比进行严格配制。

压浆孔道应保持压力，并能充满所用波纹管，压浆机泵上装有1mm标准孔的筛式滤净器。锚塞与锚圈间漏浆缝隙，压浆前应采取措施予以封闭。压浆顺利时，宜适当加大水泥浆浓度。日最高气温高于35℃时，其压浆作业应安排在夜间。水泥浆终凝后，方可卸拔压浆阀门。

当压浆完成后应及时进行封锚。施工前将封锚加补钢筋安装就位，恢复因张拉而截断的普通钢筋。然后安设封锚模板，安设时注意控制在全梁长度容许误差之内。封端混凝土强度同主梁混凝土。

图5-87　压浆

12. 模板、支架拆除

拆除支架须在保持该施工阶段应力全部张拉完毕，且管道压浆的强度均达到设计强度的80%以上时，方可进行，落架应按主孔多点、对称、缓慢、均匀的原则，从跨中各点拆卸。每个施工阶段中允许在孔内拆卸。

13. 桥梁附属工程施工

桥面铺装施工安排在预应力箱梁张拉完毕后组织进行，梁体混凝土与桥面铺装混凝土的龄期差约6周。

桥面铺装混凝土浇注前，检查梁体顶面的粗糙度，不合乎要求的人工进行凿毛处理，并用高压水冲洗干净。钢筋网片用铅丝绑扎，保护层垫块采用与铺装混凝土同强度等级的砂浆垫块，按设计厚度统一预制。桥面泄水孔、伸缩缝、立柱等预埋件预留槽须严格按照设计图纸位置要求进行预埋，预留设置，并加固牢靠。

桥面铺装细石混凝土的骨料级配严格控制。混凝土采用泵车由地面输送至桥面，用振动整平板与整平支撑方向成直角进行整平，振动器压实。混凝土须铺设均匀，铺设的高度略高于完成的桥面高程。混凝土桥面分抹平、镘平及清除三道工序完成修整工作。在一段桥面修整完成后的15min内，采用麻袋覆盖养生。

伸缩缝安装时，首先在预留凹槽划出伸缩缝定位中心线（顺缝向和垂直缝向）和高程，用起重机将伸缩缝吊入预留槽内，使伸缩缝正确就位。如果伸缩缝坐落在坡面上，需进行纵横坡的调整。此后将锚固钢筋与预埋钢筋焊连，使伸缩缝固定，禁止在伸缩缝边纵梁上施工焊。安装伸缩缝的最后一道工序是在槽口立模板浇注混凝土。模板要严密无缝，防止混凝土进入控制箱。混凝土在边纵梁、控制箱及锚固板附近要振捣密实。混凝土凝固后，夹具即可拆卸。必要时请供应厂家安装伸缩缝。

混凝土桥面防水层应集中施工，在混凝土湿润养生后足够风干后组织进行。

桥上电缆槽支架混凝土采用现浇方案进行施工，在铺装混凝土施工后组织进行。

本章小结

施工准备工作的基本任务是为桥梁工程的施工建立必要的技术和物资条件，统筹安排施工力量和施工现场，是施工企业做好目标管理，推行技术经济承包的重要依据，也是施工得以顺利进行的基本保证。施工准备通常包括技术准备、劳动组织准备、物资准备和施工现场准备等工作。测量前必须做好必要的技术和组织准备工作；要熟悉设计文件、图纸和有关测设资料；要与监理单位办理好现场固定桩的交接工作；还应做好测量人员的分工、仪器的校验和施工步骤的制定等准备工作。

测量一般分为平面控制测量（常用的为三角测量）、桥轴线测量和水准测量（高程测量），在测量之前，先根据所建桥梁的规模确定测量等级，之后，确定各项测量所需的精度，再确定测量方案和规定各项测量的限差。

钢筋混凝土简支梁桥施工有立模板、绑钢筋和浇混凝土三道工序。预加应力的方法有先张法和后张法。先张法介绍了台座法预制、预应力筋的制备和预应力筋的张拉和放松。后张法介绍了高强钢丝束的制备、孔道形成、穿钢丝束、张拉工艺、孔道压浆和封锚。构件预制、出坑、运输和安装等预制装配施工法的施工过程。在岸上或浅水区预制梁的安装可采用龙门吊机、汽车吊机及履带吊机安装；水中梁跨常采用穿巷吊机安装、浮吊安装及架桥机安装等方法。

预应力混凝土连续梁具有变形小、结构刚度好、行车平稳舒适、伸缩缝少、养护简易、抗震能力强等优点。连续梁与静定体系的其他形式的梁桥相比，具有较为显著的经济性，可减小跨中最大弯矩和最大挠度。

连续结构的施工方法有就地浇筑施工法（满堂支架）、悬臂施工法（悬臂浇筑和悬臂拼装）、逐孔施工法、顶推施工法。

就地浇筑施工法施工时需要架设牢固稳定的支架。支架有满布式木支架、满布式钢管脚手架，钢木混合的梁式支架，梁柱式支架及万能杆件拼装支架等形式。

悬臂施工法可分为悬臂浇筑和悬臂拼装两类。悬臂浇筑施工利用悬吊式的活动脚手架（或称挂篮）悬臂分段浇筑混凝土（每段长 2 ~ 5m）。悬臂拼装施工是预制分段梁体，运输吊装拼装。预制块件间接缝的处理分湿接缝、干接缝和胶接缝等。临时固结是采取措施使墩顶的零号块件与桥墩临时固结起来，目的是承受悬臂施工过程中可能出现的不平衡力矩。

顶推施工法是在桥台后设置制梁场，制作箱梁后向前推移，推出一段再接长一段，直至最终位置，再调整预应力，之后滑道支承移置成永久支座。顶推施工法适用于建造跨度为 60 ~ 80m 的多跨连续梁桥。

桥面系施工的主要内容为：桥面和桥面附属结构。桥面附属结构主要包括由人行道遮板及栏杆、电缆槽、防水系统、排水系统、伸缩系统及综合接地系统等部分。

复习思考题

1. 桥梁施工准备中的技术准备主要内容有哪些？
2. 桥梁施工准备中的劳动组织准备包括哪些内容？
3. 施工现场准备工作的具体内容有哪些？
4. 如何进行曲线桥梁墩台定位？
5. 如何进行桥梁施工的高程测量？
6. 简述钢筋混凝土梁的施工工艺。
7. 预制梁的预制方法有哪些？安装的方法及特点有哪些？

8. 梁式桥采用有支架就地浇筑法施工的特点有哪些?
9. 简述后张法预应力混凝土梁的施工工艺。
10. 简述悬臂施工法的适用条件和施工要点。
11. 简述悬臂梁临时固结的形式。什么是体系转换?体系转换时应注意哪些事项?
12. 简述悬臂拼装的方法及特点。接缝的分类及特点有哪些?
13. 简述悬臂拼装时梁段的预制方法。悬臂拼装时应注意哪些问题?
14. 简述顶推法的原理。采用的方法有哪些?注意事项有哪些?
15. 顶推法采取的临时措施有哪些?其起到的作用是什么?
16. 桥面防水层的设置目的是什么?高速铁路桥面防水的主要类型有哪些?
17. 桥面防水层及保护层应如何施工?
18. 轨道桥梁伸缩装置应如何施工?
19. 铁路桥梁中的人行道系统应如何施工?

第六章 拱桥上部结构施工

教学目标

1. 了解拱桥施工的各种方法及涉及施工的专业术语。
2. 掌握钢管混凝土拱桥的构造和施工要点。
3. 熟悉装配式拱桥构件的预制、运输与堆放,起吊与吊装方法。

城市轨道桥梁设计中,采用拱桥的情况非常少,一经采用,其结构基本上都是采用钢管混凝土拱桥的形式。例如,于2007年10月29日通车的重庆菜园坝长江大桥是公路和轨道交通两用钢管混凝土钢箱提篮拱特大桥,是连通重庆主城的南北大通道,主桥长约800m、主跨达420m,为中国同等类型中第二大跨度拱桥,钢结构总重18000t。该桥结构形式采用中承式无推力钢管混凝土系杆拱桥,是集钢管拱、钢箱梁、钢桁梁各种新型桥梁结构形式和科技成果于一身的现代化桥梁,这种结构形式不仅在我国绝无仅有,而且在世界桥梁中也具有独特的地位,如图6-1所示。

图6-1 重庆菜园坝长江大桥

本章着重介绍钢管混凝土拱桥的施工工艺。施工方法主要有支架法、吊索塔架辅助施工法、转体施工法、整体吊装法等。施工方法的选择应根据拱桥的跨度、结构形式、现场施工条件、施工水平等因素,并经方案的技术经济比较确定合理的施工方法。在施工过程中须进行结构内力、位移监测和控制。一般情况下,拱轴线都应处于均匀受压状态,在拱支架拆除、辅助吊索拆除、钢管拱压浆等施工阶段,应均衡作业,严格监控。

第一节 钢管混凝土拱桥的施工

一、钢管混凝土拱桥结构原理

钢管混凝土属于钢－混凝土组合结构中的一种。钢管混凝土拱桥是将钢管内填充混凝土,由于钢管的径向约束而限制受压混凝土的膨胀,通过互补使钢管和混凝土单独受力的弱点得以削弱甚至消除,管内混凝土可增强管壁的稳定性,钢管对混凝土的套箍作用,使混凝土处于三向受压状态,既提高了混凝土的承载力,又增大了其极限压缩应变。

自钢管混凝土结构问世以来，是桥梁建筑业发展的一项新技术，具有自重轻、强度大、抗变形能力强的优点，因而得到突飞猛进的发展。同时钢管兼有纵向主筋和横向套箍的作用，更可作为施工模板，方便混凝土浇筑，施工过程中，钢管可作为劲性承重骨架，其焊接工作简单，吊装重量轻，从而能简化施工工艺，缩短施工工期。架设方案的选择，应根据桥址处地形、设计要求进行方案比选，确定合理的架设方案。

二、拱肋钢管的加工制作

钢管拱肋制作内容包括：主管（弦杆钢管）、支管（腹杆、横撑等钢管）、缀板等构件的制作，钢管拱肋节段的组装。两个（或者两个以上）相邻节段的预拼装。

拱肋加工制作前，应根据设计图的要求及制作条件绘制施工详图（包括零件图、单元构件图、节段构件图及组焊、拼装工艺流程图），编制制作工艺技术文件。按理论设计拱轴坐标和预留拱度值，经计算分析后放样，钢管拱肋骨架的弧线采用直缝焊接管时，通常焊成 1.2～2.0m的基本直线管节；当采用螺旋焊接管时，一般焊成 12.0～20m 弧形管节。对于桁式拱肋的钢管骨架，再放样试拼，焊成 10m 左右的桁式拱肋单元，经厂内试拼合格后即可出厂。

具体工艺流程为：选材料进场→材料分类→材质确认和检验→划线与标记移植→编号码→下料→坡口加工→钢管卷制→组圆、调圆→焊接→非坡口检验→附件装配、焊接→单节终检→组成 10m 左右的大节桁式拱肋→焊接→无损检验→大节桁式拱肋终检→1:1 大样拼装→检验→防腐处理→出厂。

当拱肋截面为组合型时，应在胎模支架上组焊骨架一次成型，经尺寸检验和校正合格后，先焊上、下两面，再焊两侧面（由两端向中间施焊）。焊接采用坡口对焊，纵焊缝设在腔内，上、下管环缝相互错开。在平台上按 1:1 放样时，应将焊缝的收缩变形考虑在内。为保证各节钢管或其组合骨架拼组后符合设计线形，可在各节端部预留 1cm 左右的富余量，待拼装时根据实际情况将富余部分切除。

钢管焊接施工以《钢结构工程施工质量验收规范》（GB 50205—2001）的规定为标准。焊缝均按设计要求全部做超声波探伤检查和 X 射线抽样检查（抽样率大于5%）。焊缝质量应达到二级质量标准的要求。

钢管进入拱肋组装加工前，应进行验收。验收时应具备下述资料：

（1）钢材的质量证明书及抽样检验报告。

（2）焊接材料质量证明书和烘焙记录。

（3）涂料材料质量证明书。

（4）焊接工艺评定报告。

（5）焊缝质量外观检测报告。

（6）内部探伤报告。

（7）钢管构件加工施工图（含原设计图，设计变更文件以及制作中对技术问题处理的协议文件）。

（8）钢管构件几何尺寸检验报告。

（9）按工艺检验所发现的缺陷及处理方法记录。

（10）钢管构件出厂产品合格证和质量证明书。

三、钢管混凝土拱桥的架设

1. 无支架吊装法

1)缆索吊机斜拉扣挂悬拼法

具体做法参见本章第二节,钢管混凝土拱肋无支架架设方案用于跨度较大的情况,它可根据吊机能力把钢管拱肋合成几大段进行分段对称吊装,并随时用扣索和缆风绳锚固,稳定在桥位上,最后合龙。

缆索吊机斜拉扣挂悬拼法施工是我国修建大跨度拱桥的主要方法之一。该方法施工理论成熟,施工体系结构简单,施工调整与控制较方便。但起吊端要有一定的施工场地,缆索跨度较桥跨要大,用缆索较多,主塔架与扣索塔架相互分开,存在受压杆稳定要求塔高不能过高,并且要设置各种缆风索而占地面积较大。

2)整体(或大段)吊装施工方法

整体吊装施工方法也称为三大段吊装施工方法。主跨分三段,边段利用鹰架悬臂拼装或采用龙门吊机与起吊塔架共同起吊就位,同时调整好拱肋空间位置,中段两肋连同横撑在岸上拼装,用临时拉杆拉住,整体浮运到桥位,利用鹰架和主拱拱肋悬臂段设置提升设备将中段提升就位,解除中段临时系杆,然后合龙,如图 6-2 所示。

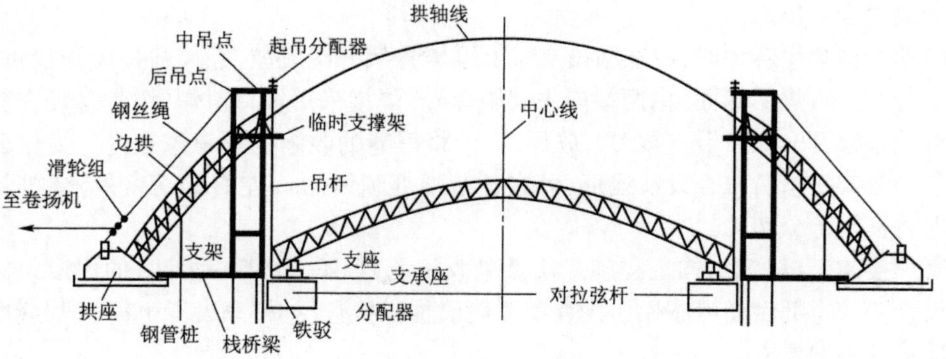

图 6-2　整体吊装法示意图

三段吊装法,工期短,将大量的现场工作转移到工厂内,能确保拱轴线及质量,不受桥头拆迁控制,占地较少,对城市建桥尤为重要;与引桥施工不发生干扰,机具设备少,临设材料可以大量回收,节省投资;技术可行,且施工不复杂,安全度较高。但该施工方法,长大段钢管拱肋的运输受水位及河道的限制;工厂制造需要有较大的场地和下河码头等。这种施工方法在国内尚无先例。

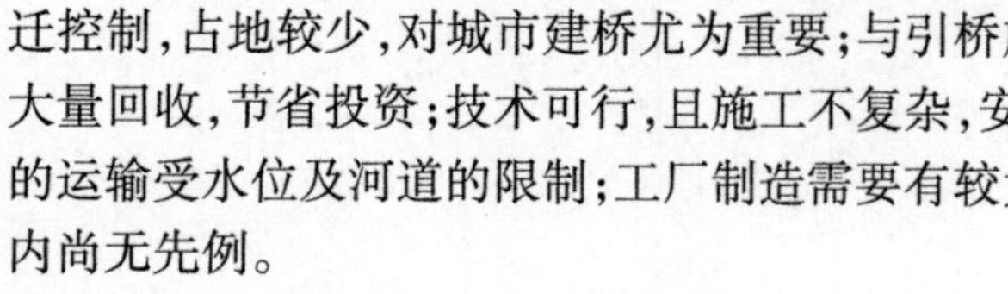

图 6-3　双塔缆索吊装示意图

3)双塔缆索吊机法

缆索吊机塔架之缆塔和扣塔合二为一,并于前塔上附加后塔形成空间框架结构,故称为双塔缆索吊机施工法。如图 6-3 所示。

这种施工方法,塔架刚度较大,可不设

缆风索。吊装操作方法如下：

(1)拼装缆索吊和塔架，安装缆索吊机缆索及机械部分，试吊合格后投入使用；

(2)工厂内制造钢管拱桁架节段并予以试样，合乎要求后按顺序下河运到桥轴位处抛锚定位；

(3)对称按序逐节段起吊、对位、扣索、连接、调整拱肋空间位置，挂锚索，对称同步张拉相应扣、锚索；

(4)调整与控制塔架水平位移调整与控制拱肋各节段的高程及平面位置；

(5)全面检查与调整拱肋轴线控制点高程及平面位置。焊接各节段接头处外包钢板。这种施工方法为缆索吊机的特例，具有一般缆索吊机施工方法的优点，但因不设缆风索，可大幅压缩桥址区红线外征地，节省投资。但是缆塔和扣索塔合二为一，使两者之间的变形连为一体，相互影响，施工调整与控制较为不便，体系构造复杂，受力不很直观。

2. 有支架吊装法

根据桥位处的地形及设计情况可采用有支架吊装法进行钢管主拱肋的架设。拱肋的吊装仍采用缆索系统，不同之处是在每一拼接处设置支架，使拱肋的连接和焊接在支架上进行。

支架的设置按拱肋的轴线和段接头位置及高程，在精确定位后，就每段接头的高度设计相应的支架高度(该高度考虑了支架、支承结构的变形和施工预拱度)，经计算确定支架的形式和材料，满足强度、稳定及刚度要求，支承处圆弧和坡度应和该处的拱肋设计完全吻合，以保证较大的支承面积和钢管拱肋的稳定。吊装时用索道吊运到位初步控制合格后，拱肋的一端采用焊搭板螺栓连接，另一端用两道临时缆风护设稳定，合龙段在准确测量出实际的长度和待合龙段拱肋的长度根据实际将多余的长度割掉后按吊装顺序吊装，到位后两端精确对位连接。吊装顺序如图6-4所示。

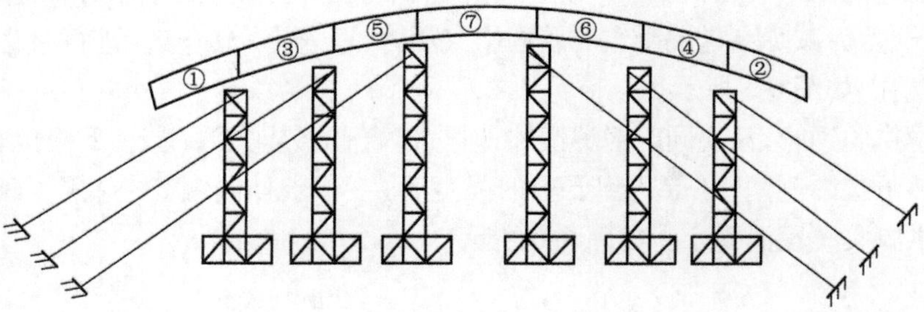

图6-4　右支架吊装顺序示意图

3. 转体法施工

在河流两岸或适当的位置，利用地形或使用简便的支架先将拱肋安装完成，之后以拱肋结构本身为转动体，使用一些机具设备，分别将两个半拱转体到桥位轴线位置合龙成桥。详见本章第三节。

4. 钢管拱片吊装运输注意事项

(1)钢管拱片吊装要谨慎，保证安全，起吊前后要做好以下检查及防护措施：

①在吊装前监理工程师应严格要求承包商对缆索吊装系统进行全面的质量和安全措施检查。

②钢管拱片由水平位置改为竖直时，不得就地掀起竖立，必须全片水平吊起后，再悬空翻立，在翻立过程中，拱片上各吊点应始终保持同一平面内，防止扭折。

③拱片起吊前，对拱片薄弱部位，必须按起吊构件受力情况予以加固后，方可起吊。

④拱片运输时，宜采用平卧运输，运输和装卸过程中应严格控制支点或吊点位置，使拱片受力均匀，防止损坏。

(2)扣架的布置是否符合下列要求：

①扣架底部应固定，扣架一般设在墩台顶上，架顶应设置风缆。

②各扣索位置必须与所吊挂的拱肋在同一竖直内。

③扣架上索鞍顶面的高程应高于拱肋扣环高程。

④扣架强度和稳定性应符合设计要求。

四、钢管拱混凝土的灌注

1. 拱肋钢管内混凝土的灌注

钢管混凝土拱桥钢管内的混凝土优先采用泵送顶升法灌注，对小跨径的钢管混凝土拱桥也可采用浇筑捣固法。

拱肋钢管内混凝土一般采用微膨胀混凝土，要有一定的流动性，混凝土中所用的各种外掺剂，如减水剂、微膨胀剂、粉煤灰等品种的选用和掺用量均应通过试验确定。泵送混凝土坍落度一般为18～22cm。浇筑时应严格控制好混凝土的坍落度，防止出现混凝土堵管或离析现象。泵送顶升法采用混凝土输送泵将混凝土从低处向高处顶升，在泵送混凝土之前，应先用压力水冲洗钢管内壁，必要时再用水泥浆通过。

当加载程序是从拱脚往拱顶一次浇注时，从两端拱脚向拱顶泵送，拱顶附近开排气孔。当拱肋钢管较长时，为减少泵送混凝土时管内空气压力，可采用“分仓法”进行泵送顶压，每个仓段顶部设排气孔，如图6-5所示。

对于单管拱肋钢管，只要同时对称灌注即可，组合截面应先灌注上、下缀板仓由跨中自拱脚同时浇注→下层内侧钢管(待达到要求的强度后)→下层外侧钢管→上层内侧钢管→上层外侧钢管→拱脚实腹段混凝土。如图6-6所示。

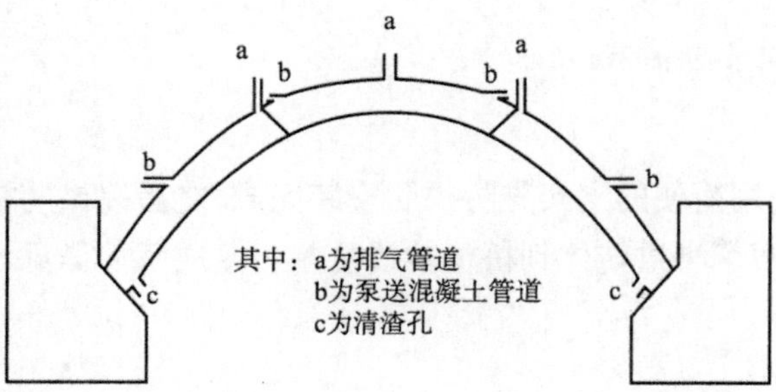

图6-5 主拱肋混凝土灌注分仓图

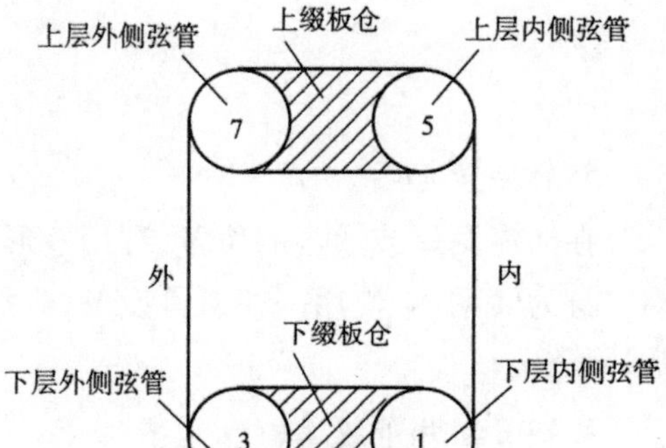

图6-6 主拱肋断面混凝土灌筑顺序图

泵送混凝土时两边泵送速度应加强协调，尽量对称顶升，特别是接近拱顶时要注意避免一边上升过快越过拱顶，引起钢管骨架的纵向振动。在泵送过程中应严格按照设计加载顺序进行，并做好钢管骨架的变形观测监控工作，在施工中如发现拱肋变形异常应找出原因并及时处理，避免事故发生。

人工浇灌时，混凝土从浇注段的上端灌入，但混凝土落差不宜太大以免混凝土离析。在钢管上开浇灌孔，孔径一般为 ϕ200mm，通过漏斗下料，振动可用插入式振动棒振捣。为此应在钢管上开设振捣孔，一般振捣孔和浇灌孔相隔设置，振捣孔直径视振动棒大小而定，一般为150mm。浇灌孔开孔距离不应大于振动器的有效工作范围和 2 ~ 3m 的水平距离。

混凝土通过振动孔和浇灌孔时可稍溢出，然后在开口盖板原位点焊，使混凝土强度达到设计强度的 50% 后，再按设计要求进行补焊。

在施工中应严格控制配合比，并按规定预留混凝土试块，以便事后检查。混凝土在灌注时，钢管内混凝土温度应控制在 60℃ 以下，以免微膨胀混凝土失效。浇注完混凝土应立即把开口封住，防止混凝土失水，减少收缩量。

钢管内灌注混凝土的密实度可采用敲击钢管和超声波检测。敲击时，声音沉而且哑者，表明混凝土已充填饱满，对有异声者，可用超声波进一步检测。若混凝土不密实的部位，应采用钻孔压浆法进行补强。当缺陷较小时，压环氧树脂；当缺陷较大时，可压高强度等级砂浆，压浆后将钻孔补强焊牢。

2. 钢管作为劲性骨架外包混凝土的灌注

劲性骨架施工法，是指在事先架设的拱形劲性骨架上，围绕骨架分环分段浇筑混凝土，最终形成钢筋混凝土拱圈（肋）的一种施工方法。劲性骨架在施工过程中起拱架作用，在拱圈形成后埋入混凝土中，作为混凝土拱圈截面的一部分。劲性骨架法又称埋入式拱架法，国外也称米兰法。劲性骨架法是一种较老的施工方法，1942 年西班牙就采用该法建成了 210m 的 Esla 混凝土拱桥，由于其用钢量较大，施工控制技术落后等原因，该法未得到推广。我国从 20 世纪 80 年代，由于大跨径拱桥的大量出现以及高强、经济的骨架材料和施工控制技术的发展，在大跨径混凝土拱桥中又开始采用劲性骨架法，并逐渐增多，如四川内江新龙坳大桥主跨净跨 117.8m，江西德兴钢矿太白大桥净跨 130m，广西邕宁邕江大桥计算跨径 312m 均为钢管混凝土劲性骨架桥，架设后管外包混凝土形成箱形拱肋。四川万县大桥主桥净跨 420m，为钢管劲性骨架，该桥为世界同类桥中跨度最大者。

劲性骨架最初采用型钢（如角钢、工字钢、槽钢等）做成，但其柔性较大，在混凝土拱圈形成过程中难以保证混凝土拱圈的设计线形，骨架截面应力大，尤其是在由开口箱向闭口箱转换过程中，骨架上弦杆容易出现应力超限和局部失稳的现象，因此，在施工安全上存在一定的风险。钢管混凝土结构在桥梁上的应用，对改进劲性骨架开辟了一条新路。目前已普遍采用桁构式钢管混凝土劲性骨架，其特点是刚度大、用钢量省、经济、安全。

1）劲性骨架法施工步骤

（1）在现场按设计进行骨架 1:1 放样、下料、加工以及分段拼装成型。

（2）采用缆索吊装法进行骨架的安装、成拱（图 6-7）。对钢管混凝土骨架，在架设成钢管拱骨架后还需灌注管内混凝土，形成钢管混凝土劲性骨架。

（3）在骨架上悬挂模板，采用分环、分段、多工作面浇筑拱圈混凝土。

采用劲性骨架法施工，混凝土浇筑顺序是关键，直接影响到混凝土拱圈形成过程中的变

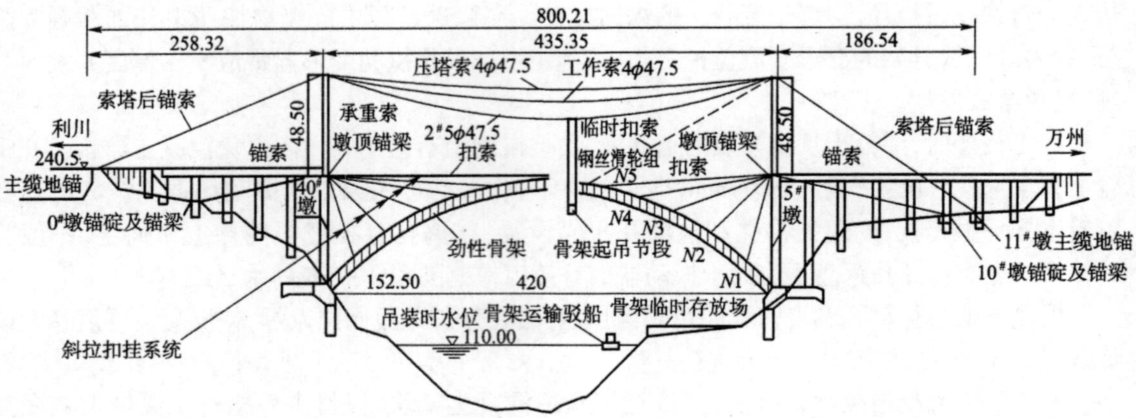

图6-7　劲性骨架吊装(重庆万州长江大桥)(尺寸单位:m)

形、应力与稳定。为此,必须进行详细的施工加载程序设计和有效的控制手段,以确保骨架在任何施工时刻的结构安全和混凝土拱圈形成后的线形。

(1)锚索假载施工法。将锚索锚固在河床的地锚上,锚索与地锚之间装有拉力计和紧固器,用以施加假载。拱箱混凝土浇筑时,根据各施工阶段的拱圈受力和骨架变形调整锚索拉力,以保证劲性骨架的线形和稳定性。这种方法控制操作难度大,场地要求高,效果不理想。

(2)水箱调载法。四川宜宾小南门大桥主拱圈混凝土浇筑采取了水箱调载法(图6-8),该法是在拱形骨架成型后,在拱顶部位设置多个水箱,在拱圈混凝土浇筑过程中,根据预先计算的加载重向水箱内注水,确保拱圈变形和截面应力控制在允许范围内。与此同时,进行变形和应力检测,如发现异常,及时调整水量和浇筑速度、张紧或放松八字浪风索等。该方法的缺点是水箱设备较复杂,操作也较麻烦。

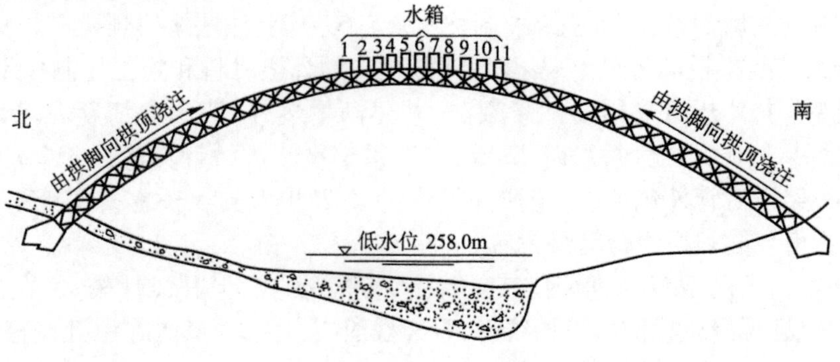

图6-8　水箱调载示意

(3)千斤顶斜拉扣挂调载法。广西邕宁邕江大桥主拱圈浇筑中,采用了千斤顶斜拉扣挂调载法,该法是利用缆索吊装扣挂骨架节段时使用的斜拉索,调整混凝土浇筑过程中拱轴变形和结构各部应力,如图6-9所示。但由于劲性骨架已成超静定体系,斜拉索张拉不仅影响调整区段的混凝土应力和变形,而且张拉点的混凝土拉应力往往容易超限,张拉力需要通过反复试算才能确定。

(4)多点均衡浇筑法。多点均衡浇筑法是将拱圈横向分块、纵向分环、各环分段。施工时,按确定方案进行多点均衡浇筑混凝土,使拱圈受力、变形及稳定状态保持在允许范围内,并分环合龙。每环混凝土间隔一定龄期,达到一定强度后能参与骨架联合作用,共同承受下环混

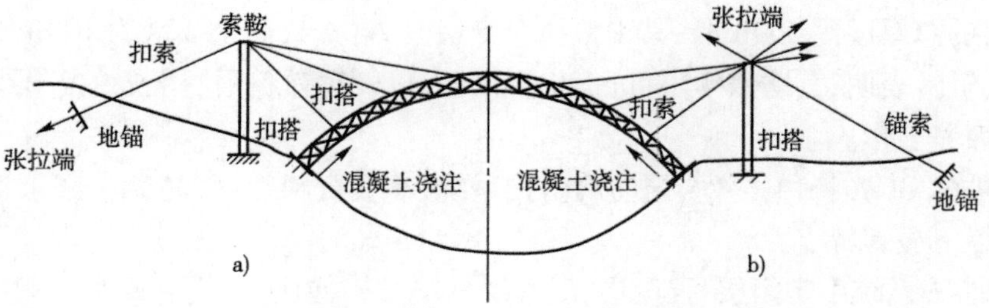

图 6-9　斜拉扣挂系统和斜拉索力调整张拉方式

凝土的重力。图 6-10 所示为万州长江大桥拱圈混凝土横向浇筑顺序。

多点均衡浇筑法，依靠多工作面浇筑的混凝土保持拱圈自身平衡，它对施工要求比较严格，各工作面的进度须严格控制，一次浇筑的混凝土方量少，工序转换比较多，工期比较长，但不需要外加载增加劲性骨架负担，其稳定性得到保证，变形和应力变化比较均匀、和顺。

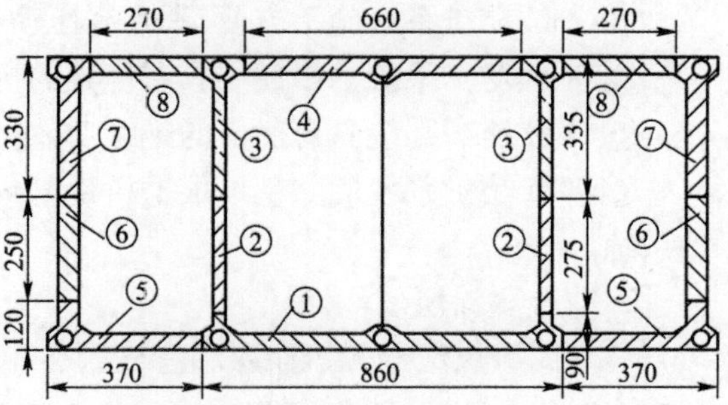

图 6-10　拱圈混凝土横向浇筑顺序（尺寸单位：cm）

2）劲性骨架法施工特点

（1）采用强度高、承载力大、延伸量小、变形稳定的钢绞线作斜拉索，减少了架设过程中骨架的不稳定非弹性变形。

（2）采用千斤顶张拉系统对斜拉索张拉、收放索长，具有张拉能力大、行程控制精度高、索力调整灵活、锚固可靠等优点。

（3）斜拉扣挂体系自成系统，不受缆索吊装系统干扰。

（4）可以准确地对结构变形和内力进行调整。

劲性骨架法是目前特大跨径混凝土拱桥施工的主要方法，但该法存在空中浇筑拱圈混凝土工序多、时间长、混凝土质量控制较难等不足，且后期收缩徐变大。在今后还有待对其作进一步改进。

五、钢管防锈处理

1. 钢管除锈

钢管除锈通常采用机械法中的喷砂除锈，抛丸除锈辅以化学清洗。除锈方法与除锈等级与设计采用的防腐材料有关。一般要求钢管外侧表面无油污、氧化皮、锈迹等杂物，表面呈钢材金属光泽，以确保除锈质量。

2. 防腐保护层

钢管外露面需要防腐处理，常用的方法有金属涂层和非金属涂层。

1）金属涂层

（1）阴极防腐涂层。这类涂层若存在孔隙，则会在涂层与钢材表面形成电池引起腐蚀，施工难度大，工艺复杂，难以保证质量，一般不采用。镀锡层等属于阴极防腐。

（2）阳极防腐涂层。锌、铝等属于阳极防腐涂层，其防腐效果较好，也称为长效复合防腐涂层，主要工序为先热喷一定厚度的铝镁合金，再以锌磺环氧树脂作封闭层，面层用氯化橡胶涂敷，保护层的总厚度约300μm。其中铝镁合金层厚200μm，其余2层为100μm，此法一次费用较高，有关资料表明，其防锈年限可达30年以上，以长远效益看，用长效复合保护层可降低后期的维修保养工作。

目前先进的GCM特种长效金属防腐防护系统，有关资料表明，防锈年限可达50年，这种防护系统有以下显著特点：

①GCM防护系统由密闭层、强度层、耐候层三层结构构成，三层总厚度一般在1000μm以上，使其成为防腐、防护系统。

②GCM防护系统在固化时系统自身产生收缩，使之紧固于金属表面，不会因产生“滑移”、“脱层”、“刺伤”而使防护失败。

③GCM防护系统施工方便，不需高压喷砂、除锈的施工程序。

④GCM防护系统的耐候层具有优异的抗紫外线抗氧化性能、满足长效防腐、防护要求。

⑤GCM防护系统具有优异的绝缘功效。

⑥GCM防护系统的颜色可根据桥地处周围环境选择合适的颜色，是目前较理想防腐、防护系统。

2）非金属涂层

非金属涂层又分无机涂层和有机涂层。无机涂层包括化学转涂层、珐琅、玻璃的水泥等。有机涂层包括塑料、涂料和防锈油。非金属涂层在建成的钢管混凝土拱桥防护中应用较多。

六、吊杆安装

吊杆一般用在钢管混凝土拱桥中承式和下承式桥中，常用材料有圆钢、高强钢丝和钢绞线，锚头用冷铸锚或镦头锚，夹片群锚使用较少。吊杆的构造同斜拉桥中的斜拉索构造均用定型成套产品。

钢管拱肋在制作时将吊杆上端的导管、螺旋钢筋、垫板一并设置在拱肋中，吊杆下端的导管、垫板应预埋在吊杆横梁中。

为了保证桥面高程的正确，待拱肋架设调整完成后，准确测量拱肋上垫板的高程，然后计算吊杆的下料长度，在工厂加工成型后运到工地进行安装。

第二节　拱桥的装配化施工

桥面上部的轻型化、装配化大大加快了梁桥的施工速度。要提高拱桥的竞争能力，拱桥也必须向轻型化和装配化的方向发展。

缆索吊装施工是装配化施工的代表，也是无支架施工拱桥中使用最主要的方法之一。其优点是所用吊装设备跨越能力大，水平和垂直运输灵活，适用范围广，施工方便、安全。不仅用于单跨大、中型拱桥施工，在修建特大跨径或连续多孔的拱桥中更能显示其优越性。通过长期的实践，该法已得到了很大发展并积累了丰富的经验。目前，缆索吊装的最大单跨跨径已达500m以上，由单跨缆索发展到双跨连续缆索（2×400m）。吊装重量已从原来的几十吨发展到现在的几百吨。

采用缆索吊装的拱桥，为了充分发挥缆索系统的作用，拱上建筑也应尽量采用预制装配构件，这样能有效提高桥梁工业化施工的水平，并有利于加快桥梁建设的速度。例如主桥全长1250m的长沙湘江大桥，17孔共408节拱肋和其中8孔76m跨径的拱上建筑预制构件（立柱、盖梁、腹拱圈等）全部由两套缆索吊机吊装，仅用了65个工作日就安装完成。这对于加快大桥建设速度、减少模板用量、降低桥梁造价等方面都起了很大的作用。

拱桥缆索吊装施工内容包括：拱肋（箱）的预制、移运和主拱圈的吊装，拱上建筑的砌筑以及桥面结构的施工等主要工序。除缆索吊装设备以及拱肋（箱）的预制、移运和主拱圈的吊装以外，其余工序与有支架施工相同（或相近）。本节主要介绍缆索吊装施工的特点，其基本内容也适用于其他无支架施工方法。

一、缆索吊装的应用

在峡谷或水深流急的河段上，或在通航的河段上，需要满足船只的顺利通行，缆索吊装由于具有跨越能力大，水平和垂直运输灵活，适用范围广，施工比较稳妥方便等优点，成为拱桥施工中使用最为广泛的方案。

采用缆索吊机吊装拱肋时，为使在起重索的偏角不超过15°的限度内减少主索横向移动次数，可采用两组主索或加高主索塔架高度的方法施工。

在采用缆索吊装的拱桥上，为了充分发挥缆索的作用，拱上建筑也可以采用预制装配施工。缆索吊装对加快桥梁施工速度、降低桥梁造价等方面起到了很大作用。图6-11为缆索吊装布置示意图。

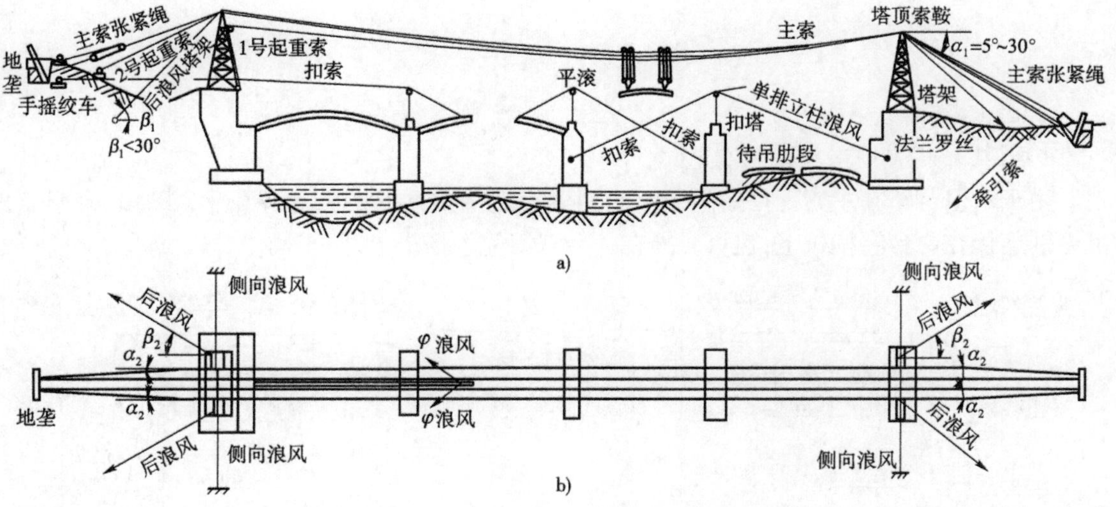

图6-11　缆索吊装布置示意图

二、缆索吊装设备

缆索吊装设备适用于高差较大的垂直吊装和架空纵向运输。公路铁路上常将预制构件进入桥孔安装，其设备可自行设计，就地制造安装，亦可购置现成的缆索架桥设备运往工地安装。

缆索吊装系统由主索、起重索、牵引索、扣索、起重及牵引绞车、主索地锚、扣索地锚、塔架、扣索排架、风缆等主要部件组成。

1. 主索

主索又称承重索或运输天线，横跨桥墩，支承在两侧塔架的索鞍上，两端锚固于地锚，吊运拱箱(肋)或其他构件的行车支承于主索上。主索常用纤维芯钢丝绳组成，其直径、型号和根数应根据主索跨度(索塔间距)、起吊重量、设计垂度等因素计算而定一般根据桥面宽度及设备供应情况可设置 1 ~2 组主索。每组主索由若干根平行钢丝绳组成。

2. 起重索

起重索套绕于主索滑车组上，用于构件的垂直起吊。起重索一端与卷扬机滚筒相连，另一端固定于对岸的地锚上。这样，当行车在主索上沿桥跨往复运行时，可保持行车与吊钩间的起重索长度不随行车的移动而改变(图 6-12)。

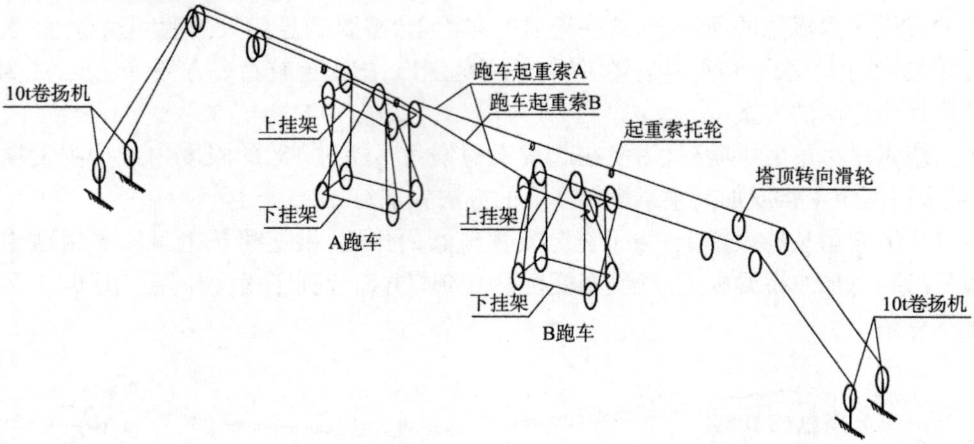

图 6-12　起重索

3. 牵引索

用于牵引行车在主索上往返运行。牵引索宜选用柔性好的钢丝绳(图 6-13)。牵引索既可分别连接在两台卷扬机上，也可合拴在一台双滚筒卷扬机上，便于操作。

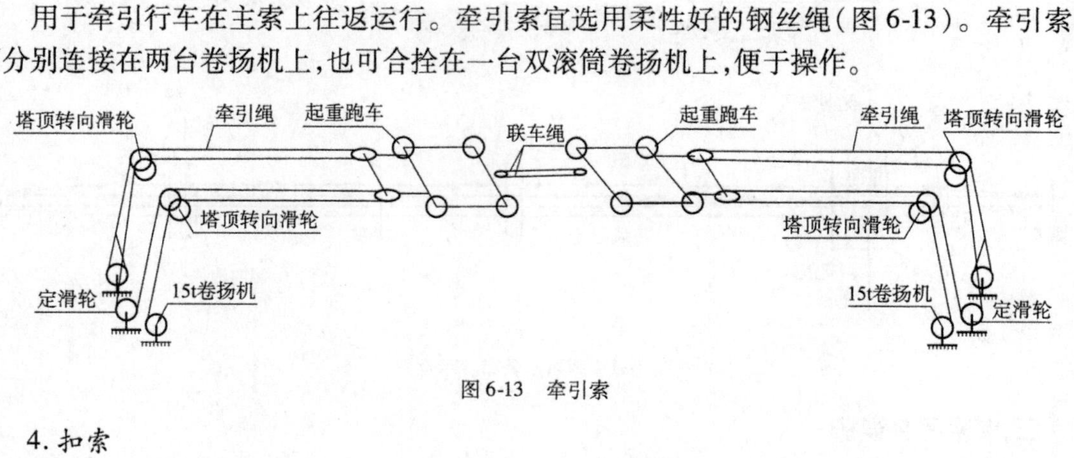

图 6-13　牵引索

4. 扣索

在拱箱(肋)分段吊装时，用于临时固定拱箱(肋)节段所用的绳索，扣索还可调整节段接头高程。

扣索分塔扣(扣固在塔架上或通过塔架索鞍扣固在地锚上)、墩扣(扣固在墩台上)、天扣(扣固在通缆天线上)等几种形式，如图 6-14 所示。

扣索可采用普通钢丝绳,也可采用预应力钢绞线。普通钢丝绳采用卷扬机收紧,用拉紧器微调,存在扣索小、垂度大、节段高程不易控制的缺点,多用于一跨拱箱(肋)节段数在7段以内的吊装。当一跨内节段数超过7段时,应采用预应力钢绞线。

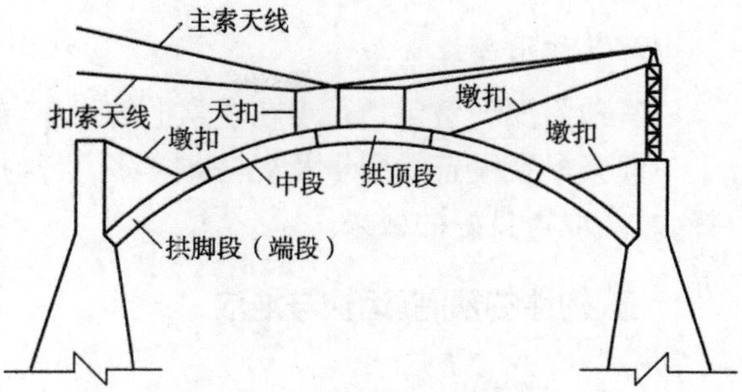

图6-14　扣索形式

5. 风缆

风缆又称缆风索、浪风索,用来保证塔架的纵横向稳定及拱肋安装就位后的横向稳定。此外,风缆是调整拱箱(肋)轴线的重要手段。

6. 塔架

塔架是用来提高主索临空高度及支承各种受力钢索的结构物。塔架由塔身、塔顶、塔底和索鞍等几部分组成。塔架是缆索系统的主要承重结构物,必须具有足够的强度、刚度和稳定性。

根据塔架所起作用不同,分为主塔和扣塔两种形式。主塔,有时也称缆塔,用于支承缆索吊装系统;扣塔仅用于支承和锚固扣索。主塔和扣塔可以独立布置,也可以是合二为一。分离式塔架,主塔、扣塔各成体系,相互干扰少,拱肋线形容易控制,缺点是钢材用量大,增加了工程造价。尤其是当地形条件受到限制时,这种布置方法往往很难实现。对此,可采用主塔、扣塔合二为一的布置方式,将主塔置于扣塔顶之上,主塔与扣塔连接处用销轴连接,这样主塔仅传递竖向力而不传递弯矩,在吊装拱肋节段时,主塔的偏位不会影响到扣塔。这种方式的优点在于用钢量少,但构造较为复杂。

塔架可用型钢构件、万能杆件组拼而成,也可采用装配式公路钢桥桁节片(贝雷)等构件拼成。

塔架顶上设置索鞍,为放置主索、起重索、扣索等用。可以减小钢丝绳与塔架的摩阻力,使塔架承受较小的水平力,并减小钢丝绳的磨损。

塔底有铰接和固结两种方式。底座设铰的塔架必须依靠风缆维持稳定。当塔架固结时,可将塔架脚底固定在基础混凝土中,或用预埋螺栓与塔固结。固结的塔底可以承受弯矩,减小塔顶偏位,但塔架的稳定仍需用风缆帮助。

7. 地锚

地锚又称地垄、锚碇,用于锚固主索、扣索、起重索和绞车等。地锚的可靠性对缆索吊装的安全有决定性影响,设计和施工都必须高度重视。按照承载能力的大小及地形、地质条件的不同,地锚的形式和构造可以是多种多样的。还可以用桥墩、桥台、预应力锚桩作锚碇等。

8. 电动卷扬机及手摇绞车

电动卷扬机及手摇绞车用于作牵引、起吊等的动力装置。电动卷扬机速度快,但不宜控制,一般多用于起重索和牵引索。对于要求精细微调钢束的部位,多采用手摇绞车,以便于操纵。

9. 其他附属设备

其他附属设备包括行走在主索上的行车、起重滑车、横移索、各种倒链葫芦等。

缆索吊装设备的型号及规格非常多，必须按照因地制宜的原则，结合工地具体情况合理选择，才能取得良好的效果。

三、构件的预制、运输与堆放

1. 拱肋预制

钢管拱肋制作是钢管混凝土拱桥施工中的重要工序和施工质量控制的关键。钢管拱肋制作属于钢结构加工部分，钢管切割、焊接技术要求高，一般应由具有较强钢结构加工能力的单位完成，焊接工人应持证上岗。

2. 拱肋起吊、运输及堆放

(1)拱肋脱模、运输、起吊时间的确定。装配式拱桥构件在脱模、移运堆放、吊装时，混凝土的强度不应低于设计所要求的吊装强度；若无设计要求，一般不得低于设计强度的75%。为加快施工进度，可掺入适量早强剂，在低温环境下，可用蒸汽养护。

(2)场内起吊。拱肋移运起吊时的吊点位置应按设计图上的设计位置实行，如图上无要求，应结合拱肋的形状、拱肋截面内的钢筋布置以及吊运、搁置过程中的受力情况综合考虑确定，以保证移运过程中的稳定安全。

大跨径拱桥拱肋构件的脱模起吊一般采用龙门架，小跨径拱桥拱肋及小型构件可采用三角扒杆、马凳、吊车等机具进行。

(3)场内运输(包括纵横移)。场内运输可采用龙门架、胶轮平板挂车、汽车平板车、轨道平车或船只等机具进行。

(4)构件堆放。拱肋堆放时，应尽可能卧放，特别是矢跨比小的构件(拱肋、拱块)。卧放时应垫三点，垫木位置应在拱肋中央及离两端0.15L(L为桥梁全长)处，三个垫点应同高度。如必须立放时，应搁放在符合拱肋曲度的弧形支架上，如无此种支架，则应垫搁三个支点，其位置在中央及距两端0.2L(L为桥梁全长)处，各支点高度应符合拱肋曲度，以免拱肋折断。

堆放构件的场地应平整夯实，不致积水。当因场地有限而采用堆垛时，应设置垫木。堆放高度按构件强度、地面承载力、垫木强度以及堆放稳定性而定，一般以2层为宜，不应超过3层。

四、吊装准备工作

1. 预制构件质量检查

预制构件起吊安装前，必须进行质量检查，不符合质量标准和设计要求的不准使用，有缺陷的应预先予以修补。

拱肋接头和端头应用样板校验，突出部分应予以凿出，凹陷部分应用环氧树脂砂浆抹平。接头混凝土接触面应凿毛，钢筋应除锈；螺栓孔应用样板套孔，如不合适应适当扩孔。拱肋接头及端头应标出中线。

应仔细检测拱肋上下弦长，如与设计不符者，应将长度大的弧长凿短。拱肋在安装后如发生接合面张口现象，可在拱座和接头处垫塞钢板。

2. 墩台拱座尺寸检查

墩台拱座混凝土面要修平，水平顶面高程应略低于设计值，预留孔长度应不小于计算值，拱座后端面应与水平顶面相垂直，并与桥墩中线平行。在拱座面上应标出拱肋安装位置的台口线及中线，用红外线测距仪或钢尺（装拉力计）复核跨径，每个拱座在肋宽范围内左右均应至少丈量两次。用装有拉力计的钢尺丈量时，对丈量结果要进行温度和拉力的修正。

3. 跨径与拱肋的误差调整

预制每段拱肋时，拱背弧长宜小于设计弧长 5～10mm，使拱肋合龙时结合面保留上缘张口，便于嵌塞钢片，调整拱轴线。通过丈量和计算所得的拱肋长度和墩台之间净跨的施工误差，可以通过在拱座处垫铸铁板来调整。背垫板的厚度一般比计算值增加 1～2cm，以缩短跨径，合龙后，应再次复核接头高程以修正计算中一些未考虑的因素和丈量误差。

五、缆索设备的检查与试吊

在使用缆索吊装设备前，必须进行试拉和试吊。

1. 地锚试吊

一般每一类地锚取一个进行试拉。缆风索的土质地锚要求位移小，因此，在有条件时宜全部试拉，使其预先完成一部分位移。可利用地锚相互试拉，受拉值一般为设计荷载的 1.3～1.5倍。

2. 扣索对拉

扣索是悬挂拱肋的主要设备，因此必须通过试拉来确保其可靠性。可将两岸的扣索用卸甲连在一起，将收紧索收紧进行对拉，这样可全面检查扣索、扣索收紧索、扣索地锚和动力装置等是否达到了要求。

3. 主索系统试吊

主索系统试吊一般分跑车空载反复运转、静载试吊和吊重运行 3 个步骤。必须待每一步骤检查、观测工作完成并无异常现象后，方可进行下一步骤。试吊重物可以利用钢筋混凝土预制构件、钢轨和钢梁等，一般按设计吊重的60%、100%、130%，分几次进行。

试吊后，应综合各种观测数据和检查情况，对设备的技术状况进行分析和鉴定，然后提出改进措施，确定能否进行正式吊装。

六、吊装程序

根据拱桥的吊装特点，其一般吊装程序为：边段拱肋吊装及悬挂，次边段拱肋吊装及悬挂（对于五段吊装）；中段拱肋吊装及拱肋合龙；拱上构件的吊装或砌筑安装等。

全桥拱肋的安装可按下列原则进行：

(1)单孔桥吊装拱肋顺序常由拱肋合龙的横向稳定方案决定；多孔桥吊装应尽可能在每孔合龙几片拱肋后再推进，一般不少于两片拱肋。对于肋拱桥，在吊装拱肋时，应尽早安装横系梁，为加强拱肋的稳定性，需设横向临时连接系，加快施工进度。但合龙的拱肋片数所产生的单向推力应不超过桥墩的承受能力。

(2)对于高墩,应以桥墩的墩顶位移值控制单向推力,位移值应小于 $L/400$。

(3)设有制动墩的桥垮,可以制动墩为界分孔吊装,先合龙的拱肋可提前进行拱肋接头、横系梁及拱波等的安装工作。

(4)采用缆索吊装时,为减少主索的横向移动次数,可将每个主索位置下的拱肋全部吊装完毕后再移动主索。一般将起吊拱肋的桥孔安排在最后吊装,必要时该孔最后几段拱肋可在两肋之间"穿孔"的方法起吊。

(5)为减少扣索往返拖拉次数,可按吊装推进方向,顺序地进行吊装。缆索吊装施工工序为:在预制场预制拱肋和拱上结构→将预制拱肋和拱上结构通过平车等运输设备移运到缆索吊装位置→将分段预制的拱肋吊运至安装位置→利用扣索对分段拱肋进行临时固定→吊装合龙段拱肋→对各段拱肋进行轴线调整→主拱圈合龙→拱上结构安装。

第三节　拱桥的转体施工

转体施工一般适用各类单孔拱桥的施工,其基本原理是:将拱肋或整个上部结构分为两个半跨,分别在河流两岸利用地形或简单支架现浇或预制装配半拱,然后利用动力装置将两个半跨拱体转动至桥轴线位置(或设计高程)合龙成拱。

采用转体施工法的特点:结构合理,受力明确,节省施工用料,减少安装架设工序,变复杂的、技术性强的水上高空作业为岸边陆上作业,施工速度快,不但施工安全,质量可靠,而且不影响通航,施工费用和机具设备少,工程造价低。因此,转体施工是一种具有良好技术经济效益的拱桥施工方法。

拱桥转体施工根据其动力方位的不同,分为平面转体、竖向转体和双向转体三种。

一、平面转体施工

平面转体施工就是按照拱桥设计高程在岸边预制半拱,当混凝土达到设计强度后,借助设置于桥台底部的转动设备和动力装置在水平面内将其转动到至桥位中线处合龙成拱。由于是平面转动,因此,半拱的预制高程要准确。通常需要在岸边适当位置先做模架,模架可以是简单支架也可做成土牛胎模。平面转体分有平衡重转体和无平衡重转体两种。

(1)有平衡重转体以桥台背墙作为平衡和拱体转体用拉杆(或拉索)的锚碇反力墙,通过平衡重稳定转动体系和调整其重心位置。平衡重的大小由转动体的重量大小决定。由于平衡重过大不经济,也增加转体困难,所以采用本法施工的拱桥跨径不宜过大,一般适用于跨径100m以内的整体转体。

有平衡重转体施工,平衡重转体主要由平衡体系,转动体系[包括底盘、上转盘、锚扣系统、背墙、拱体结构、拉杆(拉索)等部分转轴及环道]和位控体系三部分组成。其平衡体系一般利用桥台或配重来平衡主拱,转动体系为拱脚后的球铰,同时在球铰周围布置千斤顶或卷扬机使转动轴转动,转动轴上的半跨拱肋随之徐徐转动,直到就位。如图6-15所示。

有平衡重转体施工的特点是转体重量大,要将成百上千吨的拱体结构顺利、稳妥地转到设计位置,主要依靠转动体系设计正确与转动装置灵活可靠。目前国内使用的转动装置主要有

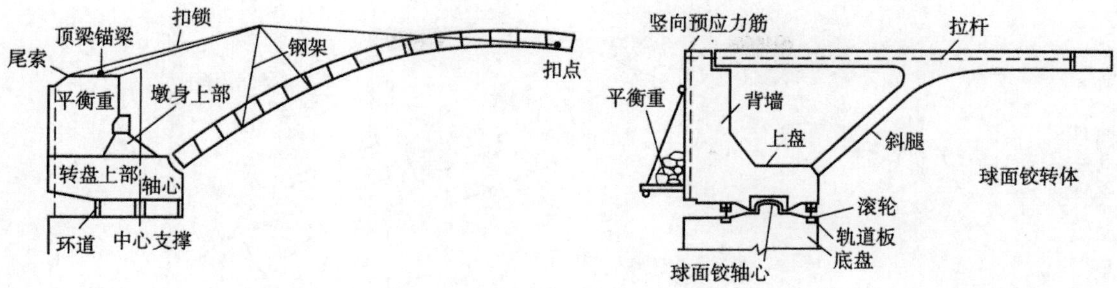

图 6-15　有平衡转动体系构造

两种:一是以四氟乙烯作为滑板的环道承重转体;二是以球面转轴支撑辅以滚轴的轴心承重转体。如图 6-16 牵引驱动系统也是完成转体的关键。牵引系统由卷扬机(绞车)、倒链、滑轮组、普通千斤顶等组成,如图 6-17a)、b)所示为一种能连续同步、匀速、平衡、一次到位的自动连续顶推系统。

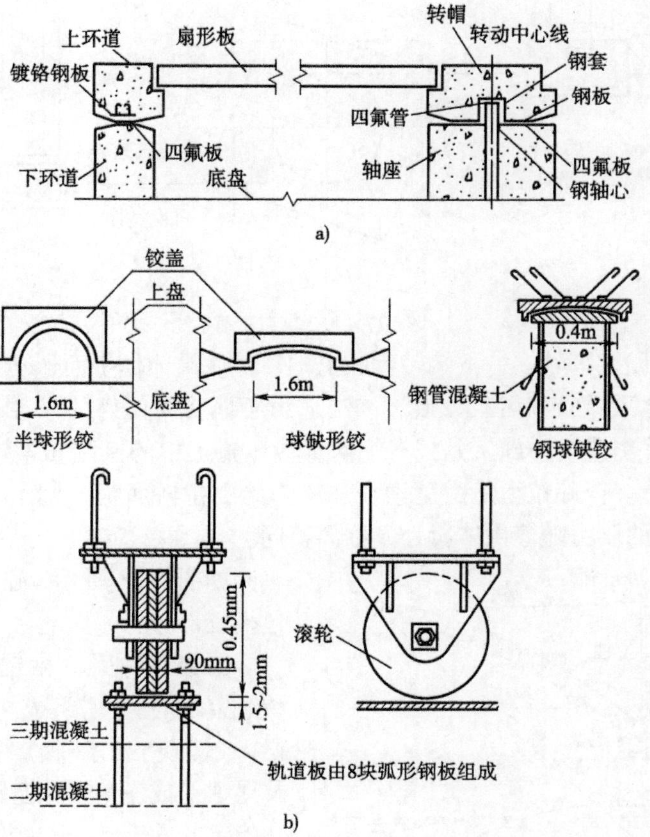

图 6-16　转动装置图

有平衡重转体的施工的主要内容与步骤包括转盘制作、布置牵引驱动系统的锚碇及滑轮、试转上转盘、浇筑背墙及拱体结构、设置锚扣系统并张拉脱架(指拱体结构)、转体与合龙、封闭转盘与拱顶以及松锚扣系统。

(2)无平衡重转体是以两岸山体岩石锚洞作为锚碇来锚固半跨拱桥悬臂状态平衡时所产

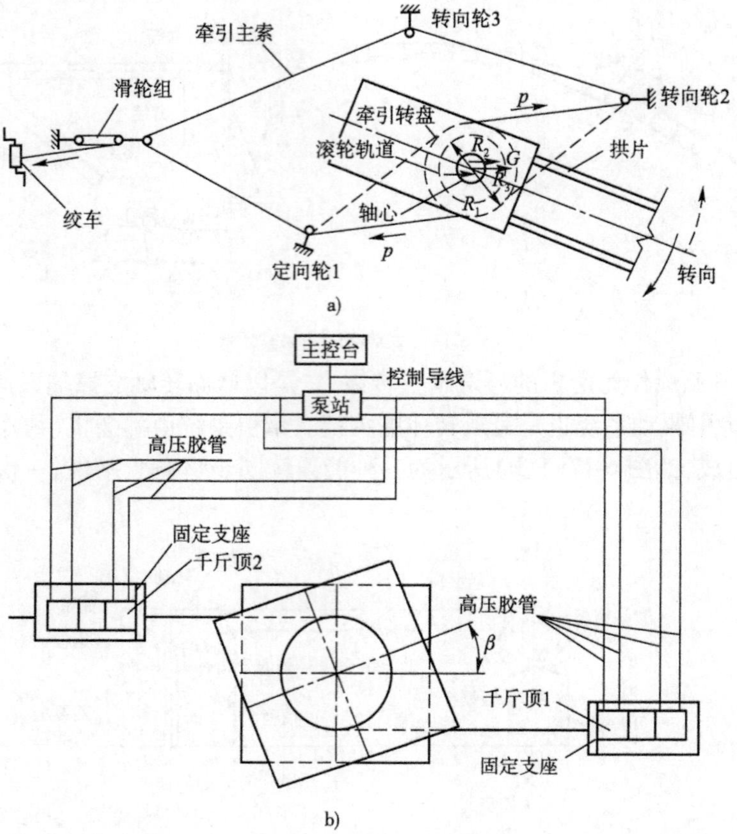

图 6-17　转动牵引驱动系统

生的水平拉力，借助拱脚处立柱下端转盘和上端转盘使拱体作平面运动。由于取消了平衡重，可大大减轻转动体系重量和圬工数量。该法适用于地质条件好的 V 形河床上的大跨径拱桥转体施工。因无平衡重转体施工是把有平衡重转体施工中的拱圈扣索锚在两岸岩体中，从而节省庞大的平衡重。锚碇拉力是由尾索预加应力给引桥桥面板（或轴力、斜向平撑），以压力形式储备，桥面板的压力随着拱体所处方位而不同。

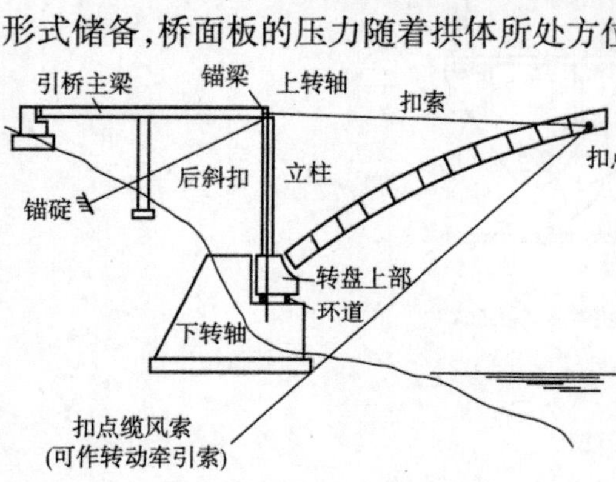

图 6-18　无平衡重转体施工方法示意图

如图 6-18 所示，无平衡重转体施工体系包括三部分：

①锚固体系。由锚碇、尾索、平撑、锚梁（或锚块）及立柱组成。锚碇设在岩体中，锚梁（或锚块）支承于立柱上，两个方向的平撑及尾索形成三角形稳定体，使锚块和上转轴为一确定的固定点，无论拱体处于哪个方位，其扣索力均与锚固体系平衡。

②转动体系。转动体系则由上下转动构造、拱体及扣索组成。如图 6-19 所示。

③位控体系。为有效控制控制转体在转动过程中的速度和位置，常由系在拱体顶端扣点的浪风索与无级调速自控卷扬机、光电测角装置、控制台组成位控系统，如图 6-20 所示。

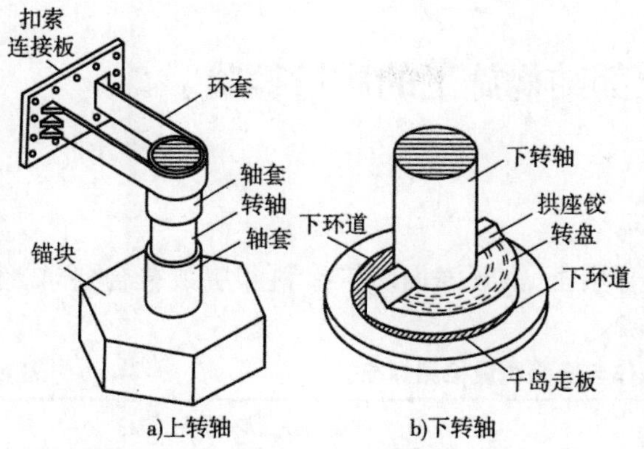

图 6-19　转动装置构造

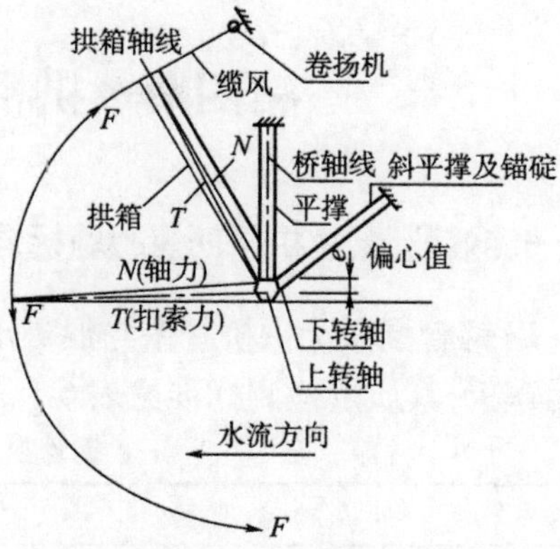

图 6-20　位控系统

无平衡重转体施工的内容及步骤如下：

①转动体系施工（包括下转轴、转盘及环道设置、拱道设置及拱体预制、立柱施工、锚梁、上转轴、扣索安装等）。这一部分施工主要保证各部件制作安装精度及环道的平整度。

②锚碇系统施工（包括锚碇施工、安装轴向及斜向平撑、张拉尾索与扣索等）。

③拱体转动、合龙与松扣。

二、竖向转体施工

竖向转体是根据桥位的情况，采用在桥轴线竖向而预制半拱肋，然后再在桥位平面内绕拱脚从两边向上或向下转体施工就位的施工方法，如图6-21，竖向转体施工法一般用在小跨径的拱桥上。

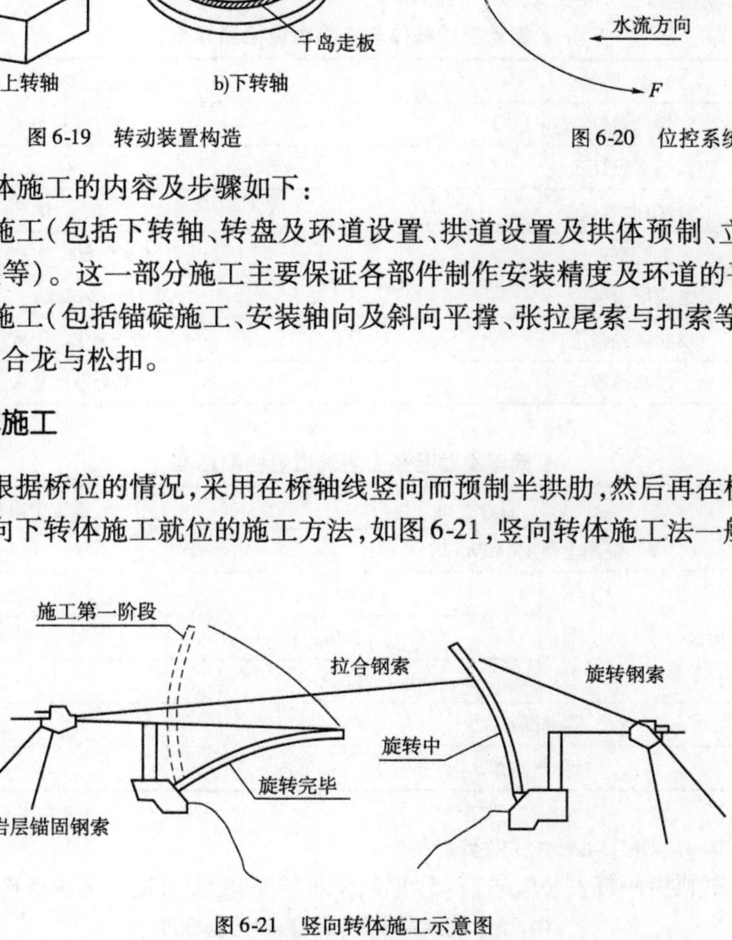

图 6-21　竖向转体施工示意图

根据河道情况、桥位地形和自然环境等方面的条件和要求，竖向转体施工有两种方式：一是竖直向上预制半拱，然后向下转动成拱，其特点是施工占地少，预制可采用滑模施工，工期短，造价低；二是在桥面以下俯卧预制半拱然后向上转动成拱。

三、双向转体施工

当桥位所处地形收到河岸地形条件的限制，拱桥采用转体施工时，可能遇到既不能按设计高程预制半拱，也不可能在桥位竖平面内预制半拱的情况，此时，拱体只能在适当位置预制后既需平转又需竖转才能就位，这种平竖结合转体基本方法叫双向转体施工。其转动设竖向转轴和平转体系满足双向转体施工，与前述相似，但其转轴构造较为复杂。

第四节　拱桥上部结构施工的质量检验

一、钢管混凝土拱桥质量检验标准

（1）钢管混凝土拱桥管壁与混凝土结合紧密，钢管表面防护涂料和层数符合要求，线形圆顺，无弯折，其质量检测标准见表6-1、表6-2。

钢管拱肋制作与安装质量检测标准　　表6-1

检查项目	规定值或允许偏差(mm)
焊缝质量	符合设计要求
内弧偏离设计弧线	8
每段拱肋内弧长	0，-10
钢管直径	±D/500及±5
轴线横向偏位	L/6000
拱肋接缝错边	0.2壁厚，且≤2
拱圈高程	符合设计要求

注：D为钢管内径。

钢管拱肋混凝土浇筑质量检测标准　　表6-2

项目		规定值或允许偏差(mm)
混凝土强度(MPa)		符合设计要求
轴线横向偏位	L≤60m	10
	L=200m	50
	L>200m	L/4000
拱圈高程		L/3000
对称点高差		L/3000

注：①L为跨径。

②L在60~200m之间时，轴线偏位允许偏差内插。

（2）中、下承式拱桥吊杆安装应顺直，无扭转，防护层完整，无破损。其质量检验标准见表6-3。

中、下承式拱桥吊杆安装质量检验标准　　表6-3

检查项目		规定值或允许偏差
吊杆的拉力(kN)		符合设计要求(mm)
吊点位置(mm)		10
吊点高程(mm)	高程	±10
	两侧高差	20
吊杆锚固处防护		符合设计要求

二、劲性骨架拱桥混凝土质量检验标准

劲性骨架除了线性应符合设计要求外，还应加强对混凝土质量的检验。混凝土分环分段

浇筑应无空洞和露筋现象，质量检测标准见表6-4。劲性骨架的加工、安装应满足设计要求，检验标准参见表6-1。

劲性骨架拱桥混凝土浇筑质量检测标准　　表6-4

项　目		规定值或允许偏差(mm)
混凝土强度(MPa)		符合设计要求
轴线横向偏位	$L \leqslant 60m$	10
	$L = 200m$	50
	$L > 200m$	$L/4000$
拱圈高程		$L/3000$
对称点高差		$L/3000$
断面尺寸		±10

注：L为跨径，当L在60～200m之间时，轴线横向偏位的允许偏差可用内插法求得。

三、转体施工法拱桥质量检测标准

转体施工合龙段两侧高差必须在设计允许范围内，合龙段混凝土应平整密实，色泽一致，其强度应符合设计要求。其质量检测标准见表6-5。

转体施工拱桥质量检测标准　　表6-5

检查项目	规定值或允许偏差(mm)
封闭转盘和合龙段混凝土强度(MPa)	在合格标准内
轴线偏位	$L/6000$
跨中拱顶面高程	±20
同一横截面两侧或相邻上部构件高差	10

注：L为跨径。

第五节　能力训练

本节内容为拱桥上部结构施工方案编制的能力训练，施工方案的编制无固定格式，一般可结合项目自身情况来进行编写。本书摘选新建铁路沪杭甬客运专线上海至杭州段(88+160+88)m自锚上承式拱桥施工方案作为案例，可参考此方案来进行编制。

一、编制依据

(1)《新建铁路沪杭甬客运专线上海至杭州段工程施工组织设计》。

(2)《新建铁路沪杭甬客运专线上海至杭州段工程施工图》。

(3)相关规范、规程、质量验收及评定标准。

①《客运专线铁路桥涵工程施工技术指南》(TZ 213—2005)。

②《铁路桥涵施工规范》(TB 10203—2002)。

③《钢筋混凝土结构设计与施工规程》(CECS28:90)。

④《涂装前钢材表面锈蚀等级和除锈等级》(GB 8923—88)。

⑤《客运专线铁路桥涵工程施工质量验收暂行标准》(铁建设[2005]160号)桥位处地质勘探资料。

⑥《中华人民共和国安全生产法》(2002)、《水土保持法》(1991)。

⑦《环境保护法》(1989)、《水污染防治法》(1996)。

⑧《固体废物污染环境防治法》(1997)。

⑨《新建时速200公里客货共线铁路工程质量验收暂行标准》。

⑩《铁路混凝土结构耐久性设计暂行规定》。

⑪《铁路混凝土与砌体工程施工质量验收标准》(TB 10424—2003)。

⑫《铁路工程基桩无损检测规程》(TB 10218—99)。

⑬《铁路工程结构混凝土强度检测规程》(TB 10426—2004)。

⑭《新建铁路工程测量规范》(TB 10101—99)。

⑮《钢筋混凝土用热轧光圆钢筋》(GB 13013—91)。

⑯《钢筋混凝土用热轧带肋钢筋》(GB 1499—1998)。

⑰《混凝土结构耐久性设计与施工指南》(中国土木工程学会标准 CCES 01—2004)。

⑱《硅酸盐、普通硅酸盐水泥》(GB 175—1999)。

⑲《混凝土外加剂》(GB 8076—1997)。

⑳《铁路混凝土工程预防碱-骨料反应技术条件》(TB/T 3054—2002)。

二、施工概况

1. 工程概况

跨高速公路特大桥在铁路里程DK59+075.555~DK59+413.555设计为(88+160+88)m自锚上承式拱桥,其中主跨跨越沪杭高速公路主线,沪杭高速公路与沪杭客专轴线夹角为33°,沪杭高速公路目前已拓宽为双向八车道,路肩正宽41.5m,边坡1:1.5,净高要求5.5m,交通十分繁忙。

2. 上部结构设计概要

拱肋采用抛物线线形,矢跨比为1/6,边、中跨拱肋跨中截面高4.0m,边、中跨拱肋拱脚处截面高6.0m。主拱截面采用单箱单室箱形截面,顶板宽7.5m,顶、底板及腹板厚度均采用60cm,拱脚处局部加厚。

边拱在主拱的端部、拱脚、拱上立柱等处各设相应厚度的横隔板。中拱主拱的拱脚、拱上立柱、中合龙等处各设相应厚度的横隔板。

拱上立柱均采用矩形实体截面。拱脚上立柱纵向厚度为2.0m,两边拱肋立柱纵向厚度为1.8m。上部采用花瓶形状,横向宽度由5.5m过渡到7.5m。

拱上连续梁计算跨度为(20+22+22+20)m,为配合拱肋曲线景观需要,边跨支点梁高为4.5m,跨中梁高为3m。拱上连续梁共设置5道横隔板,在对应支点位置处设置。拱上连续梁采用先简支后连续的施工方法。

自锚式拱桥主要通过设置水平系杆来平衡主拱推力。系杆分临时系杆及永久系杆,是该桥的重要受力结构,采用高强度、低松弛钢绞线。临时、永久系杆均为体外预应力形式,临时索采用直索布置,永久系杆部分在梁端做平弯处理,在拱肋端部锚固。

3. 地形地貌及相应地质条件

本桥处地势平坦,起伏不大,局部地段显著低洼。小里程侧有东官塘河道,河面沿线路方向宽度约70m。

根据目前提供的资料,桥址处地层相对单一,主要由粉质黏土、粉土、粉砂、淤泥质粉质黏土、淤泥质黏土、细沙、粉细砂、砾砂构成。软土厚度一般10~25m,埋深3~35m,软土强度指标低,压缩性高。

三、施工准备

1. 技术准备

项目部组织技术、生产、材料、经营人员认真审阅施工图纸,学习相关技术规范,并对作业队进行技术交底。完成基础及下部结构的质量验收,进行上部结构施工的工作面交接。对于模板、支架和预压方案进行必要的复核计算,确保方案满足施工质量及安全方面的要求。

2. 施工材料准备

做好水泥、外加剂、钢材等供应厂家的资质申报工作,会同监理对厂家进行考察,并向业主申报其资质、资信,取得同意后,由其供应相关产品。

3. 机械及试验设备准备

主要配备的桥梁施工机械设备有混凝土设备、钢筋加工机械、钢结构施工机械、木工机械、张拉压浆设备等及以相应的测量、试验检测仪器设备。

四、施工工序

1. 总体施工顺序

(1)基础部分。桩基施工→基坑围护结构施工→下承台施工→球铰安装→上承台施工→拱座施工。

(2)拱梁施工。地基处理→搭设支架→预压→分节段支架现浇拱肋→浇筑拱上立柱→搭设拱上支架→逐孔浇筑拱上简支梁→张拉临时系杆及其他预应力索→拆除拱肋、拱上支架→现浇连续梁湿接缝(简支变连续)→转体准备→正式转体→平转到位→封铰→支架现浇边跨并合龙→中跨合龙→张拉永久系杆,拆除临时系杆→桥面附属施工。

2. 工序衔接

(1)主墩桩基础施工期间同时安排支架地基处理,基本同步完成。

(2)承台基坑围护结构施工期间搭设基坑范围以外的现浇拱肋支架。

(3)承台、转盘结构、拱座和基坑范围以外的拱肋现浇同步进行施工,最后在拱座部位合龙拱肋。

(4)完成拱肋施工后进入拱上结构的施工。

五、主要施工方法

1. 主拱施工方案

(1)主拱的分段

计划将单侧主拱分为5个节段,分段施工。每段长度不超过15m,节段之间设置后浇间隔缝,间隔缝宽度不超过2m。

(2)主拱支架

主拱拟采用满堂脚手架体系作支撑。支架基础处理采用CFG桩复合地基,桩身混凝土为C25,设计桩长14.0m,桩管入土深度的控制一般以硬塑性黏土为主,以设计桩长为辅。桩成孔工艺为螺旋钻引孔法,桩体制作采用螺旋钻管内泵压灌注成桩。桩顶褥垫层为20cm厚天然级配砂夹石。褥垫层采用静力压实法,虚铺后可适量洒水后再进行碾压,压实后的褥垫层厚度与虚铺厚度之比不大于0.9。褥垫层上设计混凝土硬化基础。

(3)主拱浇筑方案

①主拱部分整体浇筑方案。

a.模板方案。考虑到工期原因,主拱模板计划采用竹胶板作面板,方木作背肋。碗扣支架上先放置一层方木,第二层方木通过钉子与第一层方木连接,竹胶板再与第二层方木用钉子连接。外模与内模之间设拉杆,并通过方木与底模固定。

b.浇注方案。拱座部分施工完毕后,由拱座向拱顶方向逐段对称浇筑主拱。单侧60m拱肋分为5个节段,每段长度不超过15m,节段之间设置后浇间隔缝。

②纯拱肋部分浇筑方案。

每节段计划分三次浇筑完成,先浇筑到高出底板与腹板交界位置20cm左右位置,第二次浇筑至腹板与顶板交界位置,最后浇筑顶板。为控制好各部位混凝土厚度,确保拱肋不超重,在模板上计划采用以下方法控制:

底板:控制好底模高程,然后绑扎底板钢筋,浇筑底板与腹板交界位置为20cm左右,底板浇筑过程中顶面通过加压板(组合钢模)来控制底板厚度,每浇筑1m应后及时将压板通过螺栓固定。如图6-22所示。

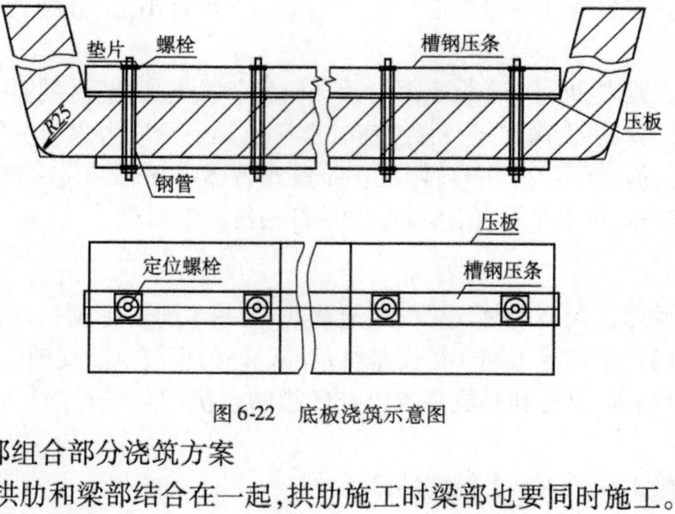

图6-22 底板浇筑示意图

(4)拱肋与梁部组合部分浇筑方案

靠近拱顶部分拱肋和梁部结合在一起,拱肋施工时梁部也要同时施工。计划将拱梁组合部分划分为以下三部分施工。

第一部分:先施工拱肋,施工顺序及方法同一般拱肋部分。

第二部分:靠近拱顶部分拱梁一起施工,底板、腹板施工顺序及方法同一般拱肋部分,顶板与梁部一次性浇筑。

第三部分：第二部分施工完毕后，在已经完成的第一部分拱肋上搭支架、立模，拱上梁部一次浇筑完成。

2. 连续梁施工方案

（1）连续梁支架方案

连续梁拟采用膺架体系作支撑，立柱采用钢管和在拱上柱顶部设置牛腿结合的方案，在两个拱上立柱之间设置一排钢管立柱，跨度9.0m。钢管立柱放置在拱肋上，并与拱肋顶板上预埋的钢板焊接，钢管之间纵横用槽钢设置剪刀撑连接。牛腿在拱上立柱浇注混凝土前预埋相关钢件，拆模后立柱两侧对称安装牛腿，并用精轧螺纹钢通过墩身预留孔将每对牛腿连接，立柱和牛腿上放工字钢垫梁，垫梁与钢管立柱和牛腿焊接连接，然后顺桥向放置贝雷梁，贝雷梁上设置型钢或方木形成连续梁底模支撑体系。

（2）连续梁体系形成

根据设计要求，先逐跨浇筑简支梁，分两次进行，先浇筑底腹板，然后在底板上立顶板底模，绑扎钢筋，布置预应力管道，浇筑顶板梁部施工完毕后，此时安装并张拉临时系杆后落梁。拆除拱上支架，现浇湿接缝，按设计要求张拉相关预应力索后完成简支变连续体系转换。

3. 转体施工方案

（1）转体各部分的布置

平转牵引系统由牵引动力系统、牵引索、牵引反力座组成。转体施工设备采用全液压、自动、连续运行系统。牵引系统体系见图6-23。

①牵引动力系统。每个转体的牵引动力系统由2台200t连续型牵引千斤顶、两台液压泵站及一台主控台通过高压油管和电缆连接组成，高速公路两侧转体的分别单独成为一套牵引动系统。牵引动力系统两台连续千斤顶分别水平、平行、对称地布置于转盘两侧，千斤顶的中心线与上转盘外圆相切，中心线高度与上转盘预埋钢绞线的中心线水平。千斤顶放置于配套的反力座上，反力座预埋钢筋和型钢深入承台内，反力座在下转盘承台混凝土浇注完成后立模浇注，牵引反力座槽口位置及高度精确放样，准确定位，并能承受大于300t的反力作用。将调试好的动力系统设备运到工地进行对位安装后，往泵站油箱内注满专用液压油，正确连接油路和电路，重新进行系统调试，使动力系统运行的同步性和连续性达到最佳状态。

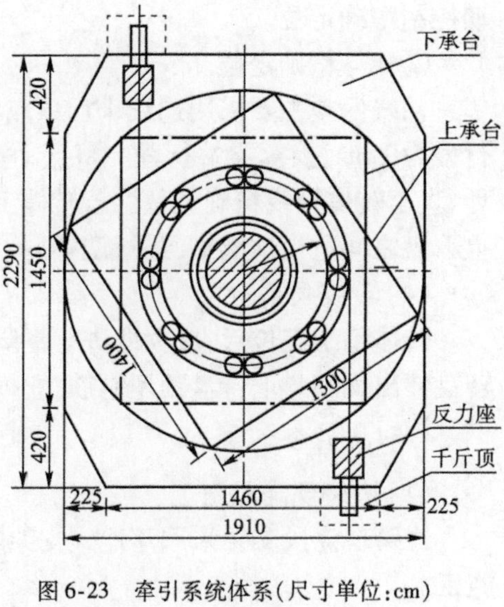

图6-23　牵引系统体系（尺寸单位：cm）

②牵引索上转盘设置两束牵引索，逐根顺次沿着既定索道排列缠绕3/4圈以后穿过千斤顶。牵引索固定端设置在上转盘预埋件上，用千斤顶对钢绞线预紧，使同一束牵引索各钢绞线持力基本一致。牵引索安装完到使用期间应注意保护，防止电焊打伤或电流通过，防潮防水避免锈蚀。

（2）转体前准备事项

①解除约束。转体前凿除临时支墩，切断连接钢筋。凿除前检查钢撑脚是否用钢楔块

塞死。

②称重试验。在上转盘下用千斤顶施加力,分别用位移计测出球铰由静摩擦状态到动摩擦状态的临界值,上转盘两侧的力差即为不平衡重量。

③配重。根据称重试验在梁部用砂袋或水箱增加配重,确保两端重量平衡。

④转前检查。转动之前,应全面检查一遍牵引动力系统、转体体系、位控体系、防倾保险体系是否状态良好。

(3)转体实施

①正式转体。

a. 检查滑道和转体设备是否完好,做好试转的准备工作。

b. 进一步做好人员分工,根据各个关键部位、施工环节,对现场人员做好周密部署,各司其职,分工协作,由现场总指挥统一安排。

c. 先使千斤顶达到预定吨位,启动动力系统设备,并使其在"自动"状态下运行。

d. 单个转体使用的两个对称千斤顶的作用力始终保持大小相等、方向相反,避免不平衡力偶产生。

e. 设备运行过程中,各岗位人员坚守岗位,时刻注意观察,监控动力设备和转体各部位的运行情况,并做好记录。

f. 在转体就位处设置限位装置,并安排技术人员在两个转盘附近负责读转盘上标识的刻度,随时与总指挥联系。为防止超转现象,在转体接近设计位置时,停止自动牵引操作,采用点动控制精确定位。

②转体精确定位。

轴线偏差主要采用连续千斤顶点动控制来调整,点动时间为0.2s一次,每次点动千斤顶行程为1mm,换算梁端行程。每点动操作一次,测量人员测报轴线走行现状数据一次,反复循环,直至转体轴线精确就位。若转体到位后发现有轻微横向倾斜或高程偏差,则采用千斤顶在上下盘之间适当顶起拱,进行调整。

(4)转铰固结

转体精确定位后,应立即进行撑脚走板与环道钢板,中心转轴上下钢板焊接,然后焊接上转盘伸出钢筋与下转盘预埋钢筋,立模浇筑上下转盘间混凝土,将转铰固结。

4. 拱桥的合龙

(1)边跨现浇段施工

边跨现浇段支架采用落地式支架施工。现浇段地基处理结合拱肋支架地基处理形式一同施工。

支撑立柱采用螺旋钢管立柱,钢管立柱顶部气割槽口顺桥向放置双32a工字钢做底垫梁,其上横桥向设置双32a工字钢做纵梁,纵梁上按间距40cm布置双14a槽钢,槽钢再上铺设10cm×10cm方木做底模梁。槽钢下设置30cm高短钢管以利拆模,各层型钢连接处均采用焊接。为保证支架的整体稳定性,钢管桩间采用14a槽钢焊接剪刀撑。现浇段一次浇注完毕。

(2)边、中跨合龙

根据设计要求先进行边跨合龙,然后再进行中跨合龙。利用槽钢作为边、中跨合龙段下承重梁,槽钢上横桥向再铺设10cm×10cm方木做底模梁,并利用$\phi32$预应力粗钢筋(吊杆提前进行预拉以减少由于吊杆伸长造成承重梁的下移)将承重梁固定在拱肋的顶板、底板混凝土上作为合龙段的承重体系,由拱肋混凝土面来扩散吊杆受力。根据设计要求,中跨合龙前需施加7000kN的顶推力,顶推采用4台400t千斤顶同时完成。

六、施工监控

根据该桥结构复杂,施工过程中体系转换多的特点,为确保施工过程各部位应力受控,成桥后结构受力符合设计要求,计划施工前请具有相关资质单位,制订详尽的应力及线型等监控方案。初步拟定对以下部位预埋传感器,进行重点应力监控:

(1)上、下转盘,特别是球铰部位的局部应力监控。

(2)拱肋靠近拱座部位底板、腹板、顶板应力监控。

(3)拱上立柱下方拱肋底板、腹板、顶板应力监控。

(4)拱顶底板、腹板、顶板应力监控。

(5)拱梁结合部位应力监控。

七、材料供应计划及采购方案

1.材料供应计划

施工所需材料应提前计划购买,保证在每一个分部工程开工前所需材料备齐。加强各部门之间沟通,根据现场施工进度及时调整。

2.材料采购方案

本桥施工的材料繁多,主要有钢筋、混凝土、支座、伸缩装置、UPVC管等排水设施,在物资采购管理方面采取以下方案:

(1)要定期对供应商及市场物资价格情况进行调查、分析并保存资料。

(2)建立物资供方评定资料及合格供方名录。

(3)依据施工计划安排,按月编制物资申请(采购)计划并上报物资设备部备案;计划内容要完整,相关部门及单位领导要签字,严禁杜绝迟报、瞒报计划的现象;严禁杜绝超计划、无计划采购造成重复采购、长期积压,盲目预付款形成长期债权难以收回,给单位造成重大经济损失。

(4)按物资管理规定,对一次性进料数量较大,或条件具备的物资进行招(投)标采购。

(5)对物资采购要签订合同,物资采购合同要规范,合同签订应按规定经过审核批准,严禁杜绝弄虚作假、违法签订物资采购合同的行为。

(6)物资的采购、验收、结算杜绝一人包办,分工要明确。

八、质量保证措施

本项目建立了质量保证体系,成立了以项目经理为组长,常务副经理、总工程师、生产副经理和结构队负责人为副组长的质量小组,下设工程部、技术质量部和现场试验室。

另现场设专职质量巡查员负责施工现场的质量巡查工作,发现问题应及时上报质量领导小组。钢筋加工安装、混凝土搅拌站、机械设备、材料质量、模板质量、混凝土浇筑和养生等各班组分别设立质量负责人，各班组质量负责人负责对该组施工现场和施工质量进行巡查和监督，发现问题应及时上报质量领导小组，并负责监督和汇报整改结果。

九、安全保证措施

坚持“科学施工，安全生产”的原则和“安全第一，预防为主”的方针，全面落实施工安全生产保证体系。桥梁上部结构施工均属于高空作业，安全隐患多，所以施工人员安全意识要提高、安全措施要齐备。

1. 建立健全安全生产保证体系

成立以项目经理为组长的安全领导小组，并且施工现场设专职安全员，把施工安全和人员健康作为一项重要职责来抓。

2. 提高安全意识

对施工人员定期进行安全教育，使职工树立安全第一的思想。对工地定期进行安全大检查，把安全隐患消灭在萌芽状态。对从事电焊等特殊工种工作的工人做好劳保及健康检查工作。

3. 做好各种标志牌

在施工现场周围设置必要的标志牌，包括警示危险标志，安全与控制标志，指路标志等。

4. 严格遵守起重操作规程

起重作业人员必须持证上岗，严禁无证操作。吊车司机作业前必须检查制动、吊钩、钢丝绳和安全保护装置是否完好，严禁带病作业，严禁司机酒后作业，同时，起重作业必须严格执行“九不吊，七禁止”制度。尤其是采用双机抬吊架梁作业施工时，作业人员一定要服从统一指挥，避免造成安全事故。

5. 高处作业

距地面2m以上的作业属于高处作业。桥梁上部结构施工都属于高处作业。高处作业时使用的工具应放入随身携带的工具袋中，严禁上下投掷。高处作业场所，必须做到有台必有拦，有洞必有盖。单独登高作业须设专人防护，严禁在无人监护下任意攀登高处作业。

十、文明施工、环保、水保措施

1. 文明施工措施

（1）施工场地应平整、整洁、排水畅通，布局合理，材料堆码整齐，设备停放有序，标识标志醒目，环境整洁干净，实现施工现场标准化、规范化管理。

（2）施工便道应随时整修维护，保持晴雨畅通，防止粉尘飞扬。

（3）生产、生活产生的废水、废弃物应集中排放，不得污染周边环境。

（4）施工作业人员应佩戴安全帽和岗位胸卡。

2. 环保、水保措施

（1）做好当地的水土保持工作，上部结构施工前要及时对下部结构施工时开挖的基坑进行回填，确保基坑边坡稳定，防止水土流失。

(2)加强施工现场排水，根据施工现场地形设置排水沟的应及时将施工现场雨水排入天然水沟，对局部被损的水沟进行水沟修补，保持排水畅通。

(3)及时疏通沿线施工范围附近的既有水系，以保证不影响或中断农田的排灌作业。

(4)充分利用征地界内的空闲地、边角地、桥梁投影面以下的空间为临时用地，尽量利用既有道路作为便道，尽量减少租地，保护土地资源。除了不可避免的工程占地，严格控制在施工期间对植被的破坏。

(5)在施工过程中，使用的便道、料场、施工工点等占用地、河道，在完工后，应恢复植被，耕地恢复至复耕条件，河道恢复至原有状况。

(6)施工废水、生活污水不能直接排入农田、耕地、灌溉渠、水库、河流和饮用水源。建立综合的污水处理场、隔油池和生化处理设施，对于施工中产生的含油废水与泥浆应进行处理，严禁超标排污。生活用水按设计分别采用生化设施或化粪池处理。并防止施工机械严重漏油，机械在运转中产生的油污水未经处理不得直接排放，维修施工机械时油污水不得直接排放。

(7)对施工营地和施工现场附近的生活垃圾，应集中堆放，及时处理，除部分用作农作物肥料使用外，定期深埋、填坑，平整土地。

(8)工程竣工后，应认真组织清理施工现场，拆除临时设施，临时租用地应立即复耕归还，做到工完料尽，并征得地方政府对环境保护、水土保持工作满意的相关证明资料。

十一、雨季、高温季节施工措施

1. 雨季施工措施

施工期间，施工调度要及时掌握气象情况，遇有恶劣天气，应及时通知项目施工现场负责人员，以便及时采取应急措施。重大吊装，高空作业、大体积混凝土浇筑等更要事先了解天气预报，确保作业安全和保证混凝土质量。现场道路必须平整、坚实，两侧应设置排水设施，重要运输路线必须保证循环畅通。

根据“晴外、雨内”的原则，雨天尽量缩短室外作业时间，加强劳动力调配，组织合理的工序穿插，利用各种有利条件减少防雨措施的资金消耗，保证工程质量，加快施工进度。架梁作业施工前，除整平场地外，还需填石渣碾压密实，四周做好排水沟，防止下雨时造成地表松软，致使吊装机械及运输车辆陷车。

各施工现场模板、钢筋应堆放在垫木或隔离层上，周围不得有积水，防止模板、钢筋污染锈蚀。锈蚀严重的钢筋使用前要进行除锈，并试验确定是否降级处理。混凝土浇筑前必须清除模板内的积水。浇灌混凝土时，如突然遇雨，要做好临时施工缝，方可收工。雨后继续施工时，先对接合部位进行处理后，再进行浇筑。

2. 高温季节施工措施

高温季节施工混凝土时，对混凝土搅拌站设置遮阳棚，对运输中的混凝土加以遮盖，防止阳光直接照射，尽量避开高温时间段进行混凝土施工作业。混凝土浇筑施工完毕后应及时进行覆盖并洒水，保持混凝土表面湿润，防止混凝土开裂。

做好防暑降温措施，现场及生活区内应有充足的开水供应，严禁饮用生水。做好防暑降温工作,在高温作业时除确保工地现场开水供应外,还应因地制宜增加盐水及消暑饮用品。适当调整作息时间,尽量避开高温时间作业。有条件的宜搭设凉棚,放置太阳伞,供应冷饮,准备防暑药品。

本章小结

拱桥是桥梁中最常见的一种桥型,一般由下部结构、主拱圈、拱上结构和附属设施四个基本部分组成。本章主要介绍了钢管混凝土拱桥的制作与施工方法。

通过本章学习旨在使学生掌握钢管混凝土拱桥的施工方法,了解施工方案的编制内容,在以后工作中能理论结合实践,真正做到学以致用。

复习思考题

1. 钢管混凝土有何特点?
2. 钢管混凝土浇筑有哪些方法?浇筑混凝土时有哪些注意事项?
3. 缆索吊装合龙方式有哪些?并简述各自使用范围。
4. 简述拱桥转体施工方法的基本原理。

第七章 桥梁下部结构施工

教学目标

1. 掌握基坑开挖的步骤、支护的种类以及排水的方法。
2. 掌握桩基础的分类及其施工流程。
3. 掌握沉井的构造与施工过程。
4. 掌握地下连续墙的构造与施工流程。
5. 掌握高桥墩的施工工艺。

第一节 明挖基础施工

明挖基础又称为扩大基础，是一种直接敞坑开挖、就地灌注的浅基础形式。由于施工简便、造价低，只要在地质和水文条件许可的情况下，都应优先选用。明挖基础适用于无水、少水或浅水河流的基础工程，可采用人工开挖或机械开挖。明挖基础施工需重点解决的问题是敞坑边坡稳定及开挖过程中的排水。

一、基坑开挖前的准备工作

(1)基坑开挖前，应由测绘机构测绘确定建筑红线及建筑外放边线，考察现场土质，确定支护方案，确定开挖深度、地下水的水位以及施工现场所在地的雨水情况。考察现场需开挖部分的地下管线改造，并做好施工场地的清理。场地清理包括拆除房屋、古墓，拆迁或改建通信、电力设备、上下水道以及其他建筑物，迁移树木等工作。

(2)场地内低洼地区的积水必须排除，同时应注意雨水的排除，使场地保持干燥，以利基坑开挖。

(3)地面水的排除一般采用排水沟、截水沟、挡水土坝等措施。应尽量利用自然地形来设置排水沟，使水直接排至基坑外，或流向低洼处，再用水泵抽走。主排水沟最好设置在施工区域的边缘或道路的两旁，其横断面和纵向坡度应根据最大流量确定。一般排水沟的横断面不小于0.5m×0.5m，纵向坡度一般不小于3‰。平坦地区如出水困难，其纵向坡度不应小于2‰，沼泽地区可降至1‰。在基坑开挖过程中，要注意使排水沟保持畅通，必要时应设置涵洞。

(4)临时道路修筑，供电与供水管线的敷设，临时设施的搭建，基坑的放线等工作。

二、土方边坡的稳定

为了防止塌方，保证施工安全，在开挖深度超过一定限度时，均应在其边沿做成一定坡度的边坡。

土方边坡坡度是以边坡高度 H 与边坡宽度 B 之比来表示，如图 7-1 所示。通常取边坡高度为 1，用 $1:m$ 表示，即：

$$土方边坡坡度 = \frac{H}{B} = \frac{1}{\frac{B}{H}} = 1:m$$

式中，$m = \frac{B}{H}$，称为坡度系数。其意义为，当边坡的高度 H 为已知时，边坡宽度等于 $m \cdot H$。

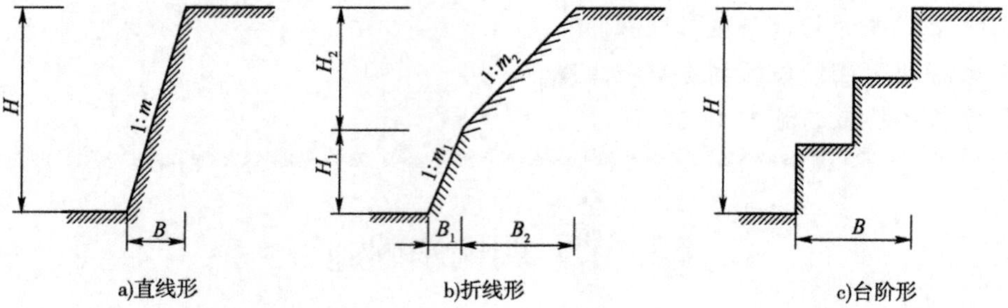

图 7-1　土方边坡

1. 边坡的稳定

土方边坡的稳定主要依靠土体内土颗粒之间的摩阻力和黏结力，从而使土体具有一定的抗滑力来保持。当滑动力或倾覆力达到以至超过抗滑力或抗倾覆力而失去平衡时，即出现破坏，造成塌方。基坑边坡的失稳往往是在外界不利因素影响下触发和加剧的，这些外界不利因素往往会导致土体剪应力的增加或抗剪强度的降低。

引起土体剪应力增加的主要因素有：①坡顶上堆物、行车等荷载；②雨水或地面水渗入土中使土的含水率提高从而使土的自重增加；③地下水渗流产生一定的动水压力；④土体竖向裂缝中的积水产生侧向静水压力等。

引起土体抗剪强度降低的主要因素有：①气候的影响使土质松软；②土体内因含水率增加而产生润滑作用；③饱和的细砂、粉砂受振动而液化等。

2. 防止边坡失稳的措施

(1)不宜在雨期施工。

(2)遵循先加固、后开挖的施工程序。

(3)设置地面和地下排水设施，将地面水和地下水引走。

(4)土坡的稳定性较差时，严禁在坡顶上部弃土或堆放材料。

(5)须遵循自上而下的开挖顺序，严禁先切除坡脚，否则会使上部土体失去支承而容易产生土坡失稳。

(6)土坡开挖完成后，采用塑料薄膜覆盖、水泥砂浆抹面、挂网抹面或喷浆等方法进行坡面防护，可有效防止土坡失稳。

(7)设置支护。

(8)填压坡脚(图 7-2)。

三、基坑开挖

基坑开挖的主要工作有：挖掘、出土、支护、排水、防水、清底、回填等。施工时，应根据地质条件、水文条件、基坑开挖深度、开挖所采用的方法和机具等，采用不同的开挖工艺。基坑形式如图 7-3 所示。

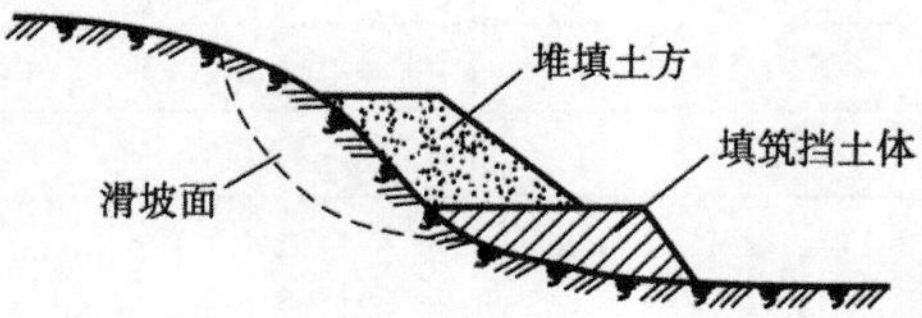

图 7-2　填压坡脚

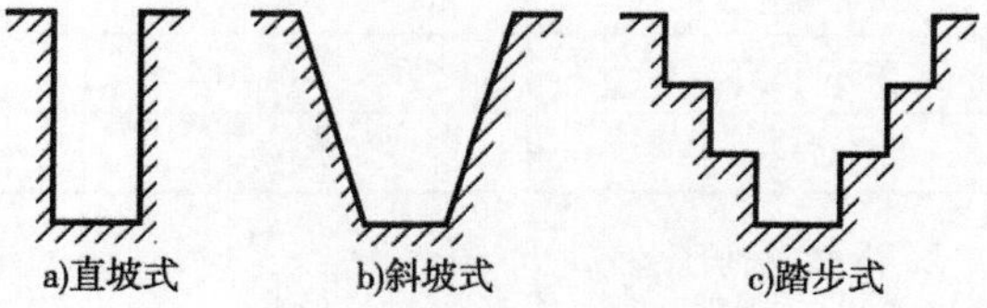

图 7-3　基坑形式

1. 不设支护开挖

当所需开挖的基坑位于无地表水或地下水位低、渗水量少处，或基坑较浅(一般在 5m 以内)、施工周期短，并且不影响邻近建筑物的安全时，可采用坑壁不加支护的基坑开挖方式。

不加支护的基坑开挖时，坑壁依靠土体本身的抗剪强度，或采取适量放坡的方式来解决边坡的稳定。

(1)垂直坑壁基坑

当基础土质均匀，地下水位低于基坑，基坑顶边缘无荷载，土体处于半干硬或硬塑状态时，可采用坑壁不加支护而垂直开挖的方法，但开挖深度不宜超过表 7-1 的数值。

垂直开挖深度　　表 7-1

土质情况	开挖深度的限值(m)
松软的砂土、碎石土、淤泥质土、人工填土	0.75
中等密实的轻亚黏土、亚黏土	1.25
密实的黏土	1.50
坚硬的黏性土	2.00

如果坑壁垂直开挖超过挖深限值时，可采取踏步式坑壁开挖法或考虑放坡开挖以及做成直立壁加支撑。

(2)斜坡坑壁基坑

在天然土层上开挖基坑，若深度在 5m 以内，施工期较短，基底处于地下水位以下，且土的湿度正常、构造均匀时，可采用放坡开挖。其边坡坡度可参照表 7-2 所列数值。

如果基坑开挖通过不同的土层时，可按土层分层选定边坡坡度(图 7-4)，并留出至少0.5m宽的台阶。若土的湿度过大，引起坑壁坍塌时，坑壁坡度应采用该湿度下土的天然坡度。

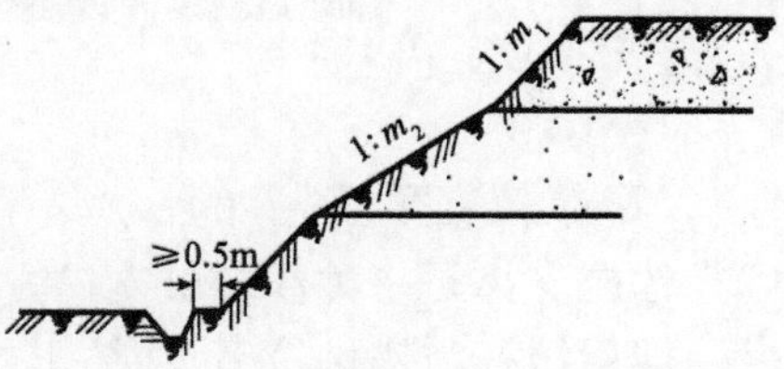

图 7-4　不同土质采用不同坡度

无支护基坑坑壁坡度　　表7-2

土的类别	坑壁坡度		
	基坑顶缘无荷载	基坑顶缘有静荷载	基坑顶缘有动荷载
砂土	1:1	1:1.25	1:1.5
碎石土	1:0.75	1:1	1:1.25
黏砂土	1:0.67	1:0.75	1:1
砂黏土	1:0.33	1:0.5	1:0.75
黏土带有石块	1:0.25	1:0.33	1:0.67
未风化页岩	1:0	1:0.1	1:0.25
岩石	1:0	1:0	1:0

2. 设支护开挖

当土质条件较差，开挖深基坑时，很容易产生土体滑移、基坑失稳的情况，如再遇上建筑密度大、人口密集、交通拥挤、场地狭小等不利条件时，需要用支护结构支撑土壁，以保证施工的顺利和安全，并减少对相邻已有建筑物的不利影响。

基坑支护的方法主要有以下几类：

(1)横撑式支撑(图7-5)

开挖较窄的沟槽，多用横撑式土壁支撑。横撑式土壁支撑根据挡土板的不同，分为水平挡土板式和垂直挡土板式两类。前者挡土板的布置又分间断式和连续式两种。湿度小的黏性土挖土深度小于3m时，可用间断式水平挡土板支撑；对松散、湿度大的土可用连续式水平挡土板支撑，挖土深度可达5m。对松散和湿度很高的土可用垂直挡土板，其挖土深度不限。挡土板、立柱及支撑的强度、变形及稳定等可根据实际布置情况进行结构计算。

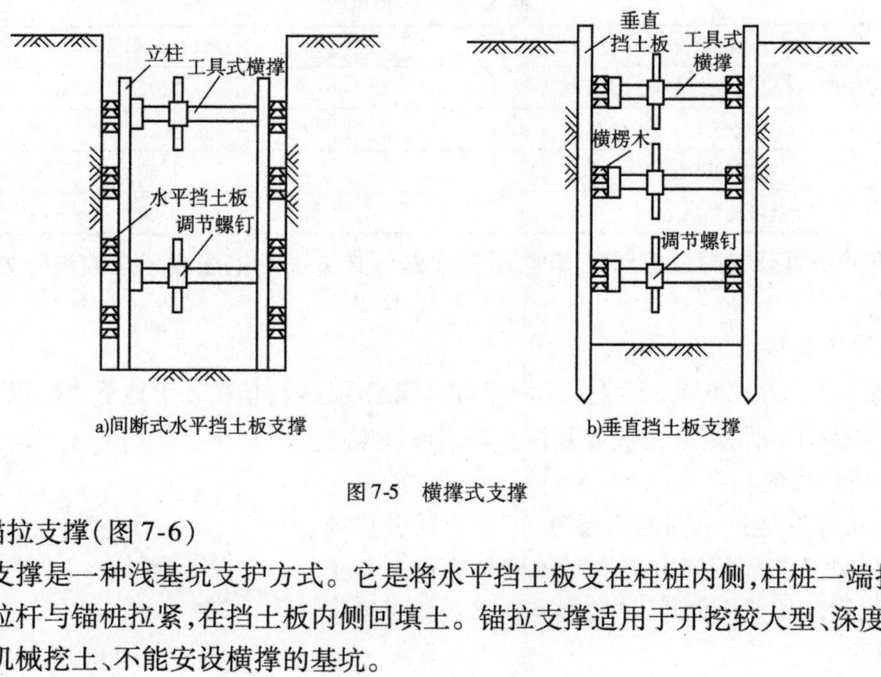

图7-5　横撑式支撑

(2)锚拉支撑(图7-6)

锚拉支撑是一种浅基坑支护方式。它是将水平挡土板支在柱桩内侧，柱桩一端打入土中，另一端用拉杆与锚桩拉紧，在挡土板内侧回填土。锚拉支撑适用于开挖较大型、深度不大的基坑或使用机械挖土、不能安设横撑的基坑。

(3)槽钢钢板桩(图7-7)

这是一种简易的钢板桩围护墙,由槽钢正反扣搭接或并排组成。槽钢长6～8m,型号由计算确定。其特点为:槽钢具有良好的耐久性,基坑施工完毕并回填土后,可将槽钢拔出回收再次使用;施工方便,工期短;在地下水位高的地区需采取隔水或降水措施;抗弯能力较弱,多用于深度≤4m的较浅基坑或沟槽,顶部宜设置一道支撑或拉锚;支护刚度小,开挖后变形较大。

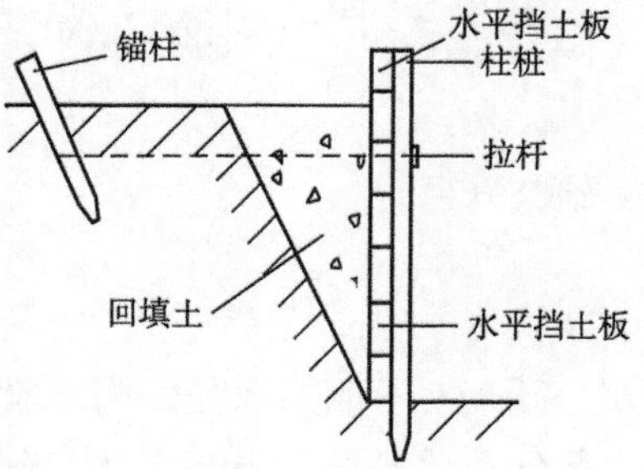

图7-6　锚拉支撑

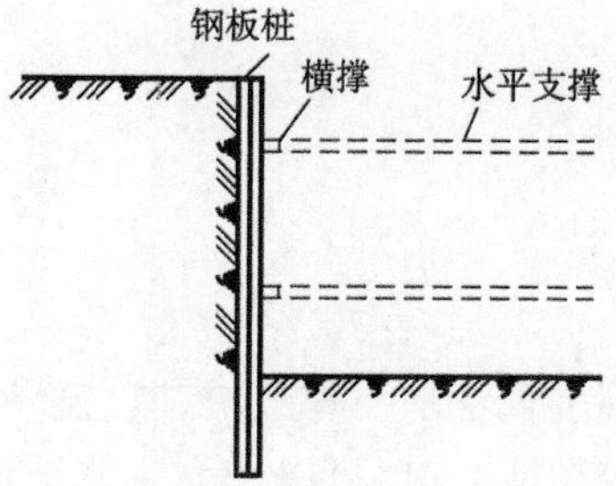

图7-7　钢板桩支护

(4)大型钢构架横撑(图7-8)

在开挖的基坑周围打钢板桩或钢筋混凝土桩,在柱位置上打入暂设的钢柱,在基坑中每下挖3～4m,装上一层钢构架支撑体系。挖土在钢构架网格中进行,亦可不预先打下钢柱,随挖随接长支柱。此法适于在饱和软弱土层中开挖较大、较深基坑而钢板桩刚度不够时采用。

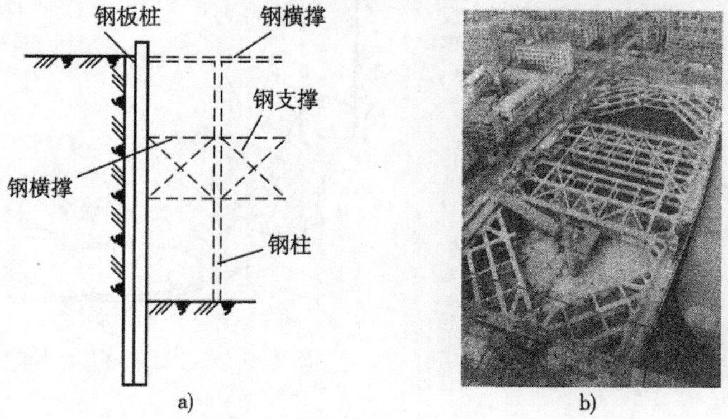

图7-8　大型钢构架横撑

(5)钢筋混凝土灌注桩支撑(图7-9)

在开挖的基坑周围,现场灌注钢筋混凝土桩,达到强度后,在基坑中间用机械或人工挖土,下挖1m左右装上横撑,在桩背面装上拉杆与已设锚桩拉紧,然后继续挖土至要求深度。桩间土方挖成外拱形,使之起土拱作用。如基坑深度小于6m,或邻近有建筑物,亦可不设锚拉杆,采取加密桩距或加大桩径处理。此法适于开挖较大、较深(大于6m)基坑,临近有建筑物、不允许支护,背面地基有下沉、位移时采用。

(6)土层锚杆支护(图7-10)

土层锚杆简称土锚杆,是在深基础土壁未开挖的土层内钻孔达到一定深度后,在孔内放入钢筋、钢管、钢丝束、钢绞线等材料,灌入泥浆或化学浆液,使其与土层结合成为抗拉(拔)力强的锚杆。锚杆端部与护壁桩联结,防止土壁坍塌或滑坡。由于坑内不设支撑,所以施工条件

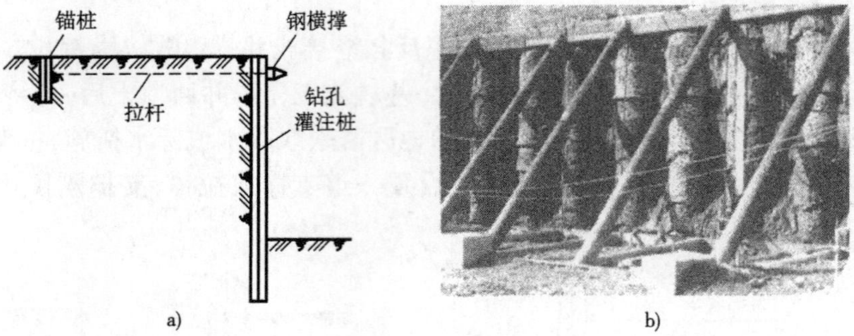

图 7-9　灌注桩支护

较好。

(7)地下连续墙(图 7-11)

在基坑周围现浇地下连续墙,其墙体刚度大、变形小,不但能承受作用于墙面上的侧压力,还具有挡水防渗能力,也可以作为主体结构的一部分。此法适于开挖放大、较深(大于 10m)、不允许内部设支撑、有地下水的大型基坑。

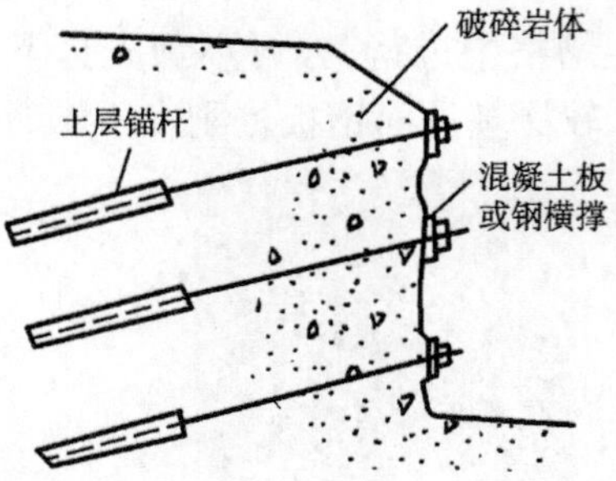

图 7-10　土层锚杆支护

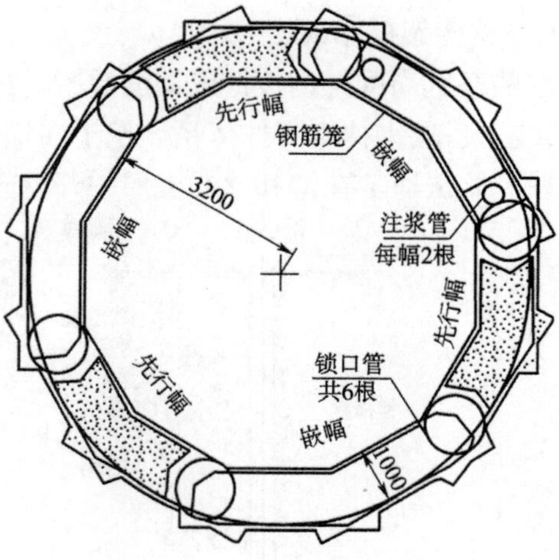

图 7-11　地下连续墙(尺寸单位:mm)

四、基坑排水

在基坑开挖过程中,土中含水层常被切断,地下水就会不断地渗入坑内,不但会使施工条件恶化,而且更严重的是会造成边坡塌方和地基承载能力下降。因此,在基坑土方开挖前和开挖过程中,必须采取措施降低地下水位。降低地下水位的方法有集水坑排水法和井点降水法。

1. 集水坑排水法

集水坑排水法,又称明排水法,是在基坑开挖过程中,在坑底设置集水坑,并沿坑底周围或中央开挖排水沟,使水流入集水坑,然后用水泵抽走。抽出的水应引到远离基坑的地方,以免倒流回基坑内。雨季施工时,应在基坑周围或地面水的上游,开挖截水沟或修筑土堤,以防地面水流入基坑内。该方法宜用于粗粒土层,也可用于渗水量小的黏土层,如图 7-12 所示。

2. 井点降水法

井点降水法是在基坑开挖前,在基坑四周埋设一定数量的滤水管(井),利用抽水设备抽水,使所挖的土始终保持干燥状态的方法。

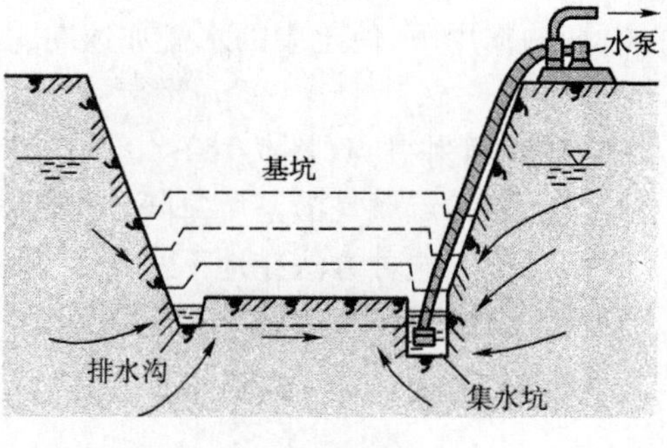

图 7-12　集水坑排水法

井点降水法所采用的井点类型有:轻型井点、喷射井点、电渗井点、管井井点、深井井点等。

(1)轻型井点(图 7-13)

轻型井点是沿基坑四周每隔一定距离埋入井点管(直径 38～51mm、长 5～7m 的钢管)至蓄水层内,利用抽水设备将地下水从井点管内不停抽出,使原有地下水位降至坑底以下。在施工过程中要不断抽水,直至施工完毕。该方法适用于渗透系数 K 在 0.1～50m/d 之间的土层中,降水深度为:单级轻型井点 3～6m,多级轻型井点 6～12m。

(2)喷射井点(图 7-14)

当降水深度超过 6m 时,如果仍采用轻型井点则需要采用多级井点,这样就会增加基坑挖土量、延长工期、增加设备数量,显然不经济。因此,宜采用喷射井点,降水深度可达 8～20m。喷射井点的设备主要由喷射井管、高压水泵和管路系统组成。

喷射井点降水是在井点管内部装设特制的喷射器,用高压水泵或空气压缩机通过井点管中的内管向喷射器输入高压水(喷水井点)或压缩空气(喷气井点)形成水气射流,将地下水经井点外管与内管之间的缝隙抽出排走。

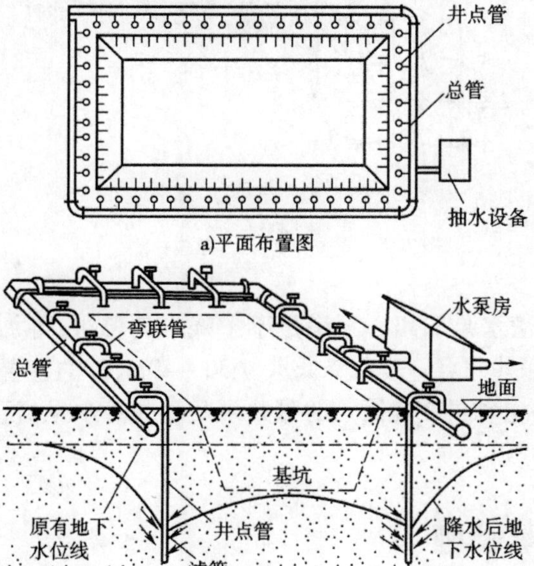

图 7-13　轻型井点平面和竖向布置图

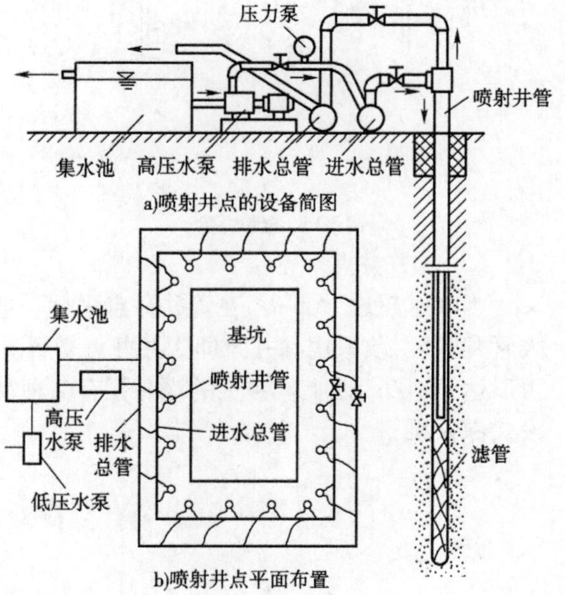

图 7-14　喷射井点

(3)电渗井点(图 7-15)

在基坑施工中,有时会遇到渗透系数小于 0.1m/d 的土层,这类土含水率大、压缩性高、稳定性差。由于土粒间微小孔隙的毛细管作用,将水保持在孔隙内,单靠利用真空吸力的一般降水方法效果不佳,此时,必须采用电渗井点降水。

电渗井点是以井点管作阴极,在其内侧相应地插入钢筋或钢管作阳极,通入直流电后,在电场的作用下,使土中的水流加速向阴极渗透,流向井点管。这种方法耗电多,只在特殊情况下使用。

(4)管井井点(图 7-16)

管井井点就是沿基坑每隔一定距离设置一个管井,每个管井单独用一台水泵不断抽水来降低水位。这种方法在地下水量大的情况下比较适用。管井井点的设备主要是由管井、吸水管及水泵组成。

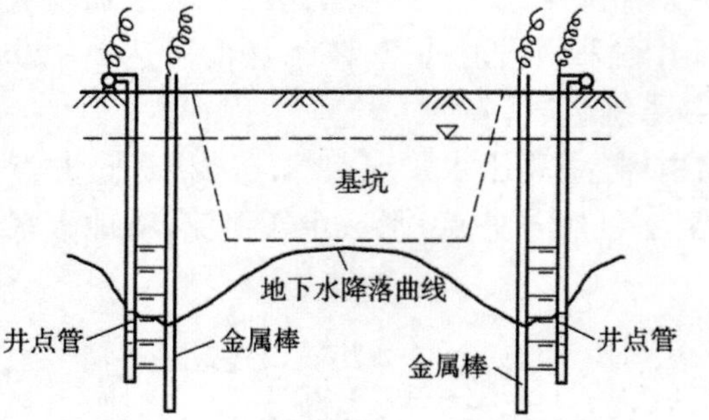

图 7-15 电渗井点

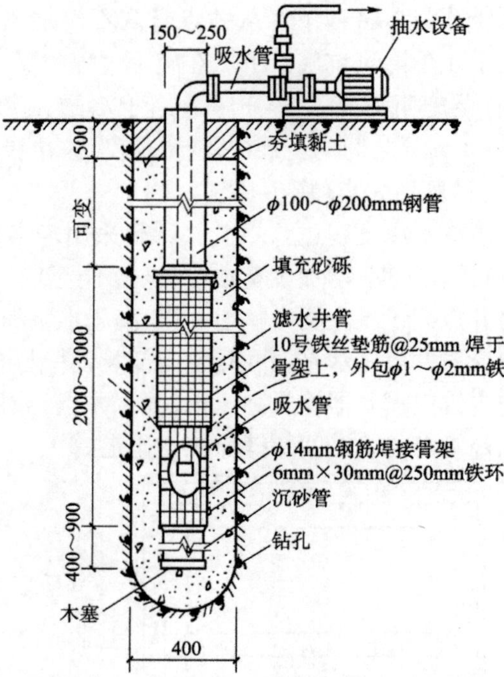

图 7-16 管井井点(尺寸单位:cm)

(5)深井井点

当降水超过 15m 时,在管井井点采用一般的潜水泵和离心泵满足不了降水的要求,可加大管井深度,改采用深井泵即深井井点来解决。深井井点一般可降低水位 30 ~40m,有的甚至可以达到 100m 以上。常见的深井泵有两种类型:电动机在地面上的深井泵及深井潜水泵(沉没式深井泵)。

第二节 桩基础施工

一、概述

当桥梁附近浅层的土质无法满足桥梁对地基变形和深度方面的要求,而又不宜进行地基处理时,就要利用下部坚实土层或岩层作为持力层,采用深基础来传递荷载。深基础主要有桩基础、墩基础、沉井和地下连续墙等几种类型,其中以桩基础应用最广泛。

1. 桩基础的组成与特点

桩基础由承台和埋置于土中的桩群组成,如图 7-17 所示。承台把桩联系起来,并承受上部结构的荷载,然后通过桩将其传到地基深层土中。

(1)桩基础的作用

①将上部结构较大的荷载通过桩穿过软弱土层传递到较深的坚硬土层上,以解决浅基础地基承载力不足和变形较大的问题。

②使软土挤密减少建筑物的沉降(沉入桩基础或沉管灌注桩)。

③减少土的开挖量、土壁支撑和排水设施等。

(2)桩基础的特点

①桩支承于坚硬的(基岩、密实的卵砾石层)或较硬的(硬塑黏性土、中密砂等)持力层,具有很高的竖向单桩承载力或群桩承载力,足以承担结构物的全部竖向荷载(包括偏心荷载)。

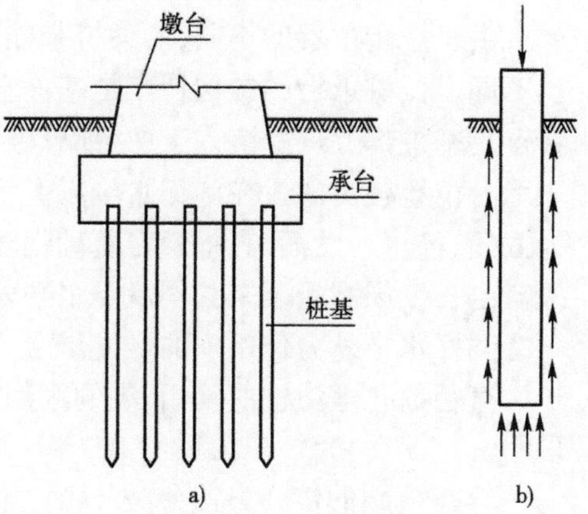

图 7-17　桩基础

②桩基具有很大的竖向单桩刚度(端承桩)或群刚度(摩擦桩),在自重或相邻荷载影响下,不产生过大的不均匀沉降,并确保建筑物的倾斜不超过允许范围。

③凭借巨大的单桩侧向刚度(大直径桩)或群桩基础的侧向刚度及其整体抗倾覆能力,抵御由于风和地震引起的水平荷载与力矩荷载,保证结构物的抗倾覆稳定性。

④桩身穿过可液化土层而支承于稳定的坚实土层或嵌固于基岩,在地震造成浅部土层液化与震陷的情况下,桩基凭靠深部稳固土层仍具有足够的抗压与抗拔承载力,从而确保结构物的稳定,且不产生过大的沉陷与倾斜。

(3)桩基础的适用条件

一般遇到下列情况时,可以考虑选择桩基础:

①作用在地基上的荷载较大,地基软弱不能满足地基承载力和变形的要求,且不容许地基有过大的沉降或不均匀沉降。

②基础的沉降和不均匀沉降都较大。

③河道或海岸不稳定,水流冲刷较大,冲刷深度不易确定。

④当施工水位或地下水位较高时,采用桩基础可减小施工困难和避免水下施工。

⑤地震区,在可液化地基中采用桩基础可增加结构物的抗震能力,桩基础穿越可液化土层并伸入下部密实稳定土层,可消除或减轻地震对结构物的危害。

二、桩基础的类型及构造

桩基础的类型很多,为满足结构物的要求,桩型与工艺选择应根据荷载性质、桩的使用功能、穿越土层、桩端持力层土类、地下水位、施工设备、施工环境、施工经验、制桩材料供应条件等,选择经济合理、安全适用的桩型和成桩工艺。

1. 桩基础的分类

1)按承台位置分类

桩基础按承台位置的不同可分为低桩承台基础和高桩承台基础。低桩承台的承台底面位于地面或冲刷线以下,高桩承台的承台底面位于地面或冲刷线以上(主要在水中)。

由于承台位置的不同，两种桩基础中桩的受力、变位情况也不一样，因此其设计计算方法也不同。低桩承台的结构特点是基桩全部沉入土中（桩的自由长度为零），而高桩承台的结构特点是基桩部分桩身沉入土中，部分桩身外露在地面以上（称为桩的自由长度）。高桩承台由于承台位置较高或设在施工水位以上，可减少墩台的圬工数量，避免或减少水下作业，施工较为方便、经济。然而，高桩承台基础刚度较小，在水平力作用下，由于承台及基桩露出地面的一段自由长度周围无土来共同承受水平外力，基桩的受力情况较为不利，桩身内力和位移都将大于在同样水平外力作用下的低桩承台。在稳定性方面，高桩承台也较低桩承台差。近年来由于大直径钻孔灌注桩的采用，桩的刚度、强度都较大，因而高桩承台在基础工程中也得到广泛采用。

2）按荷载的传递方法分类

结构物的荷载通过桩基础传递给地基，垂直荷载一般由桩底土层的抵抗力和桩侧面与土之间产生的摩擦力来支承。桩根据其荷载的传递方法不同可分为端承桩和摩擦桩。

桩穿过软弱土层，达到深层坚实土层或岩层中，桩上荷载主要由桩端阻力承受，桩侧摩阻力很小可略去不计时，这种只通过桩端传递荷载的桩称为端承桩，见图7-18。

桩尖未达到坚硬土层或岩层，桩上荷载由桩侧阻力和桩端阻力共同承受，这种主要通过桩侧阻力来传递荷载的桩称为摩擦桩，见图7-19。

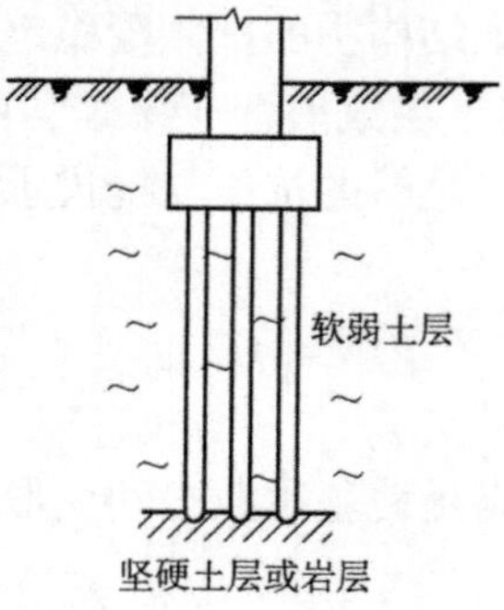

图7-18　端承桩

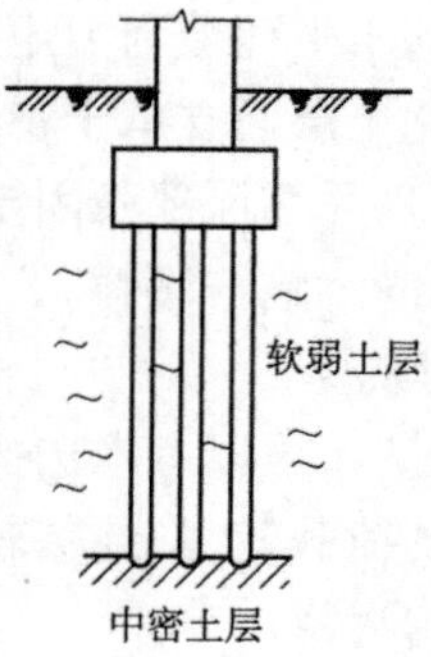

图7-19　摩擦桩

3）按施工方法分类

按施工方法不同，桩可分为预制桩和灌注桩两大类。

（1）预制桩

预制桩是在工厂或工地加工制作的成品桩，通常制成实心方形或锥形断面，用离心法可制成空心圆形断面（管桩），运到现场就位后，用打（或振、压、旋）入或射水等方法送入土中。按不同的沉桩方式，预制桩可分为下列几种：

①打入桩。打入桩是通过锤击（或以高压射水辅助）将预制桩沉入地基。这种施工方法适用于桩径较小（直径在0.6m以下），地基土质为可塑状黏性土、砂性土、粉土、细砂以及松散的不含大卵石或漂石的碎卵石类土的情况。打入桩伴有较大的振动和噪声，在城市建筑密集地区施工，需考虑对环境的影响。

②振动下沉桩。振动法沉桩是将大功率的振动打桩机安装在桩顶，一方面利用振动以减小土对桩的阻力，另一方面用向下的振动力使桩沉入土中。振动下沉桩适用于可塑状的黏性土和砂土，用于受振动时土的抗剪强度大幅降低的砂类土地基以及自重不大的钢桩，其效果更

为明显。沉桩困难时，可采用射水辅助振动沉桩。

③静力压桩。静力压桩是借助桩架自重及桩架上的压重，通过液压或滑轮组提供的压力将预制桩压入土中。它适用于较均质的可塑状黏性土地基，对于砂土及其他较坚硬土层，由于压桩阻力大而不宜采用。静力压桩在施工过程中无振动、无噪声，并能避免锤击时桩顶及桩身的损伤，但长桩分节压入时受压桩架高度的限制，使接头变多，会影响压桩的效率。

（2）灌注桩

灌注桩是一种直接在现场桩位上就地成孔，然后在孔内浇筑混凝土或先安放钢筋笼再浇筑混凝土而成的桩。与预制桩相比，灌注桩具有施工噪声低、振动小、桩长和直径可按设计要求变化自如、桩端能可靠地进入持力层或嵌入岩层、单桩承载力大、挤土影响小、含钢量低等特点，但成桩工艺较复杂，成桩速度比预制打入桩慢，成桩质量与施工有直接关系。按其成孔方法不同，可分为钻孔灌注桩、挖孔灌注桩、沉管灌注桩、爆扩灌注桩等。

①钻孔灌注桩。钻孔灌注桩系指用钻（冲）孔机具在土中钻进，边破碎土体边出土渣而成孔，然后在孔内放入钢筋骨架，灌注混凝土而形成的桩。钻孔灌注桩的施工设备简单，操作方便，适用于各种黏性土、砂性土，也适用于碎、卵石类土和岩层。对于易坍孔土质及可能发生流砂或有承压水的地基则施工难度较大，施工前应做试桩试验以取得相应的经验和数据。目前我国施工的钻孔灌注桩，最大深度已达到百余米。钻孔灌注桩的应用日益广泛，但由于泥浆的排放对周围环境有一定的影响，在城市中应用有时会受到一定的限制。

②挖孔灌注桩。利用人工或部分机械配合在地基中挖土形成桩孔，然后浇筑钢筋混凝土所形成的桩称为挖孔灌注桩。它的特点是不受设备限制，施工简单。挖孔灌注桩桩径较大，一般大于1.4m，为确保施工安全，挖孔深度不宜太大。挖孔灌注桩一般适用于无水或渗水量小的地层，对可能发生流砂或含较厚的软黏土层地基，施工时需要加强孔壁支撑。挖孔灌注桩能直接检验孔壁和孔底土质以保证桩的质量。

③沉管灌注桩。沉管灌注桩指采用锤击或振动的方法把带有钢筋混凝土的桩尖或带有活瓣式桩尖（沉管时桩尖闭合，拔管时活瓣张开）的钢套沉入土层中成孔，然后在套管内放置钢筋笼，并边灌注混凝土边拔套管而形成的灌注桩；也可将钢套管打入土中挤土成孔后，向套管中灌注混凝土并拔套管成桩。它适用黏性土、砂土等。沉管灌注桩直径较小，常用的尺寸在0.6m以下，桩长常在20m以内。施工中可以避免钻、挖孔灌注桩产生的流砂、坍孔的危害和由泥浆护壁所带来的排渣等弊病。在软黏土中，沉管对周围的桩有挤压影响，且挤压产生的孔隙水压力会使混凝土桩出现颈缩现象。

④爆扩灌注桩。爆扩灌注桩系指就地成孔后，用炸药爆炸扩大孔底，浇灌混凝土而成的桩。这种桩扩大桩底与地基土的接触面积，提高桩的承载力。爆扩桩宜用于持力层较浅、在黏土中成型并支承在坚硬密实土层上的情况。

4）按桩身材料分类

根据材料和制作方法不同，常用的预制桩有木桩、钢筋混凝土桩、钢桩等。

（1）木桩

木桩常用松木、杉木做成，其直径（尾径）在160～260mm之间，桩长一般为4～6m，杉木桩长些。木材自重小，具有一定的弹性和韧性，又便于加工、运输和设置。木桩在淡水下是耐久的，但在干湿交替的环境中极易腐烂，故应打入最低地下水位以下0.5m。由于木桩承载力很小,现在只在木材产地和某些应急工程中使用。

木桩在制作时桩顶应锯平修整并加设铁箍,以保证桩顶不被打坏。桩尖应削成三棱或四棱的锥形,锥体长度一般为直径的1~2倍,凡打入硬土中者应取低值或加上铁靴保护。

(2)钢筋混凝土桩

这类桩在工程上应用最广,由钢筋混凝土材料制作,分方形断面桩和圆柱体空心断面桩两类。

钢筋混凝土桩的优点是承载力较高,受地下水变化影响较小;既可以现场预制,也可以工厂化生产;可根据不同地质条件,生产各种规格和长度的桩;桩身质量可靠,施工质量比灌注桩易于保证;施工速度快。但如果设计范围内地层分布很不均匀,基岩持力层顶面起伏较大,会导致桩的预制长度较难掌握,此外钢筋混凝土桩打入时冲击力大,对预制桩本身强度要求高,其成本较高。

(3)钢桩

常用的钢桩有开口或闭口的钢管桩以及H型钢桩等。优点是质量轻,强度高,装卸、运输方便;承载力高,桩身不易损坏,并能获得极大的单桩承载力;沉桩接桩方便,施工速度快。但其主要缺点是耐腐蚀性较差,耗钢量大,工程造价较高;打桩机设备比较复杂,振动及噪声较大。

2. 桩身构造特点与要求

(1)就地灌注钢筋混凝土桩的构造

钻、挖孔灌注桩和沉管灌注桩是就地灌注钢筋混凝土桩,桩身常为实心截面。混凝土的强度不低于C20,对仅承受竖直力的基桩可用C15(但水下灌注的混凝土仍不应低于C20)。

钻孔灌注桩设计直径一般为0.8~2.0m,挖孔灌注桩的直径或最小边宽度不宜小于1.2m,沉管灌注桩直径一般为0.3~0.6m。桩内钢筋应按照内力和抗裂性的要求布设,较长的摩擦桩应该根据桩身弯矩分布情况分段配筋,短摩擦桩和柱桩按桩身最大弯矩通长均匀配筋。钢筋笼构造如图7-20所示。

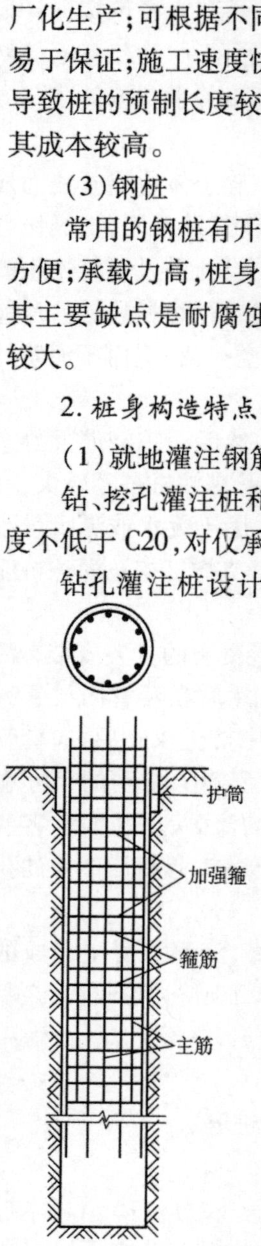

图7-20 钢筋笼构造

当按内力计算桩身不需要配筋时,也应在桩顶3~5m内设置构造钢筋。孔内钢筋不设弯钩,以利水下混凝土的灌注。为了保证钢筋骨架有一定的刚性,便于吊装及保证主筋受力后的纵向稳定,主筋不宜过细过少(直径不宜小于14mm,每根桩不宜少于8根)。箍筋应适当加强,箍筋直径一般不小于8mm,间距为200~400mm。对于直径较大的桩或较长的钢筋骨架,可在钢筋骨架内每隔2.0~2.5m设置一道加强箍筋。钢筋保护层厚度一般不应小于50mm。

钻、挖孔桩的柱桩根据桩底受力情况如需嵌入岩层时,嵌入深度可根据受力情况计算确定,并不得小于0.5m。

现在有些工程采用大直径的空心钢筋混凝土就地灌注桩,是进一步发挥材料的潜力、节约水泥的措施,灌注桩常用的含筋率为0.2%~0.6%,较一般预制钢筋混凝土实心桩、管桩和管柱均低。

(2)钢筋混凝土预制桩

钢筋混凝土预制桩分为方形断面桩和圆柱体空心断面桩两类。

普通方桩的截面边长一般为0.3～0.5m，就地预制桩的长度取决于沉桩设备，一般在25～30m以内，工厂预制桩的分节长度一般不超过12m，沉桩时在现场连接到所需长度。

桩身混凝土强度不低于C25，桩身配筋应按起吊、运输、沉桩和使用各阶段的内力要求通长配筋。主筋直径一般为19～25mm，根数一般为8根，最小含筋率不小于0.8%；箍筋直径为6～8mm，其间距为100～200mm，在桩的两端处应加密，间距一般为50mm。由于桩尖穿过土层时直接受到正面阻力，应在桩尖处把所有的主筋弯在一起并焊在一根芯棒上。桩头直接受到锤击，故在桩顶需放三层方格网片以增加桩头强度。钢筋保护层厚度不小于35mm。桩内需预埋直径为20～25mm的钢筋吊环，吊点位置通过计算确定。

圆柱体空心断面桩桩身混凝土强度一般在C60以上，管桩分节长度为4～13m，常用的有5m、7m、9m和11m等。桩节的端部设有钢制端头板和套箍，沉桩时桩节通过焊接端头板加以接长。桩的下端则设置封十字刃钢桩尖，或采用开口的钢桩尖（外廓呈圆锥形）。

3.承台（盖梁）的构造以及桩与承台的连接

承台的平面尺寸和形状应根据上部结构（墩、台身）底部尺寸和形状以及基桩的平面布置而定，一般采用矩形、圆形和圆端形。排架桩式墩台盖梁的平面形状一般为矩形，平面尺寸应根据支座尺寸及布置情况而定。

承台厚度应保证承台有足够的强度和刚度，公路桥梁多采用钢筋混凝土或混凝土刚性承台（承台本身材料的变形远小于其位移），其厚度不宜小于1.5m，混凝土强度不宜低于C15。对于盖梁和柱式墩台的承台应验算其强度并设置必要的钢筋。

桩和承台的连接见图7-21，钻、挖孔灌注桩现都采取桩顶主筋伸入承台，此时桩身伸入承台长度一般只为150～200mm（当为盖梁时，桩身可不伸入）。如图7-21a）、b）所示，伸入承台的桩顶主筋可做成喇叭形（约与竖直线呈15°角，若受构造限制，主筋也可不做成喇叭形），伸入承台的钢筋应有符合钢筋混凝土结构规范的锚固长度，一般应不小于600mm，并设箍筋。

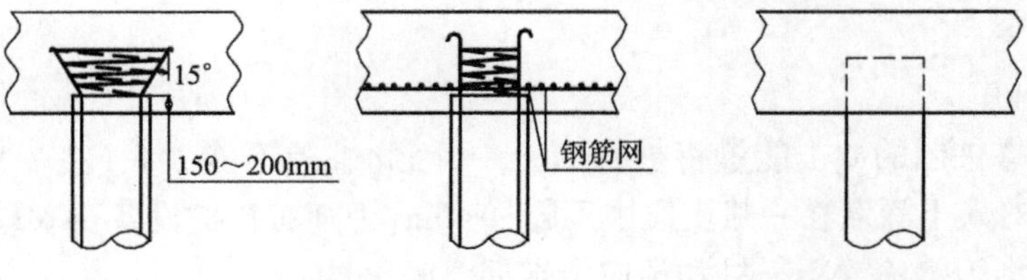

图7-21　桩与承台的连接

对于不受轴向拉力的沉桩可不破桩头，将桩直接埋入承台内，如图7-21c）所示。桩顶直接埋入承台的长度，对桩径小于0.6m时，不应小于2倍桩径或边长；当桩径为0.6～1.2m时，不应小于1.2m；当桩径大于1.2m时，埋入长度不应小于桩径。

三、沉入桩施工

沉入桩是指将钢、木、钢筋混凝土等材料制作的柱状构件，经锤击、振动、射水、静压等方式沉入或埋入地基而成的桩。

1. 沉桩施工前应掌握的基础资料

(1)沉桩前应具备工程地质钻探资料、水文资料、打桩资料。

(2)桩基础轴线的定位点应设置在不受沉桩影响处,允许偏差应在设计容许范围内。

(3)沉桩顺序一般由一端向另一端连续进行,当桩基平面尺寸较大或桩距较小时,宜由中间向两端或四周进行。如桩埋置有深浅,宜先沉深的,后沉浅的。在斜坡地带,应先沉坡顶的,后沉坡脚的。

(4)贯入度应通过试桩或做沉桩试验后与监理、设计单位研究确定。

(5)施工过程中如发现地质情况与勘测报告有出入时,应根据具体情况进行补充钻探。

2. 沉桩施工前的工作

对施工区域中有碍沉桩的水下管线、沉排或抛石棱体等障碍物进行处理;选用适当的施工船机设备,在开阔水域施工应制订避风措施;结合沉桩容许偏差,校核各桩是否会相碰;测量沉桩区泥面高程,并绘制平面图和断面图;根据桩位平面布置图,结合工程要求和施工条件,布置沉桩顺序,并按顺序预制加工,安排基桩运输及沉桩工作。

沉桩顺序应按下列规定确定:

(1)基础不大、桩数不多、桩距较大的群桩基础,可从中间开始,向两个方向进行,或由一端向另一端进行。

(2)基础较大、桩数较多、桩距较小时,应将基础分为数段,而后在各段范围内分别进行沉桩。

(3)基础内包括直桩和多方向斜桩时,在水深流急的河流中沉桩,其沉桩顺序应设法减少移动船位、变更桩架斜度的作业次数。

(4)必须了解设计对施工中由于打桩振动对岸坡稳定和邻近建筑物的安全所提出的维护措施,并严格实施。

(5)施工区在沉桩前如需挖泥,挖泥前应实测挖泥区水深,并绘制平面图和断面图。

3. 沉桩的类型

1)锤击法沉桩

锤击法沉桩靠桩锤的冲击能量将桩打入土中,因此桩径不能太大(在一般土质中桩径不大于0.6m),桩的入土深度在一般土质中不超过40m,否则对打桩设备要求较高,打桩效率较低。桩的主要类型为钢筋混凝土桩和预应力钢筋混凝土桩。

锤击法沉桩一般适用于黏质土、砂土,可根据土质情况,选用合适的桩锤。桩锤过轻,桩难以打下,效率太低,还可能将桩头打坏,但桩锤过重,则各种机具、动力设备都需增大,不经济。

(1)桩锤的选择

常用的桩锤有坠锤、单动汽锤、双动汽锤、柴油锤、液压锤等。

①坠锤。坠锤是最简单的桩锤,它是由铸铁或其他材料做成的锥形或柱形重块,坠锤的重力为2~20kN,用绳索或钢丝绳通过吊钩由人力或卷扬机沿桩架杆提升,然后使锤自由落下锤击桩顶。坠锤打桩效率低,每分钟仅能打数次,但设备简单,适用于小型工程中打木桩或小直径的钢筋混凝土桩。

②单动汽锤。单动汽锤是利用蒸气或压缩空气将桩锤沿架顶起提升,而下落则靠锤自由

落下锤击桩顶。单动汽锤的重力为10～100kN,每分钟冲击20～40次,冲程为1.5m左右。单动汽锤是一种常用的桩锤,适用于打钢桩和钢筋混凝土桩等各种桩。

③双动汽锤。双动汽锤也是利用蒸汽或压缩空气的作用将桩锤(冲击部分)在双动汽锤的外壳即汽缸(固定在桩头上)内上下运动,锤击桩顶。其锤力为3～10kN,冲击频率高,每分钟可冲击百次以上,冲程数百毫米,打桩效率高,但一次冲击动能较小。它适用于打较轻的钢筋混凝土桩、钢板桩等各类桩,不仅可用于打桩,还可用于拔桩,在生产中得到广泛使用。

④柴油锤。柴油锤实际上是一个柴油汽缸,工作原理同柴油机,利用柴油在汽缸内压缩发热点燃而爆炸,将汽缸沿导向杆顶起,下落时锤击桩顶。柴油锤除杆式柴油锤外,还有筒式柴油锤,均为常用,其机架设备较轻,移动方便,燃料消耗少,效率也较高。锤型大、小均有,常用的锤重力为20～72kN,每分钟冲击50～60次,冲程1.8～2.3m,可打钢桩或钢筋混凝土桩等各种桩。

⑤液压锤。液压锤是一种新型的打桩锤,按其结构和工作原理可分为单作用式和双作用式两种。所谓单作用式是指冲击锤芯通过液压装置提升到预定高度后快速释放,冲击锤芯以自由落体方式打击桩体;双作用式是指冲击锤芯通过液压装置提升到预定高度后,从液压系统获得加速度能量来提高冲击速度而打击桩体。由于其先进的构造,液压锤具有打桩效率高、可控性好和环保等优点。

(2)桩架

桩架的作用是吊桩就位、固定桩位、承受桩锤和桩的重力,在打桩的过程中引导锤和桩的方向,并保证桩锤能沿着所要求的方向冲击桩体。其结构如图7-22所示。

(3)沉桩施工要点

①桩帽与桩接触的表面应平整,与桩身应在同一直线上。

②当桩吊起就位后,要缓缓放下,插入土中,进行桩位和垂直度校正后,并在桩身侧面或桩架上设置标尺,做好记录,才能开始施打。开始时应起锤轻压或轻击数锤,待锤以及桩身等垂直度一致后,即可转入正常施打。

③沉桩时如桩顶不平,可用麻袋或厚纸板等垫平。

④桩开始打入时,应轻击慢打,每次的冲击能量不宜过大,随着桩的打入,逐渐增大锤击的冲击能量。

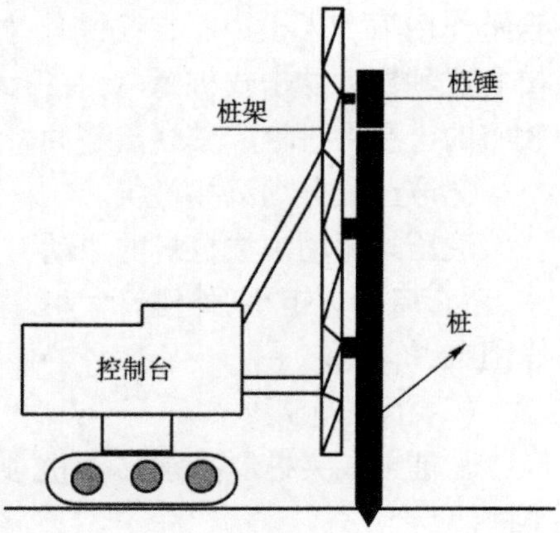

图7-22　桩架示意图

⑤打桩过程中应随时注意观测打桩情况,防止桩出现偏移,并填写好打桩记录。打桩时如发生桩身突然倾斜、锤击时桩锤严重回弹、桩的贯入度突然变化,或桩头破损、桩身产生裂缝等情况时,应暂停打桩,查明原因,采取措施(如用射水沉桩法配合锤击、改变打桩设备、加固桩身等)后方可继续施工。

⑥每打一根桩应一次连续完成,避免中途停顿过久,否则因桩周摩阻力的恢复而增加沉桩的困难。

⑦接桩要使上、下两节桩对准,在接桩过程中及接好打桩前,上、下两节桩的纵轴线必须在一条直线上。接头必须牢固,焊接时要注意焊接质量,宜用两人双向对称同时电焊,以免产生

不对称的收缩。焊完待冷却后再打桩，以免热的焊缝遇到地下水而开裂。

⑧在建筑物靠近打桩场地或建筑物密集地区打桩时，需观测地面变位情况，注意打桩时对周围建筑物的影响。

⑨桩停止锤击的控制原则：桩端位于一般土层时，以控制桩端设计高程为主，贯入度可做参考；桩端达到坚硬、硬塑的黏性土、粉土、中密以上砂土、碎石类土以及风化岩时，以贯入度控制为主，桩端高程做参考；贯入度已达到而桩端高程未达到时，应继续锤击 3 阵，按每阵 10 击的贯入度不大于设计规定的数值加以确认，必要时施工控制贯入度应通过试验或与有关单位确定。

2）振动法沉桩

振动法沉桩一般适用于砂土、黏性土和中密及较松的砾类土。

振动沉拔桩机由振动桩锤和通用桩架组成。振动桩锤是利用机械振动法使桩沉入或拔出，按振动频率分为低、中、高和超高频四种形式，按作用原理分为振动式和振动冲击式两种，按动力装置与振动器连接方式分为刚性和柔性两种，按动力源分为电动式和液压式两种。

（1）振动沉拔桩机类型及原理

振动桩锤工作原理：振动桩锤主要装置为振动器，利用振动器所产生的激振力，使桩身产生高频振动。这时桩在其自重或很小的附加压力作用下沉入土中，或是在较小的提升力作用下而拔出土。

①电动式振动沉拔桩机。

电动式振动沉拔桩机是将振动器产生的振动，通过与振动器联成一体的夹桩器传给桩体，使桩体产生振动。桩体周围的土壤由于受到振动作用，摩擦阻力明显下降，桩就在振动作用和自重作用下沉入土中。在拔桩时，振动可使拔桩阻力显著减小，只需较小的提升力就能把桩拔出。这种振动冲击式桩锤，具有很大的振幅和冲击力，其功率消耗也较少，适用在黏性土壤或较密的土层中打桩。其缺点是冲击时噪声大，电动机受到频繁的冲击作用易损坏。

②液压式振动沉拔桩机。

液压式振动沉拔桩机的原动力采用液压电动机驱动。液压电动机驱动能无级调节振动频率，还有启动力矩小、外形尺寸小、质量轻、不需要电源等优点。但其传动效率低，结构复杂，维修困难，价格高。

（2）沉桩施工要点

①桩帽或夹桩器必须夹紧桩顶，以免滑动，否则会影响沉桩效率，损坏机具或发生安全事故。

②桩架顶滑轮、振动箱和桩纵轴必须在同一垂直线上。

③如发生沉入时间过长或无法沉入现象时，应会同设计部门共同研究，采取相应对策。

④沉桩宜连续进行，以免停歇时间过久造成桩难以沉入。

四、挖孔灌注桩施工

挖孔灌注桩（简称挖孔桩，见图 7-23）基础，是用人工开挖的方法，挖出桩孔，放入钢筋笼，灌注混凝土而成桩，然后在桩顶上浇筑承台混凝土形成桩基础。

1. 挖孔灌注桩的特点

（1）施工操作工艺简单，施工方便，不需要大型机械设备。

(2)单桩承载力高,可直接检查桩外形尺寸和持力层情况,受力性能可靠,抗震能力强。

(3)可多桩同时进行,施工速度相对较快,节省设备投资,降低工程造价。

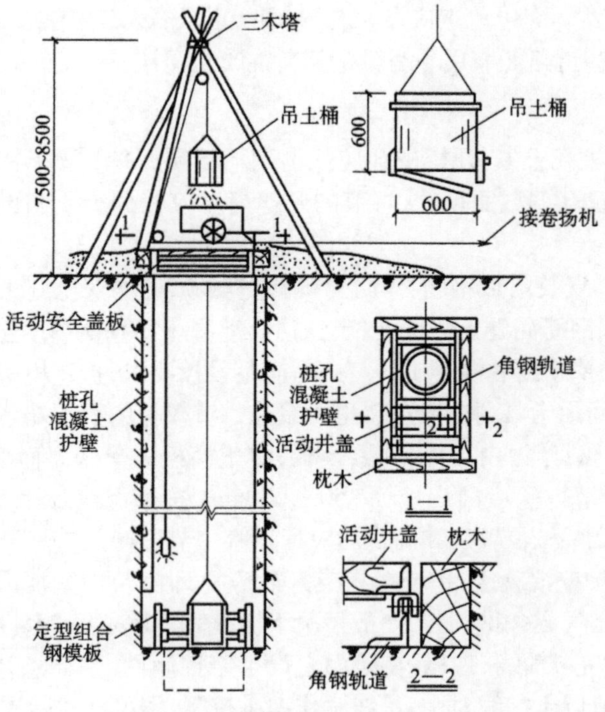

图 7-23　挖孔灌注桩示意图(尺寸单位:mm)

2. 适用范围

人工挖孔桩适用于桩直径 800mm 以上,无地下水或地下水较少的黏土、粉质黏土,以及含少量砂、砂卵石、姜结石的黏土采用。特别适于黄土层采用。开挖深度一般在 20m 左右,对有流砂、地下水位较高、涌水量大的冲积地带及近代沉积的含水量高的淤泥、淤泥质土层不宜使用。

3. 施工准备

(1)施工测量。根据桥位测量定出的墩台十字线,放出桩位,可以用 15cm × 15cm 方木,按设计桩孔断面尺寸做成框架,固定在孔台上,四周高出地面 10 ~ 15cm,以防土石掉入孔内。埋设框架时,定出桩孔四边中心(圆孔则为十字线),用水平仪抄平,作为施工中校核的依据,因此必须稳固牢靠。若地层松软,为防止孔口坍塌,可使用混凝土护壁,高约 2m。

(2)平整场地。开挖前,对桩基周围(尤其是土坡方向)的危石、浮土及一切不安全因素,必须清除,平整场地要因地制宜,既不宜大量开挖土石方,又不影响邻近的墩台施工,在陡坡地带的下坡方向可采用搭平台的方式来扩大场地,桩孔四周应做好临时防护栏杆。

(3)挖排水沟、搭防雨棚。为了防止雨水浸入桩孔,应在孔口上搭设防雨棚(必须与提升设备相适应),并于孔口四周挖好排水沟,若有经常性地面水,排水沟应做防渗铺砌。

(4)安装提托设备。根据需要和可能,采用人力绞车中电动卷扬机作提升设备,安装提升设备时,首先要考虑到进料出渣方便灵活,拆装容易,还应注意到吊斗容量与起重能力的适应,起重安全系数应大于3。挂钩及吊头活门既要牢固又要有安保措施。人员上下应另设绳梯与安全绳。

(5)布置出渣道路。弃土地点应设在孔口10m以外,因此在井口出渣处应接一条车道或平车轨道,并要求这些道路能兼用于运输钢筋与混凝土灌注。

4. 施工方法

(1)开挖第一节桩孔土方:开挖桩孔应从上到下逐层开挖,先挖中间部分的土方,然后向周边扩挖,有效控制桩孔的截面尺寸,每节的开挖高度应根据土质和设计而定,一般以0.9～1.2m为宜。

(2)支护壁模板、安装附加钢筋:为防止桩孔壁坍塌,确保安全施工成孔,应设置护壁。护壁种类有素混凝土和钢筋混凝土两种,以现浇钢筋混凝土护壁为优,与土壁能紧密结合,整体性和稳定性均佳。护壁厚度和混凝土强度必须满足设计要求,护壁模板采用拆上节、支下节重复周转使用,模板之间用卡具、扣件连接,也可以在每节模板的上下端各设一道圆弧形的、用槽钢或者角钢制作的钢圈作为内支撑,顶紧模板,防止模板应受张力而变形。模板不设水平支撑,以方便操作,第一节护壁应高出地面150～200mm,护壁厚度比下面护壁厚度增加100～150mm,便于挡土、挡水,桩位轴线和高程均应标定第一节护壁上口。

(3)浇筑第一节护壁混凝土:护壁模板支好后应立即浇筑护壁混凝土,人工浇筑、人工捣实,护壁混凝土应根据气候条件确定,一般情况下浇灌完毕后须经24h方可拆模。

(4)检查桩位(中心)轴线、高程:在地面上设十字控制网、基准点,将桩控制轴线、高程测到第一节护壁上,每节以十字线对中,吊线锤作中心控制,用尺杆找圆周,以基准点测量孔深。

(5)架设垂直运输架:第一节桩孔成孔后,着手在桩孔口上架设垂直运输架,要求搭设稳定、牢固。

(6)安装提升设备、吊桶、活动盖板、水泵、通风机等:安装提升设备时,尽量使吊桶钢丝绳中心与桩孔中心重合,以便挖土时能直观控制桩位中心和支模中心,桩口上设围护栏,当桩孔深大于5m时,应向井下通风,加强空气对流,必要时输送氧气,防止有毒气体危害。桩孔上人员密切观察桩孔下人员情况,互相呼应,桩口安装水平推移的活动盖板。当桩孔内有人挖土时,应掩盖好安全盖板,防止杂物掉下伤人,吊运土时,再打开安全盖板。

(7)开挖第二节桩孔土方:从第二节开始利用提升设备运土,桩孔内人员应戴好安全帽,吊桶离开孔上方1.5m时,推动活动安全盖板,掩蔽孔口,防止卸的土块、石块等杂物坠落孔内伤人。吊桶卸土后,再打开活动盖板,下放吊桶装土,桩孔挖至规定深度后,用尺杆检查桩孔的直径及井壁圆弧度,修整孔壁,使上下垂直平顺。

(8)先拆第一节护壁模板、支第二节护壁模板、安装附加钢筋:护壁模板采用拆上节、支下节,依次周转使用,模板上口留出100mm的混凝土浇筑口。

(9)浇筑第二节护壁混凝土:混凝土用吊桶运送,人工浇筑,人工插捣密实。

(10)检查桩位(中心)轴线、高程:每节桩孔护壁做好以后,必须将桩位十字轴线和高程测设在护壁的上口,然后用十字线对中,吊线锤向井底投设,以半径尺杆检查孔壁的垂直平整度,随之进行修整,井深必须以基准点为依据,逐根进行引测,保证桩孔轴线位置、高程、截面尺寸满足设计要求。

(11)逐层往下循环作业:将桩孔挖至设计深度,检查土质情况,桩底应支承在设计规定的持力层上。

(12)开挖扩底部分：桩底分为扩底和不扩底两种情况，挖扩底桩应先将扩底部分圆柱体挖好，再按设计扩底部位的尺寸、形状自上而下削土。

(13)检查验收：成孔后必须对桩身直径、孔底高程、桩位中心线、井壁垂直度等报监理验收，合格后做好施工记录。

(14)吊放钢筋笼：钢筋笼按设计制作、运输、吊装，应防止扭转变形，根据规定加焊内固定筋。钢筋笼放入前，应绑好砂浆垫块。吊放钢筋笼时，要对准孔位，直吊扶稳，缓慢下沉，避免碰撞孔壁。钢筋笼放到设计位置时，应立即固定。

(15)浇筑桩身混凝土：清除孔底积水，用溜槽向孔底浇筑混凝土，当高度超过3m时，应用串筒，串筒末端离孔底高度不大于2m。桩孔深度超过12m时，宜采用混凝土导管浇筑。浇筑混凝土时应连续进行，分层浇捣密实，混凝土浇筑12h后进行浸水养护。

(16)控制高程：以保证在剔除浮浆后，桩顶高程符合设计要求。

5.注意事项

(1)人工挖孔桩施工的安全措施：从事挖孔作业的工人必须通过健康检查，经井下、高空、用电、吊装及简单机械操作等安全作业培训且考核合格后，方可进入现场；要认真研究钻探资料，分析地质情况，对可能出现的流砂、管涌、涌水以及有害气体等情况制订针对性的安全措施；施工时，施工人员必须戴安全帽，穿绝缘胶鞋，孔内有人时，孔上必须有人监督防护；孔周围要设置安全防护栏；每孔必须设置安全绳及应急软爬梯；孔下照明要用安全电压；使用潜水泵必须有防漏电装置；设置鼓风机，以便向孔内强制输送清洁空气，排除有害气体等；爆破施工前，做好安全爆破的准备工作，划定安全距离，设置警戒哨；闪电雷鸣时禁止装药、接线，施工操作时严格按安全操作规程办事；爆破后向孔内强制输送清洁空气，排除有害气体，待有害气体排完后方可下井。

(2)开挖的顺序，视土质及桩孔布置形式而定。地质松软，在同一墩台范围内有四个桩孔时，先挖对角两孔，灌注混凝土后，再开挖另外两孔；如果桩孔为五孔，应先挖中间一孔，其余四孔，同上按对角线方法开挖；若为五孔以上者，应采用跳跃间隔开挖，以免相邻两孔的间隔太薄导致支承力不足而造成坍孔。若土质紧密，同一墩台位的全部桩孔可同时开挖。

(3)严格控制桩孔垂直度、中心位置，每节桩孔护壁做好后，必须将桩位轴线和高程测设在护壁上口，然后用十字线对中，吊线锤向井底投设，以半径尺杆检查孔壁垂直平整度，井深以基准点为依据逐根引测。

(4)桩终孔要保证设计桩长和入岩深度，桩孔挖至设计深度后，必须检查土质情况，桩底必须支承在设计规定的持力层上。

(5)桩身混凝土要分层连续浇筑，分层浇捣，每次浇筑高度不得超过1.5m，每层浇捣厚度不得超过0.5m。出料口到混凝土浇筑面高度大于2m时，必须使用溜槽或串筒，防止混凝土发生离析。

五、钻孔灌注桩施工

钻孔桩施工，应根据不同的地质情况选用不同形式的钻孔机械设备。钻孔桩施工常用的钻机有冲击式、冲抓式和旋转式等。

1. 冲击式钻机

1）基本原理

冲击钻进成孔是采用冲击式钻机或用卷扬机带动一定质量的冲击钻头（或称为冲锥），在一定的高度内周期性地做自由落体运动，冲击破碎岩层或冲挤土层形成桩孔，再用捞渣筒或泥浆循环等方法将岩屑钻渣排出的成孔方法。每次冲击破碎之后，冲锥在钢丝绳转向装置带动下转动一定的角度，从而使桩孔形成规则的圆形断面。

2）适用范围

泥浆护壁钻孔灌注桩适用于地下水位以下的回填土、黏性土、粉土、砂土、碎（砾）石土及风化岩层，以及地质情况复杂、夹层多、风化不均、软硬变化较大的岩层。冲孔灌注桩除了适应上述地质情况外，还能穿透旧基础、大孤石等障碍物，适用于岩溶发育岩层、裂隙发育的地层、人工填石层，但是在岩溶发育地区应慎重选择。

3）特点

（1）用冲击方法破碎岩土尤其是破碎有裂隙的坚硬岩土和大的卵砾石，所消耗的功率小、破碎效果好。同时，通过冲击土层时的冲挤作用形成的孔壁较为坚固，相对减少了破碎体积。

（2）和回转钻进相比，当设备功率相同时，冲击钻进能施工较大直径的桩孔。

（3）冲击钻进时，孔内泥浆一般是不循环的，泥浆只起悬浮钻渣和保持孔壁稳定的作用，泥浆用量少、消耗少，也可利用泥浆排渣。

（4）冲击钻进设备操作简易，钻进参数容易掌握，设备移动方便，机械故障少。

4）施工工艺

施工顺序为：放样→护筒埋设→钻孔→成孔检测清孔→下钢筋笼→下导管→混凝土浇筑→破桩头→成桩检测。

（1）放样：施工前先排水、修路，清除桩基位置的杂草和淤泥，换填山皮土并刮平压实，使施工机具顺利进出，能保证钻机在施工中平稳。然后根据设计提供的导线点（经导线复测闭合后）及水准点，用光电全站仪及水准仪定位，成排成列放样，放样后用钢尺校核。

（2）护筒埋设：护筒埋设是重要一环，起到定位、导向的作用；靠筒内水位和泥浆相对密度使孔内水压大于外部水压，防止塌孔；护筒内径比桩径大 200 ~ 400mm；护筒高度宜高出地面 0.3m 或高出水面 1.0 ~ 2.0m；护筒的埋设深度应根据设计要求或桩径及水文地质情况确定，一般情况下埋置深度宜为 2 ~ 4m，有冲刷影响的河床，应沉入冲刷线以下不少于 1.0 ~ 1.5m。

旱地采用挖坑埋设法，护筒底部和四周所填黏性土必须分层夯实，护筒顶高出地面 0.3m，埋设时位置要准确，护筒要竖直。护筒中心竖直线应与桩中心线重合，平面允许误差 50mm，竖直线倾斜不大于 1%。护筒顶部焊加强筋和吊耳，开出水口，钻进过程中要经常检查是否发生偏移和下沉，并及时纠正。

（3）钻进：钻进过程中应经常注意土层的变化，每进尺 2m 或在土层变化处应捞取渣样，判断土层，记录钻孔记录表。操作人员必须认真执行岗位责任制，随时填写钻孔施工记录，交接时应详细交代本班钻进情况及下一班需注意的事项。

（4）抽渣：被钻头冲碎的钻渣，一小部分和泥浆一起挤进孔壁，大部分悬浮在钻孔下部的泥浆中，靠抽渣筒（图 7-24）清除出孔外。在开孔阶段，为了使钻渣泥浆尽量挤入孔壁，待钻进 4 ~ 5m 后应勤抽渣。孔底沉渣太厚，就会妨碍钻刃冲击新鲜土层，同时，还会使泥浆变稠，吸收大量冲击动能，从而影响钻进速度。一般是每进0.5～1.0m抽渣一次，也有按钻孔进尺的变化来规定抽渣的，当1h的进尺在卵石、漂石地层小于5cm，在松软地层小于15cm时，即应抽渣。

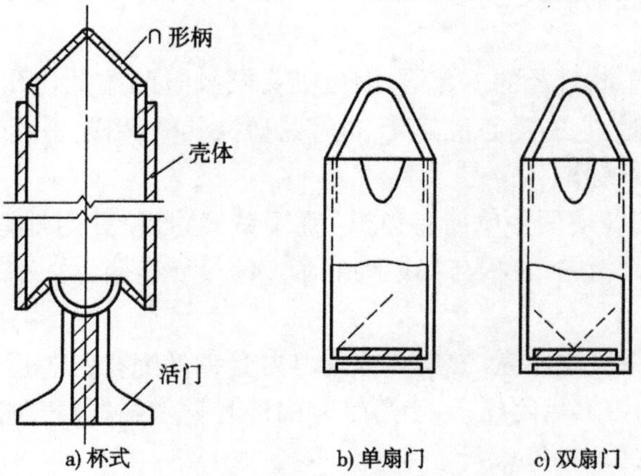

图7-24　抽渣筒

（5）注意事项：

①钻机就位前，应对钻孔前的各项准备工作进行检查，包括主要机具设备的检查和维修；钻机就位后，应平稳，不得产生位移和沉陷；开孔的孔位必须准确。

②冲锥的钢丝绳与钢护筒中心位置偏差不大于2cm，升降锥头时要平稳，不得碰撞护壁和孔壁。

③钻孔作业必须连续，并作钻孔施工记录；经常对钻孔泥浆进行检测和试验，不符合要求的及时改正；注意补充新拌好的泥浆。在整个施工过程中，泥浆的损失较小，水头始终保持在2m左右，可有效地防止孔壁坍塌、埋钻头的现象发生，确保钻孔桩的成孔质量和成孔速度。

④钻进过程中，每进5～8尺检查钻孔直径和竖直度，注意地层变化，在地层变化处捞取渣样，判明后记入记录表中并与地质剖面图核对。根据实际地层变化采用相应的钻进方式，在钻至中层易液化砂层时，钻进速度必须放慢，以确保成孔质量。

⑤冲击钻应用小径钻，钻到一定深度后，用大径钻扩孔。钻管内的泥渣和泥浆经常倒出，在钻孔排渣、提钻头除土或因故停钻时，应保持孔内水头和泥浆指标达到要求。

2. 冲抓式钻机

冲抓式钻机（图7-25）具有冲击动能，并通过锥瓣直接抓取土石的冲抓锥来钻进成孔的。它的冲击作用在于使锥瓣切入土石，而不以击碎土石为主要目的。这种成孔方法使用泥浆的目的是护壁而不是浮渣。按操纵锥瓣开合方法的不同，分为双绳和单绳两种形式。按冲抓锥构造的不同分为三瓣、四瓣和六瓣三种，目前以四瓣较为普遍。在卵石地层中钻孔多用四瓣冲抓锥，在砂卵石、黏土、黏砂土和砂粒土地层中多用六瓣。当孔径等于或小于1.2m时，锥瓣多则瓣臂也随之增多，因而减少了抓斗的容量，使抓出的

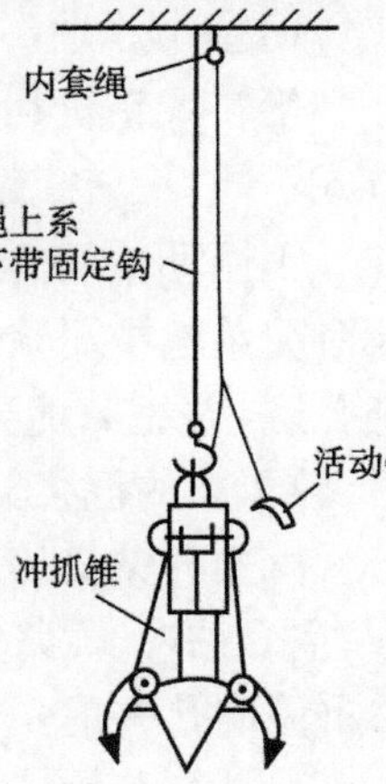

图7-25　冲抓式钻机

土渣较少,故在此情况下,锥瓣以不超过四瓣为宜。

锥重视孔径和土层而定。因冲击时是靠自重产生冲击能,抓土时也是靠自重的压力,故轻锥的冲抓能力较低,特别是遇到卵石和较硬土层时的冲抓进度很慢,甚至没有进展,故锥要重些为好。

锥的高度不宜小于其直径的1.5倍,以免锥头倾倒时两端抵住孔壁,使提升困难,甚至拉断钢丝绳。但锥太高时,它的重心也偏高,也容易碰撞孔壁,引起坍孔事故。

(1)双绳冲抓锥的操作

用一台双筒卷扬机(或两台单筒卷扬机)置于钻架附近,并用地锚固定,由卷扬机上的两根钢丝绳通过钻架顶部滑轮,一根与冲抓锥外套上的吊环连接,另一根通过内外套滑轮组固定在外套上端。

冲打起落由外套钢线绳操纵,锥瓣开合则由内套钢丝绳操纵。通过两根钢丝绳的交替收放,就使冲抓锥升降及锥瓣启闭抓土,当落锥时内外套钢丝绳同时放松,但内套绳又不能松得太长,一般比冲击高度长1~2m。

当锥头露出孔口时,孔口工作人员应及时检查钢丝绳,如发现两根钢丝互相缠扭时,应立即停机处理,然后抽出卸渣。卸渣时,应同时将护筒内的水或泥浆加满。

(2)单绳冲抓锥的操作

用一台单筒电动卷扬机即可控制,卷扬机上的主绳与冲抓锥的滑轮组连接,在钻架横梁上设一固定的挂钩,作为卸土时挂住冲刷锥的外壳用。

在锥顶附近的主绳上,连接一个上重下轻的活动钩,下锥时,用活动钩吊住外壳,使活动钩下方的主绳不受力,锥瓣张开。

当锥头落到孔底时,放松主绳,活动钩因受重力作用而自动脱钩。然后收紧主绳,使锥瓣合拢抓土,将冲抓锥提出孔口后,用固定钩吊住外壳吊环,松主绳,锥瓣自动张开卸土,如此循环往复,直至成孔。

3. 旋转式钻机

旋转式钻机由带转盘的基础车(履带式或轮胎式)、钻杆回转机构、钻架、工作装置(钻杆和钻头)等组成。

1)基本原理

旋转式钻机利用旋转的工作装置切下土壤,使之混入泥浆中排出孔外。根据排出渣浆的方式不同,旋转式钻机分为正循环和反循环两类。

正循环钻机的工作原理:钻机由电动机驱动转盘带动钻杆、钻头旋转钻孔,同时开动泥浆泵对泥浆池中泥浆施加压力使其通过胶管、泥浆笼头、空心钻杆,最后从钻头下部两侧喷出,冲刷孔底,并把与泥浆混合在一起的钻渣沿孔壁上升经孔口排出,流入沉淀池。钻渣沉积下来后,较干净的泥浆又流回泥浆池,如此形成一个工作循环。正循环钻孔示意图见图7-26。

反循环钻机的工作原理:这类钻机工作泥浆循环与正循环方向相反,夹带钻渣的泥浆经钻头、空心钻杆、泥浆笼头、胶管进入泥浆泵,再从泵的闸阀排出流入沉淀池中,而后泥浆经沉淀后再流向孔井内。

2)适用范围

正循环钻进成孔适用于填土层、淤泥层、黏土层、粉土层、砂土层,也可用于卵砾石含量不

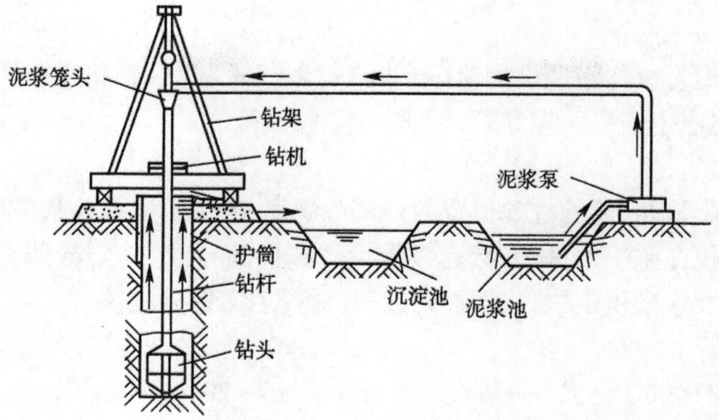

图 7-26　正循环钻孔示意图

大于 15%、粒径小于 10mm 的部分砂卵石层和软质基岩等地层。

正循环钻进排渣能力随钻孔直径加大而明显降低，所以正循环钻进在小直径钻孔中工效更高。

基于反循环排渣的特点，使其工艺方法对地层适应性广，可顺利钻进各种黏土、砂土、卵砾石层以及基岩层，对于直径 500 ~ 1800mm 的钻孔桩施工都很适应。

3）特点

（1）正循环

①钻机小，质量轻，在狭窄工地也能使用。

②设备简单，在不少场合，可直接或稍加改进，借用地质岩心钻探设备或水文水井钻探设备进行钻孔。

③设备故障相对较少，工艺技术成熟，操作简单、易于掌握。

④噪声低、振动小。

⑤工程费用较低。

（2）反循环

①钻进速度与成桩效率有大幅度提高。钻头在工作时的最有利条件是被切割下来的岩土屑能够立即被从孔底带出来并送到地面，这样可以减少二次破碎，不会降低效率以及磨损钻头。冲洗液携带钻渣的能力与介质的密度及其运动速度的平方成正比，所以影响有效排渣的因素是冲洗液的上返速度。由于钻孔桩施工的土层多松散且颗粒差异较大，因此钻进速度的高低主要取决于排渣的速度。反循环排渣速度快，钻进速度因此大幅提升。

②钻进过程就是清孔过程，节省时间，同时保证了孔底沉渣厚度符合要求。机械钻进速度的提高和清孔时间的缩短使成桩周期缩短，有效地提高了劳动效率。

③孔壁稳定、成孔质量好。反循环钻孔桩孔壁的稳定，主要是利用静水压力来平衡地层压力维持孔壁的稳定。根据土力学计算以及大量实践证明，只要保持孔壁任何深度处压力不小于 0.2MPa，即使是在黏聚力较差的流砂层，使用经过处理的泥浆（冲洗液）也可以保持钻孔不坍塌、不缩颈、不扩颈；根据浇筑混凝土时记录的深度与混凝土用量关系，很容易反算孔径。计算结果表明由于孔壁稳定，从上到下孔壁的直径都是在有效控制范围之内。这样可以有效地防止缩颈、扩颈不良现象出现并避免混凝土的浪费。

4)施工工艺

施工顺序为:测量放样→埋设护筒(同步进行泥浆备制)→钻机就位→钻进→下钢筋笼、导管安装→水下混凝土施工→拆导管、护筒→凿桩头、检测。

(1)测量放样

施工前先排水、修路,清除桩基位置的杂草和淤泥,换填山皮土并刮平压实,使施工机具顺利进出,能保证钻机在施工中平稳,然后根据设计提供的导线点(经导线复测闭合后)及水准点,用光电全站仪及水准仪定位,成排成列放样,放样后用钢尺校核。

(2)埋设护筒

①护筒内径应比桩径稍大,一般大于设计桩径15~20cm。

②护筒在构造上必须坚固、耐用、轻便、不漏水。

③护筒就位后,周围应用黏土分层均匀填满夯实,确保泥浆不外漏,确保护筒位置正确牢固。

④如果底部土质很差,为防止护筒下沉,采取相应的加固措施,把护筒固定。

⑤护筒埋好后,测定好护筒顶高程,做好记录,请监理工程师复核认可后,钻机就位。

(3)泥浆备制及循环

钻孔中泥浆不仅可以保护孔壁不坍,更重要的是在冲击法和旋转法钻孔时,还有排渣的功用。

根据实践,使用太稠的泥浆,会增大钻头的阻力,因而影响钻进的速度,而且增加在孔壁或钢筋上的泥浆附着量,对受力不利,还会增加清孔工作的困难。反之如泥浆太稀,排渣能力会受到影响,护壁效果也有所降低。因此,应根据地层情况和施工方法并考虑泥浆对孔壁和钢筋的附着等因素,选择恰当的泥浆指标(相对密度、黏度、含砂量、胶体率等)。泥浆质量的好坏与制浆黏土的化学组成、黏粒的含量及黏粒大小有关。

(4)钻进

①开钻前,配制好的泥浆进入泥浆池及孔内。

②将钻孔工作平台调平,保证钻孔平台牢固,在钻孔过程中不发生倾斜位移。

③调整好钻机,保证钻杆竖直,使钻架吊点、钻机的转盘中心和桩位中心三点在一垂直线上。

④在钻孔过程中,随时检查平台的水平度,发现倾斜,及时调整,确保成孔垂直度。

⑤钻孔作业分班连续进行,不得中断。

⑥升降钻具时,保证操作平稳,钻头提升时,防止发生碰撞护筒、孔壁及钩挂护筒底现象发生。

⑦在钻孔中因故停钻时,一是确保孔内有规定水位及符合相应指标要求的泥浆,防止塌孔;二是钻头上提2m左右,以防钻渣沉淀而埋住钻头,造成质量事故。

⑧钻孔中采用轻压慢钻,使孔底不全部承受钻具重力,以避免或减少倾孔、弯孔和扩孔现象。

⑨在黏土中控制中等转速,大泵量稀释泥浆,防止泥浆相对密度过大,影响成孔质量。

⑩当钻孔达到设计深度时及时停机,对孔径、孔深、孔斜率进行检查,自测合格后,经监理工程师复测同意后,开始清孔。

六、灌注水中混凝土

当钻孔成型之后，应立即进行桩体的制作。制作过程包括有清孔、钢筋笼的制作与吊装、浇筑水下混凝土、养护等。

1. 清孔

清孔的目的是抽、换原钻孔内泥浆，降低泥浆的相对密度、黏度、含砂率等指标，清除钻渣，减少孔底沉淀厚度，防止桩底因存留沉淀土过厚而降低桩的承载力。特别是随着施工工艺的发展，采用大直径钻孔桩已趋于普遍，在施工中彻底清除孔底沉淀土对充分发挥桩底原土层的支承力、提高大直径钻孔桩竖直承载力尤为重要。清孔还为灌注水下混凝土创造良好条件，使测深正确、灌注顺利，确保混凝土质量，避免出现断桩之类重大工程质量事故。

清孔方法应根据设计要求、钻孔方法、机械设备和土质情况而定。常见的灌注桩清孔方法有如下几种：

1）抽浆法清孔

抽浆清孔比较彻底，适用于各种钻孔方法的摩擦桩、支承桩和嵌岩桩。但对孔壁易坍塌的钻孔，使用抽浆法清孔时，操作时要注意防止坍孔。抽浆法清孔有以下几种方法：

（1）用反循环回转钻机钻孔时，可在终孔后停止进尺，利用钻机反循环系统的泥石泵持续吸渣 5～15min，使孔底钻渣清除干净。此法一般在钻孔结束时进行。

（2）用空气吸泥机清孔，以灌注水下混凝土的导管作为吸泥管，由高压风管将压缩空气输进排泥管。高压风管可设在导管内，也可设在导管外。

用空气吸泥机清孔注意事项：

①高压风管沉入导管内的入水深度应大于钻孔内水头到出浆口高度的 1.5 倍，一般不宜小于 15m，但不必沉至导管底部附近。②开始工作时应先向孔内供水，然后送风清孔。停止清孔时，应先关气后断水，以防水头降低造成坍孔。③清孔过程中必须始终保持孔内原有水头高度。如孔较深，则中途宜停顿片刻，待孔内上部悬浮钻渣均匀沉淀后，再送风清孔一次。当风管口设置很低，在清孔过程中不能保持孔口水头时，不可马上停止送风，应先将风管或导管提升一定高度后再停止送风，以免稠浆渣将风管口堵塞。④若遇大石块卡在风管内，或浓泥浆堵塞出风口时，应将石块或泥浆清除后再继续清孔，切不可任意加大风压导致胶管爆裂伤人。

清孔结束后，最后测量孔底高程，将导管上的弯管拆除，吊走高压风管，准备灌注水下混凝土。

（3）以导管作为吸泥泵的吸浆管清孔。此法系以灌注混凝土的导管代替泵吸式反循环回转的空心钻杆作为吸泥管。它的好处是清孔完毕后，将特制弯管拆除即可开始灌注水下混凝土，可节省时间。

以上抽浆法各种清孔机具中，以内风管空气吸泥机和导管吸泥泵为优，理由是清孔后不必提升导管，只需拆除弯管部分，便能尽快灌注水下混凝土，可节省时间且一次清孔成功，但缺点是需专门增加清孔机具。用泵吸式反循环回转钻孔时，不需增加其他机具，但如灌注前孔底沉淀层厚度超出规范要求，则需进行二次清孔。

2）换浆法清孔

当使用正循环回转钻进时，终孔后停止进尺，稍提钻锥离孔底 10～20cm 空转，并保持泥浆正常循环,以中速将相对密度1.03~1.10的较纯泥浆压入,把钻孔内悬浮钻渣较多的泥浆换出。清孔后泥浆的含砂率降到2%以下,黏度为17~20s,相对密度为1.03~1.10,且孔底沉淀土厚度不大于设计规定的量值时,即可终止清孔。根据钻孔直径和深度,换浆时间约为4~8h(直径1.5m、深55m的孔需8h),最后进行灌注水下混凝土。

本法对正循环回转钻进来说,不需另加机具,且孔内仍为泥浆护壁,不易坍孔。缺点是清孔不彻底,混凝土质量较难保证,而且清孔时间太长。如灌注前孔底沉淀层厚度超出规范要求时,也需进行二次清孔。用其他方法钻孔时,不宜采用本法清孔。

3)喷射法清孔

本法是在灌注混凝土前,对孔底进行高压射水或射风数分钟,使沉淀物漂浮后,立即灌注水下混凝土,该法一般用于二次清孔。钻孔工作完毕后,由于拆卸钻杆、钻头,下钢筋骨架及导管等工序,沉淀厚度可能会增大,导管无法插到底,故常用喷射法进行二次清孔,将沉淀层冲起漂浮。

4)用砂浆置换钻渣法清孔

先用掏渣筒尽量清除钻渣,然后在孔底灌注60cm厚的特殊砂浆。特殊砂浆采用炉灰与水泥加水拌和,其相对密度小,能浮托在混凝土之上。砂浆中加入适量的缓凝剂,使初凝时间延长至6~12h,以保证砂浆从注入孔底直到一系列作业完成后,混凝土灌注至孔顶高程,砂浆不致硬化。

灌注特殊砂浆后,插入比孔径稍小的搅拌器,做20r/min慢速旋转,将孔底残留的钻渣拌入砂浆中,然后吊出搅拌器,插入钢筋骨架及导管,灌注水下混凝土。混凝土从孔底置换了砂浆后,砂浆大部分浮托在水下混凝土的顶面以上,一直被推到桩顶,在处理桩顶浮浆层时,一起被清除掉。本法在国外有数千根桩的成功经验,并做过试验,效果较好,可满足端承桩的要求,但在国内钻孔灌注桩中一般很少采用。

总之,应结合工程实际情况,根据不同的地质条件、施工单位的现有机具配备情况、对各种清孔工艺的掌握程度,选择一种适宜的方法进行清孔。

2. 钢筋笼的制作与吊装

1)钢筋及接头要求

钢筋笼制作前钢筋应除锈、调直,主筋中心线和直线的偏差应不大于长度的1%,并不得有局部弯折。根据骨架长度,尽量按减少接头和省料的原则配料,主筋尽量用整根钢筋。当为钻孔桩时,应采用光面钢筋。钢筋骨架为了便于运输和就位,当其全长超过12m时,宜分段制作,分段后的主盘筋接头应互相错开,保证同一截面内的接头数目不多于主筋总根数的50%,两个接头的间距应大于50cm。

接头可用搭接、帮条电弧焊,也可采用绑扎加点焊的方法以缩短在钻孔孔口焊接骨架的时间,此时接头处主筋应有足够的绑扎长度,点焊应能承受骨架自重。

2)制作方法

(1)卡板成型法

用2~3cm厚的木板制成两块半圆卡板,按主筋位置,在卡板边缘凿出支托主筋的凹槽,槽深等于主盘直径的一半。制作骨架时,每隔3m左右放一块卡板,把主盘纳入凹槽,用绳扎好,再将螺旋筋或箍筋套入,用铅丝将其与主筋绑扎牢固,然后卸去卡板,随即将主筋螺旋或箍筋点焊。要求每一螺距内点焊数不少于一个，相邻两焊点的平面投影相距尽量接近90°，以保证骨架的刚度。

(2)支架成型法

支架由固定和活动的两部分组成，用3～4cm厚的木板，按骨架的设计尺寸，做成半圆固定支架，在它的周围边缘，按主筋位置凿出支托主盘的凹槽。固定支架用两根4cm×10cm的支柱固定于地面，它的上方有一个半圆活动支架，是用若干条3～4cm厚的木板条（条板按支托的主筋根数决定）钉于下端外倾斜的两根木条上做成的。活动支架各木条的两端也按主筋位置凿成凹槽，活动支架的斜木条下端用螺栓固定于固定支架，这样，上下两上半圆支架连在一起，构成一个单心圆形支架。按骨架长度，每隔2m左右设置一个，各支架应互相平行，圆心应位于同一水平线上。

制作时，把主筋逐根放入凹槽，然后将箍筋按设计位置放在骨架主筋外围，并弯绕成圆箍，与主筋点焊连接。焊好箍筋后，把活动支架和固定支架的连接螺栓拆除，从骨架两端抽出活动支架，整个骨架就可以从固定支架上取下。

(3)箍筋成型法

照骨架外径尺寸制一块样板，将箍筋围绕样板弯制成箍盘圈，在箍筋圈上标出主筋位置，然后于水平的工作台上，在主筋长度范围内，放好全部箍筋圈。将两根主筋伸入箍筋内，按钢筋上所标位置的记号互相对准，依法扶正箍筋并一一焊好，再将其余的主筋穿过箍筋圈内焊成骨架。

(4)加劲筋成型法

为了不妨碍螺旋筋的绑扎，一般加劲筋设在主筋内侧。制作时，按设计尺寸做好加劲圈，把主筋摆在平整的工作台上，并标出加劲箍的位置。焊接时，使加劲筋上任一主筋的标记对准主筋中部的加劲筋标记，扶正加劲筋，用直角板校正加劲筋与主筋的垂直度，再点焊。在一根主筋上焊好全部加劲筋后，骨架两端各站一人转动骨架，将其余的主筋逐根照上法焊好，抬起骨架搁于支架上套入盘筋，按设计位置布好螺旋筋并绑扎于主筋上，点焊焊牢。

3)钢筋骨架保护层的设置

钢筋骨架外的保护层厚度一般以6～8cm为宜，其控制办法是用混凝土预制块绑在钢筋骨架外侧，或用加钢筋的混凝土预制块焊于主筋和箍筋上来保持骨架与孔壁的间距，也有在主筋上焊钢筋耳环。每隔2m左右，在同一截面处对称焊上四个钢筋耳环（视半径大小而定），虽然克服了上述两种方法预制混凝土块易脱落的缺点，但它与孔壁的接触面积较小，易陷入孔壁土中，故布置宜适当密些；如能利用导向钢管控制保护层厚度，在导管外面已形成一定厚度的保护层了，布置可适当疏松些。

4)钢筋骨架的运输和起吊就位

(1)在场内移动钢筋骨架时，应保证不弯曲、不变形。人工抬运骨架时吊点应分布均匀，以保持骨架平顺，并设专人指挥确保安全。

(2)骨架吊装前应先丈量孔深，检查沉积厚度和有无坍孔现象，经检查符合要求后，方可使钢筋骨架就位。

(3)为保证钢筋骨架在起吊过程中不弯曲、不变形，起吊时在吊点处绑设短杉杆以增加骨架刚度，待骨架进入桩孔就位时，由下而上逐个解去绑绳，取出杉杆。

(4)骨架下落过程中要始终保持骨架居中，不得碰撞井壁，下落速度要均匀，不宜猛落，就位后使骨架轴线与桩轴线吻合。钢筋骨架高程达到设计高程后，用钢轨或井字形方木在孔口固定，防止混凝土灌注过程中骨架浮起或发生位移。

(5)吊装过程中，要保持孔内水位不落，还要注意安全。

3. 水下混凝土施工

(1)灌注水中混凝土应选用恰当的灌注强度(灌注强度指每小时内向每平方米的钻孔横截面积灌入混凝土量,以 $m^3/m^2 \cdot h$ 为单位)。当选用过小的灌注强度时,则一根桩的灌注时间就很长,发生灌注事故的可能性将增大;如选用过大的灌注强度,虽可缩短灌注时间,但势必增加拌和机台数和相应的其他设备及人力,所以要综合考虑混凝土量和适当的灌注时间。

(2)导管是灌注水中混凝土的主要工具之一,导管用钢管制成,它的内部应光洁,内径一致,无局部凸凹,每节长度有1.2~4.5m,每节两端焊有法兰,以备互相连接。法兰厚度为10~12mm,法兰边缘比导管外壁大出40~50mm,有直径12~16mm的螺栓孔6~8个。在一端法兰盘的附近焊一个小吊耳,供固定提升钢丝绳用,上下两节的接头间应垫宽度与法兰宽相等的橡皮圈(厚2~4mm)。最下面一节导管长度一般为4~5m,且下端不用法兰,另备0.7~1.5m长的导管一节连接漏斗下面,以便调节漏斗的高程,防止提升导管时法兰牵挂钢筋笼。使用锥形活套,将法兰盘包住。

导管接头要求严密不漏,使用前用水或风试压(300kPa),以免管内漏水影响混凝土质量。

(3)隔水球(通常用木制的)的直径比导管的直径小2cm,它在灌注第一批混凝土时起隔水作用,并保证导管底能埋入初灌的混凝土内。

灌注混凝土时先悬球在漏斗下导管内,当管内和漏斗内装到一定数量的混凝土后,剪断悬球绳(或将球拔出),在混凝土的重力作用下,隔水球如同活塞一样在导管内下降到管底冲出,而混凝土随球冲出后没过导管口,使继续从导管内下来的混凝土不与水接触,自核心向外扩展。

近年来,灌注水中混凝土,常用抽板法或活门法代替隔水球法。

抽板法系用储料斗上的闸门作抽板,当有足够的混凝土备存量后,抽掉闸门板,储料斗中的混凝土通过漏斗进入导管,把导管内的水压出管底,以后的工作同隔水球法。

活门法的活门安装在孔口以上的两节导管中间,灌注混凝土时,关上活门,混凝土盛入活门以及导管及漏斗中,当有足够的备存量时,打开活门,混凝土盛入活门以上导管及漏斗中。当有足够的备存量时,打开活门,混凝土迅速下落,把导管内的水压出管底,以后的工作同隔水球法。

(4)储料斗有两个作用,一是灌注混凝土时储放足够数量的混凝土,满足备存量的要求;二是将经过远距离运输的混凝土倒入其中,拌匀后送入漏斗。它是灌注混凝土必不可少的工具之一。储料斗一般用3cm厚的木板制成,斗底和侧壁最好铺钉铁皮,斗的前方设一道上大下小的出口,并设有闸门。

(5)漏斗一般用2~3mm厚的钢板制成圆锥形或棱锥形。在距漏斗上口约15cm处的外面两侧,对称地各焊接吊环一个。

(6)准备工作就绪后,即可灌注混凝土。灌注前,应先灌注一盘配合比为1:0.2,水灰比为0.5~0.6的水泥砂浆于隔水球上方,以防粗集料卡住隔水球。混凝土开灌后,应尽可能地使其连续不断地进行灌注，直到全桩完成为止，以免因间歇过久发生断桩事故。

(7)灌注水中混凝土注意事项：

①灌注过程中，要随时测量钻孔内的混凝土面高程；

②灌注前应储备足够的混凝土量；

③灌注要速度快而有连续性。

(8)事故的处理和预防：

①导管漏水。发现导管漏水，应立即查明原因，若位置靠近导管上面且浸水不大，可继续灌注，若漏水严重，则应设法堵漏或更换漏水的导管节。在这种情况下，如底节管不动，能很快处理，已灌混凝土不会受到影响时，仍可继续灌注；如必须拔管更换，费时较长，而所灌的混凝土不多者，可将它全部清除，重新灌注；如已灌注混凝土很多，但中断灌注的时间不长，混凝土还有流动性，则可将导管猛插入孔内混凝土中达到 30 ~ 50cm 或更深，可恢复灌注。对发生此种事故的桩应进行钻探检查，如发现问题，应按断桩处理。

②挂住钢筋笼。当提升导管，钢筋笼被提起时，应将导管下降一些，并转动导管使它移到钻孔中央，则可脱开卡挂处。为了防止发生这种事故，应在套管法兰上加设锥形活套，不使法兰有突出的部位。

③卡管。当由于混凝土坍落度太小，流动性差，并且夹有大粒径石料，或混凝土拌和不均匀，导致运输中严重离析、导管漏水，混凝土遇水冲洗后，集料集中在一处时，或混凝土在导管中停留过久，隔水球卡在套管中发生卡管时，可在容许的导管埋入深度范围内，略为提升导管，或用提升后猛然下沉的方法来抖动导管。

④断桩。

造成断桩的原因主要有：

a. 灌注时间长，表层混凝土失去流动性，而继续灌注的混凝土顶破表层而上升，将有泥浆的表层覆盖包裹，造成断桩。

b. 由于导管提升过猛，导管提离混凝土面，则新灌注的混凝土覆盖在有泥浆的表层混凝土上，而造成断桩。

c. 由于测深不准，使导管提离混凝土面造成断桩。

d. 由于混凝土卡管或严重漏水，拔出导管处理故障后，未将已灌注的混凝土彻底清除就恢复灌注形成断桩。

断桩的补救措施如下：

如断桩位置较深，断桩处承受的弯矩不大，可用压浆方法处理。处理前先用小型钻机沿桩身钻一探孔，探明断桩位置，另在离探孔不远处，再沿桩身钻一小孔，孔底比断桩处高程略低。然后把高压输水管插入上述任一小孔中，用高压水把断桩处的泥土和砂粒等冲洗干净后，提出输水管，将压浆管插入任一小孔中，并封死孔口，另一小孔作为出浆口。开动压浆泵进行压浆，水泥砂浆使用 2:1 配合比。当把孔内存水从出浆孔全部压出，并伴有水泥砂浆压出时，则可将出浆孔堵死，继续压浆直到压不进水泥砂浆为止，然后慢慢提升压浆管，使压浆孔全部填满。压浆约 21d 后检查压浆的效果。

如果摩擦桩发生夹泥层事故的位置较深，且该处承受的弯矩不大时，在满足设计荷载要求的情况下，也可不做处理。端承桩发生夹泥层应按照断桩处理。

如断桩位置较深,该处承受较大的弯矩,为了加强其处理后的抗弯性能,照上述方法,用小于桩身钢筋笼内径的钻头在钻桩中心钻孔,钻至断桩处以下一定的深度,用高压水冲洗后,在此孔中插进小钢轨或钢筋束,然后灌注混凝土或压浆填满。

如断桩处靠近地面,而断桩后又停止灌注混凝土,可视具体情况,用打入长的钢护筒或沉入沉井等办法,排水清除钻渣并对桩头做必要的凿除清理后,再灌注混凝土到达桩顶设计高程。

⑤浮笼(钢筋笼随着混凝土的灌注而隆起的事故)。防止措施:当混凝土将要接近骨架时,应减慢灌注混凝土速度,或将导管适当地深埋(此时导管下口是在骨架下端以下),以减少混凝土的向上冲击力;当钢筋骨架埋入混凝土已有相当的深度,则把导管下口提升到高于钢筋骨架下端适当距离的地方。

七、钻进事故及处理方法

钻孔灌注桩工程施工常见质量事故主要有:坍孔、钻孔偏斜、卡钻、掉钻落物、扩孔及缩孔、梅花孔(或十字孔)、漏浆等。

1. 坍孔

各种钻孔方法都可能导致坍孔事故,坍孔的表征是孔内水位突然下降,孔内冒细密的水泡,出渣量显著增加而不见进尺,钻机负荷显著增加等。

(1)坍孔原因

①泥浆相对密度不够及其他泥浆性能指标不符合要求,使孔壁未形成坚实泥皮。

②由于出渣后未及时补充泥浆(或水),或河水上涨,或孔内出现承压水,或钻机通过砂砾等强透水层导致孔内水流失等,造成孔内水头高度不够,对孔壁压力过小。

③护筒埋置太浅,下端孔口漏水,坍塌或孔口附近地面受水浸湿泡软,或钻机直接接触在护筒上,由于振动使孔口坍塌,继而扩展成较大坍孔。

④在松软砂层中钻进进尺太快。

⑤提出钻锥钻进,转速太快,空转时间长。

⑥冲击(抓)锥或掏渣筒倾倒,撞击孔壁,或爆破处理孔内孤石、探头石时用的炸药量过大,造成过大震动。

⑦水头过高,使孔壁渗浆或护筒底形成反穿孔。

⑧清孔后泥浆相对密度、黏度等指标降低,用空气吸泥机将泥浆吸走后未及时补浆(或水),使孔内水位低于地下水位。

⑨清孔操作不当,供水管嘴直接冲刷孔壁,清孔时间过久或清孔后停顿时间过长。

⑩吊入钢筋骨架时碰撞孔壁。

(2)坍孔的预防和处理

①在松散粉砂土或流砂中钻进时,应控制进尺速度,选用较大相对密度、黏度、胶体率的泥浆或高质量泥浆,冲击钻孔时投入黏土,掺入片、卵石,采用低冲程锤击,使黏土膏化,卵石挤入孔壁起护壁作用。

②汛期或潮汐地区水位变化过大时,应采取升高护筒,增高水头,或用虹吸管、连通管等措施保证水头相对稳定。

③发生孔口崩塌时，可立即拆除护筒并回填钻孔，重新埋设护筒再钻。

④如发生孔内坍塌，判明坍塌位置，回填砂和黏质土（或砂砾和黄土）混合物到坍孔处以上 1～2m，如坍孔严重时应全部回填，待回填物沉积密实后再行钻进。

⑤严格控制冲程高度和炸药用量。

⑥清孔时应指定专人补浆（或水），保证孔内必要的水头高度，供浆（水）管最好不要直接插入钻孔中，应通过水槽或水池使水减速后流入钻孔中，以免冲刷孔壁。应扶正吸泥机，防止触动孔壁，不宜使用过大的风压，不宜超过 1.5～1.6 倍钻孔中水柱压力。

⑦吊入钢筋骨架时应对准钻孔中心竖直插入，严防触及孔壁。对轻度坍孔可加大泥浆相对密度和提高水位，对严重坍孔可投入黏土泥膏，待孔壁稳定后采用低速钻进。

2. 钻孔偏斜

各种钻孔方法均有可能发生钻孔倾斜事故。

(1) 偏斜原因

①钻孔中遇有较大的孤石或探头石。

②在有倾斜的软硬地层交界处或岩面倾斜处钻进，或在粒径大小悬殊的砂卵石层中钻进，钻头受力不均。

③扩孔较大处，钻头摆动偏向一方。

④钻机底座安置不平或产生不均匀沉陷、位移，钻杆导架不垂直，钻机磨耗，部件松动，钻杆弯曲，接头不正等。

(2) 预防和处理

①安装钻机时要使转盘、底座水平，起重滑轮缘、固定钻杆的卡孔和护筒中心三者应在一条竖直线上，并经常检查校正。

②由于钻机较长，转动时上部摆动过大，必须在钻架上增设导向架，控制钻杆上的提引龙头，使其沿导向架对中钻进。

③钻杆接头应逐个检查，及时调正，当主动钻杆弯曲时，要用千斤顶及时调直。

④在有倾斜的软、硬地层钻进时，应吊着钻杆控制进尺，低速钻进，或回填片、卵石冲平后再钻进。冲击钻进时，应回填砂砾石和黄土，待沉积密实后再继续钻进，偏斜严重的可在开始倾斜处设置少量炸药（小于 1kg）爆破，然后用砂类土和砂砾石回填到该处位置以上 1m 左右，重新冲钻。

3. 卡钻

卡钻常发生在冲击钻进时，钻头卡在孔内提不起来，发生卡钻。

(1) 产生原因

①钻孔形成梅花形，冲锥被狭窄部位卡住。

②未及时焊补钻头，钻孔直径逐渐变小，而焊补后的钻头大了，又用高冲程猛击，极易发生卡钻。

③伸入孔内不大的探头石未被打碎，卡住钻头。

④孔口掉下石块或其他物件，卡住钻头。

⑤在黏土层中冲击的冲程太高，泥浆太稠，以致钻头被吸住。

⑥大绳松放太多,钻头倾倒,顶住孔壁。

⑦入孔较深的钢护筒倾斜或下端被钻头撞击严重变形等。

(2)处理方法

①处理卡钻应先弄清情况,针对卡钻发生的具体原因进行处理。

②宜待钻头有松动后方可用力上提,不可盲动,以免越卡越紧。

③当为梅花孔卡钻时,若钻头向下有活动余地,可使钻头向下活动并转动至孔径较大方向提起钻头,也可松一下钢丝绳,使钻头松动一个角度,有可能将钻头提出。

④卡钻不宜强提以防坍孔、埋钻,宜用由下向上顶撞的办法,轻打卡位的石头,有时使钻头上下活动,也能脱离卡点或使掉入的石头落下。

⑤用较粗的钢丝绳带打捞钩或打捞绳放入孔内,将钻头勾住后,与大绳同时提动,或交替提动,并多次上、下、左、右摆动试探,有时能将钻头提出。

⑥在打捞过程中,要继续搅拌泥浆,防止沉淀埋钻。

⑦用其他工具如小掏渣筒等下到孔内冲击,将卡钻的石块挤进孔壁,或把钻头碰活动脱离卡点后再提出,但要稳住大绳以免钻头突然下落。

⑧用压缩空气管或高压水管下入孔内,对准卡钻一侧适当冲射,使卡点松动后强行提出。

⑨使用专门加工的工具,将顶住孔壁的钻头拨正。

⑩用以上方法提钻无效时,可试用水下爆破提钻法,将炸药(少于1kg)放入孔内,沿钻的滑槽放到钻底,而后引爆,产生震动,再用卷扬机和链滑车同时提位,一般是能提出的。

4. 掉钻落物

各种钻孔方法均可能发生掉钻落物的事故。

(1)掉钻落物的原因

①卡钻时强提强扭,操作不当,实钻杆或钢丝绳超负荷或疲劳断裂,钻头杆接头不良或滑丝。

②电动机接线错误,钻机反向旋转,钻杆松脱。

③冲击钻头合金套灌注桩质量差致使钢丝绳拔出。

④转向环、转向套等焊接处断开。

⑤钢丝绳与钻头连接处钢丝绳的绳卡数量不足或松弛。

⑥钢丝绳过度陈旧,断丝太多,未及时更换。

⑦操作不慎,落入扳手、撬棍等物。

(2)处理方法

①经常检查钻具、钻杆、钢丝绳和联结装置。

②掉钻落物时,宜迅速用打捞叉、钩、绳套等工具打捞,若物体已被泥砂埋住,则应用冲、吸的方法先清除泥砂,使打捞工具接触落物后再打捞。

5. 扩孔及缩孔

(1)扩孔

扩孔比较多见,一般表现为局部的孔径过大。在地下水呈运动状态、土质松散地层处或钻头摆动过大时,容易出现扩孔。扩孔发生原因与塌孔相同,轻则为扩孔,重则为崩孔。若只孔内局部发生崩塌而扩孔，钻孔仍能达到设计深度则不必处理，只是混凝土灌注量大大增加；若因扩孔后继续崩塌影响钻进，应按崩孔事故处理。

（2）缩孔

缩孔即孔径的超长缩小，一般表现为钻机钻进时发生卡钻，提不出钻头或者提钻异常困难的迹象。缩孔原因主要有两种：一是钻头焊补不及时，严重磨耗的钻头往往钻出较设计桩径稍小的孔；另一种是由于地层中有软塑土（俗称橡皮土），遇水膨胀后使孔径缩小。为防止缩孔，前者要及时修补磨损的钻头，后者要使用失水率小的优质泥浆护壁并必须快转慢进，并复钻两三次；或者使用卷扬机吊住钻头上下、左右反复扫孔以扩大孔径，直至使发生缩孔部位达到设计孔径为止。各种钻孔方法均可能发生缩孔。

6. 梅花孔（或十字孔）

常发生在冲击钻进时，冲成的孔不圆，呈梅花或十字的形状[图7-27a)]。

（1）形成原因

①钻头转向装置失灵，以致钻头不能转动，总在一个方向上下冲击。

②泥浆相对密度和黏度过大，冲击转动阻力太大，钻头转动困难。

③操作时钢丝绳太松或冲程太少，钻头刚提起又落下，钻头转动时间不充分或转动很小，改换不了冲击装置。

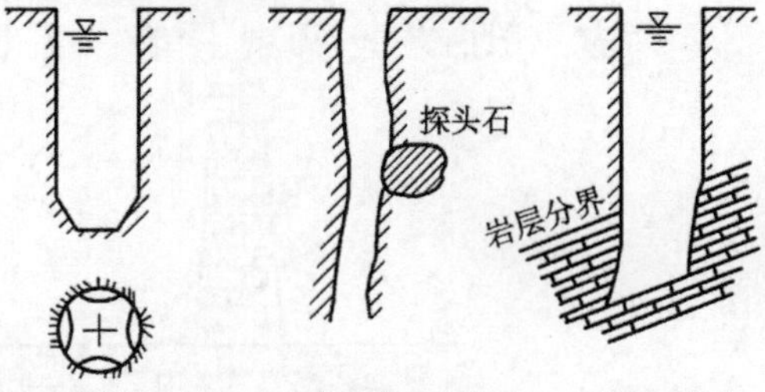

a)梅花孔　　b)有探头石的孔　　c)弯、斜孔

图7-27　钻进事故

④有非均质地层，如漂卵石层、堆积层等，易出现掉头石，造成局部孔壁凸进，成孔不圆。

（2）处理方法

①应经常检查转向装置的灵活性，及时修理或更换失灵的转向装置。

②选用适当黏度和相对密度的泥浆，并适时掏渣。

③用低冲程时，每冲击一段换用高一些的冲击程冲击，交替冲击修整孔形。

④出现梅花孔后，可用片、卵石混合黏土回填钻孔，重新冲击。

7. 漏浆

（1）漏浆原因

①在透水性强的砂砾或流砂中，特别是在有地下水流动的地层中钻进时，稀泥浆向孔壁外漏失。

②护筒埋置太浅，回填土夯实不够，致使刃脚漏浆。

③护筒制作不良，接触不严密，造成漏浆。

④水头过高，水柱压力过大，使孔壁渗漏等。

（2）处理方法

①回转钻机使用较黏稠或高质量的泥浆钻孔。冲击钻机可加稠泥浆或回填黏土，掺石片、卵石反复冲击，减少护壁内泥浆向外渗透。

②属于护筒漏浆的，应按有关护筒制作与埋设的规范规定处理。如接缝处漏浆不严重，可由潜水工用棉、絮堵塞，封闭接触；如漏水严重，应挖出护筒，修理完善后重新埋设。

第三节　沉井基础施工

沉井基础是以沉井法施工的地下结构物和深基础的一种形式。它是先在地表制作成一个井筒状的结构物(沉井),然后在井壁的围护下,通过从井内不断挖土使沉井在自重作用下逐渐下沉达到预定设计高程后,再进行封底构筑内部结构,见图7-28。

沉井基础技术上比较稳妥可靠,挖土量少,对邻近建筑物的影响比较小,而且埋置较深,稳定性好,能支承较大的荷载。

一、沉井基础构造

1. 沉井基础的构造

沉井一般由井壁、刃脚、隔墙、井孔、凹槽、射水管、封底和盖板等组成,见图7-29。

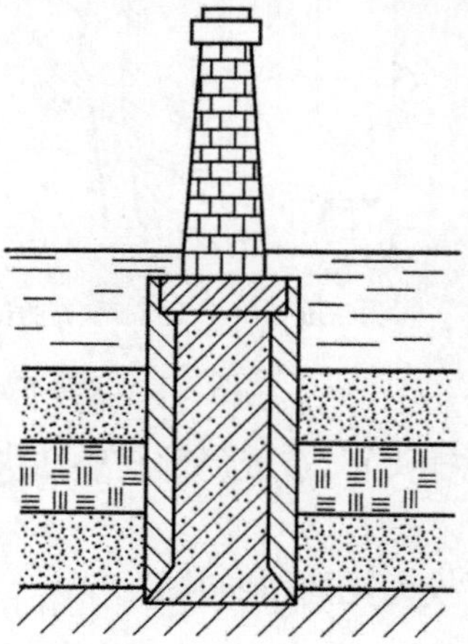

图7-28　桥墩沉井基础示意图

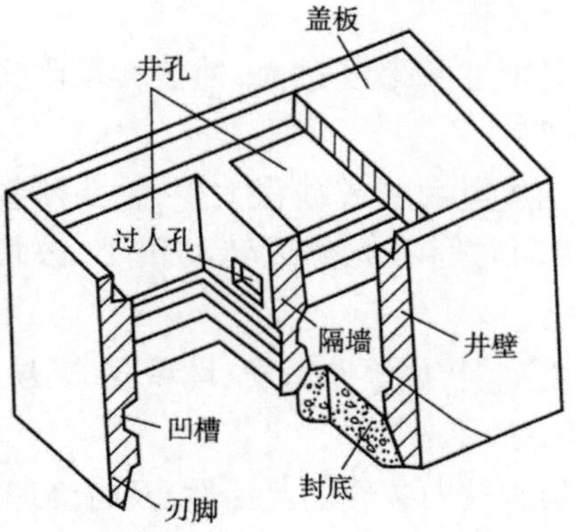

图7-29　沉井构造示意图

(1)井壁

井壁是沉井的主要部分,它在沉井下沉过程中起挡土、挡水及利用本身重力克服土与井壁之间摩阻力的作用。当沉井施工完毕后,它就成为基础或基础的一部分而将上部荷载传递给地基。因此,井壁必须具有足够的强度和一定的厚度。根据井壁在施工中的受力情况,可以在井壁内配置竖向及水平向钢筋,以增加井壁强度。井壁厚度根据下沉需要的自重、本身强度、便于取土和清基等因素而定,一般为0.8~1.5m,为便于绑扎钢筋及浇筑混凝土,其厚度不宜小于0.4m(钢筋混凝土薄壁沉井可不受此限制)。井壁的混凝土强度等级不得低于C15。

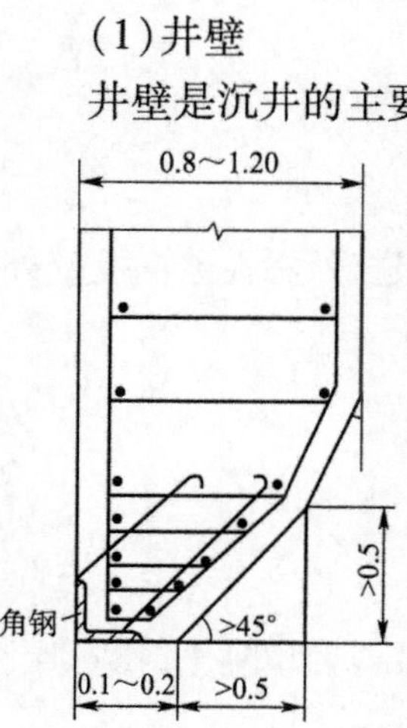

图7-30　刃脚构造
(尺寸单位:m)

(2)刃脚

井壁下端形如楔状的部分称为刃脚,如图7-30所示,其作用是使沉井在自重作用下易于切土下沉。刃脚底面(又称踏面)宽度一般为0.1~0.2m,对软土可适当放宽。下沉深度大且土质较硬时,刃脚底面应以型钢(角钢或槽钢)加强,以防刃脚损坏。刃脚内侧斜面与水平面的夹角一般不小于45°。刃脚高度视井壁厚度、便于抽除垫木而定，一般当沉井湿封底时，取1.5m左右；干封底时，取0.6m左右。由于刃脚在沉井下沉过程中受力较集中，故刃脚宜采用C20以上的钢筋混凝土制成。

(3)隔墙

沉井平面尺寸较大，即井壁跨径较大时，应在沉井内设置隔墙，以加强沉井的刚度，使井壁的挠曲应力减小，其厚度一般小于井壁。隔墙底面应高出刃脚底面0.5m以上，避免隔墙下的土顶住沉井而妨碍下沉。也可在刃脚与隔墙联结处设置埂肋，加强刃脚与隔墙的连接。如为人工挖土，在隔墙下端应设置过人孔，便于工作人员井孔间往来。

(4)井孔

井孔是挖土排土的工作场所和通道。井孔尺寸应满足施工要求，宽度(直径)不宜小于3m。井孔布置应对称于沉井中心轴，便于对称挖土使沉井均匀下沉。

(5)凹槽

凹槽设在井孔下端近刃脚处，其作用是使封底混凝土与井壁有较好的接合，使封底混凝土底面的反力能更好地传给井壁(如井孔全部填实的实心沉井也可不设凹槽)。凹槽深度为0.15～0.25m，高约1.0m。

(6)射水管

当沉井下沉深度大，穿过的土质又较好，估计下沉会产生困难时，可在井壁中预埋射水管嘴。射水管应均匀布置，以利于控制水压和水量来调整下沉方向，一般水压不小于600kPa。如使用泥浆润滑套施工方法时，应有预埋的压射泥浆管路。

(7)封底和盖板

沉井沉至设计高程并进行清基后，便浇筑封底混凝土。混凝土达到设计强度后，可从井孔中抽干水并填满混凝土。如井孔中不填料或仅填以砂砾则须在沉井顶面筑钢筋混凝土盖板。封底混凝土是将墩(台)全部荷载传递给地基的承重结构，这就要求封底混凝土有一定的厚度(可由应力验算决定)，其厚度也可根据经验取不小于井孔最小边长的1.5倍。封底混凝土顶面应高出刃脚的根部至少0.5m，并浇灌到凹槽上端。封底混凝土强度对岩石地基用C15，一般地基用C20。盖板厚度一般为1.5～2.0m。井孔中充填的混凝土，其强度等级不应低于C10。

2.沉井的分类

(1)按沉井形状分

①按平面形状分(图7-31)：

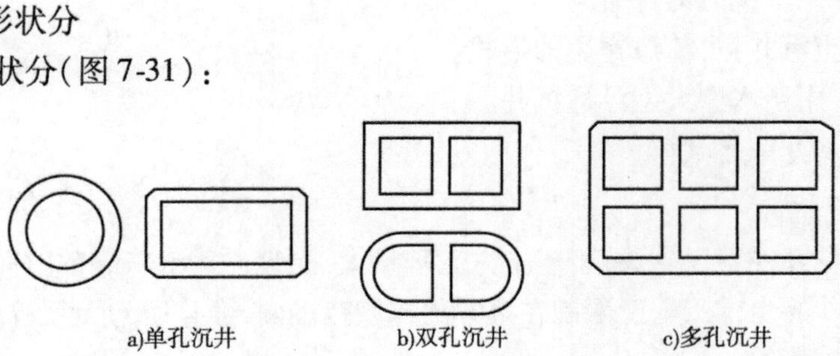

a)单孔沉井　　b)双孔沉井　　c)多孔沉井

图7-31　沉井的平面形式

a.圆形沉井：沉井四周受土压力、水压力作用。从受力条件看，圆形沉井抵抗水平压力性能好，形状对称且挖土容易，下沉过程中不宜倾斜，但往往与基础截面形状不相适应。

b. 矩形沉井：与墩、台截面形状适应性好，模板制作简单，但边角土不易挖除，下沉易产生倾斜。

c. 圆端形沉井：适用于圆端形的墩身立模不便，但控制下沉与受力状态较矩形好（平面尺寸较大时，可在井孔中设置隔壁以提高沉井的刚度）。

②按立面形状分（图 7-32）：

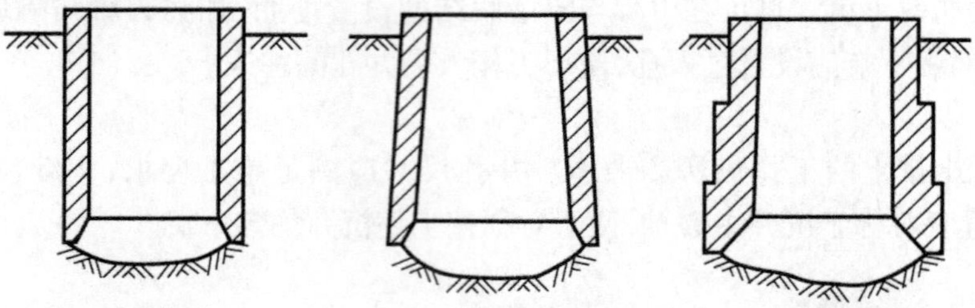

a)直壁柱型　b)锥形沉井　c)外壁多阶型

图 7-32　沉井的立面形式

a. 柱形：构造简单，沉井与四周土体互相贴紧，井内挖土较均匀，且井筒下沉一般不宜倾斜，井壁接长较简单，模板可重复使用，但遇井筒外壁土的摩阻力大或土的坚硬程度差异较大时，其偏移程度也较大且纠偏困难。

b. 锥形：井壁可以减少土与井壁的摩阻力，其缺点是施工较复杂，消耗模板多，同时沉井下沉过程中容易发生倾斜。故在土质较密实，沉井下沉深度大，要求在不太增加沉井本身重量的情况下沉至设计高程的情况下，可采用这类沉井。锥形沉井井壁坡度一般为 1/20 ~ 1/40，外壁倾斜式沉井同样可以减少下沉时井壁外侧土的阻力，但这类沉井具有下沉不稳定、制造困难等缺点，故较少使用。

c. 阶梯形：阶梯式沉井的台阶宽度为 100 ~ 200mm。鉴于沉井所承受的土压力与水压力均随深度而增大，为了合理利用材料，可将沉井的井壁随深度分为几段，做成阶梯形。下部井壁厚度大，上部井壁厚度小，因此，这种沉井外壁所受的摩擦阻力可以减小，有利于下沉。

（2）按沉井的建筑材料分

①木沉井：用木材较多，现很少采用。

②砖、石沉井：过去多用于中小桥梁。

③混凝土沉井：下沉时易开裂。

④钢筋混凝土沉井：目前最常用的形式。

⑤钢沉井：多用于水中大型浮运沉井。

3. 沉井的特点及适用范围

（1）沉井的优点

①如果大面积开挖不设支护，不但土方工程量大，而且往往由于需留出开挖边坡使场地面积大大增加。沉井的土方工程量限制在沉井的体积范围内，而且因为无须留出边坡场地，也可大大减少边坡开挖数量。

②沉井不但可以作为地下结构的外壳部分，而且在挖土下沉的过程中可作开挖支护，与设支护的大面积开挖方法相比，省去了开挖支护的费用。

③在地下水丰富的地区大面积开挖，降水措施是必不可少的，这一措施需花费大量的人力与物力，而沉井施工方法则因采用水下挖土及水下封底等技术而节省了降水和排水的费用。

④沉井施工时对邻近建筑物影响较小。

(2)沉井的缺点

①施工工期较长。

②施工技术要求高。

③施工中易发生流砂造成沉井倾斜或下沉困难等。

(3)沉井的适用范围

①上部荷载较大而表层地基土的容许承载力不足，扩大基础开挖工作量大，以及支撑困难，但在一定深度下有好的持力层，采用沉井基础与其他深基础相比较经济上较为合理时。

②在山区河流中土质虽好但冲刷大，或河流中有较大卵石不便采用桩基础施工时。

③岩层表面较平坦且覆盖层薄，但河水较深，采用扩大基础施工围堰制作有困难时。

二、沉井基础施工

沉井施工法不仅适用于软土地基，在硬土、砂、砾石等地层中也可应用。由于沉井是一种传统的施工方法，再加上采用了新的技术，因而应用范围很广。

1. 沉井制作

沉井的制作应根据施工方法而确定，在沉井施工前应对沉井入土地层及其基底岩石地质资料详细掌握，并依此制订沉井下沉方案。对洪汛、凌汛、河床冲刷、通航及漂浮物等做好调查研究，并制订必要的安全、技术措施以确保沉井顺利下沉。

沉井的制作可分为就地浇筑沉井和浮式沉井两种方案。

(1)就地浇筑沉井

根据施工场地地质条件的不同沉井制作的方法也有不同。

沉井位于浅水或可能被水淹没的岸滩时宜采用筑岛沉井；在无被水淹没可能的岸滩上可就地整平夯实制作沉井；在地下水位较低的岸滩，土质较好时可开挖基坑制作沉井。就地制作的沉井分为干旱滩岸沉井浇筑法和水中筑岛沉井浇筑法两种。

干旱滩岸沉井浇筑就是墩台基础位于干旱地制作，沉井施工时沉井就地下沉的施工方法。若土质松软时，应在场地平整并夯实后在其上铺垫30～50cm的砂垫层，其上铺以垫木，垫木之间用砂填平且不允许在垫木下垫塞木块、石块来调整顶面高程，以防压重后产生不均匀沉降。模板及支撑应具有较好的刚性。内隔墙与井壁连接处的垫木应互相搭接连成整体，底模支撑应支于垫木上。

筑岛沉井适用于水深3～4m，流速较小的情况。根据有无围堰可分为无围堰土砂岛(图7-33)和围堰筑岛(图7-34)两种。其施工应满足以下要求：

①围堰筑岛时，其岛面、平台面和坑底高程应比施工时最高水位高出50～70cm，当有流冰时还应适当加高。

②筑岛尺寸满足沉井制作及抽垫等施工要求，无围堰筑岛宜在沉井周围设置不小于2m的护道。

③筑岛材料应用透水性好、易于压实的砂土或碎石土，且不应含有影响岛体受力及抽垫下

沉的块体。

④施工期间水流受压缩应保证岛体稳定，坡面、坡脚不受冲刷。

⑤筑岛进行设计计算应有防滑措施，有淤泥的及时挖除。

⑥筑岛沉井应采用钢筋混凝土厚壁沉井，制作前检查沉井纵、横向中轴线位置是否合理。

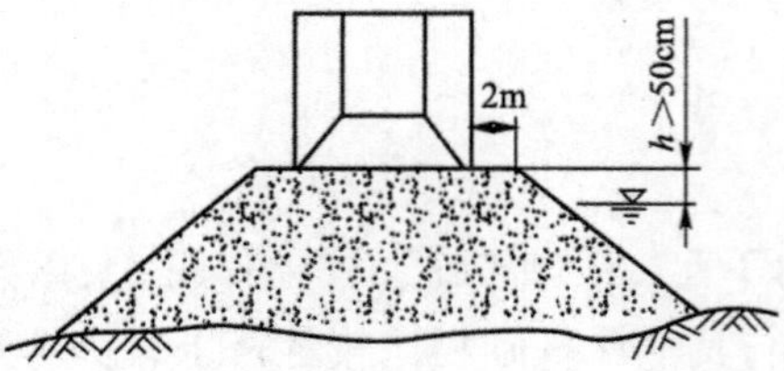

图 7-33　土砂岛

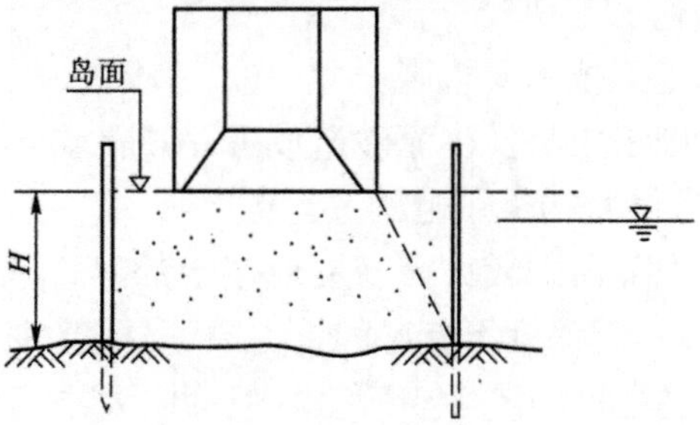

图 7-34　围堰筑岛

就地制造沉井井壁多为实体，自重较大而刃脚部分面积小，重心较高。为使其在制造过程中不致因地面下沉引起沉井开裂或倾倒，过去多在地面整平后先铺垫木以增加承压面积，再立模板制造沉井；现今则用砂土夯实做成刃脚土模，土模表面抹层水泥，在土模内制造刃脚部分，既节约木料又简化施工工艺。

在支垫上立模制作沉井时应符合下列要求：

①支垫布置应满足设计要求及抽垫方便。

②支垫顶面应与钢刃脚底面紧贴，使沉井重力均匀分布于各支垫上。

③模板及支撑应具有足够的强度和较好的刚性。内隔墙与井壁连接处支垫应连成整体，底模应支承于支垫上以防不均匀沉陷；外模与混凝土面贴接一侧应平直并光滑。

刃脚部分采用土模制作时，应符合下列要求：

①刃脚部分的外模应能承受井壁混凝土重力在刃脚斜面上产生的水平分力；土模顶面的承载力应满足设计要求，土模顶面一般宜填筑至沉井隔墙底面。

②土模表面及刃脚底面的地面上，均应铺筑一层 20 ~ 30mm 的水泥砂浆，砂浆层表面应涂隔离剂。

③应有良好的防水、排水设施。

由于沉井是分节制作再分节沉入土中，沉井分节制作的高度应既能保证其稳定，又能有重力下沉。因此，底节沉井的最小高度应能抵抗拆除垫木时的竖向挠度，当挖土条件许可时，应尽量高。一般情况下每节高度不宜小于 3m，并应处理好接缝。在沉井接高时，注意各节沉井的竖向中轴线与第一节沉井重合，且外壁应竖直平整。

(2)浮式沉井

浮式沉井是把沉井底节制造成空体结构或采取其他方法使之漂浮于水中，用船只托运到设计位置，逐步用混凝土或水灌注，增大自重，在水中徐徐下沉直达河底。这种方法适用于水深流急、筑岛困难的沉井基础。

①钢丝网水泥薄壁沉井：钢丝网水泥薄壁是由骨架、钢丝网、钢筋网和水泥砂浆等组成，并由 3cm 钢丝水泥薄壁隔成空腹壳体，入水后能浮于水中，浮运就位后向空腹壳体内灌水，使之下沉落于河床上，再逐格对称地灌注水下混凝土，从而使薄壁空腹沉井变成普通的重力式

沉井。

钢丝网水泥薄壁沉井特点：

a. 钢丝网水泥薄壁沉井由于钢丝网均匀分布在砂浆中，增加了砂浆的内聚力和握裹力，从而提高了砂浆的抗拉强度和韧性，使钢丝网水泥薄壁具有很大的弹性和抗裂性，能抵抗一定程度的冲击。

b. 结构薄而轻，有足够的强度和刚度，节省材料，操作简单，能多点平行施工作业，且施工时无须模板，可节省模板和支撑。

c. 当河流宽度在200m左右时，可采用半通航措施，用钢绳牵引沉井入水，因而浮运就位方法简单，设备简便。

②钢筋混凝土薄壁沉井：钢筋混凝土薄壁沉井是内外井壁及隔墙均采用钢筋混凝土薄壁轻型结构，具有良好的强度和刚度，刃脚也具有足够抵抗侧土压力的强度。

③装配式钢筋混凝土薄壁沉井：装配式钢筋混凝土薄壁沉井是近年来采用的一种深水墩基础形式，其沉井分层依次叠装，然后浇筑水下混凝土形成井壁，最后抽水、清基、填芯而成。

2. 沉井基础施工

(1)拆除垫木

抽垫工作是沉井的开始工作，也是整个沉井下沉工作中极为重要的工序之一。拆除垫木必须在沉井混凝土达到设计强度等级后方可进行，一般均要求在2～4h内全部抽除，且应符合如下要求：

①抽垫应分区、依次、对称、同步地进行。

②抽垫前应将井孔内的所有杂物清除干净，检查其准备工作全部就绪后，方可进行抽垫。

③抽垫时，先挖垫木下的填砂，再抽垫木，垫木宜从外侧抽出。垫木抽出后，应回填土，开始几组可不做回填，当抽出几组后，即应回填。回填材料可用砂、砂夹碎石，回填时应分层洒水夯实，每层厚度为20～30cm，但回填料不允许从沉井内或筑岛材料中获取，以防沉井歪斜。回填高度应使最后分配的定位垫木重力不致压断垫木，以及垫木下土体承压应力不超过岛面极限承压应力为准，必须时可增加回填高度，甚至在隔墙下进行回填，以满足要求。

④抽垫时定位垫木的位置应按设计确定。

⑤当抽垫抽至垫木的2/3时，沉井下沉较为均匀，下沉量小，回填时间较为充分，便于较好地抽垫和回填。当继续抽垫时，下沉量逐步加大，回填也较困难，甚至出现下沉太快以至于回填时间不足，造成垫木压坏或间断。因此，抽垫开始阶段宜缓慢进行，以便有足够时间充分回填夯实，力求尽量缓解最后阶段下沉快、沉降量大、断垫现象。

(2)沉井下沉

沉井下沉是通过从井孔中用机械或人工方法均匀除土，削弱基底土对刃脚的正面阻力和沉井壁与土之间的摩阻力，使沉井依靠自重力克服上述阻力而下沉。

从井孔中除土的方式有排水除土和不排水除土两种，通常多采用不排水除土方式，只有在稳定土层，且渗水量不大于$1m^3/(h \cdot m^2)$时才采用排水除土。除土方法除对风化岩采用射水、放炮外，其余土质宜采用抓土、吸泥方式。

①排水开挖。从地脉内或岛面开始挖土下沉，应将抽垫时在刃脚内侧的回填土分层挖去，其开挖顺序原则上与抽垫顺序相同，定位承垫处的土最后挖除。当一层全部挖完后，再挖第二

层,如此循环往复。

开挖的方法:当土质松软时,分层挖除回填土,沉井逐渐下沉,当沉井刃脚下沉至与沉井中部土面大致平齐时,即可在中部先向下开挖 40 ~ 50cm,并逐渐向四周均匀开挖,距刃脚约 1m 处,再分层挖除刃脚内侧的土台;当土质较坚实时,可从中部向下挖深 40 ~ 50cm 并向四周均匀扩挖,使沉井平稳下沉;当土质坚硬时,可参见抽垫顺序分段掏空刃脚,每段掏空后随即回填砂砾,待最后几段掏空并回填后,再分层分次序逐步挖去回填土,使沉井下沉,直到下沉至岩层。

②不排水开挖。不排水开挖下沉的基本要求:

a. 沉井内除土深度,应根据土质而定,最深不应低于刃脚 2m;若土质特别松软时,不应直接在刃脚下除土。

b. 应尽量加大刃脚对土的压力。当沉井通过粉砂、细砂等松软地层时,不宜采用降低沉井内水位来减少浮力的方法,促使沉井下沉,而是应保持沉井内水位高于沉井外水位 1 ~ 2m,以防止发生流砂现象而引起沉井歪斜,增加吸泥工作量。

c. 除纠正沉井倾斜外,沉井内的土应由各沉井均匀清除,其土面高差不应超过 50cm。

d. 当沉井入土较深,井壁阻力较大时,应根据具体情况而采取有效的下沉方法,如采取抓土、吸泥、射水交替联合作业,必要时还需辅以降低沉井内水位,以增加沉井重量,或在沉井底放炮震动,或在沉井顶压重的方法,使沉井沉至设计高程。

不排水开挖下沉常采用抓土下沉。单孔沉井时,抓斗挖掘井底中央部分的土,形成锅底状。当在砂或砾石类土体中,一般当锅底比刃脚低 1 ~ 1.5m 时,沉井即可靠自重下沉,并将刃脚下的土挤向中央锅底;当在黏性土中,由于四周土不易向锅底坍落,应辅以高压水松土。多孔沉井时,最好在每个井孔上配置一套抓土设备,可同时均匀除土,减少抓斗倒孔时间,使沉井均匀下沉。

为了使抓斗能在沉井孔内靠边的位置抓土,在沉井顶面井孔周围预埋挂钩。偏抓时,先将抓斗落至孔底,将钢丝绳挂在井孔周边的挂钩上进行抓土,可以达到偏抓的目的。

③辅助下沉措施。沉井下沉的辅助措施有:高压射水、压重助沉、降低井内水位、炮震助沉(必要时)、泥浆润滑套或空气幕法等。

a. 高压射水法。在沉井下部井壁外面,预埋射水管嘴,在下沉过程中射水以减小周边阻力。

b. 压重助沉法。沉井圬工尚未接高浇筑完毕时,可利用接高浇筑圬工压重助沉,也可在顶部用钢铁块件或其他重物压重助沉。除为纠正沉井偏斜外,压重应均匀对称。采用压重助沉时,应结合具体情况及实际效果选用。

c. 降低井内水位(抽水助沉)。不排水下沉的沉井,对于易引起翻砂、涌水地层,不宜采用抽水助沉方法。

d. 炮震助沉。一般不宜采用炮震助沉方法。在特殊情况下必须采用时,应严格控制用药量。在井孔中央底面放置炸药起爆助沉时,可采用 0.1 ~ 0.2kg 的炸药,具体使用应视沉井大小、井壁厚度及炸药性能而定。

e. 泥浆润滑套法。在沉井井壁和土层之间灌满触变泥浆以减少摩擦力,触变泥浆是用黏性土、水、化学处理剂等按一定配合比搅拌而成,当静置时它处于"凝胶"状态,沉井下沉时它受到搅动，又恢复“溶胶”状态而大大减少摩擦力，在实验室测出其静剪应力为50～200Pa。泥浆润滑套法施工下沉倾斜量小，且易纠正，附近地表几乎无沉陷。从理论上分析，沉井下得愈深愈容易下沉。此外，此法施工要求严格，井内外水压要相近，防止流砂、涌水破坏泥浆套，一旦遭破坏很难修复。因此，它不适于不稳定土层、漏浆土层以及河床易受冲刷的水中沉井。

f. 壁后压气法（习惯上称“空气幕法”）。在井壁内预埋管路，并沿井壁外侧水平方向每隔一定高度设一排气龛，在下沉过程中，沿管路输送的压缩空气从气龛内喷出，再沿井壁上升，从而减少摩擦力。此法在粉细砂层及含水率较大的黏性土层中应用，可以减少30%以上摩擦力，下沉速度加快（与气龛数和喷气量有关），且无泥浆套法的缺点，可在水中施工，不受冲刷的影响，但在卵石层及硬黏土层内效果较差。

（3）沉井接高

当每节沉井下沉接高时，应注重下列要求：

①井顶面距地面≥0.5m，距水面≥1.5m。

②接高前应尽量纠正倾斜和正位，接高后各节竖向中轴线在一条直线上。

③任何情况下，不得使模板及其支撑与地面接触。

④下节沉井顶面混凝土凿毛，并设连接钢筋。

⑤接高前将刃脚填实，防止沉井突然下沉。

（4）沉井纠偏

①纠偏前，应分析原因，然后采取相应措施，如有障碍物应首先排除。

②纠正倾斜时，一般可采取除土、压重、顶部施加水平力或刃脚下支垫等方法进行。对空气幕沉井可采取偏侧局部压气纠偏。

③纠正位移时，可先除土，使沉井底面中心向墩位设计中心倾斜，然后在对侧除土，使沉井恢复竖直，如此反复进行，使沉井逐步移近设计中心。

④纠正扭转，可在一对角线两角除土，在另外两角填土，借助于刃脚下不相等的土压力所形成的扭矩，使沉井在下沉过程中逐步纠正其扭转角度。

（5）沉井清基

清基是指沉井下沉到位后，清除基底的松散土层及杂质，以保证封底混凝土直接支承在持力土层上。

沉井清基方法可分为排水清基和不排水清基。排水清基时，施工人员可进入井底施工，比较简单，主要问题是防止沉井在清基时倾斜，处理从刃脚下涌入井内的流砂等。不排水清基可采用高压射水将刃脚及隔墙下的土破坏，然后用吸泥机除渣。

（6）封底

沉井基底应符合基底检验标准。沉井封底常采用普通混凝土封底和水下混凝土封底。对于排水下沉的沉井，在清基时，如渗水量上升速度不大于6mm/min，可用普通混凝土浇筑方法进行封底；若渗水量大于上述规定时，宜采用水下混凝土进行封底。

①排水法施工封底（干封底）。

a. 沉井达到终沉高程后8h的累计下沉量不大于1cm时，可进行混凝土干封底。

b. 干封底可采用分格浇筑方法，其浇筑顺序及每次浇筑格数，要根据下沉终止时的刃脚高差及井格内涌土情况而定。

c. 封底前应将锅底整平,与封底混凝土接触的刃脚和井壁须凿毛并洗干净。

d. 设置集水井,其四周应设倒滤层,并与排水沟相连。

e. 集水井在混凝土达到设计强度后方可封堵。对采用井点或井管降水措施的沉井,可酌情少设(或不设)集水井,但降水需在底板混凝土达到设计强度后方可停止运转。

②不排水法施工封底(水下封底)。

a. 与水下混凝土接触的刃脚及井壁、隔墙的混凝土面,需由潜水员水下冲洗干净,并清除井格中的泥渣。

b. 浇筑水下混凝土时,需确保连续不断地供应混凝土熟料。

c. 水下混凝土强度满足设计要求后方可抽除井内集水。

封底完成后,应根据受力或稳定要求决定井孔是否填充,可填砂石或混凝土,但在冻结线0.25m 以上的部分,应用混凝土或圬工填实,最后浇筑沉井顶盖。

三、沉井施工注意事项

(1)沉井的初沉阶段不宜在汛期内施工,如必须在汛期、凌汛期施工时,应采取稳妥可靠的安全防护措施。

(2)在围堰筑岛上就地浇筑的沉井,围堰要牢固,防止冲刷产生坍陷。

(3)拆除沉井垫板,应按规范进行,抽拔垫板时,应派人在沉井外观察和指挥。

(4)沉井下沉,采用人工挖掘时,劳动组织要合理,井内人员不宜过多。在刃脚处挖掘,应对称均匀掘进,并保持沉井均衡下沉。下井操作人员,安全防护用品必须佩戴齐全。井内要有充足的照明。沉井各室均应备有悬挂钢梯及安全绳,以应急需。涌水、涌砂量大时,不宜采用人工开挖下沉。

(5)井内、井上搭设的抽水机台座(架)必须安装牢靠。电路应使用防水胶线,防止漏电。

(6)沉井顶面应设安全防护围栏。井顶上的机具应设防护挡板,小型工具宜装箱存放。在沉井刃脚和井内横隔墙附近,不得有人停留、休息。

(7)用吊斗出土时,斗梁与吊钩应封绑牢固,并应经常检查斗梁、斗门等磨损情况,损伤部位应更换或加固。吊斗升降时,井顶指挥人员应通知井下人员暂时避开。

(8)采用抓斗进行不排水下沉时,如钢丝绳缠绕在一起而需要转动抓斗进行排除时,作业人员应站在有护栏的部位。

(9)不排水下沉时应均匀出土,不得超挖超吸。必须进行沉井底的潜水检查时,要防止沉井突然下沉和大量涌砂而导致沉井歪斜或造成机械和人员损伤。

(10)沉井下沉需要配重时,配重物件应堆码整齐,捆绑牢固;采用偏配重、偏出土和施加水平力纠正井倾时,荷载应逐级增加,并不断观察沉井下沉情况。

(11)采用空气幕下沉沉井时,空压机、储气罐等应符合安全规定的要求,并由专人操作。储气罐放置地点应通风,严禁日光曝晒和高温烘烤。

(12)在深水处,采用浮式沉井施工时,其沉井下水、浮运及悬浮状态下接高、下沉等,应遵守下列规定:

①浮式沉井在下水前,应进行水密性检查,合格后方可下水。

②浮式沉井下水前,应制订下水方案。当采用起吊下水时,应对起重设备合理配置使其受力均匀;当河岸有适合坡度,而采用滑移、牵引等措施下水时,必须保证沉井安全,严防倾覆及损伤。

(13)浮式沉井定位落床前,应考虑潮水涨落的影响。沉井落床后,应采取措施,使其尽快下沉,并使沉井达到保持稳定的深度。

(14)船上(或支架平台上)制作完成的浮式沉井,下水时宜在水面波浪较小时进行,当有船只驶过时,应暂缓入水。

第四节　地下连续墙施工

城市轨道桥梁施工过程中,经常遇到施工场地狭小,周围建筑物、行人、车辆密集,开挖土质松散,地下水层含水丰富的情况。地下连续墙具有结构刚度大、整体性、抗渗性和耐久性好的特点,可作为永久性的挡土挡水和承重结构;能适应各种复杂的施工环境和水文地质条件,可紧靠已有建筑物施工,施工时基本无噪声、无振动,对邻近建筑物和地下管线影响较小;能建造各种深度(10~50m)、宽度(45~120cm)和形状的地下墙。地下连续墙对地基的适用范围很广,从软弱的冲积地层到中硬的地层、密实的砂砾层,各种软岩和硬岩等所有的地基都可以建造地下连续墙,在城市轨道施工和深基础工程中得到越来越广泛的应用。

一、概述

1. 简介

开挖技术起源于欧洲,它是根据打井和石油钻井使用泥浆和水下浇注混凝土的方法而发展起来的。1950年在意大利米兰首先采用了护壁泥浆地下连续墙施工,20世纪50~60年代,该项技术在西方发达国家及苏联得到推广,成为地下工程和深基础施工中有效的技术。目前挖槽机械发展很快,与之相适应的挖槽工法层出不穷,墙体材料已经由过去以混凝土为主而向多样化发展,地下连续墙已不再单纯用于防渗或挡土支护,越来越多地作为建筑物的基础。经过几十年的发展,地下连续墙技术已经相当成熟,其中以日本在此技术上最为发达。目前,地下连续墙的最大开挖深度为140m,最薄的地下连续墙厚度为20cm。

2. 定义

地下连续墙:利用各种挖槽机械,借助于泥浆的护壁作用,在地下挖出窄而深的沟槽,并在其内浇注适当的材料而形成一道具有防渗(水)、挡土和承重功能的连续的地下墙体。

3. 地下连续墙的优点

(1)施工时振动小,噪声低,非常适于在城市施工。

(2)墙体刚度大,用于基坑开挖时,可承受很大的土压力,极少发生地基沉降或塌方事故,已经成为深基坑支护工程中必不可少的挡土结构。

(3)防渗性能好,由于墙体接头形式和施工方法的改进,使地下连续墙几乎不透水。

(4)可以贴近施工,由于具有上述几项优点,使我们可以紧贴原有建筑物建造地下连续墙。

(5)地下连续墙刚度大,易于设置埋设件,很适合于逆做法施工。

(6)适用于多种地基条件。

(7)可用作刚性基础,目前地下连续墙不再单纯作为防渗防水、深基坑维护墙,而且越来越多地用地下连续墙代替桩基础、沉井或沉箱基础,承受更大荷载。

(8)用地下连续墙作为土坝、尾矿坝和水闸等水工建筑物的垂直防渗结构,是非常安全和经济的。

(9)占地少,可以充分利用建筑红线以内有限的地面和空间,充分发挥投资效益。

(10)工效高、工期短、质量可靠、经济效益高。

4. 地下连续墙的缺点

(1)在一些特殊的地质条件下(如很软的淤泥质土、含漂石的冲积层和超硬岩石等),施工难度很大。

(2)如果施工方法不当或施工地质条件特殊,可能出现相邻墙段不能对齐和漏水的问题。

(3)地下连续墙如果用作临时的挡土结构,比其他方法所用的费用要高些。

(4)在城市施工时,废泥浆的处理比较麻烦。

二、地下连续墙的分类

1. 按挖槽的形式分类

按槽孔的形式可以分为壁板式、T形和π形、格形和预应力U形折板地下连续墙。

(1)板壁式

应用最多,适用于各种直线段和圆弧段墙体(图7-35)。

(2)T形和π形地下连续墙

适用于开挖深度较大、支撑垂直间距大的情况(图7-36)。

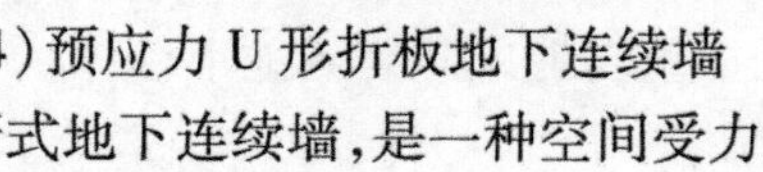

图7-35 板壁式

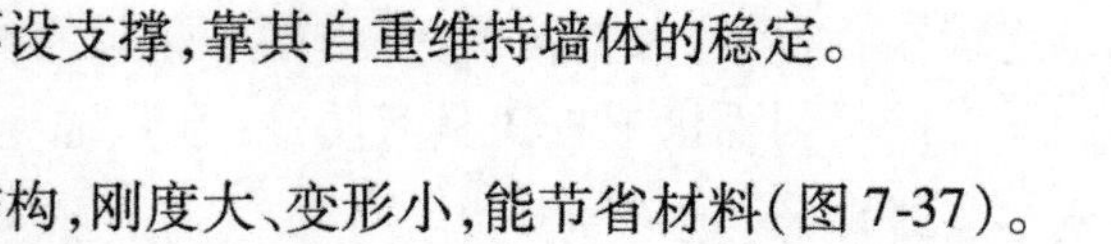

图7-36 T形、π形地下连续墙

(3)格形地下连续墙

前两种组合在一起的结构形式,可不设支撑,靠其自重维持墙体的稳定。

(4)预应力U形折板地下连续墙

新式地下连续墙,是一种空间受力结构,刚度大、变形小,能节省材料(图7-37)。

图7-37 U形地下连续墙

2. 按构造形式分类

地下连续墙作为基坑围护结构、又兼做地下工程永久性结构的一部分时,按构造形式分:分离壁式、单独壁式、复合壁式、重壁式。

(1)分离壁式(图7-38)

在主体结构物的水平构件上设置支点,即将主体结构物作为地下连续墙的支点,起水平支撑作用。这种布置的特点是地下连续墙与主体结构结合简单，且各自受力明确。地下连续墙在施工和使用时期都起挡土和防渗的作用，主体结构的外墙和柱子只承受垂直荷载。

（2）单独壁式（图7-39）

将地下连续墙直接用作主体结构地下室外边墙。此种布置形式壁体构造简单，地下室内部不需另做受力结构层。但这种方式主体结构与地下连续墙的节点需满足结构受力要求，地下连续墙槽段接头要有较好的防渗性。

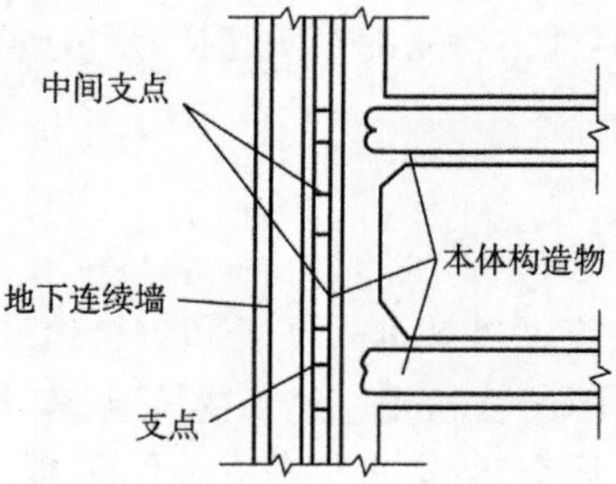

图7-38　分离壁式

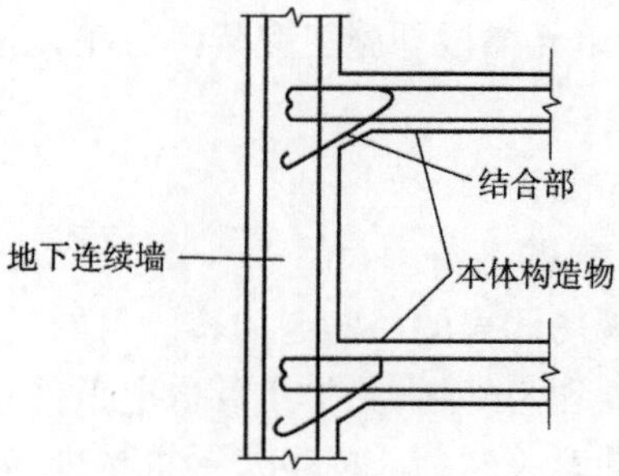

图7-39　单独壁式

（3）复合壁式（图7-40）

将地下与主体结构地下室外墙做成一个整体，即通过地下连续墙内侧凿毛或用剪力块将地下连续墙与主体结构外墙连接起来，使之在结合部位能够传递剪力。复合壁式结构形式的墙体刚度大，防渗性能较好，且框架节点处构造简单。这种结构结合边比较重要，一般在浇筑主体结构边墙混凝土前，需将地下连续墙内侧凿毛，清理干净并用剪力块将地下连续墙与主体结构连成整体。

（4）重壁式（图7-41）

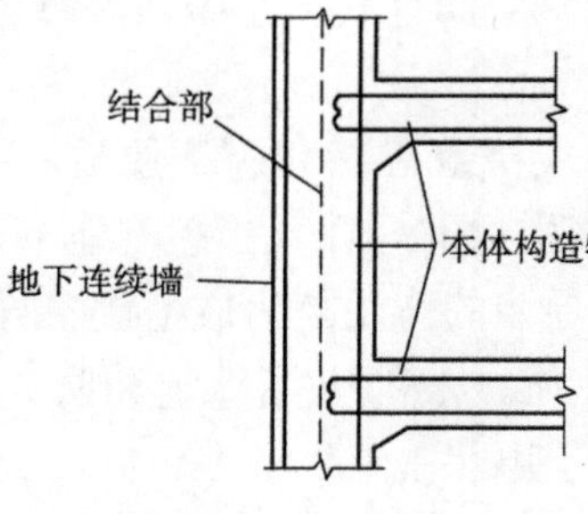

图7-40　复合壁式

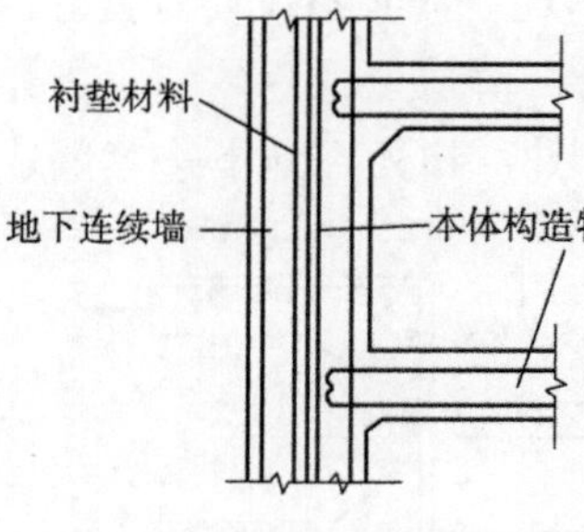

图7-41　重壁式

把主体结构的外墙重合在地下连续梁的内侧，在两者之间填充隔绝材料，使之不传递剪力的结构形式。地下连续墙与主体结构地下室外墙所产生的垂直方向变形不相互影响，但水平方向的变形则相同。从受力条件看，该形式较分离壁式和单独壁式均为有利，并可随着地下结构物深度的增大而增大主体结构外边墙的厚度，即使地下连续墙厚度受到限制，也能承受较大应力。

3. 按其他方式分类

按用途分类分为临时挡土墙、防渗墙、用作主体结构兼临时挡土墙的地下连续墙和用作多边形基础兼墙体的地下连续墙。

按墙身材料分为土质墙、混凝土墙、钢筋混凝土墙及组合墙。

三、地下连续墙的施工

1. 施工工艺原理

在工程开挖土方之前,用特制的挖槽机械在泥浆护壁的前提下每次开挖一定长度的沟槽,待开挖至设计深度并清除沉淀下来的泥渣后,将在地面上加工好的钢筋骨架用起重机械吊放入充满泥浆的沟槽内,用导管向沟槽内浇筑混凝土,不断将泥浆置换出来,待混凝土浇至设计高程后,一个单元槽段即施工完毕。各单元槽段之间由特制的接头连接,形成连续的地下钢筋混凝土墙。

2. 施工工艺流程

(1)施工前的准备

①施工现场调查的目的与内容。目的是解决施工机械进入现场和进行组装的可能性;挖槽时弃土的处理与外运;给排水和供电条件;地下障碍物和相邻建筑物情况;噪声、振动和污染等公害引起的有关问题。内容包括机械进场条件调查、给排水和供电条件调查、现有建筑物的调查、地下障碍物对连续墙施工影响的调查、噪声、振动和环境污染等的调查。

②认真进行地质调查。包括确定开挖方法、单元槽段长度、各土层重力密度 γ、内摩擦角 φ、黏聚力 c 等物理力学指标,研究泥浆向地层渗透是否污染临近水井等水源时,需利用土的渗透系数 K,全面准确掌握施工地区的水文地质情况。

(2)护壁泥浆

泥浆的作用:护壁、携渣、冷却机具和切土润滑。泥浆有一定的密度,在槽内对槽壁有一定的静水压力,相当于一种液体支撑,能深入土壁形成一层透水性很低的泥皮,维护土壁的稳定性。泥浆有较高的黏性,能将土渣悬浮起来,便于排渣。以泥浆做冲洗时,可降低钻具的温度,可减轻钻具磨损消耗。泥浆不仅要有良好的固壁性能,而且要便于灌注混凝土。

(3)构筑导墙

①导墙作用(图 7-42):在地下连续墙成槽前,应浇筑导墙和施工便道。导墙必须精心施工,导墙质量的好坏直接影响地下连续墙的轴线和高程。导墙的作用是为成槽设备导向、存储泥浆稳定液位,维护上部土体稳定和防止土体坍落,且必须支承于原状土上。

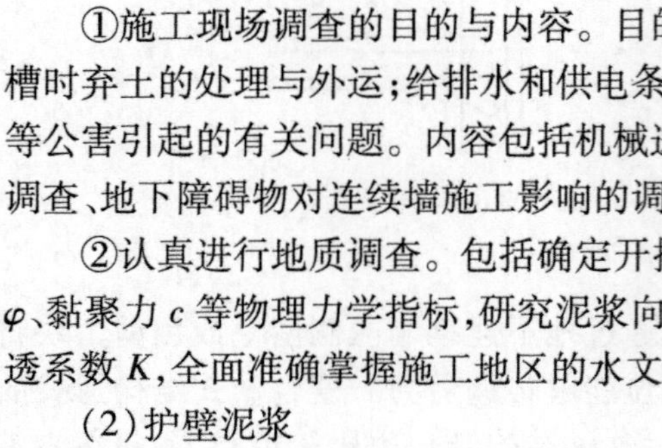

图 7-42　导墙结构示意图

②导墙施工(图 7-43):现浇钢筋混凝土导墙的施工顺序为平整场地—测量定位—挖槽及处理弃土—绑扎钢筋—支模板—浇筑水下混凝土—拆模并设置横撑—导墙外侧回填土。

导墙施工注意事项有:整个地下连续墙导墙分为多段施工,每段施工长度为 60m 左右。导墙接缝采用错缝搭接,并且与地下连续墙接缝错开,由预留的水平钢筋连接起来,使导墙成为整体。

(4)钻导孔

液压抓斗挖槽时,在地下连续墙的放样轴线位置上,每隔 3.8 ~ 7.2m 距离钻出垂直的导孔,孔径与墙厚相同。当挖槽地基软弱时,可以不钻导孔。导孔钻机采用旋挖钻机。

a) 导墙开挖

b) 导墙钢筋绑扎

c) 导墙立模、浇筑混凝土

d) 导墙对撑加固

e) 导墙回填土

图 7-43　导墙施工

(5)挖槽施工

挖槽是地下连续墙施工的关键工序,挖槽约占地下连续墙工期的一半,同时挖槽的精度也是保证地下连续墙质量的关键之一。

①单元槽段的划分:单元槽段是地下连续墙施工时,预先沿墙体长度方向把地下墙划分为多个一定长度的施工单元,单元槽段的最小尺寸不得小于一个挖掘段。

②地下连续墙施工应符合下列要求:

a. 地下连续墙单元槽段长度可根据槽壁稳定性及钢筋笼起吊能力划分,宜为 4 ~ 8m。

b. 施工前宜进行墙槽成槽试验,确定施工工艺流程,选择操作技术参数。

c. 槽段的长度、厚度、深度、倾斜度应符合下列要求:槽段长度(沿轴线方向)容许偏差为

±50mm，槽底厚度容许偏差为±10mm，槽底倾斜度≤1/150。

③挖槽机械：常用的挖槽机械按其工作机理分为挖斗式、冲击式和回转式。

a. 挖斗式挖槽机（图7-44）即以斗齿切土，切土收于斗体内，提出地面开斗卸土。挖斗式挖槽机的挖掘动作有斗齿铲挖和斗刃切削，其运载机械多为履带式起重机等。挖斗式挖槽机包括蚌式抓斗（吊索式、导杆式）和铲斗。为保证挖掘方向，提高成槽精度，可在抓斗上部安装导板（即导板式），也可在挖斗上装长导杆（即导杆式）。

a)

b)

图7-44 挖斗式挖槽机

b. 冲击式挖槽机包括钻斗冲击式和凿刨式，前者我国有地区采用。钻头冲击式是通过各种形状钻头的上下运动冲击破碎土层，借助泥浆循环把土渣排出槽外。凿刨式是靠凿刨沿导杆上下运动以破碎土层，破碎土渣由泥浆携带从导杆下端吸入导杆并排出槽外。冲击钻机是依靠钻头的冲击力破碎地基土层，其适应范围不仅是一般土层，而且对卵石、砾石、岩层地层均适应。

c. 回转式挖槽机即以回转的钻头切土，钻下的土渣随循环的泥浆排出地面。按钻头回转方式与挖槽面的关系有直挖和平挖两种。回转式挖槽机按钻头数量有单头钻和多头钻之分。单头钻主要用来钻导孔，多头钻用来挖槽。

（6）清底

槽段清底工作应在吊放接头装置之前进行。清底工序包括清除槽底沉淀的泥渣和置换槽中的泥浆，清底应按下列技术要求办理：

①清底之前应检测节段平面位置、横截面和竖面。如槽壁竖向倾斜、弯曲和宽度不足等超过容许偏差时，应进行修槽工作，使其符合要求。节段接头处应用刷子或高压射水清扫。

②清底工作宜根据设备条件采用抓斗排渣法、反循环泥浆泵排泥法、潜水电泵排泥法、空气升液排泥法等。

③清理槽底和置换泥浆工作结束1h后，应进行检验，槽底以上200mm处的泥浆相对密度不应大于1.15，槽底沉淀物厚度应符合设计要求。

（7）吊入接头构件

①接头管接头（亦称锁口管）：这是国内外迄今使用最多的一种非刚性接头形式。其优点是用钢量少、造价低，但一次性投入较多，对起吊设备及时间控制要求较高，且存在整体刚度和渗漏问题（图7-45）。

②接头箱接头:这种方法是在接头管旁再附一个敞口接头箱,可使两相邻槽段的水平钢筋搭接,变成刚性接头,其整体性好、刚度高(图7-46)。

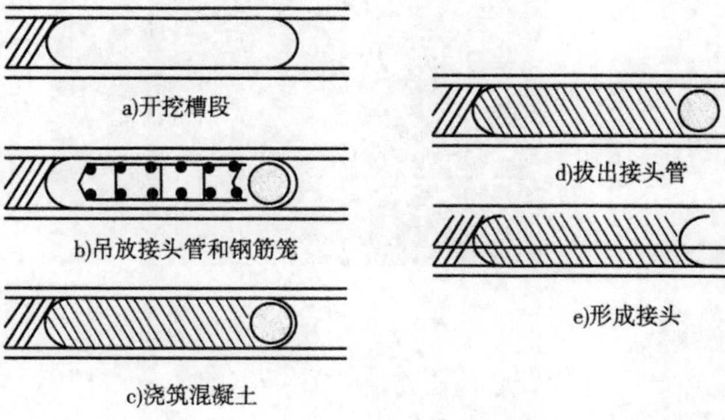

图7-45　接头管接头

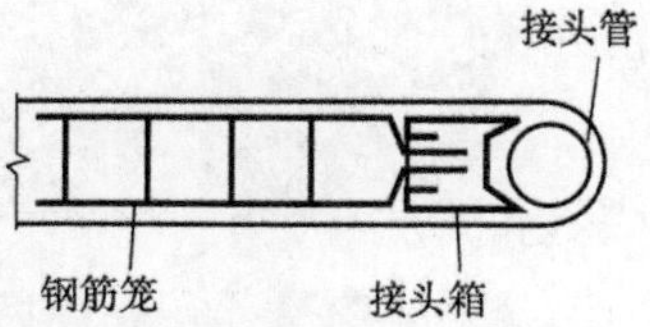

图7-46　接头箱接头

③隔板式接头:分柔性接头和刚性接头两种,如图7-47所示。柔性接头隔板形式有平隔板和V形隔板。其优点是:设有隔板和罩布,能防止已施工槽段的混凝土外溢;取消了接头箱和接头管,钢筋笼和化纤罩布均在地面预制,工序较少,施工较方便;刷壁清浆方便,易保证接头混凝土质量。刚性接头隔板为榫形隔板,与柔性隔板相比,增设了钢筋笼预留接头钢筋,提高了接头刚度,变形小,防渗漏性能较好,但施工难度大,化纤罩布损坏失效较多,墙段侧壁刷壁清浆有一定困难。

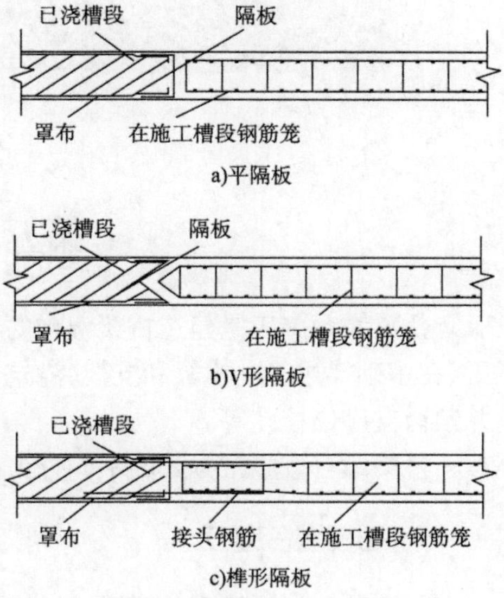

图7-47　隔板式接头

(8)钢筋笼制作及吊装

①钢筋笼加工:钢筋笼(图7-48)最好按单元槽段做成一个整体。钢筋笼端部与接头管或混凝土接头面间应留有15~20cm的空隙。主筋净保护层厚度为7~8cm,纵向主筋宜放在内侧,横向钢筋放在外侧。纵向钢筋的底端应距槽底100~200mm,底端钢筋应稍向内弯折。

②钢筋笼吊放:钢筋笼起吊、运输和吊放应周密制订方案。钢筋笼起吊应用横吊梁或吊架,起吊时不能使钢筋笼下端在地面拖引。吊放时要使其对准单元槽段中心,垂直、准确地插入。插入后将其搁置在导墙上,若钢筋笼不能顺利插入,应重新吊起,不能强行插放。

(9)浇筑混凝土

地下连续墙混凝土用导管法进行浇筑。为便于混凝土向料斗供料和装卸导管,我国多用混凝土浇筑机架,机架跨在导墙上沿轨道行驶。在混凝土浇筑过程中,导管下口埋在混凝土内1.5m以上。混凝土面上存在一层与泥浆接触的浮浆层需凿去,故需超浇300~500mm。

(10)拔出接头构件

拔出接头构件后进入另一单元槽段施工。

图 7-48　钢筋笼

第五节　桥梁墩台施工

桥梁墩台施工是建造桥梁墩台的各项工作的总称，其主要工作有：墩台定位、放样、基础施工、在基础襟边上立模板和支架、浇筑墩（台）身混凝土或砌石、绑扎顶帽钢筋、浇顶帽混凝土并预留支座锚栓孔等。

桥梁墩台按施工方式的不同分为砌筑墩台、装配式墩台、现场浇筑墩台等几种类型。

一、石砌墩台施工

石砌墩台是用片石、块石及粗料石以水泥砂浆砌筑的（图 7-49），具有就地取材和经久耐用等优点，在石料丰富地区建造墩台时，在施工时间允许的条件下，为节约水泥，应优先考虑石砌墩台方案。

1. 石砌墩台施工要点

（1）按设计放样，挂线砌筑。

（2）基底铺砂浆。

（3）石料分层分块放样编号。

（4）同一层石料及水平灰缝的厚度均匀一致，丁顺相间，砌筑灰缝相互垂直，顺序为先角，再镶石后填腹。

（5）立模板浇筑墩顶混凝土。

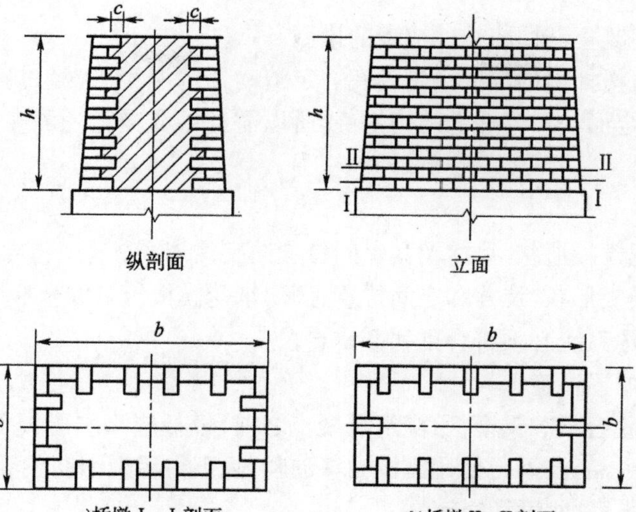

a)桥墩Ⅰ－Ⅰ剖面　　b)桥墩Ⅱ－Ⅱ剖面

图 7-49　桥墩配料大样图

2. 砌筑质量规定

(1)砌体所用各项材料类别、规格及质量符合要求。

(2)砌缝砂浆或小石子混凝土应铺填饱满,强度符合要求。

(3)砌缝宽度、错缝距离符合规定,勾缝坚固整齐,深度和形式符合要求。

(4)砌筑方法正确。

(5)砌体位置、尺寸不超过容许偏差。

二、装配式墩(柱式墩、后张法预应力墩)

装配式墩台施工适用于山谷架桥、跨越平缓无漂流物的河沟河滩等的桥梁,特别是在工地干扰多、施工场地狭窄、缺水与砂石供应困难地区,其效果更为显著。其优点是:结构形式轻便,建桥速度快,圬工省,预制构件质量有保证等。

装配式墩有柱式墩、后张法预应力墩两种形式:

1. 柱式墩

将桥墩分解成若干轻型部件,在工厂或工地集中预制,再运送到现场装配成桥梁。

2. 后张法预应力墩

分为基础基础、实体墩身和装配墩身三大部分。装配墩身由基本构件、隔板、顶板及顶帽四部分组成，用高强钢丝穿入预留的上下贯通的孔道内,张拉锚固而成。

三、现场浇筑墩台

现场浇筑墩台主要有两个工序,一是制作与安装墩台模板,二是混凝土浇筑。

1. 模板工程

模板系统是由模板和支撑两部分组成,见图 7-50。

(1)模板

①定义：是使混凝土结构或构件成型的模型。

②作用：搅拌机搅拌出的混凝土是具有一定流动性的混凝土，经过凝结硬化以后，才能成为所需要的具有规定形状和尺寸的结构构件，所以需要将混凝土浇灌在与结构构件形状和尺寸相同的模板内。

(2)支撑

①定义：是保证模板形状、尺寸及其空间位置的支撑体系。

②作用：保证模板形状、尺寸和空间位置正确，承受模板传来的全部荷载。

③模板及其支撑系统必须符合下列基本要求：

a. 尺寸和相互位置正确。

b. 宜优先使用胶合板和钢模板；浇筑混凝土之前，模板应涂刷脱模剂，外露面混凝土模板的脱模剂应采用同一品种，不得使用废机油等油料，且不得污染钢筋及混凝土的施工缝处。

c. 具有足够的强度、刚度和稳定性。

d. 装拆方便，便于钢筋的绑扎与安装、混凝土的浇筑及养护等。

e. 模板接缝不应漏浆。

(3)分类

①按材料分类可分为木模板、钢木模板、钢模板、钢竹模板、胶合板模板、塑料模板、玻璃钢模板和铝合金模板等。

a. 木模板(图7-51)树种可按各地区实际情况选用，一般多为松木和杉木。由于木模板木材消耗量大、重复使用率低，为节约木材，在现浇钢筋混凝土结构中应尽量少用或不用木模板。

b. 钢木模板是以角钢为边框，以木板作面板的定型模板，其优点是可以充分利用短木料并能多次周转使用。

图7-50 模板系统

图7-51 木模板

c. 胶合板模板是以胶合板为面板，角钢为边框的定型模板。以胶合板为面板，克服了木材不等方向性的缺点，受力性能好。这种模板具有强度高、自重小、不翘曲、不开裂及板幅大、接缝少的优点。

d. 钢竹模板是以角钢为边框，以竹编胶合板为面板的定型板。这种模板刚度较大、不易变形、质量轻、操作方便。

e. 钢模板类型有平面模板、阴角模板、阳角模板及连接角模4种，见图7-52。

f. 塑料模板、玻璃钢模板、铝合金模板均具有质量轻、刚度大、拼装方便、周转率高的特点，

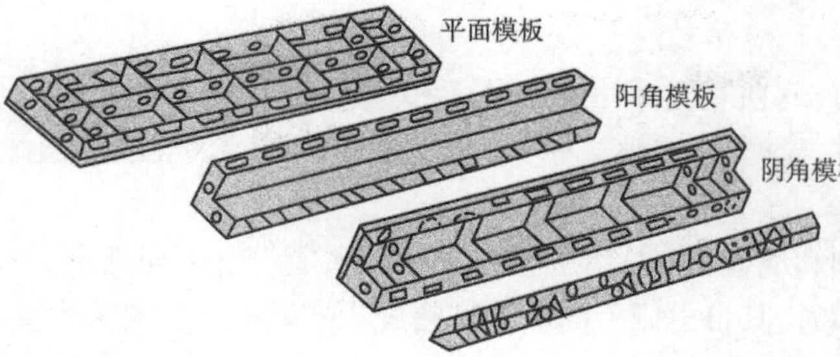

图7-52　钢模板类型

但由于造价较高，在施工中尚未普遍使用。

②按模板施工方法分可分为拼装式模板、整体吊装模板和活动模板。活动模板又可分为滑升模板、爬升模板和翻升模板。

a.拼装式模板。拼装式模板是由各种尺寸的标准模板利用销钉连接，与拉杆和加劲构件等组成墩身所需的形状，可适应各种形式墩台的需要，见图7-53。

b.整体吊装模板。整体吊装模板是将墩台模板水平分成若干段，每段模板组成一个整体，在地面拼装后吊装就位，见图7-54。

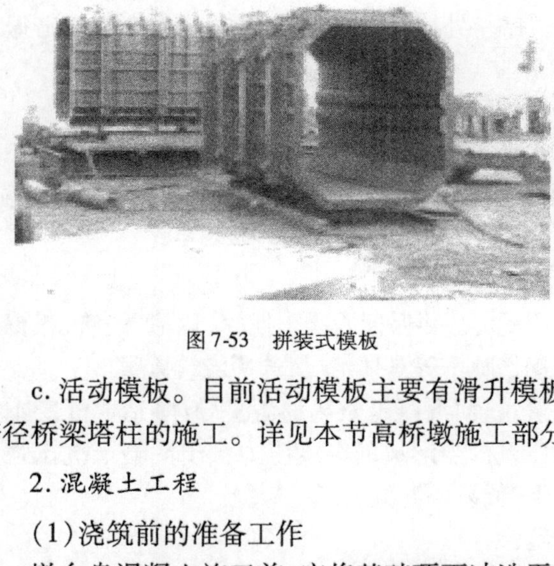

图7-53　拼装式模板

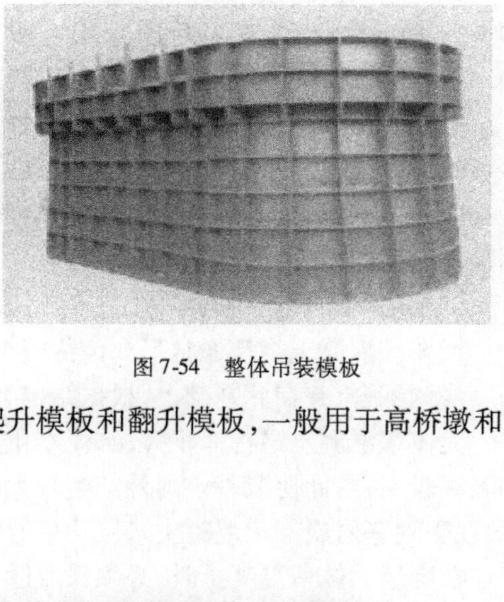

图7-54　整体吊装模板

c.活动模板。目前活动模板主要有滑升模板、爬升模板和翻升模板，一般用于高桥墩和大跨径桥梁塔柱的施工。详见本节高桥墩施工部分。

2.混凝土工程

(1)浇筑前的准备工作

墩台身混凝土施工前，应将基础顶面冲洗干净，凿除表面浮浆，整修连接钢筋。

①对模板及其支架进行检查，应确保高程、位置尺寸正确，强度、刚度、稳定性及严密性满足要求。

②模板中的垃圾、泥土和钢筋上的油污应加以清除。

③木模板应浇水润湿，但不允许留有积水。

④对钢筋及预埋件，应请工程监理人员共同检查钢筋的种类、直径、排放位置及保护层厚度是否符合设计和规范要求，并认真做好隐蔽工程记录。

⑤准备和检查材料、机具等，注意天气预报，不宜在雨雪天气浇筑混凝土。

⑥在混凝土浇筑时，为了防止墩台基础层混凝土的水分被基底吸干或基底水分渗入混凝土中，从而影响墩台混凝土质量，在施工中应注意。

a. 基底为非黏性土时，应将其润湿。

b. 基底为黏性土时，应在基底设计高程下填 10 ~ 15cm 片石或碎石层。

c. 基底面为岩石时，先润湿，再铺 2 ~ 3cm 水泥浆，最后浇筑墩台混凝土。

(2)混凝土浇筑

自高处向模板内倾卸混凝土时，为防止混凝土离析，应符合下列规定：

①从高处直接倾卸时，其自由倾落高度不宜超过 2m，以不发生离析为度。

②当倾落高度超过 2m 时，应通过串筒、溜槽或振动串筒等设施下落；倾落高度超过 10m 时，应设置减速装置。

③在串筒出料口下面，混凝土堆积高度不宜超过 1m。

混凝土应按一定厚度、顺序和方向分层浇筑，应在下层混凝土初凝或能重塑前浇筑完上层混凝土。

上下层同时浇筑时，上层与下层前后浇筑距离应保持在 1.5m 以上。在倾斜面上浇筑混凝土时，应从低处开始逐层扩展升高，保持水平分层。浇筑混凝土时，除少量塑性混凝土可用人工捣实外，宜采用振动器振实。用振动器振捣时，应符合下列规定：

a. 使用插入式振动器时，移动间距不应超过振动器作用半径的 1.5 倍，与侧模应保持50 ~ 100mm 的距离，插入下层混凝土 50 ~ 100mm。每一处振动完毕后应边振动边徐徐提出振动棒，应避免振动棒碰撞模板、钢筋及其他预埋件。

b. 表面振动器的移位间距，应以使振动器平板能覆盖已振实部分 100mm 左右为宜。

c. 附着式振动器的布置距离，应根据构造物形状及振动器性能等情况，通过试验确定。

d. 对每一振动部位，必须振动到该部位混凝土密实为止，密实的标志是混凝土停止下沉，不再冒出气泡，表面呈现平坦、泛浆。

(3)大体积混凝土浇筑

大体积混凝土浇筑通常不允许留施工缝，因此，必须保证混凝土搅拌、运输、浇筑、振捣各工序协调配合，并在此基础上，根据结构大小、钢筋疏密等具体情况，选用浇筑方案。

大体积混凝土结构体积大，水泥水化热总量大，而混凝土是热的不良导体，造成混凝土内部温度较高，由此使混凝土内外产生较大的温度差。当形成的温度应力大于混凝土抗拉强度时，在受到基岩或硬化混凝土垫层约束的情况下，就易使混凝土产生裂缝。

在浇筑大体积混凝土时，必须采取适当措施：

①宜选用水化热较低的水泥，如矿渣水泥、火山灰水泥或粉煤灰水泥。

②掺缓凝剂或缓凝型减水剂，也可掺入适量粉煤灰、磨细矿渣粉等掺合料。

③采用中粗砂和大粒径、级配良好的石子。

④尽量减少水泥用量和每立方米混凝土的用水量。

⑤降低混凝土入模温度，可在砂石堆场、运输设备上搭设简易遮阳装置或覆盖草包等隔热材料，采用低温水或冰水拌制混凝土。

⑥扩大浇筑面和散热面，减少浇筑层厚度和浇筑速度，必要时在混凝土内部埋设冷却水管，用循环水来降低混凝土温度。

⑦在浇筑完毕后，应及时排除泌水，必要时进行二次振捣。

⑧加强混凝土保温、保湿养护，严格控制大体积混凝土的内外温差，当设计无具体要求时，

温差不宜超过25℃，故可采用草包、炉渣、砂、锯末、油布等不易透风的保温材料或蓄水养护，以减少混凝土表面的热扩散和延缓混凝土内部水化热的降温速率。

(4)混凝土的养护

混凝土的养护就是对在凝结硬化过程中的混凝土进行温度和湿度的控制。混凝土浇捣后，之所以能逐渐凝结硬化，主要是因为水泥水化作用的结果，而水化作用则需要适当的温度和湿度条件，因此为了保证混凝土有适宜的硬化条件，使其强度不断增长，必须对混凝土进行养护。混凝土浇筑后，如气候炎热、空气干燥，不及时进行养护，混凝土中水分会蒸发过快，形成脱水现象，会使已形成凝胶体的水泥颗粒不能充分水化，不能转化为稳定的结晶，缺乏足够的黏结力，从而会在混凝土表面出现片状或粉状脱落。此外，在混凝土尚未具备足够的强度时，水分过早蒸发还会产生较大的收缩变形，出现干缩裂纹，影响混凝土的耐久性和整体性。所以，混凝土浇筑后初期阶段的养护非常重要，混凝土终凝后应立即进行养护，干硬性混凝土应于浇筑完毕后立即进行养护。

按其养护方法通常分为标准养护、自然养护和热养护三类。

①标准养护：混凝土在温度为20℃ ±3℃和相对湿度达90%以上的潮湿环境或水中的条件下进行的养护。

②自然养护：在自然气候条件下，对混凝土采取相应的保湿、保温等措施所进行的养护。具体又分为以下几种：

a. 覆盖浇水养护：在混凝土表面覆盖吸湿材料，采取人工浇水或蓄水措施，使混凝土表面保持潮湿状态的一种养护方法。覆盖材料应具有较强的吸水保湿能力，如用麻袋、帆布、草帘、芒席、锯末等。

b. 塑料薄膜保湿养护：用防蒸发材料将混凝土表面予以密封，阻止混凝土中的水分蒸发，使混凝土保持或接近饱水状态，保证水泥水化反应正常进行的一种养护方法。

c. 塑料布养护：采用塑料布覆盖在混凝土表面对混凝土进行养护。

d. 薄膜养护剂养护：在新浇筑的混凝土表面喷涂一层液态薄膜养护剂（又称薄膜养生液）后，养护剂在混凝土表面能很快形成一层不透水的密封膜层，阻止混凝土中的水分蒸发，使混凝土中的水泥获得充分水化条件的一种养护方法。

③热养护：对混凝土进行加热处理，将其置于较高温度、较大湿度的条件下进行硬化的养护。

四、高桥墩施工

高墩施工目前采用的施工方法主要有滑模、爬模和翻模三种。下面将这三种施工方法作简要的介绍。

1. 翻模

(1)施工原理

翻模是大模板施工方法，以墩身作为支承主体，上层模板支承在下层模板上，循环交替上升。分为塔吊翻模和液压翻模两种，前者工作平台支撑于钢模板的牛腿支架或横竖肋背带上，通过塔吊提升模板及工作平台；后者工作平台与模板是分离的，工作平台支撑于提升架上，模板的提升靠固定于墩身主筋上的手拉葫芦来完成。

(2)适用范围

适用于等截面或变截面的实体或薄壁空心墩等，范围较广。

（3）优缺点

其优点是实体及外观质量好；缺点是施工进度相对较慢，不便于在施工和养护期间对桥墩混凝土进行保温和蒸汽养护。

（4）悬挂式脚手架翻模施工工艺（图7-55）

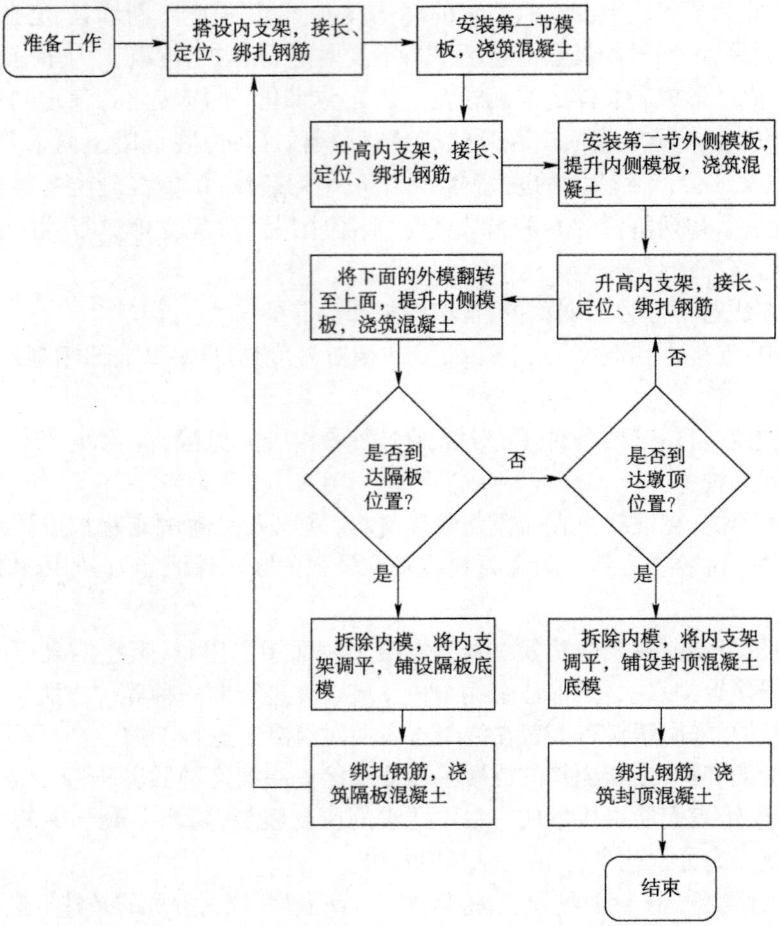

图7-55　悬挂式脚手架翻模施工工艺流程图

①准备工作。

a. 塔吊、电梯的安装（图7-56）：塔吊的选型一般要结合桥梁上部施工要求而定。如果考虑相邻墩墩身施工使用，则相应加大塔吊起重能力。载重电梯质量一般为1～2t。电梯和塔吊的布置形式可分开布设于墩的两侧，也可以布置在桥梁中心线上。电梯、塔吊基础要根据设备使用要求和结构设置。电梯、塔吊升高时，要根据设备使用要求设置附臂，将立柱固定于墩身上。

b. 场内道路、水路、电路畅通，配置对讲机。

②筒内支架的安装与翻拆。

a. 初次搭设筒内支架：落地搭设，高度以能支撑接高的竖向钢筋不倾倒为宜，一般超过接头以上定尺钢筋高度（9m）的2/3。支架四周与墩身内壁间留50cm间隙，用于拆除、提升内

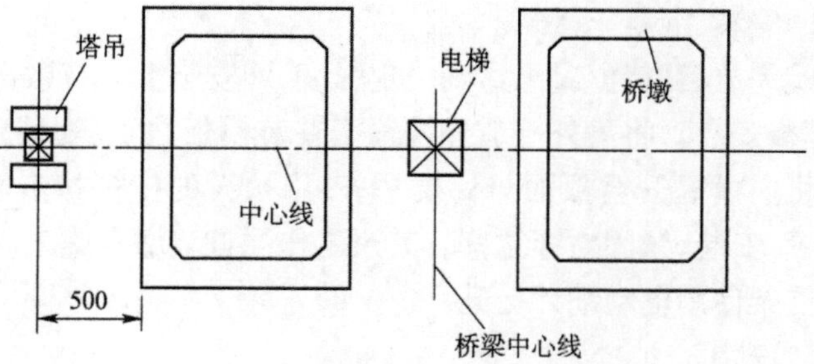

a)电梯与塔吊分别布置

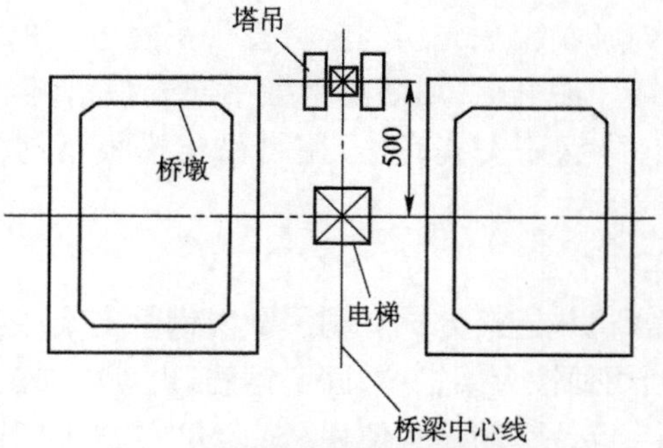

b)电梯与塔吊沿桥中线布置

图7-56 吊塔和电梯的布置(尺寸单位:mm)

模。顶层的水平钢管向四周挑出,并沿墩身的内外层竖向钢筋增加两排横向钢管,精确定位后固定钢筋的位置和间距。钢筋绑扎后拆除挑出的钢管。钢管架的水平杆上铺设木板形成平台,作业人员在平台上操作。

b. 支架接高:每节墩身浇筑混凝土后,及时将支架接高。在内模提升后及时增加支撑,与墩身内壁混凝土面顶紧,以减小支架自由高度,增加支架稳定性。支架接高后,作业平台随之升高,以满足作业需要。

c. 调整支架成为隔板(或封顶)的支撑:混凝土浇筑到隔板(或封顶混凝土)位置时,拆除墩身内模,在支架上铺设隔板的底模,并安装钢筋,浇筑混凝土。如果钢筋不能自行直立,也可在钢管架的立杆上加套管作为钢筋定位架。

d. 支架拆除:隔板混凝土达到设计强度后,即可拆除隔板下的钢管支架,用于钢管架的接长升高。如此重复,直到墩顶。墩身封顶后,拆除全部钢管支架。

③安装第一节模板,浇筑混凝土。

模板在安装前必须试拼,通过试拼可以发现模板接缝、错台、连接等方面可能出现的问题,并予以解决。在承台上沿模板的底面用砂浆做3~5cm厚找平层。对墩身角点放样,弹墨线,沿墨线立模板。模板安装前,应清理干净,并涂脱模剂。安装模板时注意接缝平整、严密,防止漏浆。紧固拉杆的螺栓,在模板内加内撑,保证混凝土尺寸。固定好模板后,安装混凝土泵管,一般竖向管道沿塔吊设置。先设置水平管,然后沿塔吊铺设竖向管道,到达模板顶面后水平铺设到墩中心位置,然后接软管,引向落灰点(即混凝土浇筑点)。落灰点处设串筒。随着浇筑点的不同,应及时拆装更换泵管,调节泵管长度。浇筑初期混凝土处于较深位置,需仔细振捣才能防止漏振。浇筑混凝土时,按照施工规范要求作业。

④第二节模板的安装、混凝土浇筑。

底节混凝土浇筑完成后，待混凝土达到一定强度，即安装上一节墩身的钢筋。钢筋安装完毕后，进行第二节模板安装。将另外一节外模置于首节模板之上，安装定位销，用螺栓将上下模板连接在一起。将内模提升至顶面与外模平齐，用预设的拉杆初步固定在首节混凝土上。调整模板至准确位置，安装、紧固对穿拉杆。其余工作同首节墩身施工。一般使用塔吊提升内模，特殊情况下，内支架使用电动葫芦提升。

⑤外模板的翻转安装。

待上节混凝土达到15MPa时，即可拆除下节外模。先抽出拉杆，然后卸除模板的连接螺栓，将模板向外拉出。高空作业时，要预先用倒链将模板吊在上面的模板上并拉紧，防止模板突然脱落。待外模完全与混凝土脱开后，用塔吊微微吊起外模，将倒链解下，然后将模板吊到模板修整处进行修整、待用。待钢筋安装完毕，用塔吊将模板吊起，进行安装。安装方法同前述。

⑥钢筋的安装。

竖向钢筋采用直螺纹套管机械连接方式。利用墩内钢管支架，定位、固定钢筋。在设置钢劲性骨架的墩身施工时，可利用劲性骨架定位、固定钢筋，也可以加工可提升的钢支架，置于内外层竖向钢筋之间，用以固定、定位钢筋。宜使用9m定尺钢筋，因3m、4.5m高的模板与之配合比较合理。

水平箍筋和拉筋按照常规工艺施工。如果设计有钢筋网片，可以采用定型的钢筋网片产品，也可预先在现场加工成片，待主钢筋安装完毕后整体安装、固定。

⑦泵送混凝土。

按照相关规范、规程和试验确定混凝土配合比。混凝土缓凝时间为3~5h，1h坍落度损失不超过30mm。按照泵送混凝土规程设置混凝土泵和泵管，进行泵送施工。配备混凝土提升斗作为备用。

管道设置：泵管附着在塔吊的塔身上，用钢丝绳吊住，墩底设长水平管连接泵的出口。墩顶泵管随着墩高不断提升，每次浇筑混凝土时，在浇筑平台中部布设水平管，用软管接到落灰点，在落灰点设置串筒。

开始泵送前，先搅拌同水灰比砂浆，打入泵中，再紧接着泵送混凝土。砂浆数量根据泵管长度而定，一般为0.5~2.0m^3。沿墩身四周均匀灌注混凝土，施工人员在平台上振捣混凝土。

⑧垂直度控制。

采用全站仪进行施工放样和检测，每级混凝土浇筑前测量模板四角的平面坐标，如有偏差，调整之。

墩身随高度的增加，受日照影响引起的摆幅越大为避免日照的影响，混凝土浇筑前的模板检验与精确定位均在日照影响最小时进行，一般安排在早晨日出之前。模板初步定位时，由测量人员根据测量时日照情况预估偏位值进行预偏定位。

⑨混凝土养生。

采用洒水和喷养生剂对混凝土进行养生。

(5)液压翻模施工工艺(图7-57)

①模板的调整。

模板在设计加工时，面板的曲率在刚度允许的范围内是可调的，因此，要求加工厂家在抽动板和固定板焊接成型的时候，面板的曲率圆半径应接近于托盘部位墩身截面的半径。在模板出厂之前，采用调整模板自身调节螺栓的办法，让面板曲率圆半径接近基底部位的墩身截面，模板每翻升一次，调节螺栓就调整一次，以满足曲率变化的要求。在模板翻升之前，必须用经纬仪在已凝固的墩身混凝土顶面上将中线恢复，以便对照检查模板位置是否准确。当发现模板中心产生偏移时，立即用经纬仪在线路的切线和法线两个方向上用千斤顶调整模板，使其中心就位。

②灌注混凝土。

混凝土灌注要求分层均匀对称进行，每层厚度不超过 50cm，灌注时充分振捣，振捣棒不要插得过深，不得漏振或撞击模板。为了提高混凝土外观质量，需要严格控制泵送混凝土的坍落度，一般控制在 12cm 以内。

③提升平台。

提升平台要在混凝土初凝后终凝前进行，提升总高度以能组装一节模板为宜（1.6～1.7m）。提升过程中应随时对平台进行纠偏、调平，每提升 25cm 转动一次收坡丝杆，以保证顶杆与模板坡率基本一致，在平台提升就位后进行收坡和位置调整。

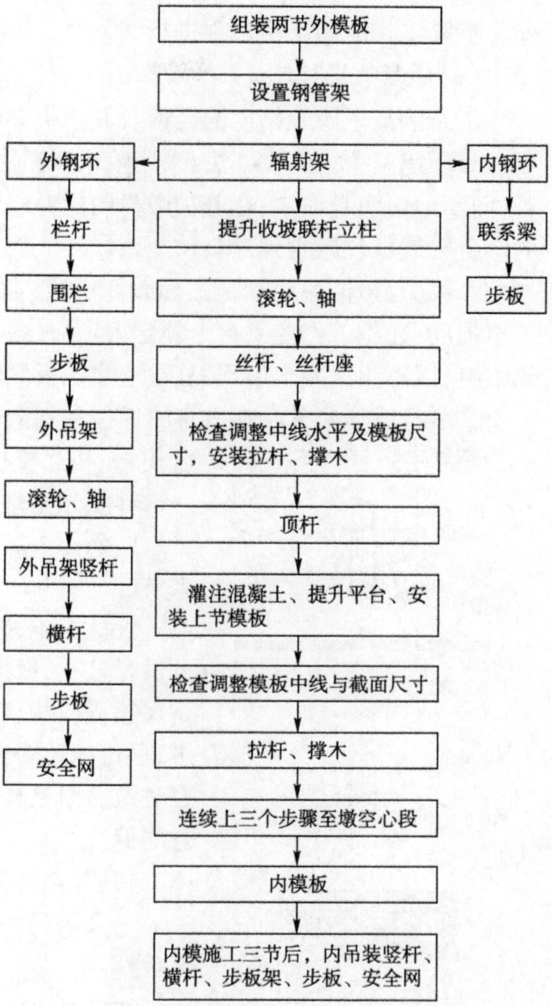

图 7-57　液压翻模施工工艺流程图

④模板翻升。

a. 模板解体：应首先进行直板段模板解体，然后对称解体圆端部分模板，解体前应首先用挂钩吊住模板，然后拆除拉筋。

b. 模板翻升：平台提升到位后，用倒链将最下层模板提升至安装位置并组装好。提升过程中设专人监视，以防模板与固定物挂碰。

c. 模板抽动：外模抽动和替换按翻升模板组拼图进行。内模板依靠内抽动模板与错动板搭接边的相互错动来缩小直径与周长，如抽动模板全部进入搭接边则将其抽出。

d. 就位固定：检查模板组装质量，合格后方可安放撑木、拧紧拉筋。由于墩身混凝土壁较薄且有钢筋设置，底层撑木在浇筑混凝土过程中不易取出，为保证墩身混凝土质量，可采用小型号角钢或钢筋作支撑。

e. 翻模及设备的拆除：墩顶施工完毕，清走平台上堆放的材料和机具，进行翻模拆除。在施工顶帽时要预埋吊装环，在拆除时将钢丝绳系于环内，悬挂载人吊篮和手动葫芦进行拆除操作。拆除工作必须严格对称进行。

(6)墩身线形控制

①影响高墩施工精度的因素及其解决办法。

a. 环境温差。解决办法:采用喷水降温法,通过安装在内外翻模板结构上的环形喷水养生管,间断地向墩身喷水,在养护墩身的同时起到降低阴阳面温差的作用,从而使日照温差引起的墩身轴线偏位减少到最小。

b. 风力、机械振动和施工偏载。解决办法:采用刚度大的模板,以提高模板整体的抗弯、抗扭强度;在施工作业平台上须定人定岗,各司其责,在浇筑墩身混凝土时,混凝土应从四边均衡下料,以防止混凝土出现偏压,造成模板倾斜。

②墩身线形测量。在墩身施工控制测量中,采用高精度全站仪和激光铅垂仪(图7-58)配合使用、相互校核的方案。在施工中需注意:

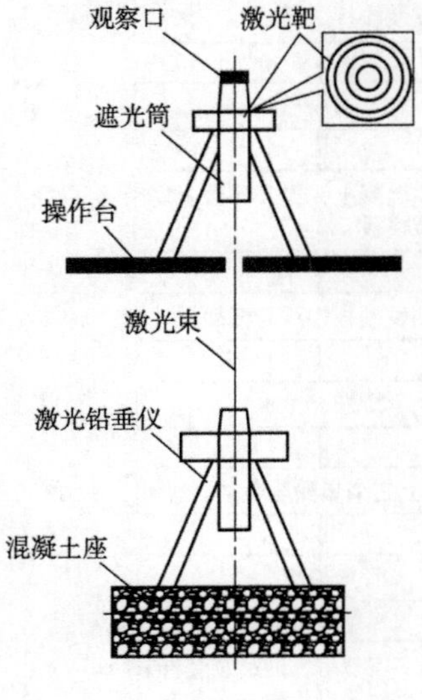

图7-58 激光铅垂仪

a. 激光铅垂仪应每半月进行一次校核;

b. 每1~2个月应对控制网进行一次复核,特别是在多雨季节。

③施工工艺控制。安排专职人员对模板弧度、坡度及轮廓尺寸进行检查,根据不同高度墩身半径,计算每块模板的弦长,利用钢尺检查模板弧度,指导操作工人进行调整。混凝土浇筑过程中,尽可能地降低混凝土的出口落差,防止离析,并按一定方向顺序浇筑。当模板发生中线偏移或扭曲时,利用拉筋、手拉葫芦配合纠偏。

(7)墩身外观质量控制

①采用同一厂家的水泥、砂石、外加剂、掺合料,确保外观的一致性。

②针对混凝土泵送难、和易性差、颜色灰白的问题,调整混凝土配合比,增加适量粉煤灰用量,加入高效缓凝减水剂,降低水灰比,防止混凝土收缩,保证强度,增加可泵性。

③水平施工缝凿毛处理:在每板混凝土施工后,均留下一道水平施工缝,当混凝土终凝前,即可由人工在模板外侧,由近及远绕周圈凿混凝土表面浮浆。但此时要注意,凿起的浮浆块不要急于清扫,它在混凝土养生时起到吸附水作用,只待再立模前清扫干净即可。在凿毛时,混凝土强度尚未达到100%,严禁施工人员在内外圈竖筋上抓攀和在内外圈钢筋内的混凝土面上行走踩踏。

④浇筑混凝土前,先对上次施工顶面人工凿毛,对支架、模板、钢筋和预埋件进行检查、整理,清除杂物,用高压水冲洗干净,模板间和下部嵌塞海绵条以防漏浆。

⑤混凝土应按一定厚度、顺序和方向分层浇筑,每层30cm,采用插入式振捣棒星型振捣,要求移动间距不超过振动器作用半径的1.5倍;与侧模应保持5~10cm的距离;插入下层混凝土5~10cm;操作严格遵守"快插慢拔"要求,避免振动棒碰撞模板、钢筋及其他预埋件。

⑥尽可能安排在清晨或夜晚温度较低时进行混凝土浇筑施工,减小混凝土坍落度损失。

⑦混凝土浇筑时,混凝土面低于模板面10mm,保证混凝土面的连续性。

⑧为确保墩身外观质量，模板翻升到位后，必须对模板进行彻底的清理、调直、修补和加固。

⑨混凝土浇筑完成后，应在养护期间使模板保持湿润。混凝土强度达到 2.5MPa 前，不得使其承受行人、运输工具、模板、支架等荷载。

⑩拆模后及时修复表面缺陷，保证墩身颜色一致、棱角分明。

(8)液压平台的预防与纠偏措施

液压平台的偏扭将会危及平台的安全。施工过程中一旦发现平台偏扭，应及时纠正。平台偏扭主要因为平台荷载不均、千斤顶步调不一致、操作平台刚度变形、顶杆的变形或顶杆布置不当或不垂直。预防和纠正措施如下：

①严格控制千斤顶提升高度，尽量保持步调一致，保持操作平台水平，做到勤检查、勤观察；液压控制台操作人员要将每个行程在顶杆上标出，每次提升都要全面检查，如有异常及时调整，必要时更换千斤顶，千斤顶配有限位调整卡，每 20cm 强制调平一次。

②混凝土开始浇筑后，尽量清除操作平台上的无关材料，非保留不可的临时施工荷载(钢筋、人、泵管等)要均匀布置。

③平台偏和扭有 3 种形式，即只偏不扭、只扭不偏、既偏又扭，都是由顶杆倾斜造成的，可通过调整千斤顶高度进行纠偏。只偏不扭时，调整偏移一侧千斤顶高度，纠偏量为偏移量的 1/2；只扭不偏时，调正对角线的 1/4 千斤顶高度；既偏又扭时，先纠扭后纠偏。

④套管黏结处理措施：液压翻模施工最怕的是在混凝土浇筑时出现套管黏结，一旦出现个别套管与混凝土黏结时，处理措施要果断，及时松开套管与扁担梁的连接螺栓，保证平台正常提升。否则，随着混凝土凝固，套管会越黏越多，最终整个平台套管全部黏住，系统失灵。

(9)施工注意事项

①混凝土浇筑前，检查平台所有组件是否齐全，液压系统是否已正常工作，液压系统行程是否一致，顶杆及套管等连接是否牢固，备用液压控制台是否能正常工作，液压油是否充足等。

②在施工许可的情况下，尽可能缩短混凝土终凝时间，终凝时间越长，平台提升时间越长，平台就越危险。同时，适当提高混凝土的强度(特别是早期强度)。

③掌握好翻模的时间，这是最为关键的一点。可以通过对比试验，提前验证混凝土的初凝和终凝时间，并在前两轮的施工中及时总结经验，根据不同的气温找出拆模的合理时间。

④平台是由顶杆支撑在已成墩身的混凝土上，必须保证组成平台的各杆件、杆件间的连接和支撑顶杆在各自最不利状态下有足够的强度和稳定性。应在施工中经常检查以下杆件的强度及完整性：工作平台桁架结构的完整性(根据现场施工临时荷载情况，必要时可以局部加强)；合理设置顶杆位置、数量。

⑤顶杆本身不直或安装不垂直及荷载较为集中，会导致顶杆失稳、平面弯曲，造成严重的质量和安全事故。所以，在施工中应注意对顶杆的检查，对弯曲变形的加以校正，变形严重的弃之不用。

⑥提升过程中，如顶杆上千斤顶咬痕较深，证明已超载，应检查平台是否偏载，套管是否与混凝土黏结。

⑦顶杆上的油漆及浮锈需清理干净，以防千斤顶卡簧失效。混凝土浇筑前，千斤顶上部要用橡胶板防护，防止混凝土洒在千斤顶上。

混凝土施工设备见图 7-59。

图 7-59　混凝土施工

2. 滑模

(1)施工原理

滑模装置(图 7-60)由模板系统、操作平台系统、液压提升系统和垂直运输系统等四大系统组成。滑模施工工艺原理是预先在墩身混凝土结构中埋置钢管(称之为支承杆),利用千斤顶与提升架将滑升模板的全部施工荷载转至支承杆上,待混凝土具备规定强度后,通过自身液压提升系统将整个装置沿支承杆上滑,模板定位后又继续浇筑混凝土并不断循环。

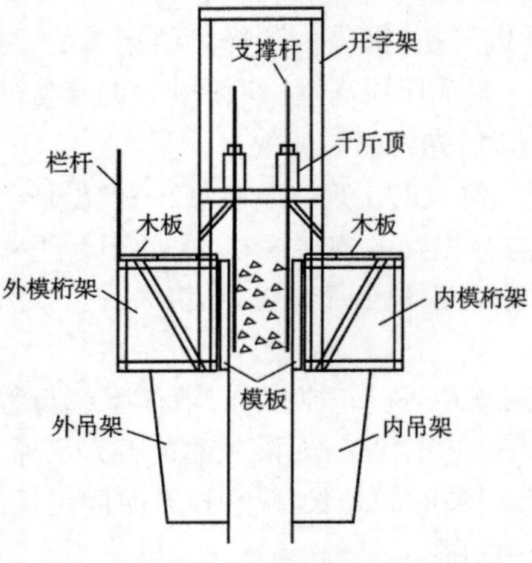

图 7-60　滑模模板装置结构图

(2)适用范围

滑模施工适宜浇筑低流动度或半干硬性混凝土,同时要求结构物结构形式单一、断面变化少、无局部凸出物及其他预埋件等物体,应用范围较为狭窄。适用于等截面或变截面的实体或薄壁空心墩。

(3)优缺点

其优点是施工速度快,安全度高;其缺点是投入较大,施工质量相对较差,不便于在施工和养护期间对桥墩混凝土进行保温和蒸汽养护。

(4)结构体系

①模板系统。模板系统由面板、桁架、提升架及其他附属配件组成,在施工中主要承受混凝土的侧压力、冲击力和滑升时的摩阻力,以及模板滑空、纠偏时产生的附加荷载。

面板作为混凝土成型的模具,其质量(刚度、表面平整度)的好坏直接影响脱模混凝土的成型及表观质量。

桁架主要用来支撑和加固模板,使其形成一个整体,其与面板的连接采用角钢焊接,焊接时必须保证摆放桁架的地面水平。

提升架是安装千斤顶并与内外桁架、模板连接成整体的联系构件,主要用于支撑模板体、桁架、操作平台,加固桁架梁,避免变形,并通过安装在其横梁上的千斤顶支撑在爬杆上。整个系统荷载通过提升架传递给爬杆。提升架一般采用 F 架和开字架(图 7-61),提升架布置示意图见图 7-62。

a)F架

b)开字架

图 7-61　提升架构造示意图

②操作平台系统(图 7-63)。操作平台系统主要包括操作平台(工作盘)和辅助盘,是供材料、工具、设备堆放,施工人员进行操作的主要场所。内侧主要供绑扎钢筋和浇筑混凝土用。辅助盘主要用于人员随时检查脱模后的混凝土质量,即时修补混凝土表面缺陷,扒出预埋件,以及即时对混凝土表面进行洒水养护,调整和拆除模板等工作。

③液压提升系统。液压提升系统由支承杆、液压千斤顶、液压控制台、油管等附件组成,它承担着滑模系统全部的施工荷载。该系统的工作原理是:由电动机带动高压油泵,将油液通过换向阀、分油器、截止阀及管路,输送到各千斤顶。在不断供油、回油的过程中,使千斤顶活塞不断地压缩、复位,将全部滑模装置向上提升到需要的高度。

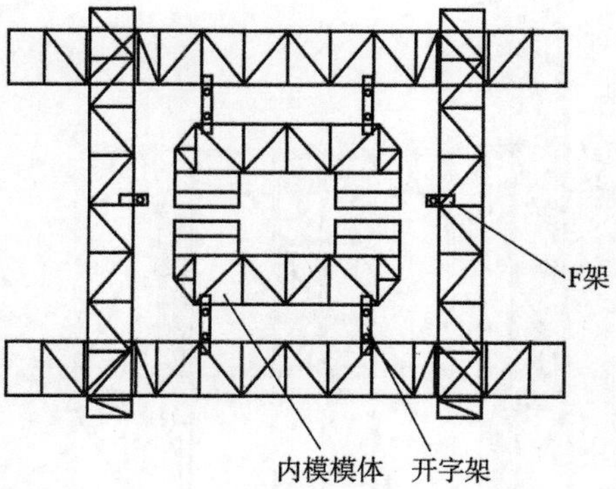

图 7-62　提升架构造示意图

图 7-63　操作平台系统

支承杆是千斤顶向上爬升的轨道,又是滑升模板装置的承重支柱,承受着施工过程中的全部荷载。一般采用 ϕ48mm×3.5mm 钢管作为支承杆,其长度一般为 3～4m,当千斤顶爬升至距支承杆顶端小于 350mm 时,应及时接长。

液压千斤顶属单向作用楔块式千斤顶,具有加工简单、卡头下滑小、锁紧能力强,无“回降”现象等优点。

④垂直运输系统。垂直运输系统(图 7-64)是钢筋、混凝土等材料上下的通道,它由卷扬机、料斗、门字架、滑轮等组成。

3. 爬模

(1)工艺原理

图 7-64　垂直运输系统

爬模是综合大模板与滑升模板工艺特点的一种施工方法。爬模主要由爬升装置、外组合模板、移动模板支架、上爬架、下吊架、内爬架、模板及电器、液压控制系统等部分构成。液压自爬模板工艺原理为：自爬模的顶升运动通过液压油缸对导轨和爬架交替顶升来实现，导轨和爬模架互不关联，两者之间可进行相互运动，当爬模架工作时，导轨和爬模架都支撑在埋件支座上，两者之间无相对运动。

(2)适用范围

适应于浇筑钢筋混凝土竖直或倾斜结构，适用于墙体、桥梁墩柱、索塔塔柱等，范围较广。

(3)优缺点

其优点是实体及外观质量好；其缺点是投入较大，施工进度相对较慢，不便于在施工和养护期间对桥墩混凝土进行保温和蒸汽养护。

(4)结构体系

这里重点介绍液压自爬模体系(图 7-65)。

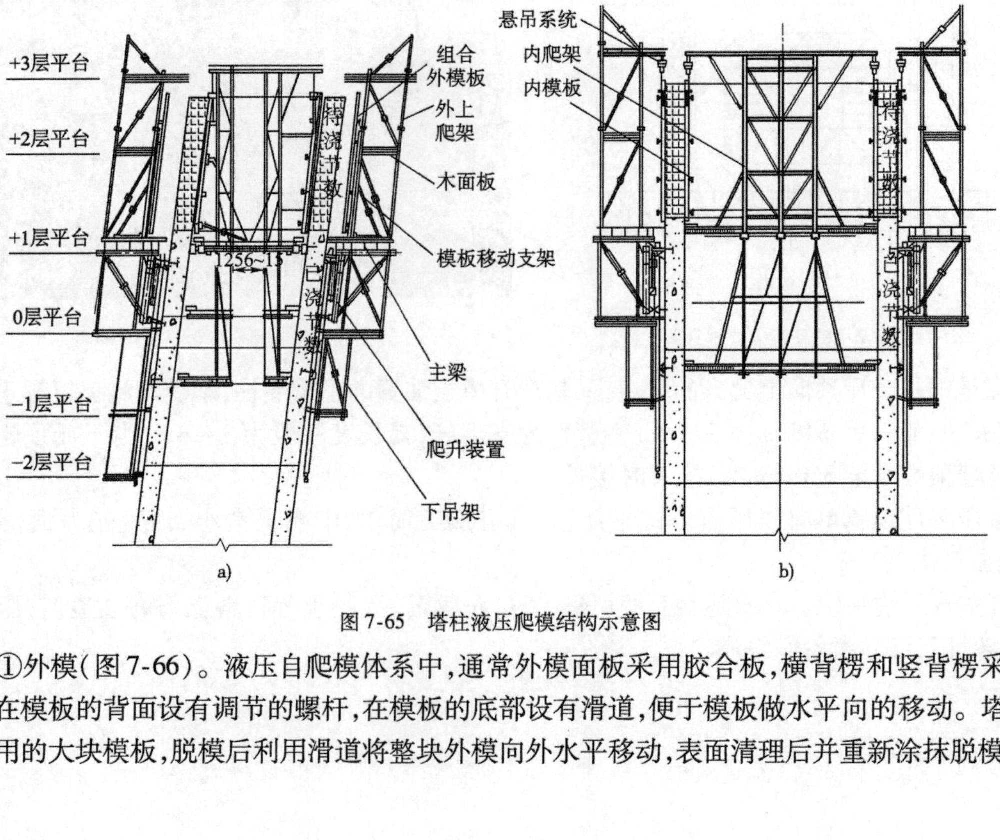

图 7-65　塔柱液压爬模结构示意图

①外模(图 7-66)。液压自爬模体系中，通常外模面板采用胶合板，横背楞和竖背楞采用槽钢。在模板的背面设有调节的螺杆，在模板的底部设有滑道，便于模板做水平向的移动。塔柱模板采用的大块模板，脱模后利用滑道将整块外模向外水平移动，表面清理后并重新涂抹脱模剂。

②内模(图7-67)。内模采用组合钢模,由标准的小块钢模或竹胶板组拼而成。

③预埋件部分。液压自爬模体系的预埋件包括:埋件板、高强螺杆、爬锥、受力螺栓和埋件支座等。埋件板与高强螺杆连接,能使埋件具有很好的抗拉效果,同时也起到省料和节省空间的作用,因为其体积小,免去了在支模时埋件碰钢筋的问题。埋件板大小、拉杆长度及直径需按抗剪和抗拉设计计算确定。爬锥和安装螺栓用于埋件板和高强螺杆的定位,混凝土浇筑前,爬锥通过安装螺栓固定在面板上。

④导轨。导轨是整个爬模系统的爬升轨道,它由2根槽钢及1组梯档(梯档数量依浇筑高度而定)组焊而成,供上下轭的棘爪将荷载传到导轨,进而传递到埋件系统上,整个导轨长度为9.0m。

图7-66　外模

图7-67　内模

⑤液压爬升系统(图7-68)。液压爬升系统包括:液压泵、千斤顶、上轭和下轭4部分。每榀爬架配置1个液压千斤顶。上、下轭是爬架与导轨之间进行力传递的重要部件,改变轭的棘爪方向,可实现提升爬架或导轨的功能转换。

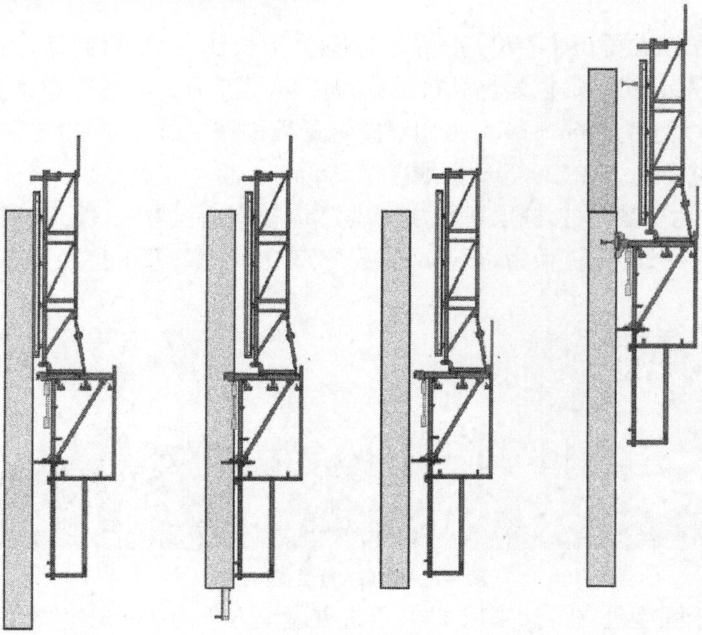

图7-68　液压爬升系统

(5)液压爬升流程

爬架与导轨互为爬升(图7-69),液压自爬模爬升循环:后移模板→提升导轨→提升模板及支架→合模板并浇筑混凝土。

图7-69 爬架与导轨互为爬升

第六节 能力训练

编制南京大胜关长江大桥8号墩钻孔桩施工技术方案。注:教师应给学生类似桥梁施工方案做参考。

一、说明

1. 工程概况

南京大胜关长江大桥(图7-70)正桥8号墩位于长江主航道内,墩中心里程为CK11+683.886m。基础为46ϕ2.8m嵌岩钻孔桩基础,桩中心距7.0m,其桩位布置图见图7-71。高桩承台,圆端形承台大小为76m×34m,采用双壁钢吊箱围堰+锚碇系统施工方法。8号墩围堰大小为长80m×宽38m ×高26.5m,围堰壁厚2.0m。

8号墩钻孔桩为变截面桩,桩顶高程为-12.75m,桩底高程为-125.0m,桩全长112.25m,其中高程-125.0~-52.0m桩径为ϕ2.8m,高程-52.0~-12.75m桩径为ϕ3.2m,承台底高程-13.0m。

图7-70 南京大胜关长江大桥

钻孔桩混凝土强度等级设计采用C30,单桩混凝土方量为786m^3,共需灌注水下C30混凝土约36156m^3。

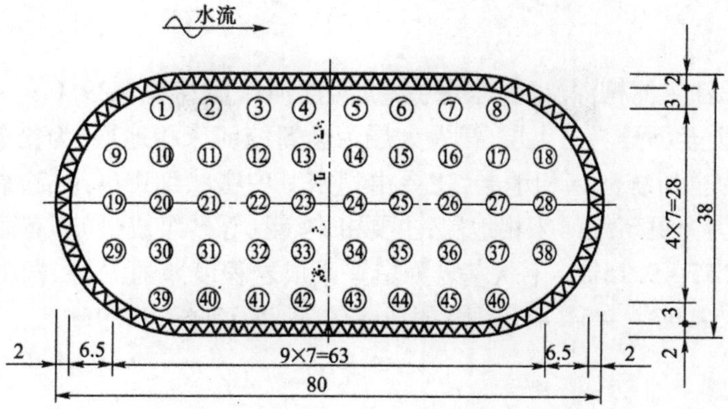

图 7-71　南京大胜关长江大桥 8 号墩桩位布置图(尺寸单位:m)

2. 编制范围

南京大胜关长江大桥 8 号墩钻孔桩施工内容包括:钢护筒插打、钻机就位、钻孔桩成孔、钢筋笼制造及安装、灌注水下混凝土。

3. 编制依据

新建南京铁路枢纽南京大胜关长江大桥施工设计图册第二册——主桥下部结构施工图第一分册;

《客运专线铁路桥涵工程施工技术指南》(TZ 213—2005);

《客运专线铁路桥涵工程施工质量验收暂行标准》(铁建设[2005]160 号)桥位处地质勘探资料;

《中华人民共和国安全生产法》(2002);

《水土保持法》(1991);

《环境保护法》(1989);

《水污染防治法》(1996);

《固体废物污染环境防治法》(1997);

《新建时速 200 公里客货共线铁路工程质量验收暂行标准》;

《铁路混凝土结构耐久性设计暂行规定》;

《铁路混凝土与砌体工程施工质量验收标准》(TB 10424—2010);

《铁路工程基桩无损检测规程》(TB 10218—1999);

《铁路工程结构混凝土强度检测规程》(TB 10426—2004);

《新建铁路工程测量规范》(TB 10101—99);

《钢筋混凝土用热轧光圆钢筋》(GB 1499.1—2008);

《钢筋混凝土用热轧带肋钢筋》(GB 1499.2—2008);

《混凝土结构耐久性设计与施工指南》(中国土木工程学会标准 CCES 01—2004);

《通用硅酸盐水泥》(GB 175—2007);

《混凝土外加剂》(GB 8076—2008);

《用于水泥和混凝土中的粉煤灰》(GB 1596—2005);

《铁路混凝土工程预防碱—骨料反应技术条件》(TB/T 3054—2002)。

4. 地质情况

8 号墩位于长江主河槽深泓区，水深流急，实测河床面高程 -39.0 ~ -44.0m，覆盖层厚 11.3 ~ 15.2m，由上至下分为三大层，第一大层为全新统河床相地层，为松散状细砂，厚 2.0 ~ 7.0m；第二大层为全新统河床相地层，主要由稍密 ~ 中密状细中砂组成，局部缺失，厚 4.2 ~ 8.95m；第三大层为上更新统河床相地层，主要由中、粗、砾砂组成，局部有薄层细圆砾土，呈中密 ~ 密实状，厚 5.55 ~ 9.15m。下伏基岩为白垩系成岩程度差的泥岩，岩质软弱，基岩岩面较平坦，岩面高程 -52.67 ~ -54.47m，强、弱风化较深，厚 10.6 ~ 13.9m。

二、钻孔施工

1. 钻孔平台布置

8 号墩钻孔桩施工以吊箱顶作为施工平台，平台上铺设花纹钢板，钢吊箱外围设置安全走道，布设防护栏杆并挂设安全网，上、下游两端顶面布置钢吊箱固定的绞锚平台，下游圆弧端外侧设置变压器安装托架，吊箱平台南、北两侧边缘布置泥浆沉渣箱、泥浆净化器等设备、钻孔泥浆及循环管路系统。

图 7-72　插打钢护筒

2. 钢护筒施工

水中 8 号墩底节钢吊箱在墩位精确定位后，利用底节双壁钢吊箱作为导向及施工平台，在钢吊箱浮体内插打 16 根定位钢护筒作为定位桩，每根定位钢护筒长 66m，利用“大桥海虹号”200t 浮吊一次插打到位，将钢吊箱与钢护筒固结形成施工平台，然后插打其余钢护筒，进行钻孔桩施工。插打钢护筒见图 7-72。

3. 钻机选型

根据 8 号墩的孔径、孔深和水文地质情况，经研究和比选，决定选用 6 台桥机公司的 KTY—4000 型钻机（图 7-73）和 2 台香港嘉利臣的 RC400 型钻机（图 7-74）。

a)

b)

图 7-73　KTY—4000 型钻机

a)

b)

图 7-74　RC400 型钻机

4. 钻机安装

(1)钻机顺平台主桁方向摆放。

(2)钻机对中位置以钻孔桩设计位置为准。

(3)统筹安排开钻顺序。

5. 钻头选用

由于 8 号墩位置地层较为复杂,因此每台钻机需配备两种钻头,分别为刮刀钻头(图 7-75)和滚刀钻头(图 7-76)。在覆盖层地层钻孔时采用刮刀钻头进行钻孔,在进入泥岩层后视钻进速度及泥岩风化程度,可更换滚刀钻头,使在微风化层内保持钻进速度。

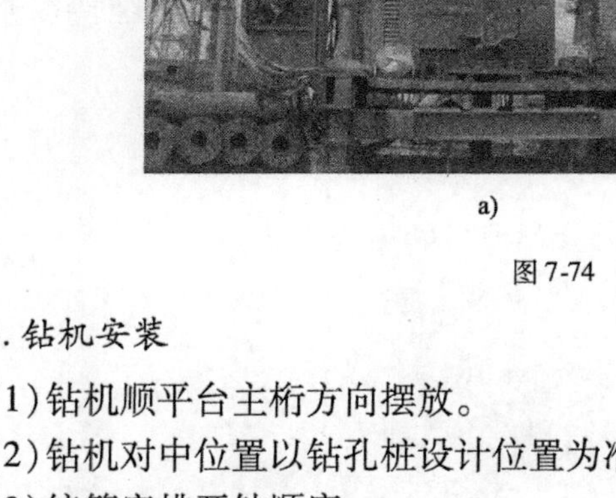

图 7-75　刮刀钻头

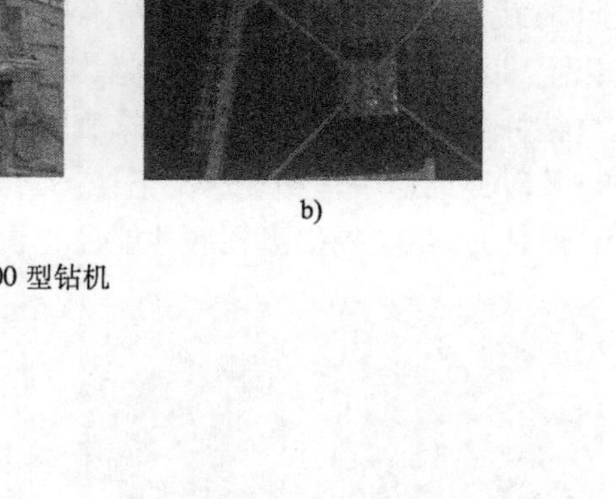

图 7-76　滚刀钻头

6. 泥浆制备

泥浆原材料由优质膨润土或黏土、碱(Na_2CO_3)、羟甲纤维素(CMC)和聚丙烯酰胺(PHP)、水等组成。由拌浆机在泥浆船上搅拌均匀,制备而成。

7. 泥浆循环系统

钻孔泥浆采用孔位护筒与沉渣筒之间的循环方式进行循环。

8. 钻进成孔注意事项

(1)钻孔前对各项准备工作进行详细检查,检查合格且泥浆制备达到要求后,进行开钻。

(2)在钻头护圈上加焊翼板和钢丝绳刷,钻孔至护筒底口,对护筒壁进行清理。

(3)钻具安装足够的配重块,钻孔时减压慢速钻进(图7-77),钻压不得超过钻具重力之和(扣除浮力)的80%。

(4)钻孔作业分班连续进行。

(5)钻进成孔过程中,及时补充泥浆,使孔内泥浆面始终超过外侧水面2.5m以上,防止塌孔或流砂。

(6)加接钻杆(图7-78)时,应先停止钻进,将钻具提离孔底10~20cm,维持泥浆循环10min以上,以清除孔底沉渣并将管道内的钻渣携出排净,然后加接钻杆。

(7)钻杆连接螺杆应拧紧上牢,认真检查密封圈。

(8)及时详细地填写钻孔施工记录。

(9)停钻时,钻头须提离孔底才能停止供风,防止出渣口和风包被堵。

图7-77 钻孔钻进

图7-78 接钻杆

9.钻孔成孔质量验收标准(表7-3)

钻孔成孔质量验收标准　　表7-3

序号	项目	允许偏差
1	孔径	不小于设计孔径
2	孔深	不小于设计孔深
3	孔位偏差	不大于100mm
4	群桩中心偏差;单排桩偏差	≤100mm;≤50mm
5	倾斜度	≤1%孔深
6	灌注混凝土前孔底沉渣厚度	≤200mm
7	清孔后泥浆指标	相对密度1.05~1.15,黏度16~22s,含砂率新制泥浆不大于4%,胶体率>95%,pH>6.5

10.清孔

先将钻头提离孔底20cm,钻头慢速空转,反循环抽净孔底沉渣,然后停钻2h,再启动钻机,反循环清除孔内沉渣。

11. 检孔

采用 CDJ 超声波测量仪(图 7-79)测量孔内两个截面,检查钻孔桩孔径变化及倾斜情况,并根据测量成果(图 7-80)判定合格或重新进行修孔。

图 7-79　CDJ 超声波测量仪

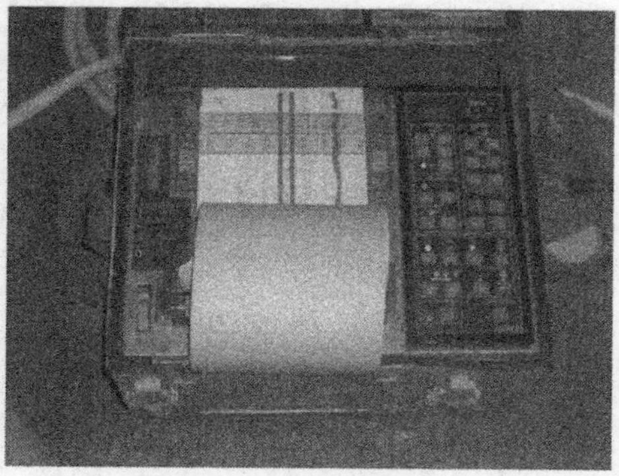

图 7-80　CDJ 超声波测量成果

三、钢筋笼制造、安装

(1)原材料进场后应进行检查验收,进行分类标识堆放(图 7-81)。

(2)钢筋笼的分节及下料。在长线胎模上制作钢筋笼。钢筋下料可用砂轮切割机、专用切割机等设备。

(3)钢筋笼胎架布置。钢筋笼制造时在加工场地(图 7-82)内布置 3 条混凝土台座,台座长度满足 115m 钢筋笼制作要求,混凝土台座上布置钢筋定位胎架。

图 7-81　钢筋原材料分类标识堆放

图 7-82　钢筋加工现场

(4)钢筋笼制作、运输。钢筋笼采用整根在长线胎架上制作,制作完成后将直螺纹套筒松开后分节运输(图 7-83)至墩位处。

(5)钢筋笼接长、下放。钢筋笼接长为 24m,直螺纹连接如图 7-84 所示,钢筋笼下放如图 7-85所示。

(6)声测管安装。声测管如图 7-86 所示。

四、水下混凝土灌注

主墩钻孔桩设计为 C30 水下混凝土,混凝土的可泵性、和易性必须良好,混凝土坍落度为

18 ~22cm,初凝时间不少于12h。混凝土灌注如图7-87所示。

图7-83　钢筋运输

图7-84　直螺纹连接

图7-85　钢筋笼下放

图7-86　声测管

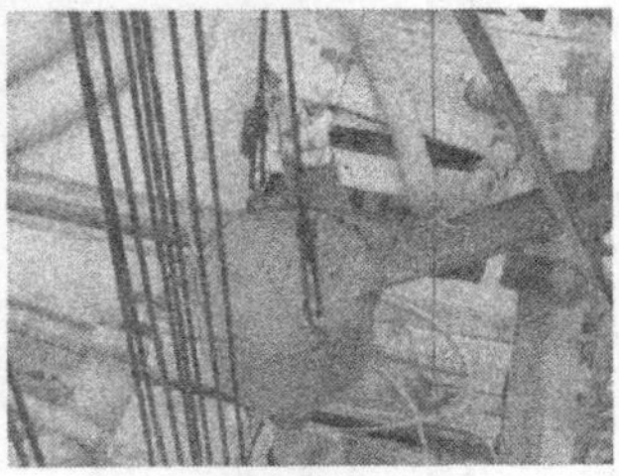

图7-87　混凝土灌注

本章小结

桥梁下部结构施工主要介绍了目前常见的基础及墩台施工方法,通过施工方法进行分类讲解。

桥梁基础包括明挖扩大基础、桩基础、沉井基础和地下连续墙基础。各类基础施工方法迥异,明挖基础施工主要以机械敞坑式开挖为主;桩基础方法较多,按施工方法可分为预制桩和灌注桩;沉井基础主要有就地浇筑和浮式沉井两大类;地下连续墙基础采用挖槽机械成槽,再浇筑墙体混凝土。

桥梁墩台施工主要包括砌筑墩台和钢筋混凝土灌注墩台。钢筋混凝土灌注墩台主要包括模板工程、钢筋工程和混凝土工程三部分。

高桥墩施工主要采用活动模板施工工艺,有翻升模板、滑升模板和爬升模板等形式。

复习思考题

1. 基坑开挖的工作有哪些?
2. 基坑有哪些排水的形式?
3. 简述桩基础的类型及其构造特点。
4. 简述打入桩的施工工艺流程。
5. 人工挖孔桩施工中应注意哪些问题?
6. 正循环、反循环钻孔的区别有哪些?

7. 简述沉井基础的构造及各部分的作用。

8. 简述就地浇筑沉井的施工工艺流程。

9. 地下连续墙的适用条件有哪些?

10. 导墙的作用有哪些?

11. 简述地下连续墙的施工工艺流程。

12. 简述模板系统的分类。

13. 简述滑模与爬模的区别。

参考文献

[1] 裘伯永,盛兴旺,乔建东,等.桥梁工程[M].北京:中国铁道出版社,2001.
[2] 葛俊毅.桥梁工程[M].北京:中国铁道出版社,2007.
[3] 姚玲森.桥梁工程[M].北京:人民交通出版社,2008.
[4] 高杰.桥梁工程[M].北京:科学出版社,2004.
[5] 李家林,刘孟良.桥涵设计[M].北京:人民交通出版社,2007.
[6] 孙立功,杨江朋.桥梁工程[M].成都:西南交通大学出版社,2011.
[7] 唐继舜.铁路桥梁[M].北京:中国铁道出版社,2011.
[8] 刘龄嘉.桥梁工程[M].北京:人民交通出版社,2008.
[9] 邵旭东.桥梁工程[M].北京:人民交通出版社,2007.
[10] 周传林.桥梁上部施工技术[M].北京:人民交通出版社,2011.
[11] 杨玉衡,邵传忠,耿小川.市政桥梁工程[M].北京:中国建筑工业出版社,2007.
[12] 王常才.桥涵施工技术[M].北京:人民交通出版社,2006.
[13] 匡希龙.桥涵施工[M].成都:西南交通大学出版社,2008.
[14] 涂兵.桥涵施工[M].成都:西南交通大学出版社,2010.
[15] 中华人民共和国行业标准.TB 10002.1—2005　铁路桥涵设计基本规范[S].北京:中国铁道出版社,2005.
[16] 中华人民共和国国家标准.GB 50157—2003　地下铁道设计规范[S].北京:中国计划出版社,2003.
[17] 张庆贺,朱合华,庄荣.地铁与轻轨[M].2版.北京:人民交通出版社,2002.
[18] 何宗华.城市轻轨交通工程设计指南[M].北京:中国建筑工业出版社,1993.
[19] 刁心宏.城市轨道交通概论[M].北京:中国铁道出版社,2009.
[20] 张亚丽.上海轨道交通9号线一期工程现浇箱梁设计[J].铁道标准设计,2005(4).
[21] 高宝林.城市轨道交通高架桥的设计及实践[J].铁道工程学报,2002.9(3).
[22] 顾安邦,孙国柱.公路桥涵设计手册　拱桥[M].北京:人民交通出版社,1994.
[23] 中华人民共和国行业标准.客运专线铁路桥涵工程施工质量验收暂行标准(铁建设[2005]160号).北京:中国铁道出版社,2005.
[24] 中华人民共和国行业标准.铁路混凝土工程施工质量验收补充标准(铁建设[2005]160号).北京:中国铁道出版社,2005.
[25] 中华人民共和国行业标准.TB 10002.5—2005　铁路桥涵地基和基础设计规范[S].北京:中国铁道出版社,2005.
[26] 中华人民共和国行业标准.TB 10203—2002　铁路桥涵施工规范[S].北京:中国铁道出版社,2002.
[27] 中华人民共和国行业标准.JTG/T F50—2001　公路桥涵施工技术规范[S].北京:人民交通出版社,2011.